Inhalt

Judith Rodin

Die Schönheitsfalle

Was Frauen daran hindert,
sich und ihren Körper zu mögen

Aus dem Amerikanischen
von Maria Zybak

Für Alex, in der Hoffnung,
daß er wenigstens diesen Fallen entgeht.

Einführung

Würde »Pygmalion« heute geschrieben werden, wäre es keine Geschichte über die Veränderung von Eliza Doolittles Sprache, Kleidung oder Benehmen, sondern über die Verschönerung ihres Gesichts und ihres Körpers. Eine solche Verwandlung beschreibt ein kürzlich in *Special Reports* erschienener Artikel, ein modernes Märchen, das Wirklichkeit geworden ist. Der Held der Geschichte ist ein plastischer Chirurg, für den seine Gattin die perfekte Frau ist, weil er sie zu dem gemacht hat, was sie heute ist. Er hat ihre Brust umgeformt, am Bauch Fett abgesaugt, die Pigmentflecken im Gesicht durch chemisches Peeling entfernt, ihre Augenlider gestrafft und ihr eine Stupsnase gegeben. Und sie ist ihm dafür ja ach so dankbar. »Ich lasse mich so gerne von ihm operieren«, offenbart sie dem Reporter. »Schließlich bin ich sozusagen ein Abbild meines Mannes und seines Talents. Er liebt mich, weil ich die bin, die ich bin, aber auch wegen allem, was er getan hat, damit ich besser aussehe.«

Die Laserchirurgie ist im Kommen, Finanzierungsgesellschaften bieten Barkredite für kosmetische und plastische Chirurgie an: Man muß nicht mit einem Schönheitschirurgen verheiratet sein, um selbst die radikalsten Verwandlungsphantasien in die Tat umsetzen zu können. Vom Facelifting bis zu Wunderdiäten und Fettabsaugung: Immer mehr Frauen setzen alles daran – von ziemlicher Panik erfüllt und oft zu ihrem eigenen Schaden –, um dem gängigen Schönheitsideal zu entsprechen. Wir muten uns selbst und unseren Kindern immer kompliziertere und teurere Prozeduren zu. Im *Wall Street Journal* war letztens zu lesen: »Viele Teenager gehen auf Drängen ihrer Mütter zum Schönheitschirurgen. Die kosmetische Korrektur ist für Kinder heute fast so selbstverständlich wie eine Zahnspange ...« Die allgegenwärtige Botschaft lautet, daß Schönsein nur eine Frage des Einsatzes ist. Wer nicht schön ist, hat sich eben nicht genug angestrengt.

Wir leben in einer Zeit, in der die Gesellschaft großen Wert auf die äußere Erscheinung legt. Da unser Aussehen unser Selbstwertgefühl und die Art beeinflußt, wie andere auf uns reagieren, sind wir alle potentielle Opfer der Schönheitsfallen. *In diesem Buch geht es um solche Fallen; was sie sind, wie sie entstehen, welche Mißverständnisse sie umgeben oder erhalten helfen und wie wir aus ihnen herauskommen können.* Schönheitsfallen sind die Folge von Doppelbindungen, auf der einen Seite verursacht durch das mangelnde Wissen um unseren Körper, auf der anderen durch die ständige Beschäftigung mit ihm. Schönheitsfallen entstehen durch Überzeugungen und Gefühle, die unsere Entfaltung durch die quälende Sorge um unser Aussehen verhindern, durch die Angst, ob wir auch genug dafür tun, attraktiv zu sein, und durch die Scham, daß wir uns darüber so viele Gedanken machen. Sie sind auch eine Folge der erschreckend vielen Fehlinformationen, die darüber verbreitet werden, welche physiologischen Faktoren das Körpergewicht maßgeblich bestimmen.

Fast alle Frauen kennen diese Schönheitsfallen, selbst die, deren Körper aus der Sicht der anderen dem Ideal ziemlich nahe kommt. Die Fallen sind ebenso kompliziert und eng miteinander verflochten wie unsere Empfindungen gegenüber unserem Körper. Sie lassen uns die fundamentalsten Aspekte unserer Sorge um Gewicht und Aussehen mißverstehen. Die Fixierung auf den Körper schränkt uns in anderen Lebensbereichen ein. *Dieses Buch wird einer Problematik auf den Grund gehen, von der fast alle Frauen und inzwischen auch viele Männer in Amerika betroffen sind.* Wir sind Zeugen einer Epidemie, deren

Opfer die Millionen von Menschen sind, die sich zwanghaft mit ihrem Körper beschäftigen.

Vergleichen Sie sich mit jeder Frau, die den Raum betritt? Bestellen Sie nur dann eine Nachspeise, wenn auch Ihr Begleiter es tut? Schämen Sie sich dafür, daß Sie sich so viele Gedanken über Ihr Aussehen machen? Haben Sie das Gefühl, daß Sie ständig entweder Diät halten oder daran denken, wieder mit einer anzufangen? All das sind Kennzeichen von Schönheitsfallen. Die meisten Menschen sehen nicht, daß die Faktoren, die unsere Gedanken und die gefühlsmäßige Einstellung zu unserem Äußeren beeinflussen – und damit auch unseren Körper und unser Gewicht –, weit komplizierter sind, als man sie glauben machen will. Von allen Seiten tönt uns das verlockende Versprechen entgegen, daß alles ohne weiteres machbar sei. Gutes Aussehen scheint in unserer technologiegläubigen Gesellschaft ein für jede Frau erreichbares Ziel zu sein, wenn sie sich nur genug anstrengt, genug Sport treibt und wenig genug ißt. Aber der Weg zum perfekten Körper ist kein leichter. Er ist mit allen möglichen Fallen gespickt, die dafür sorgen, daß die meisten die meiste Zeit frustriert und beschämt sind und sich besiegt fühlen. Weil wir glauben, daß Schönheit und ein makelloser Körper für jeden erreichbar sind, geben wir heute in Amerika für unsere Schönheit mehr aus als für Erziehung oder Soziales.

Hier ein paar Beispiele dazu. Nach den Schätzungen des amerikanischen Einzelhandels werden heute jede *Minute* 1484 Lippenstifte im Wert von $ 4566 gekauft; Wimperntusche, Eyeliner und Lidschatten im Wert von $ 6849 und 2055 Tiegel mit Hautpflegeprodukten im Wert von $ 12785. Einige berufstätige Frauen, die von der Zeitschrift *Glamour* für die Aprilausgabe 1991 interviewt wurden, gaben pro Kopf und Jahr über $ 7000 für »perfekt gepflegtes Aussehen« aus. (In der Bundesrepublik setzt die Kosmetikindustrie jährlich 15 Milliarden Mark um, Anm. d. Übers.)

Viele der Frauen, die meine Kollegen und ich befragt haben, investieren ebensoviel Zeit in ihr gutes Aussehen, wie sie bei ihrer bezahlten Arbeit verbringen. Susan, eine erfolgreiche junge Frau in leitender Stellung, hat das sehr schön beschrieben:

> *Ich brauche morgens eine Stunde, bis ich fertig bin: erst die verschiedenen Cremes, dann überlege ich hin und her, was ich anziehe, damit ich schlank aussehe, und stehe ewig vor dem Spiegel. Dann gehe ich in die Arbeit. Im Bus beschäftige ich mich damit, welche Frau besser aussieht als ich, vor allem schlanker. Ich weiß, daß sie bei einem Unfall als erste Hilfe bekommt, weil sie so gut aussieht. Ich hasse sie. In der Arbeit überlege ich den ganzen Vormittag, wie ich mir meinen süßen Snack verkneifen kann und was ich abends auf keinen Fall essen darf. Um drei Uhr nachmittags bin ich so hungrig, daß ich nur noch an das Abendessen denke. Aber diese Belohnung ist noch weit weg; erst kommt noch eine Stunde Aerobic. Abends ausgehen? Wollen Sie mich auf den Arm nehmen? Da muß ich mir doch schon überlegen, wie ich am nächsten Tag gut aussehen kann.*

Susan ist keineswegs eine Therapiepatientin. Sie ist die Frau von nebenan.

Die Gesellschaft hat sich in den letzten knapp hundert Jahren drastisch verändert. Es gibt nur noch wenige gültige Hierarchien und nur einige wenige soziale Strukturen, die sich lediglich auf religiöse Zugehörigkeit, Abstammung, Geld oder Ausbildung gründen. Die Gesellschaft ist also egalitärer geworden, aber es liegt in der Natur des Menschen, sich zu beurteilen, einzuschätzen und mit anderen zu vergleichen. Als soziale Wesen sind wir ganz besonders – und manchmal bedauerlicherweise – empfänglich für soziale Normen und direkten gesellschaftlichen Druck. Wir können gar nicht anders, als uns ständig zu beurteilen, uns zum Teil mit den Augen der anderen zu sehen. Wenn Gesellschaftsschicht und Geld kein Maßstab mehr sind, nach dem wir uns im Vergleich mit unseren Nachbarn richten können, was sind dann die neuen sozialen Maßstäbe? Mein Postulat lautet, daß es die eher sichtbaren, greifbaren, augenfälligen Dinge sind. Für viele sind es Dinge, die sie besitzen – die Menge der Spielzeuge, die sie als Erwachsene horten können –, aber ohne Zweifel gehört auch das Aussehen dazu.

Unser Körper ist sozusagen unser Kapital geworden. Das äußere Erscheinungsbild, gutes Aussehen und Fitneß sind heute der Maßstab für unseren sozialen Wert. Es ist plötzlich nicht nur ungemein wichtig, wie wir aussehen, wir haben auch sehr homogene Vorstellungen von Schönheit. Wir sind hypnotisiert von dem Streben nach einer unmöglichen, von Zelluloidvorbildern inspirierten Perfektion.

Einst haben in erster Linie Malerei und freie Künste das Bild des Körpers, die modische Eleganz und äußere Erscheinung bestimmt; in der modernen Kultur sind es Fernsehen, Film und Zeitschriften, die perfekte Schönheit verkaufen. Die Medien konfrontieren uns heute permanent mit dem einzig »richtigen« Look, und die Schönheitsindustrie verspricht, daß jeder so aussehen kann, wenn er/sie nur genug investiert, vom Makeup bis zur »Runderneuerung«. Schaut man sich am Zeitungskiosk die Magazine an, weiß man Bescheid. Es gibt eine Unzahl von Zeitschriften für Männer wie für Frauen, in denen es fast nur um gutes Aussehen, Lebensstil, Schönheit, Frisuren und Mode geht, und fast ebenso viele Zeitschriften dieser Art gibt es für Jugendliche, inzwischen sogar ein paar für Kinder. Von der Anzahl her können sie es mit den Zeitschriften über Autos, Technik und Gärtnern sicherlich aufnehmen – was zeigt, daß gutes Aussehen unser wichtigstes »Hobby« geworden ist. Mit Sicherheit jedoch macht es keinen Spaß – und das sollte ein Hobby doch eigentlich. Für die meisten von uns ist es mit allen möglichen Torturen verbunden.

Ich war gerade beim Briefkasten; er quoll über vor Versandkatalogen. Man muß heute nicht einmal mehr aus dem Haus gehen, um etwas für die Schönheit zu kaufen. Auch das ist etwas, was die neuen Technologien mit sich bringen und was es früher nicht gegeben hat; es ist scheinbar so einfach, gut auszusehen, daß es uns vorkommt, als ob jeder es könnte und sollte. Aber das schöne Selbst, das wir haben wollen, ist nicht real. Die schönen Menschen – die künstlichen, von den Medien geschaffenen Illusionen – sehen nicht viel besser aus als wir, wenn sie morgens aufwachen. Vielleicht ist das die schlimmste Falle. Wir alle sind Opfer der Technologien, die modische Trends fabrizieren, und der Abwertung von Geist und Individualismus. Unsere Ziele sind unrealistisch und inhuman, und wir formen und verwandeln uns, um ihnen eine körperliche Gestalt zu geben.

Es ist heute so »in«, so politisch korrekt, sich um die Umwelt zu sorgen. Wir schließen uns Gruppen an, die Bäume pflanzen, um die Erde zu retten, wir überlegen, wie wir Altöl entsorgen sollen: Aber ist uns eigentlich bewußt, wie wir uns durch chemisches Peeling, Abschälen der Haut, Färben der Haare, künstlich hergestellte Diätnahrung, Fette und Süßstoffe aus dem Chemielabor entstellen und entmenschlichen? Wo ist die Sorge um den Menschen als Teil der Umwelt? Wir verlieren uns selbst und machen uns keine Sorgen deswegen.

Ich werde in diesem Buch verschiedene Schönheitsfallen ausführlich behandeln. Die meisten von ihnen schaden uns in irgendeiner Weise und engen uns ein. Sie lassen sich überwinden, wenn mit der weitverbreiteten Unwissenheit über unseren Körper aufgeräumt wird. Die einzelnen Bezeichnungen sind etwas willkürlich gewählt, und Sie werden sehen, daß es bei manchen Schönheitsfallen Überschneidungen gibt.

Die Eitelkeitsfalle

Man wirft uns vor, eitel und eingebildet zu sein – und so fühlen wir uns auch –, wenn wir uns darüber Gedanken machen, wie wir aussehen. Dieses Urteil berücksichtigt jedoch nicht die tiefenpsychologische Bedeutung des Körpers. Von all den Möglichkeiten der Selbsterfahrung ist vielleicht keine so elementar wie das Gefühl für unseren Körper. Unser Körperbild gehört zum Kern unserer Identität. Die Einstellung zu unserem Körper ist mit praktisch jedem Aspekt unseres Verhaltens verwoben. Unser Körper ist auch deshalb so wichtig für unsere Identität, weil er die äußere Form und Substanz unserer Persona gegenüber der Umwelt darstellt. Das Aussehen wird immer wichtig sein, weil wir soziale Wesen sind. Es vermittelt Botschaften, ob wir wollen oder nicht, und die anderen reagieren dementsprechend auf uns.

Wir können es den Medien anlasten, daß sie ein Idealbild vom einzig richtigen – und für die meisten von uns unerreichbaren – Aussehen erzeugen. Wir können sie jedoch nicht für die Tatsache verantwortlich machen, daß unser Körperbild sehr großen Einfluß darauf hat, wie wir zu uns selbst stehen. Obwohl das Körperbild so wichtig ist, geraten wir doch in die eine oder andere Falle, weil wir fast alle zuwenig darüber wissen, wie unser Körper funktioniert, und unser Körperbewußtsein unzureichend ist. Viele haben Schwierigkeiten damit zu erkennen, wie sie sich fühlen und wie sie aussehen. Das kann das Identitätsgefühl beeinträchtigen.

Die Schamfalle

Scham ist ein Gefühl, das eng mit der Eitelkeitsfalle verknüpft ist. Daß wir uns den Kopf darüber zerbrechen, wie wir aussehen, löst Schuldgefühle und Scham aus. Verglichen mit den drückenden Problemen auf der Welt nimmt sich diese Sorge geradezu lächerlich aus. Aber Werbung, Film und Fernsehen und unsere Freunde sind immer zur Stelle, um uns daran zu erinnern, wie wir aussehen sollten, selbst wenn wir es zu vergessen versuchen. Im Kern der Scham steckt das Gefühl, daß wir es nicht geschafft haben, dem Ideal zu entsprechen, das uns allen wichtig ist. Schamgefühle machen Männern und Frauen zu schaffen, aber in unterschiedlicher Weise. Neueste Erkenntnisse, auf die ich später noch eingehen werde, zeigen, daß Frauen sich ihres Körpers schämen; Männer schämen sich dafür, daß sie sich über ihren Körper Gedanken machen. Aus diesem Unterschied ergeben sich einige überraschende Konsequenzen.

Die Konkurrenzfalle

Körperliche Attraktivität und das Gewicht sind immer noch die Hauptbereiche, in denen Frauen ganz offen und unverhohlen darin bestärkt werden, miteinander zu wetteifern. Das Nonplusultra der Schönheitswettbewerbe – die Mißwahlen – sind nach wie vor sehr beliebt. Frauen konkurrieren miteinander um Männer, aber ihr verbissenes Streben nach Schlankheit geht sogar noch über das hinaus, was Männer ihrer Meinung nach attraktiv finden. Vor allem die Gewichtskontrolle verspricht ein hohes Maß an Belohnung dafür, daß man erfolgreich konkurriert hat. Die Herausforderung ist ja sichtbar genug, um Respekt zu gebieten, und die hohe Wahrscheinlichkeit des Scheiterns unterstreicht ihre Wichtigkeit. Kompliziert wird die Konkurrenzfalle noch dadurch, daß Probleme mit dem Gewicht, das Reden und Lamentieren darüber eine Form der Beziehung unter Frauen ist – eine Art Freundschaftsritual. Frauen konkurrieren nicht nur miteinander, sondern auch mit ihrem idealen Selbst. Werden sie dadurch in einen zu großen Perfektionismus getrieben, versuchen sie diesen Streß oft durch Essen wieder aufzubauen.

Die Essensfalle

Essen ist untrennbar mit allen Aktivitäten des Menschen verbunden. *Was* wir essen, hat jedoch mit dem Fitneßwahn einen moralischen Unterton bekommen – Cholesterin ist schlecht, Ballaststoffe sind gut –, und je nachdem, was wir essen, empfinden wir uns als charakterfest oder haben Schuldgefühle. Verschiedene Nahrungsmittel haben auch in anderer Hinsicht einen engen Bezug zu Gefühlen. Essen hat auch eine symbolische Bedeutung und ist die am weitesten verbreitete Form der Selbstmedikation und Selbstfürsorge. Aus all diesen Gründen fällt es sehr schwer, auf Sachen zu verzichten, die man besonders gerne ißt. Aber genau dazu werden wir in unserem Bemühen um einen noch perfekteren Körper gedrängt.

Die Diätfalle

Diäthalten ist zu einem Ritual geworden. Es geht dabei um viel mehr als einfach nur ums Abnehmen. Es ist wie ein Frühjahrsputz, eine innere Reinigung, ein neuer Anfang. Und es verspricht eine Verjüngung. Deshalb ist es auch so schwer, nicht immer wieder damit anzufangen. Allerdings zählen strenge Diäten zu den schlechtesten Methoden der Gewichtskontrolle. Sie sind womöglich einer der Hauptgründe für Gewichtszunahme und Eßstörungen. Außerdem beeinflussen unsere Gene unsere Figur und unseren Umfang weit mehr als alle Diätanstrengungen. Deshalb kämpfen manche Menschen vergebens an der falschen Front, während andere versuchen, Unmögliches zu schaffen. Dennoch tut unsere Gesellschaft so, als wäre es für alle gleich einfach, Diät zu halten, und schafft damit einen weiteren Aspekt dieser Schönheitsfalle.

Die Fitneßfalle

Sportliche Aktivität hat ganz reale Vorteile. Sie hebt die Stimmung und dient der Gesunderhaltung. Aber man *kann* des Guten auch zuviel tun. Beim Sport kann es schlechter sein, zuviel zu tun, als überhaupt nichts zu tun. Es gibt in diesem Zusammenhang aber auch noch andere Gesundheitsrisiken, unter anderem sorgen sich Menschen, die intensiv Sport treiben, mehr um ihr Gewicht und leiden häufiger an Eßstörungen. Sich sportlich zu betätigen wird immer mehr als moralisch richtig angesehen, eine Einstellung, die ironischerweise schädliche Exzesse begünstigt.

Die Erfolgsfalle

Sein Gewicht erfolgreich unter Kontrolle zu halten und gut auszusehen ist für viele die höchste Belohnung, sozusagen die Goldmedaille. Aber überraschenderweise sind manche Menschen eher unglücklich als froh, wenn sie es schaffen. Viele kommen sich wie Hochstapler vor, weil es einen so enormen Aufwand an Geld und Zeit erfordert, gut auszusehen. Ihr falsches Selbst aufrechtzuerhalten bedeutet ständigen und sehr großen Streß. Nur einige wenige entwickeln genug Selbstvertrauen, um diesen Erfolg auch auszuhalten. Mit einer weiteren Seite dieser Falle haben die zu kämpfen, die hofften, ihr Leben würde sich durch diesen Erfolg ändern. Oft ist schon allein durch diese Erwartung ein Scheitern vorprogrammiert. Manchmal belastet Erfolg auch familiäre und freundschaftliche Beziehungen oder bewirkt in anderen Lebensbereichen Veränderungen, die uns Angst machen. Die Sorge um die äußere Erscheinung hat in den letzten Jahren enorm zugenommen. Während das Aussehen vor zwanzig Jahren noch nicht als großes Problem angesehen wurde, zeigen aktuelle landesweite Untersuchungen, daß wir uns noch nie so sehr mit unserem Körper beschäftigt haben und so unzufrieden mit ihm waren wie heute. Was wir zur Lösung dieser Probleme tun, ist nicht immer gut für die Gesundheit. Neue und noch radikalere Methoden der Gewichtskontrolle überschwemmen den Markt, und mehr Kinder als je zuvor halten Diät. Neueste Studien zeigen, daß inzwischen die meisten »normalen« Frauen einige Symptome aufweisen, die denen von Frauen mit Eßstörungen ähneln. Es ist sogar so, daß ursprünglich zur Diagnose von Eßstörungen – Bulimie und Anorexia nervosa – entwickelte Fragebögen nicht mehr als einzige Methode für eine klinische Diagnose verwendet werden können, weil fast alle Frauen solche Aussagen wie »Ich habe schrecklich Angst zuzunehmen« oder »Ich bin ständig auf Diät« bestätigen.

Was ist in der heutigen Zeit so anders als früher, daß sowohl der Druck als auch die Hindernisse auf der Jagd nach Schönheit zuzunehmen scheinen?

Wir leben in einer selbstfixierten Gesellschaft. Zum einen ist der Schönheitsmarkt ein Riesengeschäft geworden – eine Industrie, die Milliardenumsätze macht. Zum anderen leben wir in einer Zeit, in der sich die Rollen der Geschlechter immer mehr verwischen. Frauen sind in traditionell männliche Domänen vorgedrungen, und immer mehr Männer betätigen sich im Haushalt. In vieler Hinsicht ist unser Körper noch das sichtbarste Zeichen für den Unterschied zwischen den Geschlechtern. Der richtige Körper und das richtige Aussehen können für viele Frauen in traditionell männlichen Berufen eine Möglichkeit sein, ihre weibliche Identität zu demonstrieren, ohne ihre berufliche Persona aufs Spiel zu setzen. Und ein muskulöser, maskuliner Körper kann einen Mann in seiner Männlichkeit bestärken, wenn er diese Bestätigung durch den Beruf allein nicht mehr bekommt. Zum dritten ist unser Körper durch die Fitneßbewegung zum sichtbaren Zeichen dafür geworden, daß wir uns bemühen, gesund zu bleiben. Perverserweise wird jetzt jedoch unsere Figur

als Beweis dafür genommen, wie sehr wir an uns selbst arbeiten
– sie sagt der Welt, wie charakterstark wir sind.

Die Wissenschaft hat erst vor kurzem begonnen, die psychologischen und sozialen Ursachen und Zwänge unseres Körperkults
zu untersuchen und zu erhellen. Vielleicht empfanden es seriöse
Wissenschaftler als beschämend, ja fast als lächerlich, die wichtige Rolle, die unser Körper und die äußere Erscheinung nun
einmal spielen, zur Kenntnis zu nehmen. Wie wichtig es ist, sich
dieses Themas anzunehmen, wurde in den 80er Jahren deutlich, als der extreme Körperkult zusammen mit der Schwierigkeit, den Schönheitsidealen der Gesellschaft zu entsprechen, bei
vielen Menschen zu einem gestörten Eßverhalten und ernsteren
Erkrankungen wie Bulimie und Anorexie führte.

Die explosionsartige Entwicklung des neuen Forschungsberei-
ches, die vor allem in Yale stattfand, hat einige bemerkenswerte
Erkenntnisse erbracht. Wir wissen jetzt, wie das Körperbild entsteht, und kennen die enge Beziehung zwischen Körperbild und
Selbstwertgefühl. Wir wissen, daß auch Männer sich mit ihrem
Körper beschäftigen, manche sogar sehr intensiv, daß sie aber
in anderer Weise davon betroffen sind als Frauen. Aktuelle Studien belegen, wie Eltern bei ihren Kindern unbewußt Eßstörungen und eine ständige Beschäftigung mit dem Gewicht fördern.
Das beginnt schon beim Alter von einem Jahr. Und was am
wichtigsten ist: Wir wissen jetzt, wie ungeeignet viele unserer
Bemühungen um einen schöneren Körper sind, wie wir in dem
eifrigen Bestreben, uns etwas Gutes zu tun, vielleicht genau das
machen, was den Erfolg noch unwahrscheinlicher werden läßt.
Ich werde auch auf die Erkenntnisse eingehen, die wir in der
Arbeit mit Patienten an der Klinik für Eßstörungen in Yale gewonnen haben, Patienten, die wegen ihrer Probleme mit dem
Gewicht, Eßzwängen oder ihrem Körper Hilfe suchten. Ich habe
mit meinen Kolleginnen Ruth Striegel-Moore und Lisa Silberstein die Behandlung von Hunderten betroffener Männer und

Frauen überwacht, von Menschen, die irgendwann Hilfe suchen, weil sie so sehr unter ihren Körperproblemen leiden, daß
andere Lebensbereiche davon in Mitleidenschaft gezogen werden.

Wir untersuchen in der Klinik auch Menschen mit normalem
Gewicht, die sich gesund ernähren, damit wir die mit einem
extremeren Verhalten besser verstehen können. Diese Arbeit
hat mir gezeigt, daß alle Menschen, ungeachtet ihres Gewichts,
sich über ihren Körper Gedanken machen. Aber obwohl sie sich
soviel damit beschäftigen, wissen die meisten Menschen herzlich
wenig über ihr physisches Selbst oder den wahren Grund ihrer
Gefühle. Und sie haben, ebenso wie viele Leser dieses Buches,
einfach nicht erkannt, daß sie sich aus Unwissenheit selbst Schaden zugefügt haben, als sie versuchten, mehr aus sich zu machen. Auf diese Weise sind sie ihren eigenen Schönheitsfallen
zum Opfer gefallen.

Beatrice, eine unserer Patientinnen, ist ein typisches Beispiel
für jemanden, der sein Leben lang zwanghaft mit seinem Gewicht und Diäten beschäftigt ist. Beatrice war zwölf, als sie ihre
erste Diät machte. Sie hatte damals ein normales Gewicht, was
sie erst viel später erkannte, als sie alte Familienalben durchblät-
terte und Photos von sich sah. Beatrice entwickelte sich früh zur
Frau und bekam schon mit neun Jahren einen Busen. Sie war
größer und schwerer als ihre Klassenkameradinnen und fühlte
sich im Vergleich zu ihnen »riesig und plump«. Ihre Mutter und
ihre Tante waren »unheimlich schön«. Beide waren kurze Zeit
gefragte Fotomodelle gewesen, bevor sie in reiche Familien ein-
heirateten und gesellschaftliche Anlässe zum Lebensmittelpunkt
wurden. Die zwei Jahre ältere Schwester von Beatrice kam vom
Aussehen her ihrer Mutter gleich. Sie hatte einen zierlichen
Knochenbau, helle Haut und schönes, dickes schwarzes Haar.
»Sie sah aus wie eine chinesische Puppe«, erzählte uns Beatrice,
»und sie hat mir immer die Show gestohlen«. Beatrice hingegen

geriet eher nach ihres Vaters Seite, wo alle »groß, eckig und muskulös waren und die Frauen einen breiten Brustkorb hatten. Alle haben Sommersprossen und eher buschiges Haar, und die Frauen sehen einfach nicht so toll aus wie meine Schwester, meine Mutter und meine Tante. Das Aussehen war in unserer Familie sehr wichtig«, erzählte Beatrice.

Die Frauen in ihrer Familie sprachen oft über die körperlichen Vorzüge und Nachteile anderer Frauen und zogen dabei immer Vergleiche zu sich selbst. Das Leben ihrer Mutter drehte sich um Friseurbesuche, Modenschauen und darum, ihre Tochter beim Ballettunterricht und den Tanzstunden zu beaufsichtigen und ihr gute Umgangsformen beizubringen. Beatrice ist zwar nicht in die Fußstapfen ihrer Mutter getreten in dem Sinne, daß in ihrem Leben nur Schönheit und Mode gezählt hätten, aber sie hat die Einstellung ihrer Mutter verinnerlicht, daß es ungeheuer wichtig ist, attraktiv zu sein. Allerdings glaubt Beatrice, daß sie sich gar nicht um andere Aspekte ihres Aussehens kümmern kann, solange sie »dieses Gewicht« hat. Also kauft sie sich nur billige, sackartige Sachen zum Anziehen (»Schöne Sachen kaufen, wenn man fett ist, ist doch hinausgeworfenes Geld«).

Eine große Rolle spielte in Beatrices Lebensgeschichte die Scham. Schon von frühester Kindheit an hatte Beatrice das Gefühl, daß sie an die anderen Frauen in der Familie nicht heranreichen konnte. Als sie in die Pubertät kam, fühlte sie sich von ihrem Körper verraten. Die Jungen in ihrer Klasse hänselten und belästigten sie ständig. »Ich habe mich *so* geschämt für meinen Körper. Ich habe ihn immer unter weiten Sachen versteckt. Ich habe immer darauf bestanden, daß ich eine Schuluniform bekam, die eine Größe größer war, als ich wirklich brauchte, wissen Sie. Die Blusen und Pullis waren dann groß genug, um meinen Busen zu verstecken.« Wie viele Mädchen, die früh in die Pubertät kommen, sah sich auch Beatrice schon in jungen Jahren mit sexuellen Annäherungsversuchen konfrontiert, die höchst ambivalente Gefühle in ihr auslösten. Auf der einen Seite war sie erleichtert, daß die Jungen in der Nachbarschaft oder in ihrer Klasse, die sie ständig drängten, sie ihre Brüste streicheln zu lassen, endlich Notiz von ihr nahmen. Andererseits schämte sie sich dafür, daß sie das tun mußte, damit die Jungen sich für sie interessierten. Sie meinte, kein Recht dazu zu haben, ihre Annäherungsversuche, für die sie sich immer selbst die Schuld gab, abzuweisen. Sie war zu verwirrt, um mit irgend jemandem über dieses Problem sprechen zu können.»Meine Eltern standen damals kurz vor der Scheidung und waren ganz mit ihrem eigenen Kram beschäftigt. Und meine Schwester hätte sich nur noch mehr über mich lustig gemacht, wenn sie es gewußt hätte.« Mit Tränen in den Augen erzählte Beatrice weiter von ihren schmerzlichen Erfahrungen, die so typisch für jemanden sind, der mit Scham zu kämpfen hat.»Natürlich mußten wir Tanzstunden nehmen und Unterricht in gutem Benehmen. Schließlich gehörten meine Eltern zur Bostoner Oberschicht, und wir mußten auf die Ehe mit irgendeinem reichen Mann vorbereitet werden und so weiter. Also, jedenfalls erinnere ich mich, daß ich zu diesen Stunden gegangen bin und mir alles absolut zuwider war. Ich war größer und kräftiger als alle anderen Mädchen und auch größer als die meisten Jungs. Keiner der Jungen wollte mit mir tanzen, und ich war immer so nervös, daß ich ganz naßgeschwitzt war. Ich kam mir vor wie der letzte Trampel – riesig, fett und vulgär.« Sie zog sich mehr und mehr von ihren Altersgenossen zurück und begann eine Diät, um ihren »grotesken Körper« auf ein normaleres Maß zu bringen.

Beatrice erlebte also eine zerstörerische Mischung aus Problemen, die für die Scham-, die Diät- und die Eitelkeitsfalle charakteristisch sind. Da sie sich ihres Körpers und damit auch ihrer selbst zutiefst schämte, dabei Attraktivität aber einen sehr hohen Stellenwert hatte und Schönheit in ihren Augen im Leben einer Frau überaus wichtig war (was in ihrem sozialen und familiären

Umfeld auch zutraf), machte sie immer drastischere Diäten, um ihren Körper in eine Form zu bringen, die, wie sie heute erkennt, für sie völlig unerreichbar war. Im Laufe von fast dreißig Jahren hat Beatrice »jede Diät auf Erden ausprobiert, mit kurzfristigem Erfolg und langfristig umsonst«. Sie lernte, sich für unattraktiv zu halten, und glaubte, daß die anderen ihr Äußeres abstoßend fänden.

Diese verschiedenen Probleme mußten wir in der Therapie bearbeiten, wenn sie erfolgreich sein sollte. Das Behandlungsziel war, Beatrice dabei zu helfen, Aussehen und Gewicht ins richtige Verhältnis zu setzen und zu sehen, daß Schlanksein und Schönheit in unserer Gesellschaft zwar einen hohen Stellenwert haben, daß es im Leben aber auch noch andere Dinge gibt als das Abnehmen um jeden Preis. Beatrices lebenslanges chaotisches Eßverhalten mußte durchbrochen und durch ausgewogene, gesunde Ernährungsgewohnheiten ersetzt werden, so daß sie ohne Schuldgefühle essen und es genießen konnte. Und schließlich brauchte Beatrice auch Unterstützung dabei, ihre tiefsitzende Scham zu überwinden, die ihr Selbstwertgefühl zerstörte und verhinderte, daß sie ihren Körper spürte, sich selbst mochte und gut zu sich sein konnte. Ich werde in den folgenden Kapiteln ausführlich beschreiben, wie wir Beatrice und anderen dabei halfen, aus ihren jeweiligen Fallen herauszukommen. Am meisten freut mich, daß Beatrice sich heute zum ersten Mal in ihrem Leben wirklich mag.

Um aus den Schönheitsfallen herauszukommen, müssen Sie als erstes die Problematik erkennen und Ihre ganz persönlichen Schwierigkeiten verstehen lernen. Ich werde Sie über Forschungsergebnisse informieren und viele Fälle von Patienten beschreiben, die wir im Laufe der Jahre kennengelernt haben. Sie werden sich bestimmt in dem einen oder anderen wiedererkennen. Sie finden in diesem Buch auch mehrere der Tests abgedruckt, die wir zur Diagnose der verschiedenen Aspekte dieses

Problemkreises verwenden, damit Sie die Bereiche enger abgrenzen können, an denen Sie arbeiten möchten. Wenn Sie Ihr ganz persönliches Problem einmal erkannt haben, werden Sie viele Möglichkeiten sehen, wie Sie wieder einen Kontakt zwischen Ihrem Körper und Ihrem inneren Selbst herstellen können, und zwar auf gesündere, weniger konfliktträchtige Weise. *Dies ist kein Diätbuch.* Es ist ein Buch, das Ihnen helfen wird zu verstehen, warum Gewicht und Aussehen so wichtig sind. Sie lernen in jedem Kapitel spezielle Methoden kennen, wie Sie aus den Schönheitsfallen herauskommen, in denen Sie momentan stecken, und wie Sie vermeiden können, in andere irgendwann einmal hineinzugeraten. Das neue Verständnis dafür, warum Sie sich auf eine bestimmte Weise verhalten oder nicht verhalten können, wird Ihnen helfen, mit Problemsituationen besser zurechtzukommen.

Probleme mit dem Körperbild sind ernst zu nehmen. Wie wir zu unserem Körper und insbesondere zu unserem Gewicht stehen, ist eine stark emotional besetzte Problematik, mit der wir uns wegen ihrer sozialen und psychischen Konsequenzen auseinandersetzen sollten. *Dies ist ein Buch für die 90er Jahre, gerade weil der Körperkult für den einzelnen wie für die Gesellschaft heute eine zunehmende Gefährdung darstellt.* Er ist ein Problem, um das wir uns sofort kümmern müssen. Dieses Buch soll Ihnen dabei helfen, den ersten Schritt zu tun.

1

Warum gerade jetzt?

Die Kolumnistin Vida Roberts, die für die *Baltimore Evening Sun* schreibt, stellte am Schluß ihrer Rückschau auf die 80er Jahre fest:

Der Körper war die stärkste Modeaussage der 80er Jahre. Er war das wichtigste Stilelement, die Kleider nur Accessoires. Und er war ein Modeartikel, dessen Design wir selbst in der Hand hatten, den wir durch Stretching, Krafttraining und Diät in die richtige Form bringen konnten. Cher hat uns versichert, daß es so ist, wenn wir uns nur dazu aufraffen. Dieses Jahrzehnt ließ keine Entschuldigungen für schlaffe Oberschenkel oder einen schwabbeligen Bauch gelten.

Es reichte aber nicht, fit zu sein, man mußte gut aussehen. Als das Training Wirkung zeigte, packten die Fitneßjünger ihre Trainingsanzüge weg, und es begann der Run auf sexy Sportswear.

Sie putzten sich vor den Spiegeln im Fitneßcenter auf und flatterten umher wie schillernde Tropenvögel, die zur Paarungszeit ihr schönstes Gefieder tragen. Alles saß knapp, die Farben waren heiß, und die Körper glänzten in Lycra und Spandex. Es gab Bodies und Leggings und Radlerhosen und engsitzende Laufanzüge. Das Trainingsoutfit hatte stets einen hohen Beinausschnitt, zwischen dem Bund und dem tiefaus-

*geschnittenen knappen Oberteil mußte ein gutes
Stück nackte Haut zu sehen sein.
Sie sahen so gut aus, daß der Stretchlook sich allge-
mein durchsetzte und straßenfein wurde.*

Der Körperkult ist in den letzten zehn Jahren zu einer gesellschaftlichen Manie geworden. Man hat uns dazu gebracht, über
unseren Körper nachzudenken, zu reden und ihn strategisch
einzusetzen. Fragen wie: »Sehe ich gut genug aus?« oder: »Bin
ich fit genug?« oder: »Bin ich schlank genug?« beschäftigen jeden
einmal, aber viele Menschen sind davon regelrecht besessen.
Ich will in diesem Kapitel untersuchen, wie Kultur und Gesellschaft den Boden dafür bereitet haben, daß diese Fragen so
wichtig geworden sind.
Ich bin zwar der Meinung, daß Kräfte wie die Industrialisierung
der Schönheit und die gegenwärtigen sozialen Trends gerade in
unserer Zeit einen besonders hohen Einsatz erfordern, aber dennoch kann man die Sorge um das äußere Erscheinungsbild und
das Gewicht nicht einfach als Verirrung der modernen westlichen Kultur abtun. Jedes Zeitalter hat seine Maßstäbe dafür gehabt, was schön ist und was nicht. Und jede Kultur hat ihre
ureigenen und sehr unterschiedlichen Vorstellungen von der
richtigen Größe, Form und Verschönerung des Körpers. Im 12.
und 13. Jahrhundert haben sich die Frauen in China die Füße
bandagiert, damit sie der damaligen Mode entsprechend ganz
schmal und nur halb so groß wurden, ein Brauch, der Hundert-
tausende dazu verurteilt hat, ihr Leben lang zu humpeln. Und
im 19. Jahrhundert mußten die Frauen, wollten sie einen schönen weiblichen Körper haben, ein Korsett tragen, was Atembe-
schwerden, Verstopfung, Schwächeanfälle und erhebliche Ma-
genprobleme zur Folge hatte. Der weibliche Körper ist immer
und überall als etwas Unvollendetes betrachtet worden, das mo-
delliert, verstümmelt, eingeengt, aufgeputzt und immer wieder

in die richtige Form gebracht werden muß, um für den einzelnen und ebenso für die Gesellschaft ein Objekt der Schönheit und des sinnlichen Genusses zu werden.

Aber auch wenn wir modernen Menschen unseren Vorfahren in dieser Hinsicht gleichen, so hat doch erst der technologische Fortschritt die Sorge um das Äußere ein erschreckendes Maß erreichen lassen.

Narziß und das Fernsehen

Die industriellen Errungenschaften des 20. Jahrhunderts haben einen enormen Einfluß darauf gehabt, wie wir zu unserem Körper stehen. Vor allem seit dem Aufkommen der Massenmedien, unter anderem der Photographie und des Films, werden wir mit sehr uniformen Mode- und Schönheitsnormen konfrontiert, ebenso schärfen Zeitschriften und Filme unser aller Wahrnehmung dafür, wie wir aussehen. Das Fernsehen bringt uns berühmte Persönlichkeiten ins Haus, macht sie zu einem Bestandteil unseres Alltags. Und das hat erschreckende Auswirkungen. Wir sehen diese schönen Menschen ebensooft wie die Mitglieder unserer eigenen Familie, was uns ein ungewöhnlich gutes Aussehen als real und erreichbar erscheinen läßt. Narziß hatte noch Glück. Er blickte nur in einen See. Die Frau von heute schaut, wie ein moderner Narziß, in den Fernseher und möchte sich selbst sehen. Erkennt sie sich darin nicht, strengt sie sich immer mehr an, um diesem unnatürlichen Spiegelbild zu entsprechen. Sie denkt nicht daran, daß sich Maskenbildner und Friseur stundenlang mit den Filmstars beschäftigt haben. Sie vergißt, wie leicht die Kamera lügt.

Seit die Zelluloidrealität von Film und Fernsehen in unser Leben eingedrungen ist, werden wir auch mit Bildern von Fitneßexperten mit wohlgeformten Körpern bombardiert, die uns fröhlich zurufen: »Und jetzt die Beine bewegen, Arme ausstrecken,

Bauch schön einziehen«. Selbst wenn wir ganz schnell umschalten, können wir Schuldgefühle nicht vermeiden, wenn es wieder einer dieser Tage ist, an denen wir uns nicht »voll ausgearbeitet« haben. Diese schönen Menschen – die in unseren Wohn- und Schlafzimmern zu Gast sind, während wir frühstücken oder uns nach einem harten Tag entspannen – sind uns eine ständige Mahnung, wie man auszusehen hat. Und der »richtige Look« wird heute gnadenlos vermarktet.

Die Schönheitsindustrie ist zu einer Branche mit hohen Wachstumsraten geworden, mit einem Anzeigengeschäft, das auf die ständige Sorge um den Körper zielt. »Mit den meisten Kosmetikartikeln werden im Grunde Träume verkauft, Hoffnung in einer Flasche«, sagt Martin Stevens, früher Werbemanager bei Revlon. Das Geschäft mit Diätnahrung bringt inzwischen viele Millionen Dollar und ist auf dem Versprechen aufgebaut, daß man sich damit ein besseres, schöneres Selbst erwirbt.

Nora Ephron hat 1972 einen sehr gelungenen Artikel für die Zeitschrift *Esquire* geschrieben mit der Überschrift »Ein paar Worte über den Busen«. Es war die mit Humor gewürzte Schilderung der Leidensgeschichte einer nicht-so-üppig-ausgestatteten Frau. Dieser Artikel scheint heute völlig überholt. Der Körper wird inzwischen als etwas Formbares, Korrigierbares angesehen. Die plastische Chirurgie wurde lange Zeit durchweg als Privileg eitler Frauen im fortgeschrittenen Alter betrachtet, die sich das Gesicht straffen, und verwöhnter reicher Highschool-Teenager, die sich eine hübschere Nase machen lassen. In den 80er Jahren jedoch wurde daraus ein wesentlich einträglicheres Geschäft. Nach einem 1985 von der American Society of Plastic and Reconstructive Surgeons (ASPRS) veröffentlichten Bericht haben ihre 2700 Mitglieder im Jahr 1984 477000 »kosmetische« Operationen durchgeführt, 61 Prozent mehr als 1981. Dazu zählten unter anderem Dermabrasion (Hautpeeling), plastische Bauch- und Kinnkorrekturen, Mastopexie (Anhebung der Brust), Ohrplastik und Haartransplantation. Die prozentuale Zunahme solcher Operationen reichte von 7 Prozent bei Haartransplantationen bis zu 40 Prozent bei Kinnimplantaten. Der unschlagbare Spitzenreiter jedoch war – mit einer Zuwachsrate von 300 Prozent in nur vier Jahren – die chirurgische Umformung des Körpers. Auch über 100000 Bundesbürger begeben sich inzwischen jährlich in die Hände eines Schönheitschirurgen und zahlen dafür ca. 180 Millionen Mark (Anm. d. Übers.).

Diese phänomenale Entwicklung der plastischen Chirurgie in den letzten Jahren ist das Nebenprodukt einer veränderten Rolle des Äußeren. Zusätzlich zur traditionellen schmückenden Rolle werden Gesicht und Körper immer mehr zu wichtigen Accessoires im Berufsleben, zu einer mobilen Reklamefläche im Dienste ihres Eigentümers, die seine Brillanz, Energie und Intelligenz belegen soll. Es gibt heute nur wenige Berufe, bei denen das Aussehen nicht wichtig ist. Um nur ein Beispiel zu nennen: Eine Untersuchung von Buchprüfungsfirmen, durchgeführt von den Betriebswirtschaftsprofessoren Jerry Ross und Kenneth Ferris, hat ergeben, daß sowohl das Gehalt wie die Wahrscheinlichkeit, Mitinhaber/in der Firma zu werden, mehr von der körperlichen Attraktivität abhingen als davon, ob der/die Betreffende einen akademischen Grad hatte, oder von der Qualität der Universität, an der er/sie gewesen war.

In der Tat ist es heute so, daß nicht nur Ihre Figur und Ihre Garderobe modern sein und dann wieder aus der Mode kommen können. Mit Ihrem Gesicht ist es ebenso. Ein Gremium plastischer Chirurgen hat bei einem jüngst veranstalteten ASPRS-Kongreß berichtet, daß bestimmte Gesichtszüge ein Jahrzehnt lang »in« sein können, im nächsten aber »out«. Diese Ärzte hatten über einen Zeitraum von dreißig Jahren die Operationswünsche ihrer Patienten ausgewertet. Sie stellten fest, daß das Gesicht der 80er Jahre von dem der 50er himmelweit entfernt war. Die Frau der 80er Jahre wollte sich als intelligent und selbstbewußt sehen. Das Wunschgesicht war nicht mehr das der jungen Elizabeth Taylor, sondern das von Christie Brinkley. Die Frauen wollten eine breitere Stirn, ausgeprägte Wangenknochen, tiefliegende Augen, breitere Augenbrauen, schmalere Augenlider, vollere Lippen. »Alle sagen: ›Ich will nicht lieb und nett aussehen‹«, berichtet Dr. Norman J. Pastorek, ein New Yorker Spezialist für Gesichtsplastik. »›Beim Nahkampf mit den Jungs an der Börse will ich nicht schwach und verletzlich aussehen‹«.

Auch Männer verändern ihr Aussehen; mit einer breiten Nase und Tränensäcken kommt man in vielen Kreisen nicht mehr an. Nach einer von der American Academy of Cosmetic Surgery (AACS) und der American Society of Liposuction Surgery (ASLS) gemeinsam durchgeführten Untersuchung entfielen im Jahr 1988 – neuere Daten sind nicht verfügbar – 30 Prozent aller Schönheitsoperationen auf Männer. Das waren fast 10 Prozent mehr als im Vorjahr. (Mit ungefähr 20 Prozent liegt hier der Anteil in der Bundesrepublik noch deutlich niedriger, aber auch hierzulande sind immer mehr Männer bereit, sich für ein besseres Aussehen auf den Operationstisch zu legen, Anm. d. Übers.) Die fünf gefragtesten ästhetischen Korrekturen bei Männern sind nach Angaben der AACS, und zwar in dieser Reihenfolge: Lipoplanning (Fettabsaugung) zur Verkleinerung des »Rettungsrings«, Nasenkorrekturen, Haartransplantation, Korrektur der Augenlider und schließlich Gesichtsstraffung. Der Trend beim Männergesicht geht jetzt zu volleren Lippen, höheren Backenknochen und einem kräftigeren Kinn. Statt der in den 70er Jahren beliebten schmalen, konkaven Nase werden heute eine geradere Nase und Formen bevorzugt, die mit dem Gesicht insgesamt harmonieren, heißt es bei der AACS.

Sollte Ihnen das Ganze doch etwas zu extrem sein, hier das beruhigende Schlußwort des Gremiums plastischer Chirurgen, das ich bereits erwähnt habe: »Um Mißverständnissen vorzubeugen: Das Gesicht der 60er und 70er Jahre ist immer noch akzeptabel, und selbst wenn Sie nicht das Gesicht der 80er haben, lohnt es sich vielleicht zu warten. Das heute unmoderne Gesicht ist vielleicht in den 90er Jahren genau das richtige.«

Die gesellschaftliche Bedeutung des Aussehens

Uns liegt am »richtigen« Aussehen, weil das äußere Erscheinungsbild in der heutigen Zeit enorm wichtig ist, wenn man Erfolg haben und geachtet werden will. Aktuellen Untersuchungen zufolge ist es schon im Kindergarten so, daß nett aussehende Kinder bei ihren Altersgenossen beliebter sind. Die Forscher haben beobachtet, wer mit wem spielt, welche Kinder für eine Tätigkeit zu zweit oder in einer kleineren Gruppe zuerst ausgewählt werden und wen Kinder als ihre engsten Freunde betrachten. Schon diese Kleinen haben offenbar verinnerlicht, welch großen Wert Schönheit in unserer Gesellschaft hat, denn sie mögen die hübschesten Kinder am liebsten. Und ihre Betreuer haben die gleiche Einstellung; sie beurteilen die netter aussehenden Kinder als klüger und leistungsfähiger.

Teenager und Erwachsene schreiben attraktiven Menschen praktisch alle Charaktereigenschaften zu, die als gesellschaftlich wünschenswert betrachtet werden, und meinen, daß sie im Leben erfolgreicher und glücklicher sind. In einer Studie neueren Datums wurde tatsächlich ermittelt, welchen Einfluß eine durch eine Schönheitsoperation erzielte größere Attraktivität darauf hat, wie die Menschen einander beurteilen. Die Probanden sahen Vorher-und-nachher-Photos. Sie bewerteten die Personen auf den Bildern als erheblich freundlicher, herzlicher, aufgeschlossener und glücklicher, nachdem sie attraktiver geworden waren. Susan, die an unserer Studie teilnahm, hat diese gesellschaftliche Einstellung sehr treffend zusammengefaßt: »Wenn man äußerlich so unscheinbar ist wie ich, denken die Menschen, daß man innerlich genausowenig zu bieten hat.«

Viele Studien belegen, daß körperlich attraktive Menschen in zwischenmenschlichen Situationen gegenüber weniger attraktiven einen entscheidenden Vorteil haben. Sie bekommen eher Hilfe und lösen mehr Kooperationsbereitschaft aus. Attraktive Bewerber haben größere Chancen, eine Stelle zu bekommen, und sie werden meist mit einem besseren Anfangsgehalt eingestellt. Selbst im Gerichtssaal sieht es für attraktive Menschen besser aus; sie werden weniger oft schuldig gesprochen. Man erachtet sie milderer Strafen würdig, und die Urteile fallen auch eher zu ihren Gunsten aus.

Wenn allgemein davon ausgegangen wird, daß schön gleich gut ist und häßlich gleich schlecht, wie beeinflußt das die sozialen Interaktionen? Ist das gesellschaftliche Leben unattraktiver Menschen eingeschränkt? Werden als Folge davon ihre Fähigkeiten im Umgang mit anderen weniger gut entwickelt? Die Antwort lautet oft ja. Erwartungen haben die Neigung, sich zu erfüllen. Wenn Sie auf jemanden mit der Erwartung zugehen, daß er ein Miesepeter ist, verhalten Sie sich meist so, daß der Miesepeter in ihm zum Vorschein kommt. Wenn Sie jemandem mit der Erwartungshaltung begegnen, daß er ein Star ist, wird er/sie sehr wahrscheinlich versuchen, es zu sein. Das Klischee von der körperlichen Attraktivität hat etwas stark zur Selbsterfüllung Neigendes an sich.

Die Psychologen Mark Snyder und Ellen Berscheid von der University of Minnesota haben zusammen mit ihren Studenten für eine Studie Paare gebildet aus Menschen, die sich nicht kannten, um die Vorgänge beim Kennenlernen zu untersuchen. Da sich die Partner nicht sehen sollten, fand dieses Kennenlernen über das Telefon statt. Vor der telefonischen Unterhaltung bekam jeder der Männer einen Polaroid-Schnappschuß, angeblich von der Frau, die er kennenlernen würde, und ein paar biographische Informationen über sie. In Wahrheit zeigte das Photo nicht die Partnerin. Tatsächlich wurden nur zwei verschiedene Bilder verwendet. Die Hälfte der Teilnehmer sah das eine Bild – von einer sehr gut aussehenden Frau –, die andere Hälfte das zweite – auf dem eine recht unscheinbare Frau zu sehen war. Die Männer sollten dann vor der telefonischen Unterhaltung ihren ersten Eindruck von ihrer Partnerin beschreiben. Die Teilnehmer, die dachten, sie würden mit einer attraktiven Frau sprechen, gingen davon aus, daß sie wesentlich aufgeschlossener, ausgeglichener und humorvoller sei und besser mit anderen umgehen könne. Das Verblüffende daran ist, daß diese Erwartungen sich bei dem kurzen Telefongespräch ganz deutlich auswirkten. Die Psychologen nahmen die Unterhaltungen der Männer und Frauen getrennt auf. Die Bänder wurden dann von Fachleuten bewertet, die nichts über die Bilder wußten, die die Probanden bekommen hatten. Männer, die glaubten, eine attraktive Partnerin zu haben, wurden als engagierter, humorvoller und entgegenkommender beurteilt. Ihre Partnerinnen reagierten dementsprechend. Bei den als attraktiv dargestellten Frauen lautete das Urteil, daß sie lebhaft, selbstsicher und gewandt klangen. Bei den dem Photo nach unscheinbaren Frauen wurde genau das Gegenteil festgestellt.

Wenn die Klischees in den Köpfen schon während eines nur zehnminütigen Telefongesprächs die soziale Realität formen, können Sie sich vorstellen, was im Laufe mehrerer Jahre geschieht. Wenn attraktive Menschen in sozialen Interaktionen Jahr für Jahr mehr Chancen bekommen und mehr Ermutigung erfahren als unattraktive, dann können aus attraktiven und unattraktiven Menschen zweifellos unterschiedliche soziale Wesen werden.

Als Gesellschaft, die von einem feststehenden Schönheitsideal besessen ist, sind wir besonders intolerant – und manchmal grausam – gegenüber Menschen, die ihm nicht entsprechen, vor allem gegenüber den Übergewichtigen. Wir lernen schon in jungen Jahren, daß Dicksein etwas ist, wofür man sich schämen muß. Und dicke Menschen werden auf schmerzliche Weise stigmatisiert. Einschlägige Untersuchungen zeigen, daß Kinder dicken Altersgenossen gegenüber negativere Gefühle haben als gegenüber anderen mit verschiedenen Behinderungen, sei es, daß sie im Rollstuhl sitzen, ihnen eine Hand fehlt oder sie im Gesicht entstellt sind. Selbst Kinder mit einer lebensbedrohlichen chronischen Krankheit sind lieber krank als dick.

Statistiken belegen, daß dicke Menschen im Rahmen der Ausbildung und am Arbeitsplatz diskriminiert werden. In einer Folge der bekannten Fernsehserie *L.A. Law* wurde das Problem der Vorurteile gegen dicke Mitarbeiter in einfühlsamer Weise behandelt. Es ging darin um eine Anwältin, die, weil sie dick war, von ihrer Firma entlassen worden war. Die Verteidiger machten geltend, daß ihr Körperumfang sich negativ auf ihre Glaubwürdigkeit auswirke trotz der Tatsache, daß sie eine gute Anwältin sei. Die Frau verklagte sie auf Schadenersatz.

Der geschäftsführende Teilhaber der Firma sagte aus: »Bei einer Rechtsanwältin schließen sich Leistung und gutes Aussehen nicht gegenseitig aus. Es sieht in der Realität doch so aus, daß die Leute sie anschauen und sagen: ›Also, wenn sie schon nicht fähig ist, sich um sich selbst zu kümmern, wie kann sie sich dann um mich kümmern?‹«

Später fragte sie der Verteidiger der Firma: »Trifft es nicht zu ..., daß Sie Ihr ganzes Leben von anderen sehr schnell abgelehnt worden sind, einfach weil Sie dick sind?«

»Die Tatsache, daß es jeder macht, ist keine Entschuldigung«, antwortete die Anwältin.

»Nein, es ist keine Entschuldigung«, entgegnete darauf der Verteidiger. »Aber wenn es nun einmal den Tatsachen entspricht, wie können Sie meinem Klienten die Schuld dafür geben, daß er es erkannt hat?«

Wir lernen diese Vorurteile gegen Dicke in der Kindheit, was sehr viel dazu beiträgt, daß Menschen mit einem normalen Gewicht große Angst davor haben, dicker zu werden. Viele Leute erklären bei unseren Untersuchungen, daß sie sich umbringen würden, wenn sie dick wären. Wir wissen zwar, daß man das oft nur so sagt, um zu unterstreichen, wie entsetzlich ein solcher Gedanke ist; manche übergewichtige Menschen sind jedoch so unglücklich über ihr Aussehen, daß sie tatsächlich an Selbstmord denken, und einige wenige tun diesen Schritt auch. Der Test auf Seite 36–38 gibt Ihnen Aufschluß darüber, wie wichtig die gesellschaftlichen Normen Ihnen persönlich sind.

Aber ist die Situation in den letzten Jahrzehnten schlimmer geworden? Die Antwort darauf ist eindeutig »ja«.

Der Psychologe David Garner und seine Kollegen an der University of Toronto haben sich mit Statistiken über die Kandidatinnen für die jedes Jahr stattfindende Wahl zur Miß America beschäftigt und festgestellt, daß sich Körpergewicht und -maße in den vergangenen zwanzig Jahren erheblich reduziert haben. So unglaublich es auch scheinen mag, die Siegerin war seit 1970 immer die Dünnste der fünf Finalistinnen.

Eine kürzlich von Dr. Irene Frieze, Psychologin an der University of Pittsburgh, und ihren Kollegen durchgeführte Studie an männlichen Absolventen einer Wirtschaftsakademie hat einen deutlichen Zusammenhang zwischen Gewicht, Größe und Einkommen von Männern erbracht. Sie stellten bei der Befragung von über tausend Männern fest, daß die, die mindestens 20 Prozent Übergewicht hatten, im Jahr 4000 Dollar weniger verdienten. Schlankere Männer bekamen ein höheres Gehalt als ihre übergewichtigen Kollegen. Auch die Körpergröße wirkt sich bei Männern auf das Einkommen aus. Größere Männer verdienten etwa 600 Dollar *pro Zoll* (2,5 Zentimeter) mehr als kleinere Angestellte. Solch offensichtliche Unterschiede gab es vor zwanzig Jahren noch nicht.

Test zur Akzeptanz sozialer Normen

Bitte lesen Sie die folgenden Aussagen, und kreuzen Sie an,
wie sehr oder wie wenig Sie jeder zustimmen.

1. Ein Mann geht immer lieber mit einer schlanken Frau aus
als mit einer, die mehr auf die Waage bringt.

Stimmt genau	Stimmt zum Teil	Bin unent-schieden	Stimmt nicht ganz	Stimmt gar nicht
___	___	___	___	___

2. In den Kleidern, die heute gemacht werden, können nur
schlanke Menschen gut aussehen.

Stimmt genau	Stimmt zum Teil	Bin unent-schieden	Stimmt nicht ganz	Stimmt gar nicht
___	___	___	___	___

3. Dicke Menschen sind oft unglücklich.

Stimmt genau	Stimmt zum Teil	Bin unent-schieden	Stimmt nicht ganz	Stimmt gar nicht
___	___	___	___	___

4. Attraktive Menschen sind nicht interessanter, ausgeglichener und aufgeschlossener als unattraktive Menschen.

Stimmt genau	Stimmt zum Teil	Bin unent-schieden	Stimmt nicht ganz	Stimmt gar nicht
___	___	___	___	___

5. Wenn man nicht schlank ist, kommt man mit einem hübschen Gesicht allein nicht weit.

Stimmt genau	Stimmt zum Teil	Bin unentschieden	Stimmt nicht ganz	Stimmt gar nicht
___	___	___	___	___

6. Bei einer Frau ist Attraktivität wichtiger als bei einem Mann.

Stimmt genau	Stimmt zum Teil	Bin unentschieden	Stimmt nicht ganz	Stimmt gar nicht
___	___	___	___	___

7. Attraktive Menschen haben ein erfüllteres Leben als unattraktive.

Stimmt genau	Stimmt zum Teil	Bin unentschieden	Stimmt nicht ganz	Stimmt gar nicht
___	___	___	___	___

8. Je schlanker eine Frau ist, um so attraktiver ist sie.

Stimmt genau	Stimmt zum Teil	Bin unentschieden	Stimmt nicht ganz	Stimmt gar nicht
___	___	___	___	___

9. Attraktivität verschlechtert die Aufstiegschancen im Beruf.

Stimmt genau	Stimmt zum Teil	Bin unentschieden	Stimmt nicht ganz	Stimmt gar nicht
___	___	___	___	___

Dieser Test zeigt Ihnen, wie sehr Sie von der Bedeutung des Aussehens überzeugt sind. Bewerten Sie Ihre Antworten wie folgt:

Aussage 1, 2, 3, 5, 7, 8: Notieren Sie eine 0, wenn Sie *Stimmt gar nicht* angekreuzt haben; eine 1 für *Stimmt nicht ganz*; eine 2 für *Bin unentschieden*; dann je 1 Punkt mehr bis zu 4 für *Stimmt genau*.

Aussage 4, 6, 9 werden umgekehrt bewertet: Notieren Sie eine 0 für *Stimmt genau*; eine 4 für *Stimmt gar nicht* und 1 bis 3 Punkte für die restlichen Antworten.

Addieren Sie die Punkte aller neun Aussagen. 28 Punkte oder mehr heißt: Daß gutes Aussehen in unserer modernen Gesellschaft so viel gilt, beeinflußt Sie ganz erheblich.

Erkenntnisse wie diese machen in eindrucksvoller Weise deutlich, wie sich der Geschmack selbst innerhalb des kurzen Zeitraums von 15 bis 20 Jahren geändert hat. Es überrascht deshalb eigentlich nicht, daß sich die Menschen heute offenbar viel mehr Gedanken um ihren Körper machen und weniger zufrieden mit ihm sind als früher. Je schlanker und schöner der ideale Körper wird, um so schwerer ist dieses Ziel für die meisten Menschen zu erreichen.

Die Fachzeitschrift *Psychology Today* hat 1987 die Ergebnisse einer Umfrage unter ihren Lesern veröffentlicht, bei der es darum ging, wie sie mit ihrem Aussehen und Gewicht zufrieden sind. Nur 12 Prozent gaben an, daß ihnen ihr Aussehen relativ wenig Probleme macht und sie nicht viel tun, um besser auszusehen. Natürlich kann man davon ausgehen, daß Leute, die einen Fragebogen zum Thema Körperbild zurückschicken, sich mehr um ihr Aussehen kümmern als die meisten anderen. Aber die Ergebnisse dieser Umfrage stimmen ziemlich mit denen vieler Studien neueren Datums überein, wo die Teilnehmer nach der Zufallsmethode ausgewählt wurden. Der Druck, unbedingt gut aussehen zu müssen, ist ungeheuer groß.

Schon 1972 wurde in *Psychology Today* eine Umfrage zum Thema Körperbild veröffentlicht. Die Leute, die damals mitmachten, waren mit ihrem Körper wesentlich zufriedener als die, die sich an der Umfrage der 80er Jahre beteiligten. Vor allem Männer scheinen sich über ihr Aussehen mehr Gedanken zu machen als früher. Bei beiden Geschlechtern hat sich jedoch der *Druck*, gut auszusehen, in den letzten 15 Jahren verstärkt. Schauen Sie sich die Tabelle auf S. 40 an, wo die beiden Umfragen verglichen werden. Die Unzufriedenheit hat in bezug auf alle Bereiche des Körpers zugenommen.

Die Umfrage zeigt auch, welch zentrale Bedeutung das Gewicht für das Körperbild hat. Mehr als 40 Prozent der Männer und 50 Prozent der Frauen waren 1987 mit ihrem Gewicht nicht zufrieden. Am meisten störte Männer ihr Bauch, Frauen die Oberschenkel. Das sind die Bereiche, wo sich eine Gewichtszunahme geschlechtsspezifisch am stärksten niederschlägt. Eine Umfrage, die ich im vergangenen Jahr für die Zeitung *USA Today* ausgewertet habe, erbrachte die gleichen Resultate. Die Menschen scheinen heute wesentlich selbstkritischer zu sein, wenn sie es nicht schaffen, das richtige Gewicht und Aussehen zu haben.

Wären nur die Erwachsenen von dieser Veränderung betroffen, wäre das Ganze vielleicht nicht so schlimm. Aber Jugendliche und Kinder folgen ihrem Beispiel. Einer Anfang der 70er Jahre durchgeführten Untersuchung an Teenagern zufolge, die in der medizinischen Fachzeitschrift *Pediatrics* veröffentlicht wurde, machten sich nur 6 Prozent über ihr Gewicht Gedanken. Heute, das hat eine neue, im *Journal of the Canadian Medical Association* erschienene Studie gezeigt, fürchten 31 Prozent der Teenager – Jungen und Mädchen –, daß sie zuviel wiegen. Und

bei einer Untersuchung an fast 500 Schülerinnen in San Fran-
cisco, die meisten aus Familien mit mittleren Einkommen, be-
richteten 81 Prozent der Zehnjährigen, daß sie schon minde-
stens eine Diät gemacht hatten. Bei einer repräsentativen
Umfrage in der Bundesrepublik gaben 1991 42 Prozent der
Frauen an, schon einmal eine Diät gemacht zu haben, bei den
Männern waren es lediglich 16,6 Prozent. 41,6 Prozent der
Frauen nannten bei einer anderen Umfrage als Grund für ihre
Diätversuche: »Ich kann mich so nicht leiden.« (Anm. d. Übers.)

Mit dem Körper unzufrieden					
Studie von 1972	Männer %	Frauen %	Studie von 1987	Männer %	Frauen %
Größe	13	13	Größe	20	17
Gewicht	35	48	Gewicht	41	55
Muskel-spannung	25	30	Muskel-spannung	32	45
Gesicht	8	11	Gesicht	20	20
Brust-korb/ Busen	18	26	Ober-körper	28	32
Bauch	36	50	Körper-mitte	50	57
Hüften/ Ober-schenkel	12	49	Unter-körper	21	50
Ausse-hen ins-gesamt	15	25	Gesamt-bild	34	38

Mütter sollten sich diese neuen Erkenntnisse zum Thema Diät-halten bewußtmachen, sowohl ihrer Kinder als auch ihrer selbst wegen. Sie sollten sich darüber im klaren sein, daß das Risiko für ihr Kind um so größer ist, je mehr sie sich um ihr eigenes Gewicht Sorgen machen. Unsere Studie über Mütter mit Töch-tern von der neunten bis zur zwölften Klasse hat ergeben, daß Mütter von Töchtern mit Eßstörungen selbst schon eine lange »Diätkarriere« hinter sich hatten. Sie waren in der Tat jünger, als sie mit Diäten anfingen, als die Frauen einer Vergleichsgrup-pe, deren Töchter keine Eßstörungen hatten. Vom Gewicht her gab es zwar keinen Unterschied zu den Müttern der Vergleichs-gruppe, aber sie waren wesentlich unzufriedener mit ihrem Kör-per und erschreckenderweise auch mit dem ihrer Töchter. Müt-ter von Töchtern mit Eßstörungen wünschten sich ihre Töchter schlanker als die anderen Mütter, unabhängig von deren tat-sächlichem Gewicht. Sie stuften ihre Töchter sogar als weniger attraktiv ein als diese sich selbst. Im Gegensatz dazu war die Beurteilung der Mütter aus der Vergleichsgruppe, was die At-traktivität ihrer Töchter betraf, praktisch identisch mit den Aus-sagen der Töchter über sich selbst. Mütter sollten sich über die Folgen, die Diäthalten für ihre Töchter hat, und über die Pro-bleme mit dem Körperbild, die sich in der Pubertät ergeben, im klaren sein; beides kann sich für eine Frau ihr Leben lang negativ auswirken. Es gibt bislang noch keine vergleichbaren Studien über Väter und Töchter; auf diesem interessanten Gebiet bleibt für die Forschung in Zukunft noch einiges zu tun.

Den Psychologen Susan und Wayne Wooley zufolge, die Pro-bleme mit dem Körper und Eßstörungen untersuchen, ist das Risiko deshalb gerade zum jetzigen Zeitpunkt gestiegen, weil die Kinder der »Weight-Watchers-Generation« herangewachsen sind – die erste Generation, die von äußerst gewichtsbewußten Müttern aufgezogen wird. Viele Kinder erleben ihre Adoleszenz vor allem als wachsende Kritik ihrer Mütter an ihrem Äußeren.

Dazu lernen sie, wie man Diät hält, und entwickeln durch Beobachtung der eigenen Mütter anomale Eßgewohnheiten.

Inzwischen wissen wir auch, wie früh die Gewichtsprobleme einer Mutter schon Auswirkungen auf ihr Kind haben können. In einer gerade abgeschlossenen Untersuchung haben Steven Reznick, ein Entwicklungspsychologe in Yale, und ich auffallende Unterschiede festgestellt, wie Mütter ihr einjähriges Kind füttern und sich ihm gegenüber verhalten. Wir haben auf Video festgehalten, wie Mütter ihrem kleinen Kind eine dem Alter entsprechende Nahrung fütterten. Alle Mütter und Kinder, die wir in die Studie einbezogen, hatten ein normales Gewicht. Dann haben Beurteiler, die nicht wußten, welche der Mütter Probleme mit ihrem Körperbild hatten, die Bänder ausgewertet. Wie die Mütter ihre Kleinen fütterten, stand in engem Zusammenhang mit den Gewichtsproblemen und Störungen des Körperbildes, die die Mutter selbst hatte.

Und wo lagen nun die Unterschiede? Die Mütter, die sich sehr viel Gedanken über ihr Gewicht machten, fütterten ihr Baby unregelmäßiger, manchmal zwangen sie ihm das Essen geradezu auf, manchmal gaben sie ihm zuwenig. Sie waren beim Füttern emotional wesentlich erregter als die Mütter, die sich weniger mit ihrem Körper beschäftigten. Sie neigten auch dazu, diese Interaktion möglichst schnell zu beenden. Verallgemeinert bedeutet das also, daß Kinder schon mit einem Jahr und wahrscheinlich schon früher für die Probleme empfänglich sind, die ihre Mütter mit ihrem Körper und ihrem Gewicht haben.

In Anbetracht der ständig wachsenden Unzufriedenheit mit dem Körper überrascht es nicht, daß dementsprechend auch die Fälle von extrem gestörtem Eßverhalten in den letzten 15 Jahren zugenommen haben. Dazu zählen unter anderem die inzwischen allgemein bekannte Eßstörung Bulimie – häufiges und zwanghaftes Essen mit nachfolgendem Erbrechen – und Anorexia nervosa – ein Sich-zu-Tode-Hungern. Daß immer mehr Frauen an

Eßstörungen leiden, ist umfassend dokumentiert. *Newsweek* hat das Jahr 1981 nach Interviews mit auf diesem Gebiet führenden Forschern und Klinikern sogar zum Jahr des Eß-Brech-Syndroms erklärt. Jane Brody zufolge, die für die *New York Times* die Gesundheitskolumne schreibt, sind die Experten jedoch der Meinung, daß in den 90er Jahren wesentlich mehr Jungen und Männer mit diesen Problemen zu kämpfen haben, als Ärzten oder der Öffentlichkeit bewußt ist. Männer stehen unter einem ständig steigenden sozialen Druck, schlank und fit zu sein; sie nehmen also ab und treiben exzessiv Sport. Bei Männern mit einer entsprechenden Disposition kann das die Entwicklung einer Eßstörung auslösen. (In der Bundesrepublik geht man davon aus, daß ungefähr 4 Prozent der weiblichen Bevölkerung sich regelmäßig erbrechen, um ihr Gewicht zu kontrollieren. Aber immerhin 63,6 Prozent der weiblichen Bevölkerung gab bei einer repräsentativen Umfrage 1991 an, Schwierigkeiten beim Essen und Trinken zu haben, das heißt vor allem Verlangen nach Süßem und plötzlicher Heißhunger, Anm. d. Übers.)

Die Zunahme der Eßstörungen liegt zum Teil sicher auch daran, daß Rauchen, Trinken und Essen zu verbotenen Genüssen geworden sind. Vielen jungen Frauen bleibt nichts mehr außer Diät und Sport. Überdies sagen uns Gesellschaft und Medien nicht nur, wie der ideale Körper aussieht, sondern auch, wie man dazu kommt, inklusive Erbrechen und Hungern. Die Unternehmen, die mit Gewichtskontrolle einen möglichst großen Umsatz machen wollen, animieren geradezu zu diesen Ritualen. So wurde zum Beispiel in einem Diät-Bestseller der 80er Jahre, der *Beverly-Hills-Diät*, eine Form von Bulimie empfohlen: Übermäßiges Essen soll dadurch »ausgeglichen« werden, daß man große Mengen frisches Obst ißt, um Durchfall zu bekommen.

Außerdem greifen Eßstörungen, wenn sie einmal irgendwo Fuß gefaßt haben, wie eine Infektionskrankheit um sich. An der University of Toronto tätige Psychologen und Psychiater haben festgestellt, daß Studienanfängerinnen, die *zufällig* ein Zimmer mit einer bulimischen Kommilitonin zugewiesen bekamen, bis zum Ende des Studienjahres mit fünfmal größerer Wahrscheinlichkeit Brechversuche machten als andere junge Frauen, die durch Zufall bei der Auslosung keine bulimische Zimmerkameradin bekamen.

Es kommt zu einer Art Rückkoppelungseffekt: Je mehr Frauen und Männer Eßstörungen haben, um so wahrscheinlicher ist es, daß noch mehr Menschen Eßstörungen entwickeln. Die extremen Psychopathologien bei manchen Formen von Anorexia nervosa und Bulimie kann man nicht auf diese Weise als erlerntes Verhalten erklären. Es sind ernste Erkrankungen, die nur einige wenige betreffen. Aber das gesteigerte Bewußtsein der Öffentlichkeit für Eßstörungen und die erhöhte Wahrscheinlichkeit, daß ein junger Mensch damit in Berührung kommt, sind wichtige Faktoren für die epidemische Zunahme von Eßstörungen seit Beginn der 80er Jahre.

Es hat seither noch zwei große gesellschaftliche Veränderungen gegeben, die uns vielleicht das »Warum gerade jetzt?« verstehen helfen. Eine davon ist die Veränderung der Geschlechterrollen und der Stellung der Frau.

Geschlechterrollen im Umbruch

Fast täglich lesen oder hören wir von Frauen, die äußerst erfolgreich in Bereichen sind, die früher reine Männerdomänen waren. Ironischerweise ist es vielleicht gerade deshalb noch wichtiger geworden, dem jeweils geltenden Schönheitsideal zu folgen, wie immer es auch sein mag, weil Frauen heute den Männern in den meisten Bereichen gleichgestellt sind. Dem gängigen Schönheitsideal zu entsprechen dient offenbar dem doch etwas paradoxen Zweck, die Karriere einer Frau in einer Männerwelt zu fördern. Frauen, die in früher von Männern beherrschten Berufen erfolgreich sind, müssen ihre Weiblichkeit oft herunterspielen und sie sich gleichzeitig erhalten. Es ist durch mehrere Studien belegt, daß körperlich attraktive Frauen als femininer empfunden werden. Feminin auszusehen und zugleich die »unweiblichen« Eigenschaften Ehrgeiz und Stärke an den Tag zu legen kann eine Frau in ihrer Identität bestätigen, auch in den Augen der anderen. Selbst aus der gegenwärtigen feministischen Sicht wird gutes Aussehen als politisch korrekt akzeptiert.

Dieselben Medien, die in den Nachrichtensendungen und Talkshows die Leistungen von Frauen groß herausstreichen, präsentieren uns in Werbespots und Filmen auch immer hinreißendere Schauspielerinnen – mit perfektem Körper, makellosem Teint und wunderschönem Haar. Jeden Monat bringen Frauenzeitschriften die aktuellste Diät, die sicherste Methode, schön und möglichst lange jung auszusehen, die neueste Fitneßkur. Vor dreißig Jahren haben dieselben Magazine nur alle sechs Monate über eine Diät geschrieben, und Sport war nur ein Thema am Rande.

Vielleicht überschwemmen die Medien die Frauen mit soviel Schönheit, Diäten und Gesundheitstips, daß sie es gar nicht richtig zur Kenntnis nehmen. Das Hinterlistige daran ist, daß uns all das jetzt zusammen mit der Aufforderung präsentiert wird, in Beruf und Privatleben erfolgreich zu sein. Die unterschiedlichen Botschaften sind unentwirrbar miteinander verflochten. Es ist oft verwirrend, was den Frauen zur Zeit alles an Vorgaben vermittelt wird: Sei fleißig in der Schule, aber paß auf, daß du auch beliebt und hübsch bist; sei eine gute Anwältin, aber sei auch feminin. So heißt es in der Zeitschrift *Working Woman*: »Eigentlich haben das ganze Gut-Aussehen und Sich-gut-Fühlen – der Zwang, immer in Topform zu sein – nur einen Zweck: daß Sie sich möglichst wirksam präsentieren und so die besten Chancen dafür schaffen, die Aufmerksamkeit und die Belohnun-

gen zu bekommen, die Sie und Ihre Ideen verdienen. Und das
ist es doch wert, im Sommer eine Strumpfhose zu tragen.«

Von einigen wird die These vertreten, daß berufstätige Frauen
heute schlanker sein wollen, weil Schlankheit der Gegenpol zum
üppigen weiblichen Körper ist. Sie repräsentiert eine unbewußte Ablehnung der Rolle der Frau einzig als Mutter, als »traditionelle« Frau, die für die Familie sorgt. Entsprechende Untersuchungen haben gezeigt, daß eine füllige Figur heute mit
»geringerer Kompetenz und Intelligenz« assoziiert wird als eine
schlanke Figur.

Mager ist die Frau der 90er Jahre aber nicht, wenn es nach den
Zeitschriften und Filmen geht. Schlank ist »in«, aber eine gute
Körperspannung ist ein *absolutes Muß*. Nach einem Bericht in
der Zeitschrift *American Health* über eine kürzlich durchgeführte Gallup-Umfrage ist das Fotomodell Elle Macpherson unser
neues Ideal. Sie ist fit und sehnig. Es heißt in dem Bericht: »Die
üppige Frau ist jetzt ›out‹; die durchtrainierte und sinnliche ist ›in‹.«
Diese Veränderungen können den Trend zu einem größeren
Gesundheitsbewußtsein widerspiegeln, oder sie können eine
neue Form der Konkurrenz auf einer männlichen Ebene sein.
Der weibliche Körper ist heute mit einer neuen Bedeutung belegt. Er ist zum Symbol von Stärke, Unabhängigkeit und Leistung ebenso wie von Attraktivität geworden. Ein kräftiger,
schlanker Körper vermittelt den Eindruck von Stärke, nicht von
Verletzlichkeit. Darin zeigt sich möglicherweise, daß die Frauen
heute anders über sich denken. Frauen benutzen ihren Körper
nach wie vor als Ausdrucksmittel; aber vielleicht lautet die Botschaft der 90er Jahre, daß sie sich mit ihm fähig zeigen wollen,
ihren Mann zu stehen.

Auch die Probleme, die Männer mit ihrem Aussehen haben,
scheinen von den sich verändernden Geschlechterrollen und Erwartungen beeinflußt zu werden. Früher konnte ein Mann aufgrund seines Berufes, seiner Interessen oder bestimmter Per-

sönlichkeitsmerkmale von seiner Männlichkeit überzeugt sein. Der Historiker Mark Gerzon sagt in seinem Buch *A Choice of Heroes: The Changing Faces of American Manhood*, daß es im Laufe der Geschichte fünf traditionelle Archetypen der Männlichkeit gegeben hat: den Soldaten, den Pionier, den Experten, den Ernährer der Familie und den Gutsherrn. Die Rollen des Pioniers und Gutsherrn sind nicht mehr für jeden zugänglich, und der Experte und der Ernährer der Familie sind keine männlichen Domänen mehr. Die Männer können dem Archetyp des Soldaten nachstreben – dem starken, muskelbepackten Körper – in dem übertriebenen, unbewußten Versuch, die einzig noch verbliebene Option des Männerbildes zu verkörpern, das sie von Jugend an kennen. Schauspieler wie Arnold Schwarzenegger und Dressmen stehen für das moderne Ideal des Muskelprotzes und Machos. Die neuesten männlichen Schaufensterpuppen sind 188 Zentimeter groß, haben einen Brustumfang von 107 Zentimetern und tragen Anzüge in Größe 52, ein ziemlicher Unterschied zur alten Standardgröße 48. Der Designer Lowell Nesbitt, der Schaufensterpuppen entwickelt, bezeichnet sie als »griechisch-römisch mit einem Touch moderner Mussolini«.

Einer unserer Probanden, Steve, erzählte uns, wie wichtig es sei, »wie ein echter Mann auszusehen«. Ein gutgebauter Körper gibt ihm das Gefühl, mächtig, stark und aggressiv zu sein. Für viele Männer ist eine muskulöse Figur die symbolische Verkörperung wünschenswerter Charaktereigenschaften geworden. Zwischen Körperbild und Potenz gibt es nach dem Empfinden von Männern eine intime Beziehung. Da ihre Rollen heute weniger geschlechtsspezifisch sind, ist ihr Körper zum Ausdruck ihrer Männlichkeit geworden.

Der Gedanke ist wohl einer Überlegung wert, ob dieses allgegenwärtige Streben nach dem soldatischen Männlichkeitsideal die konservativen militaristischen Strömungen in der modernen

westlichen Gesellschaft widerspiegelt. Ist es Zufall, daß Männer
sich in einer Zeit mit muskelaufbauendem Krafttraining beschäftigen, in der die Vereinigten Staaten in fremden Ländern verstärkt militärisch intervenieren und immer mehr fremdenfeind-
liche, patriotische Filme wie *Rambo* und seine Abziehbilder in
den Kinos zu sehen sind, Filme, in denen muskelstrotzende
Durchschnittsgestalten Stolz und Ehre Amerikas rächen?

Die Fitneßwelle

Unser Streben nach Gesundheit und Fitneß ist sicher auch ein
wichtiger sozialer Faktor, der unser Körperbewußtsein verstärkt.
Fitneßclubs, firmeneigene Fitneßprogramme, Videos mit Trai-
ningsvorschlägen und Triathlons sind für die 90er Jahre kenn-
zeichnend. Mehr als 50000 amerikanische Unternehmen bieten ihren Angestellten Fitneßprogramme an. Über eine
Milliarde Dollar wurde im vergangenen Jahr für Sportgerät ausgegeben, das meiste davon für Geräte, die man zu Hause nutzen
kann. In manchen Kreisen wird es geradezu als unfein angesehen, nicht bei irgendeinem Fitneßprogramm mitzumachen.
Einer kürzlich abgeschlossenen Harris-Umfrage zufolge betreiben etwa 15 Prozent der erwachsenen Amerikaner eine *hochintensive* Sportart, das heißt, daß dabei pro Woche über 1500
Kalorien an Energie verbrannt werden. Das wäre zum Beispiel
eine Stunde bzw. fünf Kilometer Gehen pro Tag, ein täglicher
zwanzig bis dreißig Minuten langer Lauf über zehn Kilometer
oder an fünf Tagen in der Woche eine Stunde Schwimmen über
eine Distanz von 1500 Metern. Weitere 20 Prozent betreiben
regelmäßig eine weniger anstrengende Sportart.
Clifford Adelman, ein beim amerikanischen Erziehungsministe-
rium tätiger Forscher, hat 1989 die Generation der über Dreißigjährigen untersucht, Leute, die im Jahr 1972 den Highschool-
abschluß gemacht haben. Er berichtet in der *New York Times*:

Fast 30 Prozent dieser Abschlußklasse nahmen an Ae-
robic-, Karate- und Yogakursen teil, machten Jogging
oder lernten, wie man Sportverletzungen behandelt.
Statt sich mit Fachgebieten zu beschäftigen, die ein
technologisch orientiertes Wirtschaftssystem auf dem
Weltmarkt erhalten helfen, arbeitete die Abschluß-
klasse von 1972 an ihrem körperlichen Wohlbefin-
den.

Frauen profitieren möglicherweise mehr vom Fitneßboom als
Männer, vielleicht weil sie vorher viel weniger Möglichkeiten
hatten. Ohne Zugang zu den meisten Sportarten und traditionell
darin bestärkt, schwächer und langsamer zu sein, sind die Frau-
en jetzt bei der Fitneßwelle voll dabei. Sie gaben 1984 – dem
Jahr, in dem es bei den Olympischen Spielen den ersten Frau-
en-Marathon gab – prozentual mehr für Fitneß aus als Männer.
Jetzt, in den 90er Jahren, treten wir in die Ära des Kraftsports
ein. Neue Untersuchungen belegen, daß immer mehr Menschen
Krafttraining machen. Der Verkauf von freien Gewichten und
Geräten für das Krafttraining erreichte in den USA im Zeitraum
1988/89 einen Spitzenumsatz von 300 Millionen Dollar. Und
alle großen Hersteller haben diese Geräte inzwischen so umge-
baut, daß auch kleinere Menschen daran trainieren können –
vermutlich Frauen.
Zwei Dinge sieht man heute als für die Gesundheit besonders
förderlich an: daß wir unsere Lebensweise umstellen und daß
wir unser Gewicht und Fitneßpensum im Griff haben. Moderne
Krankheiten wie Herzerkrankungen werden als abwendbar angesehen, wenn man sein Verhalten ändert. Der Körper aber ist
zum Symbol dafür geworden, in welchem Maß und wie gut wir
in der Selbstkorrektur unseres Verhaltens sind. Gesund *auszu-*
sehen ist das äußere Zeichen des so begehrten Zustandes des
Gesundseins.

Niemand wird bestreiten, daß Sport für die körperliche Gesundheit wichtig ist. Und es gibt einem auch persönliche Befriedigung, wenn man sich fit fühlt. Depressionen werden dadurch gemildert, die Stimmung ist besser, und man ist ausgeglichener. Verschiedene Studien belegen, daß Menschen, die regelmäßig Sport treiben, bei Aufgaben, die Nachdenken und Konzentration erfordern, bessere Leistungen bringen. Daß Sport und Fitneß aber zur Tugend erhoben werden, rückt den Körper als Spiegel unseres Wohlverhaltens viel zu sehr in den Vordergrund. Wir haben uns einreden lassen, daß wir selbst mehr tun können, als tatsächlich der Fall ist.

Der weibliche Körper ist von der genetischen Veranlagung her auf einen relativ hohen Fettanteil programmiert, und die weiblichen Hormone geraten durcheinander, wenn der Anteil an Körperfett eine bestimmte Grenze unterschreitet. Das Null-Fett-Ideal ist für viele Frauen eine »unnatürliche« Norm. Noch dazu ist der ideale weibliche Körper im Zuge der Fitneßwelle neu definiert worden: nicht nur schlank soll er heute sein, sondern auch feste, wohlgeformte Muskeln aufweisen (aber nicht allzu muskulös sein). Und wir gehen wie selbstverständlich davon aus, daß jede Frau, die genug trainiert, diesen mageren, gesund aussehenden Idealkörper auch haben kann. Einen solchen zu besitzen wird als unmittelbares Resultat persönlicher Anstrengung betrachtet; man darf stolz darauf sein und verdient Bewunderung. Viele Frauen sind jedoch aufgrund ihrer genetischen Veranlagung – und nicht, weil sie zuwenig dafür tun – zum Scheitern verurteilt. Viele Frauen fühlen sich besiegt, schämen sich und sind verzweifelt, weil sie es nicht schaffen, wie eine Aerobictrainerin auszusehen. Der Kampf um Fitneß geht noch ein Stück weiter als der Kampf um Schlankheit. Er ist für viele eine zusätzliche Pflichtaufgabe, ein Zwang, ja eine Obsession geworden.

An der Perfektionierung unseres Körpers zu arbeiten ist heute ein Symbol für Werte, die wir in der westlichen Gesellschaft hochhalten. Je mehr sich jemand dem idealen Körper annähert, um so mehr bewundern die anderen seine oder ihre Beherrschung. Auch das Vertrauen in die eigenen Fähigkeiten nimmt zu. Viele Menschen sehen heute in der Veränderung ihres Körpers die greifbarste und am leichtesten zugängliche Form von Leistung, die ihrer eigenen Kontrolle unterliegt. Damit läßt sich der Welt natürlich am sichtbarsten beweisen, wie gut wir unsere Sache machen, ähnlich dem Erfolg im Beruf, aber vermutlich doch für jeden leichter zugänglich. Kein Wunder, daß wir Opfer der Schönheitsfallen geworden sind.

2

Die Eitelkeitsfalle

Das grundsätzliche Gefühl, vom Schönheitsideal abzuweichen, ist für viele von uns ein größeres Problem als der tatsächliche Grad der Abweichung. Da wir uns unvollkommen finden, verbringen wir jeden Tag eine Menge Zeit damit, uns anzuschauen und uns über unser Aussehen Gedanken zu machen. Habe ich zuviel oder zuwenig Haare? Einen zu breiten oder zu schmalen Brustkorb? Bin ich zu dick – ist da nicht eine Speckfalte? Wenn Jennifer in den Spiegel schaut, was sie jeden Tag mindestens zwanzigmal tut, dann nicht mit Stolz und Bewunderung. Sie kann dem Impuls nicht widerstehen, alles an sich immer wieder mit strengen, prüfenden Blicken zu kontrollieren. Um sich ihrer selbst ganz sicher zu sein, muß sie jederzeit genau wissen, wie sie aussieht. Sie ist eigentlich recht attraktiv, fühlt sich aber nicht so. Ist sie eitel und zwanghaft selbstbezogen, weil sie sich so sehr mit ihrem Aussehen beschäftigt? Nein. Es ist keine Eitelkeit, die sie dazu treibt, sich um Schlanksein und gutes Aussehen zu bemühen. Es trifft nicht den Kern der Sache, wenn wir es als Eitelkeit bezeichnen, daß wir uns so viele Gedanken über unser Aussehen machen, es spiegelt sich darin vielmehr die tiefenpsychologische Bedeutung unseres Körpers wider. Das ist ein Aspekt der Eitelkeitsfalle. Von allen Möglichkeiten des Selbsterlebens ist das Körpergefühl vielleicht das ursprünglichste. Der Körper ist der Kern unserer psychischen Identität. Mit ihm kommen wir auf die Welt, ihn lassen wir hier zurück. Die Botschaften des Geistes müssen durch den Körper geleitet werden, und oft *ist* der Körper selbst die Botschaft.

Das Körperbild ist von grundlegender Bedeutung für unser Identitätsgefühl. Dennoch geraten wir durch die Sorge um unseren Körper in einer Gesellschaft, in der der Körper und die äußere Erscheinung zu wichtig geworden sind, leicht in eine Falle. Wir stecken in einer schrecklichen Zwickmühle. Der Körper *ist* wichtig, er ist für die Psyche von tiefgreifender Bedeutung. Sich um seinen Körper zu kümmern ist wichtig. Die ständige Beschäftigung mit ihm und das zwanghafte Sichsorgen aber sind ins Extrem gesteigerte normale Reaktionen, erzeugt durch eine Gesellschaft, die dem körperlichen Erscheinungsbild zuviel Gewicht beimißt.

Frauen scheinen weniger Körperbewußtsein zu haben als Männer, weil sie derart dazu gedrängt werden, einem von äußeren Instanzen aufgestellten Idealbild möglichst gut zu entsprechen, daß sie ihren Körper gar nicht genau kennenlernen können. Sie haben oft kein Gespür dafür, wie es ist, sich in seinem Körper wohlzufühlen, wie es ist, wenn der Körper ihnen sagt, wie sie aussehen und sich fühlen sollten. Diesen Frauen fehlt oft ein Gefühl dafür, wie dick oder dünn sie wirklich sind, was tiefgreifende psychische Folgen hat. Wenn der Körper für das Selbstgefühl von zentraler Bedeutung ist und wir ihn dennoch ständig in seiner Form verändern, kann unser Selbstgefühl zu großen Schwankungen unterworfen sein. Das ist der psychischen Gesundheit nicht zuträglich. Wir sollten, im Idealfall, ein stabiles Körpergefühl haben. Frauen müssen zum Teil um ihr Selbstkonzept ringen, weil die körperliche Komponente ihres Selbstbildes die Qualität von Treibsand hat. Es ist also kein Wunder, daß viele Frauen Probleme damit haben herauszufinden, wie sie aussehen und wie sie sich fühlen – und sogar wer sie sind.

Kim, die an einer unserer Studien teilgenommen hat, ist 175 Zentimeter groß und wiegt 60 Kilo. Sie redet ständig davon, daß sie dick ist, und wird ärgerlich, wenn die anderen nicht ihrer Meinung sind. Sie behauptete uns gegenüber, ihre Beine seien so dick, daß sie nicht bequem sitzen könne. Kim hat nicht etwa eine groteske Figur; sie hat nur einfach kein Gefühl dafür, wie ihr Körper wirklich aussieht. Sie meint ihren Körper vielmehr gut zu kennen und ist sich nicht klar darüber, daß sie ein völlig verzerrtes Bild ihrer Oberschenkel hat, das nicht nur unrealistisch ist, sondern auch ihr Selbstbild negativ beeinflußt.

Macht Ihnen dieser Aspekt der Eitelkeitsfalle auch zu schaffen? Mit dem Test auf S. 56 können Sie es herausfinden.

Selbst wenn man von dem enormen sozialen Druck absieht, dem wir heute in bezug auf unser äußeres Erscheinungsbild ausgesetzt sind, sind wir eine Gesellschaft, die dem Körper und insbesondere der Sexualität ambivalent gegenübersteht. Wenn es um den Körper geht, senden und empfangen wir ständig gemischte Botschaften. Das hat zur Folge, daß wir unseren Körper nicht wirklich kennenlernen oder ihn mögen, was die Schönheitsfallen noch schlimmer macht.

Denken Sie an die Grundaussage dieses Kapitels: Nicht Eitelkeit und Einbildung sind der Grund dafür, daß Sie sich über Ihr Aussehen Gedanken machen. Und es hat auch nichts mit Beschränktheit oder Dummheit zu tun, wenn man das tut. Der Körper hat eine tiefgreifende psychologische, soziale und kulturelle Bedeutung. Das Problem ist, daß die Gesellschaft überbewertet, *wie* man aussieht. Die Beschäftigung mit dem Äußeren kann manchmal übersteigert sein und erfüllt dann nicht mehr ihre normale Funktion. Wir wollen uns im nächsten Abschnitt die einzelnen Probleme näher anschauen, um zu sehen, wie die Eitelkeitsfalle funktioniert.

Wie sich das Körperbild ändert

Machen Sie zuerst eine skizzenhafte Zeichnung, wie Sie sich insgesamt selbst wahrnehmen. Dann machen Sie zu jeder der folgenden Fragen eine Zeichnung:

- Wie werden Sie Ihrer Meinung nach von Menschen gesehen, die Ihr Leben positiv beeinflussen (zum Beispiel ein Freund)?
- Wie werden Sie Ihrer Meinung nach von Menschen gesehen, die Ihr Leben negativ beeinflussen (zum Beispiel jemand, mit dem Sie nicht gut auskommen)?
- Wie, glauben Sie, nehmen Frauen Sie wahr?
- Wie, glauben Sie, nehmen Männer Sie wahr?
- Wie, glauben Sie, nimmt Ihr Lebensgefährte/Ehepartner oder ein anderer wichtiger Mensch Sie wahr?
- Wie, glauben Sie, werden Sie von Ihrer Mutter gesehen?
- Wie, glauben Sie, werden Sie von Ihrem Vater gesehen?

Diese Zeichnungen zeigen Ihnen die vielen – und verschiedenen – Körperbilder, die Sie haben. Sie können daran sehen, wie unser Körpergefühl von anderen Menschen beeinflußt wird – je nachdem, wie unsere Beziehung zu ihnen ist und wie sie uns, unserer Meinung nach, sehen. Die Zeichnungen helfen Ihnen, sich über Ihre eigene Einschätzung Ihres Körperbildes klarzuwerden. Probleme mit dem Körperbild können ihre Wurzeln in einer Vielzahl von Vorstellungen davon haben, wer Sie sind und wie Sie aussehen.

Die Hintergründe der Eitelkeitsfalle

Medien und Modeindustrie bombardieren uns mit dem Schönheitsideal und den entsprechenden Anweisungen, wie wir es erreichen können und müssen. Es ist jedoch falsch, ihnen die Schuld dafür zu geben, daß der Körper eine so große Rolle spielt. Wir *können* es zwar den Medien vorwerfen, daß sie einen einzig richtigen »Look« propagieren, ein Ideal, das für die meisten Menschen unerreichbar ist. Wir können sie jedoch nicht für die Tatsache verantwortlich machen, daß unser Aussehen Einfluß darauf hat, wie sehr oder wie wenig wir uns selbst mögen. In dem Film *Gap-Toothed Women* von Les Blank ging es um Frauen, die alle einen kleinen körperlichen Makel hatten und sich deswegen nicht wohlfühlten in ihrer Haut. Sie fühlten sich irgendwie »anders«. Es ist ein großartiger Film mit einer wichtigen Botschaft. Eine der Frauen war das Fotomodell Lauren Hutton. Für die Revlon-Werbung wurden alle Photos von ihr vom Photographen retouchiert und die kleine Lücke zwischen den Schneidezähnen geschlossen, was sie immer daran erinnerte, daß sie in den Augen der anderen einen Makel hatte und unvollkommen war. Wirklich frei ist sie erst, als sie endlich selbstsicher genug ist, sich mit dieser Lücke auf dem Bildschirm zu zeigen. In dem Film wurde das ganz reale Leid unzähliger Frauen, die ihrer eigenen Meinung nach nicht ganz dem Ideal entsprechen – ob sie nun etwas zu mollig, etwas zu klein oder etwas zu »flach« sind – sehr gut dargestellt. Und nicht allen gelingt es, sich so wie Lauren Hutton zu befreien.

Die Gesellschaft stellt die Normen für das »richtige« Aussehen auf, und in dem Maße, in dem wir diese Normen akzeptieren und verinnerlichen, werden sie zur Richtschnur dafür, wie wir uns selbst beurteilen. Aber nicht alle Menschen sind gleich. Psy-

chologen neigen immer mehr zu der Ansicht, daß Menschen
sich in dem Maß unterscheiden, in dem sie sich mehr der privaten oder der öffentlichen Seite ihres Selbst zuwenden. Das
private Selbst – das man ganz für sich allein hat – besteht aus
ureigenen Gefühlen und Einstellungen, verborgenen Gedanken
und anderen Aspekten der eigenen Person, die für die anderen
nur schwer zugänglich sind. Das öffentliche Selbst – das man
den anderen zeigt – ist das von außen wahrnehmbare Selbst. Es
besteht aus den Dingen, mit deren Hilfe man sich einen Eindruck von jemandem verschafft: dem Verhalten, typischen Ge-
sten, persönlichen Eigenarten und Ausdrucksweisen. Eine zentrale Rolle für das öffentliche Selbst spielt, natürlich, der Körper.
Mit dem nun folgenden Test können Sie feststellen, wie sicher
Ihr öffentliches Selbst ist.
Die Eitelkeitsfalle ist vor allem für Menschen mit einem unsiche-
ren öffentlichen Selbst ein Problem. Sie messen den Aspekten
des Selbst, die zu ihrer äußeren, sozialen Persona beitragen –
vor allem den körperlichen Attributen und dem Aussehen – eine
größere Bedeutung bei als die meisten anderen Menschen.
Jennifer, eine attraktive Karrierefrau, geht unter der Woche
abends grundsätzlich nicht aus. Sie sagt: »Mir reicht unter der
Woche die Zeit einfach nicht zwischen dem Heimkommen von
der Arbeit und dem Ausgehen, sei es ins Kino oder zu einer
Party. Ich brauche gut drei Stunden, bis ich ausgehfertig bin.
Zuerst muß ich eine Stunde Sport machen, damit ich mich
schlanker fühle; dann muß ich mir die Haare machen und meine
Nägel, und dann brauche ich noch eine Stunde für das Makeup.«
Auf die Frage, was denn passieren würde, wenn sie wie üblich
zurechtgemacht ausginge (schließlich geht sie perfekt geschminkt und gut angezogen in die Arbeit), antwortete sie: »Ich
käme mir vor wie der letzte Trampel, irgendwie nackt im Grunde.«
Jennifer suchte Hilfe bei uns, weil »ich mich zwanghaft mit mei-

Test zum öffentlichen Selbst

Um festzustellen, wo Sie in bezug auf Ihr öffentliches Selbst stehen, bewerten Sie jede der folgenden Aussagen mit einer Zahl von 0 (ganz untypisch) bis 4 (sehr zutreffend).

	0	1	2	3	4
Ich mache mir viel Gedanken über die Art und Weise, wie ich etwas tue.	—	—	—	—	—
Ich mache mir ständig Gedanken darüber, wie ich mich darstelle.	—	—	—	—	—
Mein Aussehen macht mich unsicher.	—	—	—	—	—
Ich bin immer sehr bemüht, einen guten Eindruck zu machen.	—	—	—	—	—
Ich werfe immer noch schnell einen Blick in den Spiegel, bevor ich das Haus verlasse.	—	—	—	—	—
Ich mache mir Gedanken darüber, was andere von mir denken.	—	—	—	—	—
Ich bin mir meines Aussehens im allgemeinen bewußt.	—	—	—	—	—

Zählen Sie nun die Punkte zusammen. Je höher Ihre Punktzahl ist, um so unsicherer ist Ihr öffentliches Selbst, um so empfindlicher registrieren Sie, welchen Eindruck Sie auf andere machen. Dadurch können Sie zwar manchmal genauer vorhersagen, *welchen* Eindruck Sie vermitteln, es heißt aber nicht unbedingt, daß es Ihnen tatsächlich gelingt, einen *besseren* Eindruck zu machen. Außerdem sind Sie wahrscheinlich mehr auf Ihr Körperbild fixiert als jemand, dessen öffentliches Selbst stabiler ist. Eine Punktzahl von 24 und darüber bedeutet, daß Ihnen die Eitelkeitsfalle zu schaffen machen könnte.

nem Aussehen beschäftige. Ich möchte einfach mehr aus meinem Leben machen«. Jennifer war einunddreißig und hatte an einer ausgezeichneten Universität im Südwesten den Magister in Betriebswirtschaft gemacht. Sie war zweite Stellvertreterin des Filialleiters einer großen New Yorker Bank und hatte sich schnell hochgearbeitet. Jeder würde sagen, daß Jennifer eine schlanke, attraktive Frau ist. Sie ist 168 Zentimeter groß und wiegt 64 Kilo, ist gut gekleidet, dezent geschminkt und sich der vielen bewundernden Blicke von Männern sehr wohl bewußt. Jennifer ist verheiratet und hat eine kleine Tochter, Sophia. Und sie hatte panische Angst, daß sie Sophia das gleiche antun könnte, was ihre eigene Mutter ihr angetan hat.

Jennifer erzählte, daß sie ständig zu hören bekommen hatte, was für ein niedliches und hübsches Kind sie sei. Wenn Freunde da waren, zeigte ihre Mutter sie immer vor, als wäre sie eine Trophäe, die ihr gehört, wie Jennifer heute sagt. »Ich erinnere mich, daß ich immer wie auf einem Präsentierteller herumgereicht wurde. Und stellen Sie sich vor, meine Mutter nannte mich auch noch ›Püppchen‹!« Sie war schon damals überzeugt, daß ihr Aussehen für ihre Mutter wichtiger war als alles andere. Sie erinnerte sich, daß ihre Mutter ihr oft gesagt hatte, daß hübsche Mädchen alles bekommen – Jungen, Beliebtheit und Erfolg – und daß sie deshalb im Leben auch alles haben würde. Jennifers Mutter hat ihr die Botschaft der Gesellschaft richtig eingehämmert, immer wieder. Und so überrascht es nicht weiter, daß Jennifer sie jetzt auch glaubt, obwohl sie diese Einstellung haßt und sich darüber ärgert, daß sie in gewissem Maße wahrscheinlich stimmt. Das ist der Grund, warum sie Angst hat, mit Sophia dasselbe zu machen.

Jennifer fand, ihre Mutter habe ihr nie geholfen, auch in anderen Bereichen gut zu werden; sie durfte immer nur hübsch aussehen. Sie weiß noch, daß sie schrecklich gern Tennisspielen gelernt hätte. Ihre Mutter erlaubte es nicht, weil sie zu zart dafür sei. Als sie an der Highschool war und Rasenhockey spielen wollte, lehnte ihre Mutter auch das rundweg ab. Sie stritten tagelang darüber, aber ihre Mutter blieb eisern und sagte: »Wenn dich jemand mit dem Schläger trifft, ist dein Gesicht verpfuscht, und du hast nichts mehr zu bieten.« Jennifer hatte immer schreckliche Schuldgefühle, wenn sie und ihre Mutter stritten. Sie wußte, daß sie alles war, was ihre Mutter hatte. Ihr Vater hatte sie verlassen, als Jennifer fünf gewesen war, und sie hatten nie wieder etwas von ihm gehört. Jennifer träumte oft, daß er zurückkommen und bei ihnen bleiben würde, wenn er sähe, wie hübsch sie ist. Ihre Mutter machte sich ständig Vorwürfe, weil sie den Grund für sein Weggehen darin sah, daß sie sich hatte »gehenlassen«. »Deshalb ist es so wichtig, gut auszusehen, Püppchen«, pflegte ihre Mutter zu sagen. »Dann mußt du ein solches Unglück nicht erleben.« Kein Wunder, daß Jennifer sich ständig fragt, ob ihr Mann sie liebt und ob sie nur Karriere gemacht hat, weil sie hübsch ist. Als ihre Attraktivität in den Leistungsbeurteilungen positiv erwähnt wurde, verstärkte das nur ihre Befürchtungen, daß sie ihren Erfolg nur ihrem Aussehen zu verdanken habe.

Der Körper repräsentiert für jeden von uns, nicht nur für Menschen wie Jennifer, die einzige »Operationsbasis« auf dieser Welt. Es überrascht daher nicht, daß Menschen wie Jennifer sich gezwungen fühlen, ihre ganze Energie darin zu investieren, wie sie sich am besten darstellen. Und die Gesellschaft verstärkt noch mit allem Nachdruck das Gefühl, daß das Aussehen wichtig ist. Um aber die Eitelkeitsfalle ganz zu durchschauen, müssen wir uns in diesem Zusammenhang auch mit der *inneren* Welt auseinandersetzen.

Das Körperbild

Das Körperbild ist eine subjektive Erfahrung, mit anderen Worten ein psychisches Phänomen. Es ist das Bild unseres Körpers, das wir in unserem Geist formen, und steht deshalb mit allen Bildern und Vorstellungen, die wir von uns selbst haben, in Zusammenhang. Das Körperbild spielt für das Selbstkonzept eine große Rolle. Das Selbstkonzept ist natürlich eine komplexe Struktur, die nicht nur unseren Körper umfaßt, sondern auch soziale Rollen, materiellen Besitz und persönliche Beziehungen. Aber der Körper stellt ein zentrales Element dar.

Der Körper im Mittelpunkt

Das Körperbild ist für das Selbstkonzept von zentraler Bedeutung. Daher hat es auch Einfluß darauf, wie wir die anderen Aspekte unserer Persönlichkeit erleben, wenn wir unsere Aufmerksamkeit auf den Körper direkt konzentrieren. Das zeigt sich besonders deutlich bei einer Experimentenreihe, bei der die Probanden einen Spiegel in die Hand bekommen oder ihnen Videobänder vorgespielt werden, auf denen sie selbst zu sehen sind. Man bittet sie dann, ihre Aufmerksamkeit ganz auf den Körper zu richten. Wir reagieren auf unser Spiegelbild, indem wir uns aller Aspekte unserer Person bewußter werden, selbst der nicht sichtbaren. So beginnen zum Beispiel Menschen, die sich bei ihrem Spiegelbild auf den Kopf konzentrieren, über ihre Einstellungen und Meinungen nachzudenken. Die, die sich auf den Körper konzentrieren, nehmen ihre Gefühle bewußter wahr. Viele populäre Bücher und Zeitschriften empfehlen diese Art von intensiver Konzentration auf sich selbst als probates Mittel, um attraktiver zu werden. So erfahren wir zum Beispiel von George Masters, dem Makeup-Künstler der Hollywood-Prominenz, in seinem Bestseller über Schönheit und Makeup:

Schönheit ist mehr als Frisur und Makeup. Sie ist ein totaler Look. Entscheidend für die totale Schönheit ist das Körperbewußtsein [Hervorhebung der Autorin]. Wenn Sie es nicht haben, sollten Sie jetzt gleich beginnen, daran zu arbeiten. Sie können schon in dieser Sekunde damit anfangen, und ich sage Ihnen, wie: Stellen Sie sich vor, Sie sind nackt, und rundherum sind 40 imaginäre Kameras auf Sie gerichtet, die Sie aus jedem nur möglichen Winkel photographieren, von oben nach unten, von vorne und von hinten, von der Seite Ihr Gesicht, Kinn, Nasen, die Linie von Hals und Schulter, Hüften, Bauch, Oberschenkel, Arme und Beine. Den ganzen Körper. Jedes Fleckchen. Der Zweck der Übung ist, daß Sie sich Ihrer selbst bewußter werden.

Die psychologische Forschung hat jedoch gezeigt, daß diese Art von gesteigertem Körperbewußtsein das Selbstwertgefühl in Wirklichkeit *schwächt*. Je mehr sich Menschen auf ihren Körper konzentrieren, um so kritischer werden sie. Es gibt zwar auch Ausnahmen, aber in der Regel löst es eher negative Gefühle aus, seinen Körper im Spiegel zu betrachten – negative Gefühle nicht nur in bezug auf den Körper, sondern auch auf das innere Selbst. Andere Studien belegen, daß eine erhöhte Selbstwahrnehmung zugleich auch zu einer größeren Konformität führt.

Je mehr man sich auf seinen Körper konzentriert, um so bewußter wird man sich seiner Schwachpunkte und um so mehr will und versucht man, wie alle anderen zu sein. Die Forschung hat nicht nur George Masters' Tip nicht bestätigt, sondern im Gegenteil gezeigt, daß die erhöhte Konzentration auf den Körper nicht hilft, sondern uns sogar verletzt. Das Feedback des Spiegels erhöht das Körperbewußtsein, was Schuldgefühle und die Unzufriedenheit mit sich selbst verstärken und die Stimmung beeinträchtigen kann.

Manche Menschen konzentrieren sich nicht nur auf ihren Körper, wenn sie ausdrücklich dazu aufgefordert werden, sondern haben es sich selbst zur Gewohnheit gemacht. Wenn Sie wissen wollen, ob das auch bei Ihnen der Fall ist, nehmen Sie jetzt ein Blatt Papier zur Hand. Schreiben Sie die zwanzig Dinge auf, die Ihnen im Moment am meisten bewußt sind. Wenn Sie fertig sind, zählen Sie zusammen, wie viele davon direkt oder indirekt mit Ihrem Körper zu tun haben. Unter adäquaten experimentellen Versuchsbedingungen – nicht wie jetzt, wo Sie ja wissen, was der Zweck der Aufgabe ist –, gibt die Punktzahl den Psychologen Aufschluß darüber, wie sehr jemand auf seinen Körper fixiert ist. Je höher die Punktzahl, um so mehr konzentrieren Sie sich auf Ihren Körper im Vergleich zu anderen Aspekten Ihrer Persönlichkeit. Fünf Punkte oder mehr weisen auf ein hohes Körperbewußtsein hin. Ein solches Maß an Körperbewußtsein kann sich negativ auswirken, wenn es zu übersteigerter Selbstbeobachtung und Unzufriedenheit führt.

Die Konzentration auf den Körper kann jedoch nicht dem Wissen um den Körper gleichgesetzt werden, und das ist zum Verständnis der Eitelkeitsfalle ganz entscheidend. Daß wir uns mit unserem Körper befassen, heißt noch lange nicht, daß wir ihn sehr gut kennen. Viele Menschen wissen erschreckend wenig über ihren Körper, so wenig, daß es manchmal schon an Dummheit grenzt.

Die Kenntnis des Körpers

Wie kommt es, daß wir so wenig über unseren Körper wissen, obwohl wir doch ständig mit Bildern von uns selbst konfrontiert sind? Überall sind Spiegel. Bei jedem Anlaß wird die Videokamera herausgeholt, bei jedem kleinen Ereignis wird photogra-

phiert. Dennoch haben wir alle Probleme damit, unseren Körper kennenzulernen, weil unser Spiegelbild eben nicht alles sagt.
Unser Körperkonzept besteht aus viel mehr als nur unserem
Spiegelbild. Dava Sobel, die für die *New York Times* schreibt,
hat ihre Gedanken in Worte gefaßt:

> *Seit über 40 Jahren schaue ich mich im Spiegel an
> und trotzdem habe ich eigentlich keine Ahnung, wie
> ich aussehe; und es geht vielen Frauen so, die ich ken-
> ne. Das Bild im Spiegel, das ich sehe, ist überhaupt
> kein reales Abbild, sondern eine Mischung aus Erin-
> nerungen, Wünschen und Halbwahrheiten. Photogra-
> phien sind immer eine Überraschung für mich. Weil
> ich natürlich nie gedacht hätte, daß meine Nase so
> lang ist. Und es war mir entgangen, daß ich so volle
> Lippen habe.*
>
> *Mit 25 – es war noch nicht so lange her, daß ich ein
> dicker Teenager gewesen war – fiel mir beim Bummel
> durch ein Einkaufszentrum eine Frau auf, die meine
> Größe hatte, Jeans und den gleichen Pullover wie ich
> trug, aber mit der Figur, von der ich träumte. Ich sah
> ihr neiderfüllt ins Gesicht – und erkannte, daß »sie«
> mein eigenes Spiegelbild im Schaufenster war. Ich
> hatte noch nicht begriffen, daß ich schlank war. Erst
> als ich mich so anschaute, als wäre ich eine andere
> Frau, sah ich kurz dieses realistische Bild. Hätte ich
> gewußt, daß ich mich selbst anschaue, hätte ich mein
> Spiegelbild mit Babyspeck aufgepolstert.*

»Ich suche immer noch mein wirkliches Ich«, bekennt sie. Also
machte sie letztens einen Termin für eine Image-Beratung. Auf
der einen Seite fand sie diesen Gedanken zwar verlockend, wie
sie sagt, andererseits widerstrebte er ihr auch.

Was für eine Frau kann das sein, die sich sozusagen neu »stylen« läßt? Welche erwachsene Frau mit Selbstachtung würde jemand anderem zutrauen, im Handumdrehen etwas zu entdecken, was ihr in all den Jahren der Selbstbeobachtung entgangen ist? Wer würde einer völlig Fremden teures Geld für das Geheimnis der eigenen Identität bezahlen?
Ich.

Der Aspekt des Körperbildes, den wir am häufigsten verzerrt sehen, ist unser Umfang. Viele Studien belegen, daß Frauen ihren Körperumfang insgesamt sowie bestimmte Körperstellen – insbesondere Taille und Hüften, wo die Fettpölsterchen sitzen – fast immer überschätzen. Diese Fehleinschätzung betrifft jedoch nur den eigenen Körper. Dieselben Frauen schätzen den Körperumfang anderer Leute nämlich richtig ein.

Dr. J. Kevin Thompson, Professor für Psychologie an der University of South Florida, hat in einer interessanten Studienreihe »normale« Frauen getestet, die keinerlei Symptome von Eßstörungen zeigten. Er läßt die Teilnehmerinnen an einer Schublehre den Umfang einstellen, den sie an verschiedenen Körperstellen ihrer Meinung nach haben. Der Psychologe vergleicht diese Werte dann mit den tatsächlichen Maßen der Probandinnen. Dr. Thompson zufolge haben über 95 Prozent der Frauen ihren Körperumfang überschätzt. Ihre Schätzungen lagen durchweg um ein Viertel höher als die tatsächlichen Maße. Fast die Hälfte der Frauen schätzte mindestens eine der vier Körperstellen um 50 Prozent dicker ein, als sie wirklich war.

Eine weitere provozierende Erkenntnis aus dieser Studie ist, daß die Einstellung von Frauen zu ihrem Körper Einfluß darauf hat, um wieviel dicker sie sich selbst sehen. Im Gegensatz zu Männern ist *groß* für Frauen ein negatives Attribut. Als Dr. Thompson die Testpersonen um eine Bewertung dazu bat, wie sie ihren

Körper *vom Gefühl her* sehen, schätzten sie ihren Umfang sogar noch größer ein als bei dem Experiment, bei dem sie eine objektive Beurteilung abgaben. Je ungenauer die Probandinnen ihren Körperumfang einschätzten, um so negativer war ihre Einstellung zu sich selbst. Fehleinschätzungen von Körperumfang und Figur und ein schwaches Selbstwertgefühl beeinflussen sich also gegenseitig, und das schlechte Selbstbild verschlechtert sich langsam immer weiter.

Wenn Sie nicht so ganz glauben, daß man seinen Körper so falsch einschätzen kann, sollten Sie den folgenden Test selbst ausprobieren. Schließen Sie die Augen. Versuchen Sie sich selbst zu visualisieren, den ganzen Körper. Schätzen Sie den Umfang verschiedener Körperstellen, insbesondere von denen, die Ihnen am wenigsten gefallen. Und dann messen Sie mit einem Maßband nach, um den objektiven Umfang zu ermitteln. Die meisten von Ihnen werden feststellen, daß die Zahlen nicht übereinstimmen. Warum ist es so schwer, seinen Körper genau kennenzulernen?

Die Körpergrenzen

Auf alle Teile des Körpers strömen unablässig zahllose sensorische Informationen aus der Umwelt ein. Wir sehen, hören, riechen und fühlen gleichzeitig. Es ist keine geringe Leistung, all das zu ordnen und in einen sinnvollen Zusammenhang zu bringen. Diese miteinander konkurrierenden Aufgaben – eine große Menge an äußeren und körperinternen Informationen gleichzeitig zu verarbeiten – tragen möglicherweise dazu bei, daß wir unseren Körper nicht so genau kennen.

Manchen Menschen fällt es schwer, die Grenzen zwischen sich selbst und der Außenwelt abzustecken, weil so viele körperliche Empfindungen durch Einflüsse von außen entstehen. Dadurch wissen sie noch weniger über ihren Körper, und das Selbstgefühl nimmt weiter ab. Wer seinen Körper als einen abgegrenzten Raum begreifen kann, der einzig dem Selbst gehört, kann aus seinem Körper Bestätigung ziehen. Dr. Seymour Fisher, der ein ausgezeichnetes Buch zum Thema Körperbild geschrieben hat, sagt dazu, daß »der Mensch im Leben das Gefühl braucht, daß das Selbst in einem festen Raum wohnt, der ›mein‹ ist, ein klar definierter, heimatlicher Stützpunkt.« Forschungsarbeiten weisen darauf hin, daß die Fähigkeit, sich in seinem Körper schützend umschlossen zu fühlen, zum Teil davon abhängt, wie »eindringend« die Eltern waren. Wenn Eltern sich ständig in die allerintimsten Gedanken und Gefühle ihrer Kinder drängen, können diese Kinder nur schwer eine Grenze zwischen »ich« und »nicht ich« entwickeln. Als Erwachsenen fehlt ihnen dann das Gefühl eines ganz persönlichen Raums, der sich von der Außenwelt unterscheidet und sicher ist.

Das tägliche Körperpflegeritual – das ausgiebige Duschen oder ein bestimmtes Grund-Makeup – kann das beruhigende Gefühl erhalten helfen, daß man in seinem Körper sicher ist. Im Zusammenhang mit Studien des Psychologen Thomas Cash und seinen Kollegen von der Old Dominion University haben Frauen berichtet, daß sie mehr Selbstvertrauen haben und geselliger sind, wenn sie Kosmetika verwenden. Manche Menschen empfinden es auch als psychisch wohltuend, wenn sie Kleidung aus einem bestimmten Material tragen, vielleicht auch eng anliegend, oder sich mit ihrer Lieblingslotion eincremen. Nach Meinung von Fisher dient all das dazu, sich der Gewißheit der Körpergrenzen zu versichern.

Emotionen und unser Körper

Den Körper als Objekt umgibt eine besondere emotionale Aura, die das Wissen um den Körper erschwert. Daß die Menschen ihren Körper so selten gut kennen, läßt sich auf die Kindheit zurückführen. Nach der Analyse von Dr. Fisher vermitteln Eltern und Lehrer den Kindern die Botschaft, daß der Körper eine dubiose Sache ist. Sie lernen, daß sie bestimmte Körperteile weder berühren, noch an sie denken oder über sie sprechen sollen. Sie entdecken, daß es nicht einmal ein adäquates Vokabular gibt, um die Empfindungen in bestimmten Tabuzonen zu beschreiben. Sie lernen mit der Zeit, daß es sehr emotionsbefrachtete Regeln gibt, die ihnen sagen, welche Körperbilder und -konzepte erlaubt sind. Die Folge davon ist, daß das Körpererleben bei vielen Menschen entweder sehr verzerrt oder mit Schuldgefühlen besetzt ist oder beides.

»In meiner Familie«, erzählt Phillipa, »taten alle ganz geheimnisvoll, wenn es um körperliche Dinge ging. Über den Körper wurde einfach nicht gesprochen, schon gar nicht über die Geschlechtsteile. Ich war das einzige Mädchen, und als ich zum ersten Mal meine Periode hatte, drückte mir meine Mutter ganz schnell ein paar Binden in die Hand und murmelte dazu irgendwelche Anweisungen. Meine Brüder fingen an zu lachen und machten sich über mich lustig, als sie den Karton mit den Binden sahen. Als ich an diesem Abend im Bett lag, dachte ich, daß ich mit meinem Körper wirklich geschlagen bin.« Phillipa fällt es heute noch schwer, über ihren Körper zu sprechen, ohne daß es ihr peinlich ist.

Anthropologen haben festgestellt, daß Angst in Zusammenhang mit dem Körper weit verbreitet ist. In manchen Kulturen gibt es sogar gesellschaftliche Rituale, bei denen im Extremfall bestimmte Körperteile verstümmelt oder herausgeschnitten werden. Die Anthropologin Olivia Vlahos beschreibt die ausgeklügelten Verstümmelungspraktiken der Genitalien, die bei vielen afrikanischen Stämmen üblich sind. In diesen Fällen und vielen anderen, wo eine Kultur bestimmten Körperteilen eine ungewöhnliche Bedeutung beimißt, müssen die Menschen besondere Mittel und Wege finden, wie sie mit sensorischen Informationen aus diesen Bereichen umgehen können. In unserer westlichen Kultur zum Beispiel gilt das für die Sexualorgane und sexuelle Gefühle, die oft mit Decknamen belegt und nicht direkt angesprochen werden.

Genaue Körperwahrnehmung kann in manchen Fällen dazu führen, daß man sich einer unangenehmen oder bedrohlichen Information aussetzt. Entsprechende Untersuchungen zeigen, daß Menschen zahlreiche Strategien einsetzen, die sie – ob bewußt oder unbewußt – vor potentiell traumatischen Körpererfahrungen schützen oder helfen, Fiktionen, die für den Betreffenden wichtig sind, künstlich aufrechtzuerhalten. Da ist zum Beispiel Barbara, eine ziemlich mollige Frau; sie machte kürzlich mit ihrem Freund Urlaub auf den Bahamas. Barbara schämt sich für ihren fülligen Körper und war mit dem Urlaub erst einverstanden, als ihr Freund versprach, kein Photo von ihr im Badeanzug zu machen. Als sie zurück war, erzählte sie uns, wie sie ihre Befangenheit und Hemmungen wegen ihres Körpers »bewältigte«. »Ich saß fast nur im Liegestuhl, versteckte mein Gesicht hinter einem Buch und tat die ganze Zeit so, als wäre mein Körper für die anderen Leute am Strand unsichtbar. Ich mußte mich unheimlich konzentrieren dabei, aber nur so habe ich es geschafft, auch einmal aufzustehen und ins Wasser zu gehen. Hätte ich mich nur eine Sekunde nicht ganz so konzentriert und mir erlaubt, mich mit den Augen der anderen zu sehen, hätte ich mich nicht bewegen, geschweige denn ins Wasser gehen können.«

Emotionen können sich auf die Kenntnis des Körpers störend auswirken, weil sich das Körperbild oft mit der psychischen Verfassung ändert. Man fühlt sich kleiner, wenn man einen Mißerfolg erlebt hat, oder auch in Gegenwart einer Autoritätsperson. Und je mehr sich jemand auf seine intellektuellen Fähigkeiten einbildet, um so größer schätzt er seinen Kopfumfang ein. Dieser Zusammenhang wird in einer kleinen Geschichte, die ein

Vierjähriger einmal Ernst Prelinger, Psychiater in Yale, erzählte, sehr schön deutlich: »Da war ein Junge ... Er dachte jeden Tag, und mit jedem Gedanken, den er dachte, wurde sein Kopf größer und größer.«

Körperorgane werden oft mit verschiedenen Emotionen identifiziert, wie Olivia Vlahos ausführt. Kummer »bricht uns das Herz«. Wenn uns etwas zu schaffen macht, können wir es nur schwer »verdauen«, und manchmal haben wir eine schreckliche Wut »im Bauch«. Hat jemand Mut bewiesen, sprechen wir von einem »beherzten« Vorgehen. Unsere inneren Organe geben unseren Gefühlen also Raum und Dimension. Körperliche Empfindungen begleiten und verstärken diese Gefühle.

Da wir so viele unserer Gefühle in und durch unseren Körper erleben, können wir manchmal nur schwer auseinanderhalten, was die Folge einer vorübergehenden Emotion ist und was unser bleibender Körper. Emotionen können unser Körperbild beeinflussen. Wenn ich zum Beispiel wütend bin, fühle ich mich häßlich. Ich habe mein Leben lang über die Sprache gelernt, daß Wut etwas Häßliches ist. Also empfinde ich mich als häßlich, wenn ich wütend bin. In der Realität bin ich vielleicht momentan häßlich – mein Gesicht ist zu einer Grimasse verzogen, der Mund aufgerissen –, aber mein Körper hat sich nicht verändert. Wenn ich eine gute Vorlesung halte oder Beifall bekomme, fühle ich mich schön. Und das mag auch so sein, denn meine Augen strahlen, mein Mund lächelt, aber mein Körper hat sich nicht verändert. Aber in beiden Fällen habe ich das Gefühl, daß mein Körper sich zusammen mit meinen Gefühlen verändert. Man kann nur schwer ein bleibendes Körpergefühl entwickeln, wenn das Körperbild von Situation zu Situation mit den Gefühlen schwankt.

Da die Stimmung das Körperbild sehr beeinflußt, hat der Umstand, wie attraktiv sich jemand fühlt, oft nur wenig damit zu tun, wie attraktiv er wirklich ist. Dr. Thomas Cash und seine

Kollegen haben zum Beispiel festgestellt, daß leicht depressive Menschen ihren Körper negativer beurteilen als nichtdepressive. Für Dr. Cashs Studie wurde jeder der Teilnehmer mit der Videokamera gefilmt, danach bewerteten objektive Personen die körperliche Attraktivität. Die Bewertungen ergaben nach dem Urteil der unparteiischen Beobachter keine objektiven Unterschiede bei der körperlichen Attraktivität der depressiven und nichtdepressiven Teilnehmer.

Das Körperbild ist manipulierbar

Manche Menschen kennen ihren Körper deshalb nicht gut, weil sie ihr Äußeres bewußt manipulieren in der Absicht, bestimmte Aspekte zu dramatisieren oder zu kaschieren. Claire, Investmentberaterin bei einer Bank, war bei uns in stationärer Behandlung. Ihre Sehnsucht nach einer intimen Beziehung erschreckte sie sehr, und sie benützte ihren Körper auf bizarre Weise als Ausdrucksmittel ihrer Sexualität. Ihr allmonatliches Ritual bestand darin, eine Perücke aufzusetzen und sich ausgefallen anzuziehen – ihr Outfit stand in schreiendem Gegensatz zu den maßgeschneiderten Kostümen, die sie die Woche über trug. Sie fuhr in ein Viertel, das von Wohnung und Arbeitsplatz möglichst weit entfernt war, stellte sich an eine Straßenecke und rezitierte dort Gedichte, in denen in aller Deutlichkeit von sexuellen Dingen die Rede war.

Normalere Manifestationen desselben Prinzips finden sich bei jedem Menschen; wir alle setzen in verschiedenen Situationen des Alltagslebens eine Maske auf oder legen sie ab. Das Wort *Person* leitet sich ja von *persona* ab, dem lateinischen Wort für »Maske«. Der Körper kann eine Vielzahl von *personae* verbergen oder projizieren. Die potentielle Bandbreite der Fassaden, die wir zeigen können, trägt zur Formbarkeit des Körperbildes bei und führt bei manchen Menschen zu einer verminderten

Kenntnis ihres Körpers. Außerdem verlieren wir die Kontrolle über einen zentralen Aspekt unseres Selbstgefühls, wenn wir aus der Reaktion anderer auf unser Äußeres ableiten, wer wir sind.

Das Körperbild ist nach Meinung von Psychologen für den Kern unserer Identität von so entscheidender Bedeutung, daß Verzerrungen dieses Bildes erhebliche Auswirkungen haben können, auf die wir alle achten sollten. In der harmlosen Ausprägung beeinträchtigen sie nur unsere Stimmung; sie können aber auch ernsterer Natur sein und uns für eine ganze Reihe von psychischen Problemen anfällig machen, insbesondere für Depressionen.

Wie sich das Körperbild entwickelt

Bis jetzt habe ich lediglich beschrieben, wie komplex die Eitelkeitsfalle ist. Unser ganzes Leben lang wirken Sozialisierungsfaktoren und Erfahrungen dahingehend zusammen, daß unser Körper für uns geheimnisvoll und unergründlich bleibt, während er für unser Selbstgefühl von größter Wichtigkeit ist. Der Körper ist von der Kindheit bis ins hohe Alter in jedem Entwicklungsstadium eines Menschen das Kernstück, um das alle persönlichen Veränderungen, neuen Erfahrungen und Erwartungen kreisen. Diese Veränderungen und Erfahrungen weichen bei Männern und Frauen schon früh voneinander ab. Sie sind auch individuell unterschiedlich, was erklärt, warum das öffentliche Selbst bei manchen Menschen weniger stabil ist als bei anderen.

Kleine Kinder entwickeln ein Gefühl für die Realität, indem sie ihre innere Welt der Körperempfindungen mit der Außenwelt koordinieren. Im zweiten Lebensjahr erkennen 65 Prozent der Babies ihr eigenes Spiegelbild. Das Körpererleben bleibt bei Kindern noch eine ganze Weile Mittelpunkt ihrer Welt und beeinflußt ihre Wahrnehmungen.

Schon in der frühen Kindheit lernen insbesondere Mädchen, ihrem Körper Beachtung zu schenken und sich mit ihrem Aussehen zu beschäftigen. Oft vermittelt ihnen die Familie, daß es eine ihrer Funktionen ist, »Glanz« in den Alltag zu bringen, ein ansprechendes Schmuckstück zu sein. Die kleinen Mädchen lernen, daß Attraktivsein eng damit verknüpft ist, anderen zu gefallen, und daß es ihnen deren Liebe sichert. Jennifer ist ein klassisches, wenn auch extremes Beispiel dafür.

Die Eltern sind nicht die einzigen, die das Körperbewußtsein und die Sorge um die äußere Erscheinung ihrer Töchter verstärken.

Freunde, Nachbarn, Lehrer und sogar fremde Menschen geben ganz unbekümmert ihren Kommentar zum Aussehen eines kleinen Mädchens ab. Eine Freundin von mir ging kürzlich mit ihrer eineinhalbjährigen Tochter einkaufen, als sie zufällig ihren Lehranalytiker traf, der die Kleine längere Zeit nicht gesehen hatte. Zur Bestürzung meiner Kollegin verkündete er lauthals: »Ihre Tochter ist ein bißchen dick, aber sehr niedlich.«

Ähnliche Geschichten gibt es zuhauf. Eine Betreuerin in einem Kinderhort ging einmal zum Leiter des Hauses, um ihm mitzuteilen, daß sie manche Kommentare der Mitarbeiter über ihre dreijährigen Schützlinge für recht bedenklich hielt. Es wurde oft über die körperlichen Merkmale der kleinen Mädchen gesprochen, und dabei wurden Dinge prophezeit wie: »Jane wird mal ganz schöne Probleme wegen ihrer Beine bekommen, wenn sie älter ist – sie wird wie ein Elefant aussehen.« Oder: »Was soll aus Susie nur werden, wenn sie weiter soviel ißt – sie hat ja jetzt schon einen dicken Bauch.«

Mädchen verinnerlichen die Botschaften der Gesellschaft, daß Attraktivität etwas ganz Wichtiges ist, sehr leicht. So sagte eine Vierjährige, ganz das Ebenbild von Shirley Temple, einmal zu ihrer Mutter: »Ich habe immer viel Spaß bei deinen Parties. Ich finde es toll, wenn die Leute zu mir sagen, daß ich hübsch bin.«

Bei Mädchen hängen Figur und Selbstwertgefühl bereits in der vierten Klasse eng zusammen, bei Jungen hingegen nicht. Man hat festgestellt, daß das Gewicht schon bei Grundschulkindern entscheidenden Einfluß auf die Beziehung zwischen Körperbild und Selbstkonzept hat: Je näher ein Mädchen dem kulturellen Schlankheitsideal kam, um so eher erzählte sie, daß sie sich hübsch findet, beliebt und in der Schule gut ist.

Untersuchungen belegen, daß schon im Kindesalter die Mädchen mit ihrem Körper unzufriedener sind als die Jungen. Obwohl nichtübergewichtige Mädchen eine positivere Einstellung zu ihrem Körper haben als solche, die zu dick sind, machen sie sich doch immer noch mehr Gedanken über ihr Äußeres als Jungen mit oder ohne Übergewicht.

Welche Probleme Kinder mit ihrem Körper auch haben mögen, sie sind relativ harmlos im Vergleich zu denen, die Jugendliche haben. Die mit der Pubertät verbundenen tiefgreifenden biologischen Veränderungen rücken den Körper in den Mittelpunkt des sich entwickelnden Selbstgefühls. Um eine Antwort auf die entscheidende Frage »Wer bin ich?« zu finden, muß das neue körperliche Selbst in ein revidiertes Selbstkonzept integriert werden. Der Jugendliche ist gezwungen, das in der Kindheit entwickelte Körperbild neu zu definieren und sich ein neues Körperbild zu schaffen, das dem reifer werdenden Selbst entspricht. Es überrascht deshalb nicht, daß gerade Teenager für die soziokulturellen Normen in bezug auf das Aussehen so empfänglich sind. Und diese Normen können bei pubertierenden Mädchen zu einem ganz speziellen Problem führen.

Vor der Pubertät haben Mädchen einen um 10 bis 15 Prozent höheren Anteil an Körperfett als Jungen; nach der Pubertät ist er um 20 bis 30 Prozent höher. Das liegt daran, daß bei pubertierenden Mädchen die Gewichtszunahme in erster Linie in Form von Fettgewebe erfolgt. Bei Jungen wird während eines Wachstumsschubs vor allem fettarmes und Muskelgewebe aufgebaut. Viele junge Frauen sind sehr unglücklich über die mit ihrer normalen sexuellen Entwicklung verbundene Zunahme des Fettgewebes. Und nur allzuoft wird Mädchen in diesem Zusammenhang Schreckliches prophezeit. »Jetzt mußt du langsam an die Linie denken« war der Rat einer wohlmeinenden Großmutter, als sie ihre zehnjährige Enkelin anrief, um ihr zum Geburtstag zu gratulieren. Als diese protestierte und meinte: »Aber ich bin doch nicht dick«, entgegnete die Großmutter: »Aber du wirst es sein, wenn du ab jetzt nicht aufpaßt.«

Angesichts unseres kulturellen Schönheitsideals der Frau mit »schlanker Figur und vorpubertärem Aussehen« und des großgewachsenen, muskulösen Mannes überrascht es nicht, daß heranwachsende Mädchen ein geringeres Selbstwertgefühl haben und mit ihrem Gewicht unzufriedener sind als heranwachsende Jungen. Während der Junge durch die körperliche Reifung dem maskulinen Ideal näherkommt, bedeutet sie für die meisten Mädchen eine Wegentwicklung von dem, was gegenwärtig als schön angesehen wird. Wenn heranwachsende Jungen mit ihrem Gewicht nicht zufrieden sind, dann deshalb, weil sie schwerer sein möchten. Mädchen hingegen wollen durchweg dünner sein. Sehr oft fühlen sich Frauen – vor allem solche, die vor der Pubertät sehr schlank waren – von ihrem Körper verraten. »Ich war so sauer auf meinen Körper! Wie kam ich bloß zu so komischen Hüften und diesen fetten Oberschenkeln?« erzählt Jeannette. »Mein Körper hat mich einfach total im Stich gelassen. Es war so deprimierend.« Eine Untersuchung an Jugendlichen nach der anderen, in allen Industrieländern, bestätigt diese Einstellung.

Was Wunder, daß eine große Zahl von Mädchen im Jugendalter Diät hält – weit mehr als Jungen. Bei einer Studie mit 195 Highschool-Schülerinnen aller Altersstufen gaben 125 Mädchen an, daß sie bewußt weniger aßen, um ihr Gewicht zu halten oder abzunehmen. Je höher Bildungsniveau und Einkommen der Eltern waren, um so dünner wollten die Teenager sein. Und sie brachten sehr deutlich zum Ausdruck, daß die Unzufriedenheit mit ihrem Aussehen der Grund für ihre Diätversuche war.

Dr. Nancy Adler, Psychologin an der University of California in San Francisco, untersuchte über fünfhundert Jugendliche. Das pubertäre Entwicklungsstadium der Jungen entsprach ihrer Vorstellung vom idealen Körper. Die schon etwas reiferen und größeren Jungen hatten ein Idealbild, das ebenfalls größer war. Bei den Mädchen hingegen entwickelten sich die tatsächliche und die bevorzugte Körpergröße nicht parallel, was im Vergleich zu den Jungen zu einer größeren Unzufriedenheit mit ihrem Körper führte. Bei Mädchen, deren pubertäre Entwicklung schon weiter fortgeschritten war, zeigte sich eine größere Diskrepanz zwischen der tatsächlichen und der Idealfigur als bei weniger entwickelten Mädchen. Im Jugendalter verändert sich offenbar nicht nur die Selbstwahrnehmung, sondern auch die Vorstellung vom idealen Körper. Jungen wünschen sich einen schwereren Körper, was für sie von Vorteil ist, weil sie sich ja darauf hinentwickeln. Mädchen möchten einen schlankeren haben, was den Druck abzunehmen und die Unzufriedenheit mit ihrem Körper verstärkt.

Interessanterweise beurteilten sich in zumindest einer Studie die Mädchen selbst strenger, als es ihre Altersgenossinnen ihrer Meinung nach tun würden. Dr. Kathleen Musa und Dr. Mary Ellen Roach von der University of Wisconsin stellten fest, daß erheblich mehr heranwachsende Mädchen als Jungen ihr eigenes Aussehen schlechter bewerteten als das Aussehen ihrer Kameraden. Und 62 Prozent der Mädchen, die ihr eigenes Aussehen negativer beurteilten als das ihrer Altersgenossinnen, waren sozial schlechter angepaßt. Bei Jungen gab es keine Beziehung zwischen der Beurteilung des eigenen Aussehens und der sozialen Anpassung. Eine neue Studie der in Princeton tätigen Psychologin Joan Girgus besagt, daß Depressionen bei heranwachsenden Mädchen damit in Zusammenhang stehen, wie unzufrieden sie mit ihrem Gewicht sind. Bei Jungen derselben Altersstufe war hingegen kein Zusammenhang zwischen Körperbild und Depression festzustellen.

Jugendliche müssen nicht nur mit den konkreten körperlichen Veränderungen fertig werden, sie müssen auch in anderen Bereichen erwachsener werden. Zu den drei Hauptaufgaben, die sowohl männliche wie weibliche Jugendliche zu bewältigen haben, gehört es, ein neues Selbstgefühl zu entwickeln, Beziehungen, insbesondere heterosexuelle, zu Gleichaltrigen aufzubauen und unabhängig zu werden. Bei allen drei Aufgaben ist das Körperbild für Mädchen ein besonderes Problem.

Was die erste Aufgabe angeht, scheint das Selbstbild heranwachsender Mädchen durch zwischenmenschliche Beziehungen mehr beeinflußt zu werden als das von Jungen. Mädchen machen sich offenbar mehr Gedanken darüber, was andere von ihnen halten; es ist für sie wichtiger, daß sie gemocht werden, und sie versuchen negative Reaktionen von anderen zu vermeiden. Die an der University of Virginia tätigen Psychologen John Hill und Mary Ellen Lynch sagen, daß das heranwachsende Mädchen aus Unsicherheit heraus gegenüber der sozialen Forderung nach dem richtigen »weiblichen« Verhalten immer empfänglicher wird und ihr immer mehr zu entsprechen versucht, um auf diese Weise negative Urteile der anderen zu vermeiden. Die massive Botschaft an diese jungen Mädchen – daß Schönheit und Schlanksein ganz wichtig sind (was zum Beispiel die Modezeitschriften für Teenager beweisen) – erreicht sie also zu einer Zeit, in der sie für die Normen der Gesellschaft und die Meinung anderer am empfänglichsten sind. Es ist deshalb kein Wunder, daß ein Mädchen im Teenageralter sich zwanghaft um jedes Gramm Fett sorgt, das es in der Pubertät zunimmt.

Daraus werden wir logischerweise schließen, daß sich auch die zweite Aufgabe im Jugendalter – Beziehungen einzugehen, insbesondere heterosexuelle mit Gleichaltrigen – für Mädchen schwieriger gestaltet als für Jungen. Entsprechende Studien unterstützen diese Hypothese. Die Sozialpsychologinnen Roberta Simmons und Florence Rosenberg haben zum Beispiel festgestellt, daß mehr Mädchen als Jungen Beliebtsein wichtiger finden als Unabhängigkeit oder Kompetenz. Diese Gewichtung korrelierte mit einem weniger stabilen Selbstbild und einer größeren Empfänglichkeit für das Urteil anderer. In Anbetracht der Tatsache, daß attraktive (das heißt schlanke) Frauen im Bereich der zwischenmenschlichen und vor allem der heterosexuellen

Beziehungen belohnt werden, können der Wunsch nach Beliebtsein und das Streben nach einem möglichst guten Aussehen bei einem jungen Mädchen durchaus zu Synonymen werden. Diese Ängste werden durch die Mütter oft unbewußt verstärkt. Zwei mir bekannte Frauen sprachen einmal über ihre Töchter im Teenageralter, die vor kurzem in ein Internat gekommen waren. Die eine erzählte der anderen: »Gestern abend hat Tanya angerufen und ganz hysterisch geweint, weil sie dort nicht so beliebt ist wie an der Schule hier. Ich sagte, sie solle doch am Wochenende heimkommen, damit wir zusammen einkaufen gehen können. Alles, was das Mädchen braucht, sind ein paar neue Kleider; dann wird sie nicht mehr das Gefühl haben, daß sie keine neuen Freunde finden kann.«

Auch die dritte Aufgabe des Jugendalters – unabhängig zu werden – scheint Mädchen in anderer Weise zu fordern als Jungen. Nach Meinung der Entwicklungspsychologin Carol Gilligan von der Harvard University sind die Aufgaben der Ablösung und Individuation für Frauen ein größeres Problem, weil Beziehungen für sie wichtiger sind. In einer Welt, die Abhängigkeit als Schwäche ansieht, führt das jedoch bei vielen Mädchen zu Verwirrung, Unsicherheit und dem Gefühl der Unzulänglichkeit, was ihr Selbstgefühl bedroht. Margo erzählte uns:

Ich komme aus einer Familie, in der sich alle sehr nahestanden, aber als ich gerade eben sechzehn war, redeten auf einmal alle davon, daß ich auf ein College im Nordosten gehen sollte. Das war damals absolut »in«. Die haben doch so viele berühmte Colleges dort. Also schickte ich meine Bewerbung an alle »richtigen« Schulen und landete schließlich in Yale, obwohl ich viel lieber in der Nähe meiner Familie geblieben wäre. Aber meine Eltern waren auch auf einem College im Nordosten und waren ein bißchen snobistisch in die-

ser Hinsicht und sagten immer, der Mittelwesten sei nichts für eine College-Ausbildung. Es machte mir große Angst, von zu Hause wegzugehen, aber ich fand es auch sehr aufregend und war stolz darauf, daß sie mich in Yale angenommen hatten. Ich dachte, ich müßte jetzt als richtig Erwachsene mit einer Diät anfangen, mich in den Griff bekommen, mich zusammenreißen, unabhängig sein.

Wir können darüber spekulieren, in welcher Weise die zunehmende Beschäftigung mit Gewicht und Diäten mit der Problematik des Unabhängigwerdens verknüpft ist. Wenn andere Aspekte des Lebens sich der Kontrolle zu entziehen scheinen, wird das Gewicht oft zu einem der wenigen Dinge, die man – angeblich – selbst steuern kann. Da Gewichtsverlust in unserer Gesellschaft als Zeichen der Reife angesehen wird, spiegeln Diätversuche möglicherweise den Wunsch eines Mädchens wider, den anderen und sich selbst zu zeigen, daß sie erwachsen wird. Diäthalten kann daher ein Schritt auf dem Weg in die Unabhängigkeit sein, eine Metapher oder ein Ersatz dafür.

Da es so schwierig ist, im Jugendalter ein neues Körperbild zu entwickeln, behalten wir dieses Bild bis in die Zeit der Reife hinein bei. Die auf S. 65 zitierten Erinnerungen von Dava Sobel machen dies sehr deutlich. Ihr Körperbild als dicker Teenager blieb in ihr bis zum Erwachsenenalter. Daß sie in Wirklichkeit schlank war, brachte es keineswegs ins Wanken. Sie konnte ihrem wahren Spiegelbild nur den Babyspeck hinzufügen, um sich so zu sehen, wie sie sich *fühlte*. Ähnliches läuft bei einem dickbäuchigen, 40jährigen Mann ab, den ich kenne: Er sieht sich immer noch als schlank, obwohl es nicht der Realität entspricht. Er war einer der besten Sportler an der Highschool und in seiner Jugendzeit ziemlich mager; dieses Körperbild hat er heute noch.

Die nächsten Entwicklungsstadien, die tiefgreifende Auswirkungen auf den Körper der erwachsenen Frau haben, sind Schwangerschaft und, in geringerem Maß, die Menopause. Ihr Selbstgefühl verändert sich, weil ihr Körper sich anders anfühlt, verwirrend, fremd. Erstaunlich wenige Studien haben sich bisher mit diesen psychischen Veränderungen beschäftigt, während die körperlichen Vorgänge selbst viel besser erforscht sind. Ich bin aufgrund meiner Interviews mit Versuchspersonen und Klinikpatientinnen jedoch überzeugt, daß viele Frauen ihrem veränderten Körper gegenüber Angst und sogar Ekel empfinden. Sie berichten, daß sie sich nicht wie sie selbst fühlen, was häufig das Selbstkonzept durcheinanderbringt.

Obwohl die mit einer Schwangerschaft verbundene Gewichtszunahme signalisiert, daß im Körper der Frau neues Leben heranwächst, löst sie bei vielen Frauen doch große Angst und Verwirrung aus. Die medizinischen Richtwerte werden heute zwar etwas lockerer gesehen als früher – die meisten Ärzte halten eine Zunahme von 25 bis 35 Pfund für normal – aber wir hören doch ständig, wie den Frauen hier ins Gewissen geredet wird. »Ich hasse es, gewogen zu werden«, klagt Charlene. »Die Schwester gibt mir immer das Gefühl, ich hätte gesündigt, wenn ich ein Pfund zuviel zugenommen habe.« Und andere Leute hauen in die gleiche Kerbe. Verkäufer in Geschäften für Umstandsmode machen den Frauen Komplimente, die für ihr Stadium der Schwangerschaft eher schmal sind, und die Frauen, die in dieser Zeit einen fülligeren Körper bekommen, fühlen sich irgendwie als Versagerinnen.

Nach der Entbindung wird der Druck oft nur noch stärker. »Zwei Wochen nach der Geburt meines Babies rief mich einer meiner Kollegen an«, erzählte uns Hannah bei einem Interview. »Erst brachte er die üblichen Glückwünsche an, und dann fragte er mich, ob ich denn meine alte Figur schon wiederhabe. Als ich aufgelegt hatte, weinte ich eine ganze Stunde.« Nach neuesten

Erkenntnissen, die an Gesundheitsämtern tätige Ärzte in den *Archives of Internal Medicine* veröffentlicht haben, bekommen viele Frauen offenbar nie mehr ihre alte Figur. Sie untersuchten über einen Zeitraum von zehn Jahren die Gewichtsschwankungen bei Tausenden von Männern und Frauen. Eine signifikante Gewichtszunahme kam bei Frauen doppelt so häufig vor, und zwar am meisten in der Gruppe der 25- bis 34jährigen.

Und wie ist es in späteren Jahren? Die meisten Menschen werden im Alter dicker, selbst wenn ihr Gewicht gleichbleibt. Das gilt vor allem für ältere Frauen. Untersuchungen des Psychologen Michael Ross und seiner Kollegen von der Saint Louis University und dem Saint Louis Medical Center haben gezeigt, daß ältere Menschen oft große Hemmungen wegen ihres Körpers haben, vielleicht eine Reaktion auf die vorweggenommene negative soziale Beurteilung. Es ist ja leider auch so, daß sie als weniger attraktiv angesehen werden als junge Leute oder Menschen mittleren Alters. Da Attraktivität im Leben einer Frau eine wichtigere Rolle spielt als bei einem Mann, können wir davon ausgehen, daß die Auswirkungen des Alterungsprozesses auf das Aussehen im allgemeinen und insbesondere die Neigung, mehr Fettgewebe als Muskelmasse zu bilden, für Frauen ein größeres Problem darstellen als für Männer. Auf diesem Gebiet bleibt für die Forschung noch einiges zu tun, denn bisher weiß man nur wenig darüber. Im Zuge einer gerade laufenden Studie über ältere Menschen haben wir jedoch festgestellt, daß das Dickerwerden nach dem Erinnerungsverlust das zweitgrößte persönliche Problem für Frauen dieser Altersgruppe ist. Die in dieser Studie erfaßten Männer haben kaum geäußert, daß sie sich Sorgen wegen ihres Gewichts machen.

So kommen Sie aus der Eitelkeitsfalle heraus

Wie in diesem Abschnitt werden Sie auch am Ende der folgenden Kapitel Methoden kennenlernen, die Sie selbst ausprobieren können, wenn Sie aus der jeweiligen Falle herauskommen wollen. Mit Hilfe der Tests in den einzelnen Kapiteln können Sie feststellen, ob Sie mit dieser speziellen Falle ein Problem haben. Sicher ist es auch hilfreich, wenn Sie jedes Kapitel einfach durchlesen und sehen, inwieweit es mit Ihrer eigenen Situation zu tun hat, denn Veränderung beginnt bei der Erkenntnis. Aber nicht nur die Erkenntnis ist wichtig; manche von Ihnen werden auch spezielle Strategien erlernen müssen, um aus den verschiedenen Fallen herauszukommen. Probieren Sie die vorgeschlagenen Methoden einfach aus, aber sehen Sie nicht gleich schwarz, wenn nicht alle genau das richtige für Sie sind. Auf niemanden treffen alle Aspekte einer Schönheitsfalle zu; konzentrieren Sie sich also auf die Punkte, die mit Ihren ganz persönlichen Problemen zu tun haben.

Da Erkenntnis der erste Schritt zur Besserung, sprich Veränderung ist, wollen wir mit der Erkenntnis beginnen, die wir aus diesem Kapitel ziehen können. Sie wissen jetzt, daß die Kenntnis Ihres Körpers möglicherweise falsch oder unzureichend und daß Ihr Körperbild oft zu leicht beeinflußbar ist. Sie haben auch erfahren, daß es Einfluß auf Ihr Selbstwertgefühl hat, wie Sie zu ihrem Körper stehen. Wenn Sie sich über Ihr Aussehen Gedanken machen, machen Sie sich eigentlich Gedanken darüber, wer Sie sind. Mit seinem Körper beschäftigt sich jeder. Das heißt aber nicht, daß es gesund ist, sich ständig zwanghaft darüber Gedanken zu machen oder sein Glück oder Unglück davon abhängig zu machen, was die Waage sagt. Ziel all meiner Arbeit mit Patienten ist es, ihnen bei der Überwindung dieser Schwierigkeiten zu helfen. Es kostet zwar einige Mühe, aber dieses und die folgenden Kapitel werden Ihnen zeigen, daß es triftige Gründe dafür gibt, warum Sie und so viele andere Menschen in Schönheitsfallen geraten.

Es gibt verschiedene Methoden, die Sie jetzt ausprobieren können. Überprüfen Sie als erstes, wie wichtig Ihnen das Aussehen ist. Wenn Sie beim »Test zur Akzeptanz sozialer Normen« auf S. 36 mehr als 28 Punkte erreicht haben, sollten Sie sich darüber im klaren sein, daß Ihr Aussehen Ihnen zum Teil deshalb so wichtig ist, weil Sie die gesellschaftlichen Normen überbewerten. Das ist besonders problematisch, wenn Sie auch beim »Test zum öffentlichen Selbst« auf S. 59 auf eine hohe Punktzahl gekommen sind. Wenn Sie daran arbeiten wollen, sich von diesem Aspekt der Eitelkeitsfalle zu lösen, sollten Sie sich als erstes eingehend mit Ihren Phantasien dazu beschäftigen, was passieren würde, wenn Sie in einem weniger attraktiven Körper lebten.

Auch Jennifer mußte sich mit ihren Phantasien auseinandersetzen, all den »Horrorszenarios«, was schlimmstenfalls alles schieflaufen würde, wer sie anders behandeln würde, wie sich ihr Leben ändern würde, wenn sie nicht so gut aussähe. Das war für Jennifer unheimlich schwer. Nicht, daß sie dazu nicht fähig gewesen wäre – sie hatte es eigentlich ständig so gemacht, ohne daß wir sie dazu aufgefordert hätten, sich die Folgen aber immer ganz schrecklich ausgemalt. Wir halfen ihr, in ihrer Vorstellung alternative Abläufe zu entwickeln – daß sie ihre Arbeitsstelle nicht verlieren, ihr Mann sie nicht verlassen würde. Es war ein erster wichtiger Schritt, sie diese positiveren Szenarios selbst visualisieren zu lassen. Sie waren ihr völlig fremd, und Jennifer leistete sehr viel harte Vorstellungsarbeit, um sie lebendig und realistisch werden zu lassen. Sie stellte sich immer wieder vor, wie sie sich fühlen würde, wenn sie fünf Pfund zugenommen hätte oder nicht so gut »zurechtgemacht« wäre, und daß trotzdem alle, an denen ihr lag, weiterhin positiv auf sie reagieren würden. Lange Zeit später, als sie sich ihrer selbst sicherer war, machte Jennifer auch ein paar konkrete »Loslaßübungen«, wie sie sie nannte. Sie ging am Erntedankfest zum Beispiel ungeschminkt zum Familienessen bei ihrer Mutter und lachte nur, als diese angelegentlich bemerkte, daß natürliches Aussehen doch nicht »in« sei. Sie war überrascht, daß ihre Mutter solche Äußerungen ziemlich schnell sein ließ (wenn auch nicht ganz). Und schließlich verzichtete sie auch auf ihre Rolle als Modepuppe des Büros, obwohl sie immer noch gut und attraktiv aussah. Sie konnte es gar nicht fassen, daß sie beruflich genauso anerkannt wurde wie vorher.

Wie sehen denn Ihre »Horrorszenarios« aus? Daß niemand Sie jemals lieben wird? Daß Sie nie eine gute Arbeitsstelle finden werden? Daß Sie mit Ihrer Ausbildung nicht so vorankommen, wie Sie es sich wünschen? Die Antwort auf all diese Fragen sollte natürlich ein überzeugtes »Das ist ganz bestimmt nicht so« sein. Wenn Sie beim »Test zur Akzeptanz sozialer Normen« auf eine hohe Punktzahl gekommen sind, sind Sie davon wahrscheinlich aber nicht völlig überzeugt. Wie unlogisch man denkt, erkennt man oft erst, wenn man sich mit seinen innersten Ängsten auseinandersetzt. Das ist der Zweck dieser Übung. Überprüfen Sie, worauf Ihre Überzeugung beruht, daß das Aussehen in jeder Hinsicht so wichtig ist. Sind alle Leute so toll, die einen guten Job, ihren Doktor gemacht oder eine Liebesbeziehung haben? Sicher kennen Sie Menschen, deren Erfolg in zumindest einem dieser Bereiche Ihre Annahme in Frage stellt, daß *nur* das Aussehen zählt.

Ganz gleich, wie Sie den sozialen Wert der Attraktivität einschätzen: Sie hätten keine Probleme mit der Eitelkeitsfalle, wenn Sie nicht auch mit Ihrem eigenen Körperbild Schwierigkeiten hätten. Bei den nun folgenden Methoden geht es darum, Ihre Körperkenntnis zu verbessern.

Es ist schwer, ein klares Körperbild zu haben, wenn andere Ihr Körperbild zu sehr beeinflussen. Das ist einer der Gründe, warum die Zeichnungen, die Sie am Anfang dieses Kapitels gemacht haben, Ihnen sehr bei der Erkenntnis helfen können, wie die wichtigen Menschen in Ihrem Umfeld Ihre Körperwahrnehmungen beeinflussen. Wenn sich die Zeichnungen ziemlich ähnlich sind, haben Sie offenbar keine Probleme mit einem sehr wichtigen Aspekt dieser Schönheitsfalle, nämlich der Formbarkeit des Körperbildes. Je mehr sich die Zeichnungen aber voneinander unterscheiden, um so mehr einzelne Körperbilder haben Sie. Daraus können sich zwei Schwierigkeiten ergeben: zum einen ist es für Sie schwerer, eine klare und genaue Vorstellung von Ihrem Körper zu haben; und zum anderen gestehen Sie anderen einen zu großen Einfluß auf Ihre Selbstwahrnehmung zu.

Suchen Sie die Zeichnung heraus, die Ihnen am besten gefällt. Prägen Sie sich diese Zeichnung ein (oder tragen Sie sie immer bei sich). Konzentrieren Sie sich auf dieses Bild, wenn Sie mit Menschen zu tun haben, die Ihr Körpergefühl negativ beeinflussen. Überlegen Sie nach Möglichkeit schon vorher, was Sie tun, sagen oder vielleicht sogar anziehen könnten, um Ihr bevorzugtes Körperbild zu halten. Wenn Ihnen zum Beispiel Ihre Mutter das Gefühl gibt, daß Sie dick und reizlos sind, könnten Sie etwas anziehen, in dem Sie sich schlank und attraktiv fühlen, wenn Sie sie besuchen. Gefällt Ihnen im Moment keine der Zeichnungen, die Sie gemacht haben, gehen Sie zur nächsten Übung und kommen Sie auf diese zurück, wenn Sie das Buch ganz gelesen haben.

Es ist nicht nur der Einfluß der anderen auf unser Körpergefühl, der uns Probleme macht. Viele von uns werden sich selbst zum schlimmsten Feind, weil sie eine unrealistische oder übertrieben negative Vorstellung ihres körperlichen Selbst haben. Wenn das auch auf Sie zutrifft, sollten Sie ein realistisches Gefühl dafür

entwickeln, wie Ihr Körper wirklich aussieht. Wenn Sie anhand
der Zeichnungen zu der Aufgabe von S. 56 (Wie sich das Körperbild ändert) festgestellt haben, daß Ihr Körperbild stark
schwankt und Sie wenig über Ihren Körper wissen, können Ihnen die folgenden Übungen helfen.

Als erstes sollten Sie Ihren Körper in verschiedenen Stellungen
betrachten, ihn in der Bewegung spüren, bewußt erleben und
integrieren, wie Ihr Körper sich anfühlt je nachdem, wie Sie ihn
sehen. Bewegung ist zur Entwicklung dieser Art von Körperbewußtsein sehr hilfreich. Lassen Sie Ihren Körper sich einfach zu
entspannender, rhythmischer Musik frei bewegen, und konzentrieren Sie sich bewußt auf diese Erfahrung; das bringt Sie mit
Ihrem Körper in Kontakt. Sich in verschiedenen Körperhaltun-
gen und bei unterschiedlichen Tätigkeiten auf Videoband aufzunehmen, kann ebenfalls sehr nützlich sein. Sie können sich
dann, wenn Sie die Videos ansehen, ganz darauf konzentrieren,
wie Ihr Körper aussieht und sich bewegt. Ist Ihr Körperbewußtsein wenig entwickelt, werden Sie sich dazu zwingen müssen,
sich möglichst objektiv zu betrachten. Sie werden dabei vielleicht
sehr selbstkritisch und befangen sein. Das ist eine ganz normale
Reaktion; stellen Sie sich also vorher darauf ein. Wieviel Anstrengung es Sie kostet, diese Hemmungen zu überwinden,
kann Ihnen auch schon eine wichtige Erkenntnis vermitteln. Der
Sinn der Übung ist, daß Sie sich dazu zwingen, sich nicht zu
beurteilen, sondern zu versuchen, Ihren Körper in der Bewegung realistisch zu sehen.

Manche Therapeuten lassen die Patienten ihren Körper aus Ton
nachformen. Ihrer Erfahrung nach bewirkt das, daß die Leute
ihren Körper objektiver einschätzen, damit die Nachbildung
möglichst gut gelingt. Wahrscheinlich wird nicht jeder von Ihnen bei sich zu Hause die Möglichkeit dazu haben, aber für manche wäre es sicher einfacher und weniger verwirrend, als mit
Videoaufnahmen zu arbeiten. Das Ziel ist in beiden Fällen das

gleiche, nämlich daß Sie erfassen, wie Sie wirklich aussehen, damit Sie ein stabileres und genaues Körperbild entwickeln können.

Der nächste Schritt ist, daß Sie Kontakt aufnehmen mit den Gefühlen, die Ihr Körperbild beeinflussen. Es ist ganz wichtig, daß Sie Ihre *Gefühle klar erkennen* und sehen, welchen Bezug sie zu Ihrem Körpererleben haben. Beginnen Sie mit einer ganz konkreten Übung: Schließen Sie die Augen und konzentrieren Sie sich darauf, was Sie spüren. Spüren Sie den Stuhl, auf dem Sie sitzen. Wie fühlt sich Ihr Körper an? Ist er entspannt oder angespannt? Warm oder kalt?

Wenn Sie sich bei dieser Übung gut fühlen und nachspüren können, wie sich Ihr Körper bei der Berührung mit einem anderen Objekt – dem Stuhl – anfühlt, stellen Sie sich vor, wie es Ihrem Körper geht, wenn Sie verärgert, traurig oder glücklich sind oder sich schämen. Diese Gefühle können Sie für diese Übung am besten wachrufen, indem Sie an ein Ereignis denken, das eben diese Emotion – zum Beispiel Trauer – in Ihnen ausgelöst hat, und es im Geiste noch einmal durchleben. Gehen Sie das Erlebnis in allen Details durch, damit Sie das Gefühl in seiner ganzen Intensität spüren. Konzentrieren Sie sich dann auf Ihren Körper. Was spüren Sie an den verschiedenen Stellen des Körpers? Haben Sie einen Kloß im Hals? Schnürt sich Ihnen das Herz zusammen? Bewerten Sie keine Ihrer Empfindungen negativ. Nehmen Sie sie einfach als Information, die Ihr Körper Ihnen geben möchte. Machen Sie sich jedes Gefühl und jede körperliche Empfindung bewußt.

Viele finden es hilfreich, ihre Gefühle aufzuschreiben. Das steigert nicht nur das emotionale Bewußtsein, es hilft auch, seine Gefühle besser zu akzeptieren. Sich seiner Gefühle bewußt zu sein – auch der negativen – ist einer der Kernpunkte der Körpererfahrung und ein sehr wichtiger Weg, um seinen Körper kennenzulernen. Gefühle zu verleugnen wirkt sich nur zugun-

sten der Eitelkeitsfalle aus, denn Sie verstärken damit Ihre mangelnde Körperkenntnis.

Die kleine Tabelle unten entspricht einer Art Protokollblatt, wie
wir es in unserer Klinik bei der Arbeit mit Patienten verwenden,
damit diese herausfinden, welchen Bezug ihre Emotionen zu
körperlichen Empfindungen haben. Sie können es zu Hause
genauso machen und brauchen dazu nur einen Notizblock. Bewerten Sie bei jedem Gefühl, das Sie haben, seine Intensität,
und notieren Sie die körperliche Reaktion, die es auslöst. Die
körperlichen Empfindungen, die mit den verschiedenen Emotionen verbunden sind, werden entmystifiziert, wenn Sie sie besser kennen; Sie können sie dadurch integrieren und so zu einem
umfassenderen Körperbewußtsein kommen.

Emotion	Intensität	*Körperempfindung*
Wut	stark	Kehle wie zuge-schnürt, Herzklop-fen, Magenschmer-zen, gerötetes Gesicht
Heiterkeit	mittel	Gesicht und Bauch tun weh vor Lachen
Trauer	stark	keine Empfindung, innere Leere

Eine dritte Methode zur Entwicklung eines klaren und stabileren
Körperbildes ist es, zu lernen, sich selbst weniger kritisch zu
betrachten. Wenn Sie Seiten an Ihrem Körper finden, die Sie
mögen, wird Ihr Körperbild durch Ihre wechselnden Gefühle
oder andere Menschen weniger beeinflußt. Eine sehr hilfreiche
Übung dazu ist, sich auf den Teil Ihres Körpers zu konzentrieren,
der Ihnen am besten gefällt, den Sie für den attraktivsten halten.

Bei manchen sind das die Augen oder das Kinn, bei anderen die Hände oder Finger. Wenn Sie im Moment gar nichts finden können, das Ihnen an Ihrem Körper gefällt, schieben Sie die Übung auf, bis Sie einige der anderen Schönheitsfallen durchgearbeitet haben. Wer zumindest einen Teil seines Körpers mag, konzentriert sich jetzt darauf, wie er aussieht, wie er sich anfühlt. Wie können Sie diesen Teil pflegen? Läßt er sich durch intensivere Pflege verbessern? Manche Dinge helfen wirklich, zum Beispiel eine Creme, die die Hände weicher macht, oder ein Augenbad, das müde Augen frischer aussehen läßt, ohne daß sie kurzsichtig wirken.

Bei dieser Übung können Sie sich auf Ihren Körper und seine Bedürfnisse konzentrieren. Da Sie mit den Körperteilen beginnen, die Ihnen am meisten gefallen, vermeiden Sie die kritische Selbstprüfung, die Sie in der Schönheitsfalle festhält. Nach einiger Zeit können Sie dann zu den Teilen Ihres Körpers übergehen, die Sie weniger mögen; Aufgabe und Vorgehen bleiben jedoch gleich. Es gibt keinen anderen Weg, um seinen Körper besser kennen und mögen zu lernen. Und das ist ein ganz wichtiger Punkt, um aus der Eitelkeitsfalle herauszukommen.

3

Die Schamfalle

Wendy Wasserstein, Autorin von *The Heidi Chronicles*, schreibt:

> *Eines haben alle meine Erfahrungen gemeinsam, ob ich beruflich etwas Neues anfange oder mich auf eine Liebesgeschichte einlasse. Nämlich daß ich immer sagen kann – ganz gleich, was passiert, ganz gleich, wie verliebt ich bin oder wie erfolgreich mein Projekt läuft: Wenn etwas schiefgeht, dann liegt das daran, daß ich zum Frühstück lieber Brötchen mit Butter als Haferflocken esse. Mit anderen Worten: Fast bricht die Börse zusammen, weil ich nicht Aerobic mache ... Okay, ich übertreibe vielleicht ein bißchen. Aber diese Wahnvorstellung, die Versuchung, mein Übergewicht für alles verantwortlich zu machen, ist im Grunde zutreffend.*

Viele Frauen machen ihr Gewicht für jedes Versagen oder jede Enttäuschung verantwortlich. Auf einem meiner Lieblingscartoons ist eine Frau zu sehen, die vor Gottes Richterstuhl steht. Als ein Teufel sie hinter sich in die Hölle zerrt, schreit sie: »Es ist doch bestimmt wegen meiner fetten Oberschenkel!« Alle ihre Sünden werden in ihrem unvollkommenen Körperteil zusammengefaßt. Auch das Gegenteil kommt vor. Manche Frauen, die eine Enttäuschung oder einen Mißerfolg in einem Bereich erleben, der nichts mit dem Gewicht zu tun hat, fühlen sich anschließend plötzlich dick. Mit anderen Worten: Im »Sich-dick-Fühlen« entstehen und verdichten sich Schamgefühle in bezug auf das Selbst.

Interessanterweise gibt es zwischen Scham und Körper einen engen Zusammenhang. Das Wort *Scham* leitet sich vom Althochdeutschen *skama* für »bedecken, verhüllen« ab, und Darwin beschreibt die Scham in seiner Arbeit über die Gefühle als einen starken Drang zur Verheimlichung. Der Psychiater R. D. Laing hat beobachtet, daß Scham auch mit einer »Implosion« des Selbst verbunden ist; sie führt zu einer körperlichen und geistigen Haltung, die den Betreffenden möglichst klein machen soll. Viele Menschen sagen, daß sie am liebsten im Erdboden versinken würden, wenn sie sich schämen.

Die Sorge um unser äußeres Erscheinungsbild löst tiefste Beschämung in uns aus. Es ist uns peinlich, daß wir uns Sorgen über etwas angeblich so Triviales wie über unser Aussehen machen. Sollten uns nicht vielmehr der saure Regen, AIDS, Atomkatastrophen und die Armut in der Welt beunruhigen? Natürlich. Und wahrscheinlich beunruhigt uns das alles auch, aber es lenkt uns trotzdem nicht von der ständigen Sorge um unseren Körper ab. Außerdem schämen wir uns, weil uns Werbung, Fernsehen, Film und unsere Freunde ständig daran erinnern, wie wir auszusehen haben. Gewicht und Aussehen sind keine Privatangelegenheit, sondern ein öffentliches Thema. Die Werbung erinnert uns tagtäglich daran, daß wir gut aussehen müssen, wenn wir respektiert werden wollen. Übergewicht zu haben und/oder Anzeichen des Älterwerdens aufzuweisen wird als eindeutiger Beweis für unsere Faulheit und Ignoranz betrachtet.

Sunny Griffen, die im Magazin *Vogue* Produkte der Collagen Corporation bewirbt, begegnet uns in den Anzeigen in einer herablassenden, sogar scharf zurechtweisenden Art. Sunny mit ihren 47 Jahren, »Mutter, Bauunternehmerin, frühere Fernsehkorrespondentin und Model«, läßt uns wissen, daß, wenn wir als

Frauen auch nur ein Mindestmaß an Bewunderung oder Respekt bekommen wollen, wir doch *wirklich* etwas für unser Aussehen tun sollten. Die Anzeige macht uns in tadelndem Ton deutlich, daß wir einfach zuwenig Initiative zeigen, wenn wir so alt aussehen, wie wir sind. Frauen werden heute aufgefordert, ihr Alter selbstbewußt zuzugeben – schaut euch Sunny, Jane Fonda, Linda Evans und Cher an –, solange man es ihnen nicht ansieht.

Die Botschaft unserer Gesellschaft lautet, daß wir alles besser machen und fertigbringen können. Wir müssen nicht mehr jung sein, um schlank und makellos und schön zu sein. Die heutige Technologie macht es möglich, daß wir Produkte kaufen, Fett absaugen und unvorteilhafte Körperteile chirurgisch verändern können. Wenn wir bei all diesen »Chancen«, die wir haben, nicht super aussehen, verdienen wir es, zutiefst beschämt zu sein – so wird es uns zumindest suggeriert.

Freud war der Meinung, daß die westliche Gesellschaft von Schuld und Scham beherrscht wird. Und wir haben das inzwischen in höchstem Maße perfektioniert. Es gibt heute so viele »Du mußt« und »Du sollst«, daß die Psychologen sich jetzt mit einem als »Soll-Selbst« bezeichneten Konstrukt befassen, dessen treibende Kraft das permanente Gefühl ist, alles mögliche tun zu sollen. Wir haben heute klarere Richtlinien dafür, was ein angemessenes Verhalten ist, und einheitlichere kulturelle Normen als vielleicht in der Vergangenheit. Wenn die Richtlinien besser definiert sind, dann ebenso die Abweichungen davon. Unser Leben ist jetzt so eingerichtet, daß wir uns über solche Abweichungen zutiefst schämen. Unsere Gesellschaft hat den bestehenden moralischen und religiösen Normen noch Schönheitswerte und -ideale hinzugefügt. Scham entsteht heute aus den neuen moralischen Verfehlungen: daß wir etwas essen, was wir nicht essen sollten; daß wir das Gefühl haben, nicht gut genug auszusehen, oder daß wir uns nicht genug darum bemüht haben.

Die Psychoanalytikerin Helen Block Lewis, die ein beachtenswertes Buch mit dem Titel *Shame and Guilt in Neurosis* geschrieben hat, merkt an, daß Scham auch eine Ablehnung der eigenen Person beinhaltet. Das ganze Selbst ist Zielscheibe der Aggression. Schuld hingegen umfaßt negative Gefühle zu Dingen, die wir tun oder getan haben. In der Scham erleben wir uns selbst – und nicht nur unser Verhalten – als fehlerhaft. Das Selbstbild kippt, und man fühlt sich wertlos. Lewis bemerkt, daß Frauen eher zur Scham neigen, während Männer häufiger Schuldgefühle haben. Damit sind für Frauen größere Probleme vorprogrammiert. Da Scham ein Grundgefühl ist, kann man rational nur schwer damit umgehen. Und sie ist mit anderen tiefsitzenden Emotionen gekoppelt, insbesondere mit Angst und einem sehr starken Unwohlsein. Dieses ganze Paket mit ihr verbundener schlechter Gefühle macht einen Teil der Schamfalle aus.

Vor allem Frauen bekommen von Kindheit an vermittelt, daß ihr Aussehen nicht allein ihre Sache ist. Wie die Töchter aussehen, ist in den meisten Familien ein offenes, ausgiebig besprochenes Thema, was ihnen das Gefühl gibt, daß ihr Körper der Begutachtung und Bewertung durch andere preisgegeben ist. Viele Frauen fühlen sich dadurch bloßgestellt und beschämt.

Sandra erzählt, wie in ihrer Jugendzeit das Abendessen verlief. Alle Aufmerksamkeit der Eltern und ihrer Brüder konzentrierte sich auf sie: Hatte sie zugenommen? Hatte sie sich die Augenbrauen zu dünn gezupft? War sie nicht zu schlampig angezogen? Heute ißt sie am liebsten ganz allein. Wenn beim Essen andere Menschen mit am Tisch sitzen, kommen immer noch Erinnerungen und das Gefühl hoch, beurteilt zu werden, jedermanns kritischer Beurteilung ausgeliefert zu sein.

Mit dem Test weiter unten können Sie herausfinden, wie empfänglich Sie für diesen Aspekt der Schamfalle sind und welche Ursachen Ihre Scham primär haben könnte.

Test zur Körperscham

1. Wie zufrieden sind Sie mit Ihrem Körper?

____   *1. Sehr zufrieden*
____   *2.Einigermaßen zufrieden*
____   *3. Eher unzufrieden*
____   *4. Sehr unzufrieden*

2. Wie oft schauen Sie sich unbekleidet vor einem großen Spiegel richtig an?

____   *1. Nie*
____   *2. Selten*
____   *3. Nur wenn ich muß*
____   *4. Oft*

3. Wie stehen Sie gefühlsmäßig zu den einzelnen Körperteilen?

	1. Stolz	*2. Zufrieden*	*3. Unzufrieden*	*4. Schäme mich*
a. Busen/ Oberkörper	____	____	____	____
b. Bauch	____	____	____	____
c. Hüften	____	____	____	____
d. Oberschenkel	____	____	____	____
e. Waden	____	____	____	____
f. Taille	____	____	____	____
g. Arme	____	____	____	____

4. Wie stark beeinflussen Sie die folgenden Faktoren darin, wie sehr Sie sich Ihres Körpers schämen?

	1. Gar nicht	2. Etwas	3. Sehr
a. Sich selbst im Spiegel sehen	____	____	____
b. Bemerkungen der Familie	____	____	____
c. Bemerkungen von Freunden/ Ehemann	____	____	____
d. Bemerkungen von Freundinnen	____	____	____
e. Bemerkungen von Fremden	____	____	____
f. Schöne Frauen/Männer in Film, Fernsehen oder Anzeigen sehen	____	____	____
g. Schöne Frauen/Männer in natura sehen	____	____	____

Wenn Sie bei Frage 1 geantwortet haben, daß Sie mit Ihrem Körper unzufrieden sind und bei Frage 2 angeben, daß Sie sich selten oder nie nackt im Spiegel betrachten, sind Sie möglicherweise ein Opfer der Schamfalle geworden. An Frage 3 sehen Sie, welche Teile Ihres Körpers bei Ihnen Scham auslösen, und Frage 4 verdeutlicht, welche Menschen und Umstände Sie dazu bringen, daß Sie sich schämen.

Marci, eine normalgewichtige Studentin in Yale, hält eine Woche vor den Ferien immer streng Diät. Sie kann es nicht ertragen, wenn ihre Mutter sie mit »diesem Blick« anschaut, diese mißbilligende, wortlose Musterung, die so viele von uns nur allzu gut kennen.

Der eigentliche Kern der Scham ist ein zweiter Aspekt dieser Falle: das Gefühl, daß wir es nicht geschafft haben, einem Ideal zu entsprechen, das wir alle hochhalten. Diese Ideale kommen von unseren Familien und Freunden und der Haltung unserer Gesellschaft dazu, was schön ist. *Scham entsteht aus einer erlebten Diskrepanz zwischen dem tatsächlichen und idealen Selbst.*

Eine Frau kann sich wegen ihres Gewichts so sehr schämen, daß sie ihr Leben sozusagen »auf Eis« legt. Paula zum Beispiel schob es immer wieder hinaus, sich um eine bessere Position in einer großen Telekommunikationsfirma zu bewerben. »Wie kann ich denn eine Beförderung verlangen, wenn ich so dick bin? Wie könnte ich auch nur denken, daß mein Chef mir eine ganze Abteilung unterstellt, wenn ich nicht einmal mein Gewicht unter Kontrolle halten kann?«

Es gibt viele Aspekte unserer Person, wo Diskrepanzen zum Selbstideal auftreten können und auch auftreten. Aber keiner spielt eine so wichtige Rolle wie der Körper. Der Test auf S. 100 zeigt Ihnen, wo Sie stehen.

Die psychologische Forschung hat sich bis vor kurzem nur sehr wenig damit beschäftigt, wie die Menschen zu ihrem Körper stehen. Ich glaube, daß Scham bei diesem Versäumnis eine große Rolle spielt. Erstens löst dieses Thema bei uns allen Schamgefühle aus. Besonders deutlich wird das an den Reaktionen von Frauen im Zuge einer Untersuchung von Kinsey. Den Frauen war es peinlicher, Fragen zu ihrem Gewicht zu beantworten, als sich zu verschiedenen intimen Details über ihre Sexualität zu äußern.

Außerdem riskieren wir, die Aufmerksamkeit auf die Quelle unserer Scham – unseren Körper – zu lenken, wenn wir zugeben, daß wir uns unseres Aussehens schämen und uns darüber große Gedanken machen. Es überrascht daher nicht, daß es vielen Menschen schwerfällt, diese Gefühle richtig zu benennen. Oft beschreiben sie ihre Reaktion darauf, wenn sie von anderen angeschaut oder gemustert werden, mit so vagen Äußerungen

Diskrepanz zum Selbstideal

Wählen Sie die Ihrem Geschlecht entsprechende Figurenreihe. Gehen Sie zuerst die Abbildungen der Oberkörper durch, und kreuzen Sie die Zahl unter der Figur an, die als Antwort auf die folgenden Fragen am ehesten zutrifft:

A. Wie sehen Sie Ihrer Meinung nach zur Zeit aus? Wählen Sie die Figur, die auf Ihr gegenwärtiges Aussehen am ehesten zutrifft.
B. Wählen Sie die Figur, die am ehesten dem entspricht, wie Sie aussehen möchten (Ihre Idealfigur).
C. Bewerten Sie mit einer Zahl zwischen 0 (gar nicht) und 5 (sehr), wieviel Scham diese Diskrepanz in Ihnen auslöst. Machen Sie das gleiche mit den Abbildungen der Unterkörper.

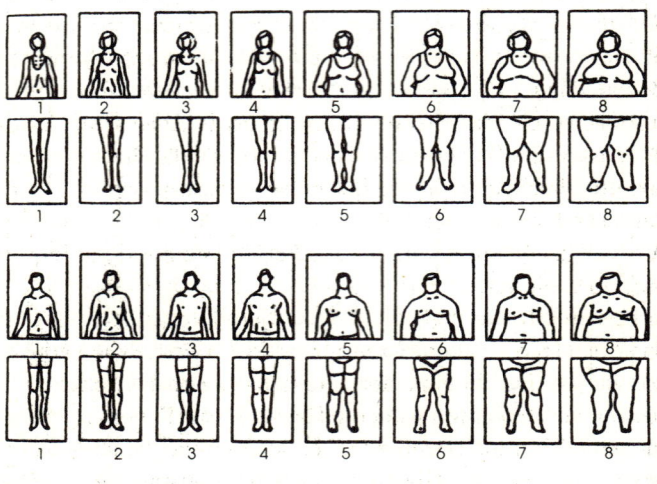

Anhand der unter jeder Abbildung stehenden Zahl können Sie errechnen, wie groß bei Ihnen die Diskrepanz zwischen Körper und Selbstideal ist. Diese Diskrepanz zum Selbstideal drückt sich im numerischen Unterschied zwischen dem aus, wie Sie glauben auszusehen (die Antwort auf Frage A) und wie Sie gerne aussehen möchten (die Antwort auf Frage B). Wenn Sie 3 Punkte oder mehr haben, sollten Sie sich Gedanken darüber machen, wie Sie aus der Schamfalle herauskommen könnten.

wie »ist mir unangenehm«, »fühle mich dabei unwohl« oder »macht mich nervös«. Schamgefühle sind, da sie den Kern unseres Selbst berühren, beunruhigend, machen unsicher und werden deshalb oft aus dem Bewußtsein verdrängt.

Helen Block Lewis merkt an, daß wir uns oft dafür *schämen, daß wir uns schämen.* Dieser Gedanke scheint uns hier ein Stück weiterzuhelfen. Sich für seinen Körper zu schämen ist der Beweis dafür, daß er wichtig ist, und es ist offenbar beschämend zuzugeben, daß das Aussehen eine so große Rolle spielt. Selbst die Wissenschaft hat lange gebraucht, bis sie die Bedeutung der äußeren Erscheinung in die Erforschung des menschlichen Verhaltens mit einbezogen hat.

Auch in der Psychotherapie wird Problemen mit dem Erscheinungsbild oft ausgewichen. Es scheint kaum vorstellbar, daß es in diesem sehr geschützten und privaten Rahmen schwierig ist, darüber zu reden, aber führen Sie sich doch einmal die Situation vor Augen. Das Thema lädt automatisch zum Hinsehen ein – sowohl den Patienten wie den Therapeuten. Patientinnen, die mit einer Therapeutin arbeiten, fühlen sich möglicherweise unwohl, wenn sie das Thema Körperscham ansprechen, weil es zu einem direkten Vergleich zwischen »Soll« und »Haben« auffordert. In vielen therapeutischen Beziehungen hat die Patientin nur wenig Zugang zu den verschiedenen Aspekten der Überlegenheit oder Unterlegenheit der Therapeutin. Fragen wie: »Ist sie eine bessere Mutter als ich?« oder: »Ist sie sportlicher?« oder: »Kommt sie mit anderen gut aus?« und: »Hat sie viel Geld?« sind normal, bleiben für die Patientin aber größtenteils unbeantwortet. Der Körper der Therapeutin steht jedoch für eine genaue Prüfung zur Verfügung. Hat man sich einmal darauf eingelassen, kann dieses Vergleichen des eigenen Körpers mit dem der Therapeutin einschüchtern, ganz gleich, wie gut sie dabei abschneidet. Wird die Therapeutin als attraktiver wahrgenommen, fühlt sich die Patientin möglicherweise noch mehr beschämt und gedemütigt. Wird die Therapeutin als weniger attraktiv eingestuft, kann das zur Folge haben, daß man sie als nicht »gut genug« empfindet.

Auch die Therapeutin wird einem Vergleich möglicherweise aus dem Weg gehen. In unserer Klinik werden die Therapeuten dazu angehalten, im Kollegenkreis ihre eigenen Probleme mit dem Körper und dem Körperbild und die Auswirkungen dieser Probleme auf die Therapiearbeit zu besprechen. Wir wußten, als drei von uns zur gleichen Zeit schwanger waren, daß unser veränderter Körper den Patienten Material liefern würde, über ihre Gefühle im Hinblick auf Körperumfang und Figur zu sprechen. Aber zuerst mußten wir unsere eigenen Gefühle dazu durcharbeiten, daß man uns betrachtete und wir den Blicken anderer ausgesetzt waren. Wie eine sehr fähige Therapeutin verlegen zugab: »Ich wünschte mir fast, meine Patienten würden mir versichern, daß ich immer noch super aussah, obwohl ich einen riesigen, aufgeblähten Bauch hatte – für uns Frauen gilt alle dasselbe heimliche Einverständnis, daß wir uns für unseren Körper schämen.«

Frauen, die einen männlichen Therapeuten haben, bearbeiten ihre Körperscham oft sehr ungern aus Angst, die therapeutische

Beziehung zu »sexualisieren«. Eine Patientin, die die Aufmerksamkeit auf ihren Körper lenkt, kommt sich oft vor, als würde sie flirten, und es ist in der Tat so, daß manche männliche Therapeuten die Sorge ihrer Patientinnen um ihr Aussehen als genau das mißdeuten. Es liegt auf der Hand, daß eine solche Interpretation die Beschämung der Patientin nur noch verstärkt. Keiner von uns ist ganz frei von irgendeinem Aspekt der Scham. Manche Menschen schämen sich dafür, wie ihr Körper aussieht. Andere schämen sich, wenn ihr Selbst mit ihrem Idealbild nicht übereinstimmt. Viele schämen sich für seltsame Eßgewohnheiten und Diätrituale. Ich selbst schäme mich, gegenüber einigen meiner Akademikerkollegen zuzugeben, daß ich ein Buch über Probleme mit dem Körperbild schreibe, was im Vergleich zu den Themen, über die sie schreiben, so trivial erscheint. Diese vielen komplexen Aspekte der Schamfalle prägen sich bei Frauen und Männern unterschiedlich und auf ganz interessante Weise aus. Diese Unterschiede wollen wir jetzt untersuchen.

Wie die Schamfalle funktioniert

Die Scham bei Frauen

Im allgemeinen gilt, daß Frauen sich eher schämen als Männer. Dabei stehen die Gefühle gegenüber ihrem Körper auf der Liste der Ursachen ganz oben. Ich habe bereits aufgezeigt, daß das Schönheitsideal für die Frau von heute »fit und schlank« ist. Frauen haben diese Botschaft verinnerlicht, und wenn sie sich an dieser Norm messen, stellen die meisten fest, daß sie ihr nicht entsprechen. Frauen sind sich bewußt, daß ihr Körper von den anderen wie von ihnen selbst genau unter die Lupe genommen wird. Aufgrund der wahrscheinlichen Diskrepanz zwischen Selbst und Idealbild löst diese intensive Prüfung immer wieder Schamgefühle aus.

Anna, eine übergewichtige junge Frau, wollte sich grundsätzlich nicht im Spiegel anschauen. Vor der morgendlichen Dusche hängte sie immer ein Handtuch über den Spiegel im Badezimmer, um zu vermeiden, »mit einem Schock in die Realität geholt zu werden«. Sie weigerte sich ebenfalls, sich wiegen zu lassen. Als sie die »Pille« haben wollte und dazu gründlich untersucht werden mußte, bestand sie beim Wiegen darauf, sich rückwärts auf die Waage zu stellen, und nötigte der Schwester das Versprechen ab, ihr Gewicht nicht laut abzulesen.

Jeder von uns fühlt sich zwar hin und wieder prüfend gemustert, berühmte Persönlichkeiten aber werden ständig genau betrachtet und beurteilt. In Zeitschriften und Zeitungen erscheinen häufig Artikel, in denen die neueste Schönheitsoperation, der Kleidungsstil oder das Ab- und Zunehmen von Filmstars kommentiert werden. Vor kurzem veröffentlichte *USA Today* einen Artikel über etwas füllige Berühmtheiten mit der Überschrift »Berühmtheit hat Gewicht« und dem Untertitel »Das Fett fordert seinen Tribut von den Stars«. Wie würden Sie sich fühlen, wenn Ihr Gewicht in den Zeitungen breitgetreten würde? Über Oprah Winfreys berühmten Diäterfolg und ihre erneute Gewichtszunahme – unter dem unerbittlichen Auge der Fernsehkamera – wurde endlos diskutiert und geschrieben. Oprah Winfrey gibt offen zu – Zitat aus dem Magazin *People*: »Es war mein größter Mißerfolg.«

Delta Burke, Star der einmal in der Woche von CBS ausgestrahlten Comedyserie *Sugerbaker's*, erzählte in einem Interview mit *USA Today* von ihren Erfahrungen. Delta Burke, eine frühere Miss Florida, nahm im Laufe der Monate, während der die Serie gedreht wurde, 30 Pfund zu. Die Kritiker in den Medien äußerten sich darüber in ihren Besprechungen ziemlich abwertend, was sie verletzte und zutiefst beschämte. Ebenso wie Oprah Winfrey war sie durch ihren Erfolg und ihre Position in der Lage, deutlich ihre Meinung dazu zu sagen, was die meisten normalen Menschen nicht können. In einer der Folgen geht Suzanne Sugarbaker, die von Delta Burke gespielt wird, zu einem Klassentreffen ihrer High School. Sie merkt, daß böse Bemerkungen darüber gemacht werden, wieviel sie zugenommen hat, und um sie vollends zu demütigen, wird sie auch noch zu der Person gekürt, die sich am meisten verändert hat. Suzanne Sugerbaker, die Filmfigur, hält dann eine herzbewegende Rede, die eindeutig widerspiegelt, wie Burke zu sich selbst und ihrer Molligkeit steht. In dem Artikel in *USA Today* heißt es weiter: »Burke wurde mit einer stehenden Ovation gefeiert an dem Abend, als die Folge abgedreht war. Alle Kollegen und das Technikerteam boten ihr geschlossen ihre Unterstützung an.« Daß sie in den Medien angegriffen und gedemütigt wurde, veranlaßte ihre Freunde, sich schützend vor sie zu stellen. Wie weit ist es mit uns schon gekommen, daß eine Frau sich wegen ein paar Kilos zuviel so sehr schämt, daß sie diese Scham ohne die Unterstützung anderer nicht erträgt.

Die Einstellung unserer Gesellschaft, daß man sein Gewicht nach Belieben steuern kann (durch harte Arbeit, Diät und Sport) verstärkt die Scham darüber, daß man Übergewicht hat, und bringt viele Frauen dazu, sich immer wieder auf fruchtlose Diätanstrengungen einzulassen. Auf erfolglose Abnehmversuche reagieren sie anfänglich oft so, daß sie sich noch mehr anstrengen. Sarah zum Beispiel, eine begabte Studentin, führte ihr erfolgloses Bemühen um ihr »Ideal«-Gewicht darauf zurück, daß sie nicht konsequent genug gewesen sei. Sie beschloß, ein Freisemester zu nehmen und sich ausschließlich der Sache zu widmen, die sie als ihre wichtigste Lebensaufgabe ansah· Abnehmen. Einige Wochen nach ihrer Rückkehr ans College hatte sie bereits wieder das gleiche Gewicht wie vor ihrem Urlaub. Sie fühlte sich gedemütigt und zutiefst beschämt. Wie wir aber in dem Kapitel über die Diätfalle sehen werden, können wir unser Gewicht nicht ganz nach Belieben steuern. Zahlreiche Studien haben gezeigt, daß unser Körperbau weitgehend von den Genen bestimmt wird und, bis zu einem gewissen Grad, auch unser Anteil an Körperfett.

Natürlich kann man sich auch für körperliche Merkmale schämen, für die man gar nichts kann – dicke Beine oder Segelohren. Aber die Scham ist noch größer, wenn Schuldzuweisungen dazukommen. Und das ist ganz gewiß beim Gewicht der Fall. Häufig werden in uns nicht nur schlechte Gefühle erzeugt, weil wir dick sind, sondern auch weil wir diesen Makel noch nicht beseitigt haben. Bei manchen Frauen hält sich diese schmerzliche Erfahrung in relativ engen Grenzen. Ganz gleich, wie »besessen« sie von ihrem Gewicht und vom Essen sind, sie können emotional stabil bleiben, wenn es in den restlichen Lebensbereichen einigermaßen gut läuft.

Grace ist eine äußerst erfolgreiche Geschäftsführerin, die mit viel Geschick ihre anspruchsvolle Arbeit und das Familienleben unter einen Hut bringt. Ihrer Aussage nach kämpft sie jedoch ständig mit der Waage. Sie hat jede Diät ausprobiert, die es auf dem Markt gibt, greift aber immer noch als erstes zur Keksdose, wenn sie von der Arbeit nach Hause kommt. »Wenn ich den ganzen Tag ein Unternehmen mit Millionenumsätzen wunderbar managen kann«, sagte sie bei einem Interview, »warum bekomme ich dann abends meine Taille nicht besser in den Griff?« Bei anderen Frauen hat dieses Scheitern am Schlankheitsideal einen tiefgreifenden, schamauslösenden Effekt, der auf alle anderen Lebensbereiche abfärbt. Ihre Sorge um die äußere Erscheinung bringt diese Frauen dazu, ihre Kompetenz in allen Aspekten in Frage zu stellen. Die Scham darüber, sich als dick oder häßlich zu empfinden, ist so stark, daß sie alle Situationen meiden, bei denen sie sich angeschaut fühlen, auch potentiell positive wie etwa Parties oder Vorstellungsgespräche. Sharon, eine Konzertgeigerin, ist ein gutes Beispiel dafür: Sie steht sich bei ihrer Karriere selbst im Weg, weil sie nicht in der Lage ist, ein Solo vorzutragen. Sie ist vor Schreck wie gelähmt, ihre Finger zittern, und sie ist unfähig zu spielen, weil sie Angst hat, daß die Leute ihren Körper begutachten statt ihr Spiel.

Manche Frauen sind auch, wenn sich eine gesellschaftliche Situation nicht vermeiden läßt, extrem ängstlich und fühlen sich sehr eingeengt. AnneMarie erzählte uns von einer Party anläßlich eines Football-Final-Spiels, auf der sie niemanden kannte. »Da saß ich nun mit diesen ganzen Leuten, die sich prächtig amüsierten. Alle sahen sich das Spiel an, aßen Chips und Salzbrezeln und tranken ein Bier nach dem anderen, und ich saß den ganzen Abend wie festgeklebt auf meinem Stuhl. Wenn ich etwas trinken wollte, bat ich meinen Freund John, mir etwas zu holen, weil ich die ganze Zeit Angst hatte, daß die Leute sehen würden, wie unattraktiv ich bin.«

Besuche bei der Familie oder Freunden lösen schon vorher großes Unbehagen aus, vor allem wenn die Frau meint, seit dem letzten Mal zugenommen zu haben. Sexuelle Beziehungen werden oft ganz gemieden, weil man sich da ja vor einem anderen Menschen ausziehen muß.

Ich kenne Frauen quer durch das ganze Gewichtsspektrum, die sich ihres Körperumfangs zutiefst schämen und die ihren Körper alle als unförmig und abstoßend fett empfinden, ganz gleich, wie er in der Realität ist. Und ich kenne Frauen, die sich – obwohl sie gut aussehen – häßlich und unsicher fühlen. Typisch für diese Frauen ist, daß sie sich nur sehr schwer durchsetzen können – ob zu Hause, im Beruf oder im Freundeskreis –, weil sie sich durch ihre Scham unwert und rechtlos fühlen. Bei Frauen, die sich als zu dick empfinden, hat die Scham das Gewicht und den tagtäglichen Kampf um Zurückhaltung beim Essen zum Mittelpunkt des Lebens gemacht. Bei Frauen, die sich unattraktiv fühlen, sind alle Bemühungen darauf gerichtet, das Problem mit Hilfe jedes neuen »Schönheitsmittelchens« zu lösen, das auf den Markt kommt. Durchgängige Merkmale ihrer Biographie sind die Scham und die unerträgliche, sie ganz in Anspruch nehmende Anstrengung, ihr äußeres Erscheinungsbild zu verbessern, die ihnen Zeit und Energie für andere Aufgaben rauben.

Jennifer haßte sich dafür, daß sie sich ständig und so intensiv mit ihrem Aussehen beschäftigte. Sie schämte sich, daß sie sich darüber so viele Gedanken machte, während ihre Freundinnen sich scheinbar über viel wichtigere Dinge den Kopf zerbrachen. Aber auch ihre Freundinnen waren um ihr Aussehen besorgt. Warum wußte sie das nicht? Manche Frauen wie Jennifer geraten in eine Situation, die ich als »pluralistische Unwissenheit« bezeichne, wo jede der anderen verheimlicht, wie sehr sie sich über ihren Körper Gedanken macht und wie sehr sie sich dafür schämt. Und weil jede Frau sich so verhält, als wäre alles in bester Ordnung, macht sie ihre Freundinnen irrtümlicherweise glauben, daß nur sie sich den Kopf über ihr Gewicht und ihren Körper zerbricht. Das heißt nicht, daß Frauen nicht über ihre Gewichtsprobleme reden; manche tun das unablässig. Aber sie sprechen miteinander nur selten über das tiefe und alles durchdringende Gefühl der Scham, das die Sorge um ihr Äußeres in ihnen auslöst.

Jennifers Scham darüber, daß sie sich soviel Gedanken über ihr Aussehen und ihr Gewicht machte, war ein Gefühl, das sie tief in sich verbarg. Ihr Mann bezeichnete sie anderen Leuten gegenüber immer wieder als den »stabilsten« Menschen, den er kenne. Das gab ihr das Gefühl, ihn am allermeisten zum Narren zu halten. Sie hatte Angst davor, entlarvt zu werden, wünschte sich aber gleichzeitig, jemandem ganz offen von ihren Gefühlen erzählen zu können, ohne ausgelacht, zurückgewiesen, fallengelassen oder betrogen zu werden – all diese Erfahrungen hatte sie in der Vergangenheit schon gemacht, wenn sie sich Freunden oder ihrer Mutter anvertraut hatte. Sie erinnert sich, daß sie ihrer Mutter als Kind einige ihrer größten Geheimnisse und Ängste erzählt hatte. »Meine Mutter rief dann regelmäßig meine Großmutter an und erzählte ihr, was für ›kluge‹ Sachen Jennifer zu sagen hatte, und meine Großmutter machte sich darüber lustig, wenn sie mich wieder sah. Ich kam mir immer vor wie ein totaler Idiot.« Heute riskiert sie es nicht mehr, vor Menschen, an denen ihr liegt, eitel, eingebildet oder oberflächlich zu erscheinen. Sie hat nicht genug Vertrauen zu sich selbst oder den anderen, um einen Versuch zu wagen.

Die Scham über die exzessive Beschäftigung mit dem Körper wird überlagert durch die Scham, die Essen auslöst. Viele Frauen erleben Hunger als beschämend und glauben nicht, daß sie es verdienen zu essen. In der Öffentlichkeit etwas zu essen erzeugt oft Angstgefühle, und viele Frauen lassen es deshalb sein. Bestenfalls halten sie es für erlaubt, vor anderen Leuten »Diät«-Sachen zu essen, die wenig Kalorien haben oder nicht besonders schmecken.

Susie, eine Anwaltssekretärin, ging nie mit ihren Kollegen zum Mittagessen. Sie brachte sich jeden Tag einen Joghurt und ein paar Cracker mit, um den Schein zu wahren, und aß dann während der Arbeit heimlich Süßigkeiten. Der Gedanke, daß ihre Kollegen das sehen könnten, war schrecklich. Sie könnten ihr ja dann die Schuld an den paar Pfund zuviel geben und ihre mangelnde Selbstbeherrschung kritisieren. Viele Frauen reden von »Sündigen« oder »Verbotenes«-Tun, wenn sie etwas Kalorienreiches essen.

Janet, eine Collegeschülerin der oberen Klassen, sagt:

> *Zu Hause hat meine Mutter, die unheimlich gewichtsbewußt und sehr zierlich war – sie wog ungefähr 55 Kilo –, bei den Mahlzeiten immer genau aufgepaßt, was wir aßen. Mein Bruder hat sie einfach nicht beachtet und gegessen, worauf er Lust hatte, und er hatte damit keine Probleme. Aber ich dachte immer an das, was sie sagte, und hatte das Gefühl, sie möchte mir etwas wegnehmen, was mir eigentlich zustand. Auch wenn sie nicht da war, fühlte ich mich schuldig, weil ich nicht so gut war wie sie. Als ich nach Yale kam und sie mich nicht mehr ständig beobachtete, habe ich nur noch gegessen und gegessen. Ich wußte, daß ich etwas Schlimmes tat und daß ich zunehmen würde, wenn ich mich nicht in den Griff bekam. Zu dieser Zeit fing ich an, mich zu erbrechen. Ich weiß noch, wie ich an der High School von Bulimie hörte und dachte: »Wie kann man bloß so etwas Ekliges tun?« Als ich dann hierherkam, waren meine Gedanken: »Ist ja total cool, eine Superidee. Du kannst essen, was du willst, und nimmst nicht zu.«*

Frauen schämen sich auch, andere Leute ihr anomales Eßverhalten wissen zu lassen. Eine Patientin von uns, Melissa, erzählte, daß sie, ein paar Jahre bevor sie zu uns in Behandlung kam, nach einer Freßorgie mit akuten Magenkrämpfen zusammen-gebrochen war. Ihre Eltern waren verständlicherweise sehr be-unruhigt und brachten sie sofort in ein Krankenhaus zur Not-aufnahme. Obwohl sie wußte, daß die Schmerzen auf ihr übermäßiges Essen zurückzuführen waren, konnte sie es dem Arzt nicht sagen, weil es ihr zu peinlich war. Statt dessen willigte sie ein, sich die Gallenblase herausnehmen zu lassen.

Scham und Eßzwang

Die vielschichtigen, mit dem Gewicht und dem Essen verbunde-nen Schamgefühle sind für viele Frauen eine intensive, schmerz-liche und sie oft überfordernde Erfahrung. Am stärksten wirken sich die einzelnen Schichten der Scham bei Frauen aus, die zwanghaft essen.

Zwanghaftes Essen erfüllt verschiedene Funktionen, aber durch viele zieht sich wie ein roter Faden die Scham. Abgesehen von dem direkten Zusammenhang zwischen körperlichen Mangeler-scheinungen als Folge von Diäten und ihrer Kompensation durch übermäßiges Essen können Freßanfälle zum Beispiel da-für stehen, daß eine Frau in anderen Lebensbereichen etwas entbehrt oder sich eingeschränkt fühlt. Bei vielen Frauen ist Di-äthalten eine Metapher für »Gutsein«, das heißt dafür, daß sie ihre schamauslösenden Bedürfnisse und Schwächen entspre-chend einem verinnerlichten Gebot unterdrücken.

Wenn Diäthalten ein Bemühen darum ist, die Nahrungszufuhr unter Kontrolle zu halten und zu beweisen, daß man gut ist, dann ist übermäßiges Essen eine Auflehnung und Rebellion dagegen, daß man sich eingeschränkt fühlt. Eine unserer Patientinnen, Joan, bezeichnete übermäßiges Essen einmal als die »Lösung für das brave kleine Mädchen«, also die Frau, die sich bemüht, die ideale Tochter, Gattin, Kollegin oder Studentin zu sein, und auf die Forderungen und Erwartungen aller anderen eingeht.

Für sie sind Freßanfälle ein heimliches Mittel der Bedürfnisbefriedigung. Wie Joan meinte, unterdrücken zwanghafte Esserinnen im allgemeinen ihre eigenen Bedürfnisse und »Gelüste«. Wenn sie so stark werden, daß sie sie nicht mehr ignorieren können, stellen sie an niemand anderen irgendwelche Ansprüche, damit ihre Bedürfnisse befriedigt werden. Sie versuchen statt dessen, Bedürfnisse und Konflikte allein zu bewältigen, indem sie gierig Essen in sich hineinschlingen, damit sie niemand anderen stören oder ihn über Gebühr beanspruchen.

Patty, die in der Kindertagesstätte ihrer Mutter als Hilfserzieherin arbeitete, ist ein gutes Beispiel für diese Art von zwanghaftem Essen. Immer wenn eine Kollegin krank war und zu Hause blieb oder jemand zu spät in die Arbeit kam, bot Patty ihre Hilfe an, um ihrer Mutter den Streß zu ersparen, jemand anderen als Ersatz suchen zu müssen. Kam Patty jedoch nach einem langen Arbeitstag nach Hause, stopfte sie regelmäßig alles mögliche in sich hinein aus dem Gefühl heraus, daß sie für ihr aufopferndes Verhalten eine Belohnung verdiente. Aber sie schämte sich zutiefst für ihr zwanghaftes Essen.

Ein schamauslösendes Erlebnis – im typischen Fall eine Situation mit anderen Menschen, in der eine Frau sich »peinlich berührt« fühlt, »dumm« oder »albern« vorkommt – kann ebenfalls den Anstoß zu einer Freßorgie geben. Scham kann aber auch durch andere Gefühle hervorgerufen werden. Die Frau spürt vielleicht eine andere Emotion (zum Beispiel Ärger), für die sie sich schämt. Auch hier kann zwanghaftes Essen wieder ihre Reaktion auf diese Scham sein.

Freßanfälle können auch Ausdruck von Verzweiflung und Hoffnungslosigkeit sein, eine Metapher für das Gefühl, sein Gewicht nicht unter Kontrolle zu haben. Janet beschrieb es wie folgt:

Wenn ich mich mit Essen vollstopfte, war ich immer total in Panik. Ich dachte immer, wie schrecklich ich

im Sommer im Badeanzug aussehen würde. Ich dach-
te dauernd daran, wie meine Mutter sagen würde, daß
ich zugenommen habe. Ich hatte panische Angst da-
vor, einem Bekannten über den Weg zu laufen mit
einer Pizza oder einer Tüte Kekse in der Hand. »Was
sage ich, wenn ich jemanden treffe?« war mein stän-
diger Gedanke, und ich legte mir lächerliche Lügen
zurecht von einer Freundin in einem anderen College,
die krank ist und das Abendessen verpaßt hat, oder
daß ich gerade Besuch habe.

Manche Frauen versuchen sich das Gefühl zu bewahren, daß sie
alles unter Kontrolle haben, indem sie ihre Freßorgien im vor-
hinein planen, sich genau überlegen, welche Nahrungsmittel sie
einkaufen und unter welchen Umständen sie sie verzehren. Sie
entwickeln manchmal richtige Rituale dafür. Aber auch dann
werden sie letztlich von Scham und Ekel wegen ihres Verhaltens
überwältigt. Anne, Buchhalterin in einer großen Anwaltskanzlei,
aß den ganzen Tag überhaupt nichts und war nach der Arbeit
dann völlig ausgehungert. Aber es war bereits alles bestens ge-
plant. Vom Büro aus ging sie zum Supermarkt, nahm sich einen
Einkaufswagen und belud ihn mit all den Dingen, die sie gerne
aß.

Ich kannte diesen Supermarkt wie meine Westenta-
sche. Ich kaufte die Sachen immer in genau der glei-
chen Reihenfolge. Zuerst holte ich mir ein paar Hörn-
chen, dann die Krapfen, dann ging's zur Kühltruhe
mit der Eiscreme, und zum Schluß holte ich mir noch
eine Tüte Marshmallows. Zu Hause machte ich es mir
dann im Schlafzimmer bequem, stellte den Fernseher
an und aß alles in der gleichen Reihenfolge, in der ich
es gekauft hatte. Eine Zeitlang fühlte ich mich sehr

wohl dabei und aß kontrolliert, bis ich zu den Marshmallows kam. Inzwischen war ich so voll, daß ich mich kaum bewegen konnte. Dann bekam ich regelmäßig Panik und aß ganz schnell die Marshmallows, damit sie weg waren. Ich hatte Angst, daß ich sie am nächsten Tag essen würde, wenn ich sie übrigließe, und am nächsten Tag mußte ich, natürlich, mit meiner Diät anfangen.«

Viele Frauen leiden an Eßzwängen. Nur einige wenige versuchen, das Essen hinterher sofort wieder loszuwerden. Damit soll häufig das Ganze »ungeschehen« gemacht und auch die Scham über die vorangegangene Freßorgie ausgelöscht werden. Wie das übermäßige Essen kann auch die anschließende Entleerung viele Funktionen haben. Manche Frauen fühlen sich dadurch stärker, bei anderen ist es ein Akt der Bestrafung. Erbrechen zum Beispiel bringt manchen Erleichterung, weil es Magenbeschwerden verringert und der Magen anschließend wieder leer ist. Deshalb verbinden bulimische Frauen Erbrechen oft mit dem Gefühl, dünn zu sein und sich unter Kontrolle zu haben. »Ich habe mich nach jeder Mahlzeit übergeben«, erzählt Janet. »Das Frühstück, das Mittagessen, das Abendessen – alles habe ich erbrochen. Hinterher dachte ich immer: ›Super, jetzt bin ich nicht mehr so aufgebläht‹, und dann konnte ich mich wieder konzentrieren und arbeiten, produktiv sein. Aber ein paar Stunden später machte ich wieder das gleiche.«

Die zwangsweise Entleerung kann andererseits aber auch eine Strafe für die Verfehlung sein, daß man sich mit Essen vollgestopft hat, eine Buße für die Scham. Strafe verstärkt die Haltung, das Selbst als schlecht anzusehen, und ist ein Versuch, an dem Problem herumzudoktern statt sich ihm zu stellen. Insbesondere der Mißbrauch von Abführmitteln ist eine Methode der Entleerung, die der Eßsüchtigen das Gefühl gibt, »für das, was sie getan hat, zu bezahlen« – wie Fran es ausdrückte. Sie erzählt weiter: »Ich lag die ganze Nacht wach vor Schmerzen, weil ich eine ganze Packung Abführmittel geschluckt hatte, und dachte: ›Das geschieht dir ganz recht, warum kannst du dich nicht besser beherrschen? Das wird dir eine Lehre sein.‹«

Die Mehrzahl der Frauen, die sich zwangsweise entleeren, tun dies in sorgfältig abgeschirmter Isolation. Sie leben in Angst vor der Scham, daß ihr Geheimnis entdeckt werden könnte. Damit wird eine verhängnisvolle Entwicklung in Gang gesetzt. Anfangs aus Scham über ihr Gewicht und dann wegen ihres abnormen Eßverhaltens zieht sich die bulimische Frau immer mehr in eine private Welt zurück. Sie erlebt sich jetzt selbst als Versagerin und fühlt sich unliebenswert, was noch mehr Scham auslöst. Viele bulimische Frauen gehen intimen Beziehungen aus dem Weg. Sie wissen nicht, wie sie ihre Eßstörung geheimhalten können, und haben Angst, zurückgewiesen zu werden, wenn es herauskommt oder sie es von sich aus erzählen. Viele dieser Frauen führen in der Tat ein sehr einsames Leben und schaffen damit eine äußere Parallele zu ihrer inneren Isolation.

Die Scham bei Männern

Sind Männer gegen Scham immun? Wohl kaum. Auch Männer tun sich schwer, ihre Sorge um die äußere Erscheinung zu akzeptieren. Aber die Scham hat andere Ausdrucksformen und andere Auswirkungen. Peter Richmond, der für die Zeitschrift *Glamour* schreibt, fand für den Unterschied zwischen Männern und Frauen ein ausgezeichnetes Beispiel:

Zwei Frauen treffen sich auf der Straße. Die eine sagt: »Himmel, meine Oberschenkel werden immer dicker«. Die andere widerspricht: »Komm, sie sind doch ganz in Ordnung, aber meine neue Frisur finde ich unmöglich.« Worauf die erste meint: »Unsinn, deine Frisur sieht super aus.« Dann sind sie für den Moment ihre Angst los, daß sie nicht gut genug aussehen, und reden von etwas anderem. Beim männlichen Pendant dazu verabreden sich zwei Männer zum Squash. Beide tragen weite Sweatshirts und Stirnbänder, um ihre Schwachpunkte möglichst gut zu kaschieren. Beide hoffen inständig, daß der andere ihren Schwabbelbauch nicht bemerkt; die folgenden 45 Minuten verbringen sie damit, sich über Madonnas Busen zu unterhalten.

Worauf richten die meisten Männer ihr Hauptaugenmerk, wenn sie sich um ihre äußere Erscheinung sorgen? An erster Stelle steht das Gewicht. Eine Untersuchung hat gezeigt, daß eine zu umfangreiche Leibesmitte bei 50 Prozent der befragten Männer die größten Ängste auslöste. Ein Bierbauch, Fettwülste über oder unter dem Gürtel und »Rettungsringe« – all das macht Männern Probleme. Da sich bei Männern aufgrund ihrer genetischen Veranlagung Fettpolster am ehesten in der Bauchgegend bilden, machen ziemlich viele diese Erfahrung. Auch das Haar ist für sie oft Anlaß zur Sorge. Männer, deren Kopfhaar sich lichtet, leiden sehr unter der Vorstellung, daß sie einmal ganz kahl werden – sie leiden mehr als solche, die eine richtige Glatze haben. Viele, die eine zu starke Körperbehaarung haben, ekeln sich vor sich selbst, und, leider, ekeln sich andere auch häufig davor.

Aber Männer unterdrücken ihre Sorge um die äußere Erscheinung mehr als Frauen. Vielleicht versuchen sie sie für sich zu behalten, weil sie so viel Scham auslöst. Es wird von der Gesellschaft bei Männern weniger akzeptiert, wenn sie sich über ihr Äußeres Gedanken machen, als bei Frauen. Männer erleben die

Beschäftigung mit ihrem Erscheinungsbild als unmännlich und daher als peinlich und beschämend, was ihr Selbstwertgefühl beeinträchtigt.

Joe, ein erfolgreicher Arzt, fühlt sich den schlanken Sportlern, die er behandelt, unterlegen, eben weil sie schlank sind und er nicht. Obwohl er objektiv weiß, wie sehr sie zu ihm aufsehen und ihn beneiden, fühlt er sich deshalb nicht wohler in seiner Haut. Wenn er sie operiert, überkommen ihn Phantasien, daß er bei sich selbst das Fett wegschneidet und an ihrem Körper anfügt. Diese Vorstellungen beunruhigen ihn sehr, und er schämt sich seines Gewichts. Aber er würde es nie wagen, diese Gedanken seinen Freunden anzuvertrauen.

Vor kurzem habe ich einen Bericht von Peter Jennings über einen neuen Trend in Japan gesehen – über Männer, die Kosmetika benützen. Der Filmausschnitt zeigte Männer, wie sie in Tanzpausen die Toilette aufsuchen, um ihr Makeup aufzufrischen. Viele der befragten Japaner äußerten sich ganz offen dazu, wie wichtig ihr Aussehen für Glück und Erfolg sei. Sie betonten vor allem, wie wichtig Kosmetika seien, um sich attraktiver zu machen. Allerdings haben mich weniger die Fakten dieser Geschichte beeindruckt als die Tatsache, wie unangenehm berührt Peter Jennings davon war. Mir scheint, daß es Frauen wenigstens eine gewisse Erleichterung bringt, das mit der Sorge um ihr Äußeres verbundene Leid und das Schönheitsdiktat offen anzusprechen und darüber zu reden.

Die Scham über das Scheitern der Diät

Bei den meisten Menschen bringen Diäten nicht den gewünschten Erfolg, was sie dazu verleitet, es mit immer rigoroseren Mitteln zu versuchen. Nach einem sichtbaren Erfolg wieder zuzunehmen ist, als wäre man gebrandmarkt. Die daraus resultierende Scham ist bei manchen Menschen sehr groß, kostet sie viel Energie und untergräbt die Selbstachtung. Sie kann sich nach innen richten, zu Depression und einer starken Beeinträchtigung des Selbstwertgefühls führen. Aber, wie die Psychologin Susan Wooley anmerkt: »Wenn Scham ein Mittel gegen Übergewicht wäre, gäbe es keinen einzigen dicken Menschen auf der Welt.«

Über die Tatsache hinaus, daß sie deutlich sichtbar sind, haben wiederholte Mißerfolge beim Abnehmen noch eine andere Konsequenz. Die klinische Arbeit und einschlägige Untersuchungen haben gezeigt, daß Menschen, die immer wieder einmal ab- und zunehmen, eine leichte Zielscheibe abgeben. Jeder weiß, daß ihnen ihr Gewicht Probleme macht, sonst würden sie ja nicht so oft abzunehmen versuchen. Und alle wissen, wie oft sie es nicht geschafft haben. Also bekommen sie von anderen – flüchtigen Bekannten, Familienmitgliedern und Freunden – zu hören, wie gut sie doch ausgesehen hätten; man fragt sie, wie sie sich so gehenlassen können oder gibt irgendeinen anderen Kommentar dazu ab. Das alles verstärkt ihre Beschämung.

Elaine, eine Ärztin, erinnert sich schmerzlich daran, wie einer ihrer Kollegen sich bei einer Besprechung mit den Krankenschwestern und dem restlichen Personal in aller Öffentlichkeit zu ihren Eßgewohnheiten und ihrem Gewicht äußerte. Man diskutierte über die Beschwerden der Krankenschwestern, die sich über zuviel Arbeit beklagt hatten. Dieser Kollege meinte, sie fühlten sich wohl deshalb überlastet, weil sie soviel Zeit für die Überlegungen bräuchten, wo sie die Sachen für jede verrückte neue Diät von Elaine herbekommen, die eine nach der anderen erfolglos ausprobiere. Die übergewichtige Ärztin schämte sich so sehr, daß sie nichts sagen konnte. Es war, als hätte er sie geschlagen, und sie konnte sich nicht verteidigen. War sie verärgert? Nur ein bißchen. Die stärkste Emotion war Scham. Sie erzählte mir: »Wenn ich anders aussähe, hätte er [der Kollege] nichts sagen können, was mich so sehr verletzt hätte. Es war meine eigene Schuld.« Sie hätte in diesem Fall gut daran getan, ihrem Kollegen seine mangelnde Sensibilität vor Augen zu halten, statt sich selbst die Schuld dafür zu geben.

So kommen Sie aus
der Schamfalle heraus

Vielschichtige Schamgefühle hindern uns daran, uns selbst zu mögen. Wir haben das Gefühl, daß unsere Probleme damit so nebensächlich sind, daß wir uns nicht weiter darum kümmern sollten. Wir richten deshalb unsere Aufmerksamkeit auf andere Dinge, um die Scham zu vermeiden, statt uns unseren Gefühlen zu stellen und sie direkt anzugehen. Um aus der Schamfalle herauszukommen, müssen Sie verzeihen können – und zwar sich selbst dafür, daß Sie all die Dinge nicht erreichen, die anzustreben unsere Gesellschaft mit mahnend erhobenem Zeigefinger verlangt.

Wenn Sie aus der Schamfalle herauskommen wollen, *müssen Sie anfangen, Ihr aktuelles Selbst ernster zu nehmen*, statt sich auf Ihr ideales Selbst zu konzentrieren, dem Sie nie entsprechen können. Menschen, die sich selbst mögen, behandeln sich wahrscheinlich auch besser. Hört sich ganz einfach an. Aber die meisten Menschen, die Opfer der Schamfalle geworden sind, mögen ihren Körper nicht und schieben es deshalb immer wieder auf, sich etwas Gutes zu tun. Sie warten, bis sie einen Körper haben, der es ihrer Meinung nach eher verdient. Da dieser Tag oft niemals kommt, schieben sie damit auch immer wieder auf, sich selbst besser zu behandeln.

Serena, stellvertretende Direktorin einer Bank, ist eines der besten Beispiele für jemanden, der sich selbst nicht ernst nimmt. Mir fiel auf, daß sie immer eine sehr billige Mickey-Maus-Uhr trug. Da viele Leute witzige Uhren mögen, dachte ich nicht, daß ein Problem dahintersteckte. Aber Serena sprach mehrere Wochen hintereinander davon, daß sie im Schaufenster eines Juweliers eine schöne und sehr teure Uhr gesehen habe. Sie wollte sie schrecklich gerne haben. Da sie finanziell ziemlich gut gestellt war, hätte sie sich die Uhr leicht leisten können, aber es war eindeutig, daß sie sie nicht zu verdienen glaubte. Die Mickey-Maus-Uhr war in Wirklichkeit ein Zeichen dafür, daß sie sich selbst nicht sehr wichtig nahm. Wir arbeiteten daran, sie zu der Einstellung zu bringen, daß sie eine neue Uhr und gute Kleidung sehr wohl verdiente. Sie erkannte allmählich, daß sie nicht erst abnehmen mußte, bevor sie gut zu sich sein durfte. In Wirklichkeit verläuft der Prozeß eigentlich genau umgekehrt. Gut auszusehen und sich gut zu fühlen ist oft die Ausgangsbasis dafür, daß man abnimmt.

Natürlich kann sich nicht jeder wertvolle Uhren oder teure Kleider leisten, aber jeder kann sich mit kleinen Dingen verwöhnen – ein langes schönes Cremebad, eine halbe Stunde Entspannung, eine neue Frisur. Tun Sie Ihrem Körper etwas Gutes. Das ist ein ganz wichtiger Schritt, um aus der Schamfalle herauszukommen. Manche von Ihnen werden erstaunt sein, wie schwer das ist, vor allem wenn der Test zur Körperscham gezeigt hat, daß Sie sich bestimmter Körperteile schämen. Wenn Sie Ihr wahres Selbst gut behandeln, sagen Sie sich damit: »Ich verdiene das. Ich bin wirklich ein wertvoller Mensch. Ich habe nichts an mir, wofür ich mich schämen müßte.«

Für Beatrice – ich habe in der Einleitung von ihr erzählt – haben wir spezielle Übungen entwickelt mit dem Ziel, in ihr allmählich Stolz auf ihren Körper zu erzeugen. Sie hielt sich zum Beispiel nicht für einen sportlichen Menschen mit beeindruckend vielen körperlichen Fähigkeiten. Daß sie aktiv mehrere Sportarten betrieb, kam während der Behandlung mehr oder weniger zufällig heraus, bis wir begannen, uns mit diesem uneingestandenen Teil ihrer Persönlichkeit näher zu befassen. Wir erfuhren zum Beispiel, daß Beatrice ausgezeichnet Tennis spielte. Sie schlug den Ball ziemlich hart, spielte ausgesprochen präzise und war sehr schnell, was viele ihrer Tennispartner überraschte. Noch interessanter war, daß das Herunterspielen ihrer Leistungen beim Tennis mit der Schamfalle zusammenhing: Beatrice konnte es nur schwer aushalten, wenn die anderen im Tennisclub auf sie aufmerksam wurden. »Alle schauten mir zu, und ich konnte nichts anderes denken, als daß diese Leute bestimmt finden, daß ich eine fette Kuh bin.«

Da Beatrice gern körperlich aktiv war, bot sich im Sport eine ideale Möglichkeit, ihr Körperbild zu verbessern und ihre Scham zu überwinden. Beatrice war eine sehr gute Schwimmerin, wollte aber zu Beginn der Behandlung auf keinen Fall schwimmen gehen. Es war ihr zu peinlich, sich im Badeanzug zu zeigen. Im Laufe einiger Therapiesitzungen entwickelten wir einen Plan, um ihr die Angst davor, sich in der Öffentlichkeit im Badeanzug sehen zu lassen, überwinden zu helfen. Beatrice ging in ein Spezialgeschäft, das Sportartikel für große Größen führte, und suchte sich einen schönen Badeanzug aus. In der ersten Woche zog sie ihn jeden Tag für eine praktische Übung im Schlafzimmer einmal an. Sie betrachtete sich im Spiegel und sagte sich dabei, wie *gesund* sie aussah und wie gut sie sich beim Schwimmen fühlen würde. In der zweiten Woche ging sie am Privatstrand eines Freundes schwimmen, und zwar ganz früh am Morgen, wo sie sicher sein konnte, daß niemand sie sehen würde. Gleichzeitig zog sie daheim weiter den Badeanzug zur Übung an, stellte sich jetzt aber dabei vor, daß andere sie darin sahen als Vorbereitung auf das Unbehagen und die Angstgefühle, die sie in der Öffentlichkeit möglicherweise überkommen würden. Wir empfahlen ihr, sich auf positive Aussagen zu konzentrieren wie: »Die Leute werden denken, daß ich etwas für meine Gesundheit tue, daß ich mich fit halte«, »Die Leute sind wahrscheinlich neugierig, wo ich diesen hübschen Badeanzug herhabe« und »Egal, was andere denken, *ich* finde es großartig, daß ich an diesem schönen Tag schwimmen gehen kann.«

Um aus der Schamfalle herauszukommen, müssen Sie als nächstes daran arbeiten, *Ihr Körperideal zu verändern.* Die Diskrepanz zwischen diesem Ideal und der Realität trägt wesentlich zu den Schamgefühlen bei. Die Tests zu Beginn dieses Kapitels haben Ihnen gezeigt, ob Sie sich Ihres Körpers schämen und ob es eine große Diskrepanz zwischen Ihrem realen und idealen Selbst gibt. Sollte das der Fall sein, wäre es wichtig für Sie, dieses Körperideal genau zu überprüfen. Ist es wirklich erreichbar? Wessen Ideal ist es? Ihr eigenes oder das Ihrer Mutter, Ihres Freundes oder Mannes?

Beginnen Sie die Korrektur Ihres Körperideals damit, daß Sie Anzeigen in Zeitschriften und TV-Werbespots etwas kritischer betrachten. Erinnern Sie sich immer wieder daran, daß diese Leute, um so gut auszusehen, Tag für Tag viele Stunden dafür aufwenden und Geldsummen, die Sie wahrscheinlich in Erstaunen versetzen würden. Für Models und Schauspielerinnen ist Schönsein wirklich ein Beruf. Für uns andere ist es das nicht. Machen Sie sich klar, daß die Kombination aus Selbstkritik und dem Gefühl, aufmerksam angeschaut zu werden, Schamgefühle in uns auslöst. Es dauert lange, bis man aus der Schamfalle herauskommt.

An diesen Schamgefühlen zu arbeiten bedeutet, sich offen mit allen Faktoren auseinanderzusetzen, die zu dem idealen Selbstbild geführt haben. Dazu gehört auch, was Ihrer Meinung nach *andere* Leute über Sie denken, insbesondere über Ihren Körper. Starren Sie öfter einmal zurück, wenn Sie das Gefühl haben, daß jemand Sie prüfend ansieht. Beatrice hat gelernt, daß Sich-Kleinmachen und Wegsehen das Schlimmste sind, was sie tun kann, wenn sie sich gemustert und begutachtet fühlt. Für sie und viele andere Frauen, denen es ähnlich geht, war das ein typischer Auslöser, um übermäßig zu essen. Jetzt schaut sie den anderen auch an. Gibt es den vollkommenen Körper überhaupt? Äußerst selten, wie sie findet. Auf einmal sieht sie wenig Anlaß dazu, sich so beschämt zu fühlen.

Wenn andere Sie dazu bringen, sich wegen Ihres Aussehens schlecht zu fühlen, kommen vielleicht Gefühle wie Zorn oder Verzweiflung hoch, was es schwerer macht, sich die Scham einzugestehen und damit umzugehen. Die Gefühle zu erkennen, die die Scham verstärken, ist ein schwieriger, aber notwendiger Prozeß.

Jeannette, eine unserer stationären Patientinnen, hat nach ihrer Heirat mit Frank 15 Pfund zugenommen. Ihr Mann hat sie häufig darauf angesprochen und sie gedrängt, doch endlich abzunehmen. Jeannette fing eine Diät an, und zu ihrem Leidwesen hielt Frank seine Familie jede Woche über ihre Fortschritte auf dem laufenden. Um ihr zu »helfen«, wollte er außerdem nicht mehr mit ihr schlafen, damit sie sich »nicht daran gewöhne, so fett zu sein«. Er erzeugte so starke Scham in ihr, daß sie sich nicht mehr im Spiegel anschauen konnte. In diesem Fall wurde das Ideal weniger von der Gesellschaft allgemein als von Frank, dem Ehemann, festgelegt, aber die Folge war die gleiche.

Zunächst halfen wir Jeannette dabei, alle Gefühle genau zu erkennen und zu benennen, die die Scham bei ihr auslöste. Wir schauten uns die verschiedenen Aspekte ihrer Situation an, was ihr dabei half, an die von Zorn und Enttäuschung verdeckte Scham heranzukommen. Natürlich war sie (und das mit Recht) wütend auf Frank, aber weil sie dieses Gefühl zu sehr erschreckte, machte sie sich lieber selbst Vorwürfe. Wir versuchten sie in die Lage zu versetzen, ihre Gefühle als rechtens anzuerkennen und sich zuzugestehen, daß dies eine schmerzliche Erfahrung für sie war. Dann versuchten wir aufzuzeigen, wie sie ihre Scham dazu einsetzte, sich selbst zu bestrafen und negative Gefühle zu verleugnen. Wir bemühten uns, sie in der Erinnerung an das erste Mal heranzuführen, wo sie sich wegen ihres Körpers geschämt hatte. Wer hatte ihr vermittelt, daß ihr Körper eine Quelle der Scham sei? Wer in ihrem Erwachsenenleben verstärkte diese Vorstellung weiterhin? Wer hingegen nicht? Sie können bei sich selbst genauso vorgehen. Schon indem Sie sich eingestehen, daß diese Scham da ist, und indem Sie ihre einzelnen Phänomene genau beschreiben, erleben Sie sie als weniger bedrohlich. Je mehr Einblick Jeannette gewann, um so mehr hatte sie das Gefühl, ihre Reaktionen unter Kontrolle zu haben. Es war für sie wichtig zu erkennen, wie sehr andere Menschen, vor allem ihr Mann, direkt dazu beitrugen, daß sie sich schämte. Dann konnte sie mit ihren Gefühlen umgehen und sich schließlich mit den schamauslösenden Bemerkungen auch direkt auseinandersetzen.

Als letztes müssen Sie, um aus der Schamfalle herauszukommen, Ihre wirklichen Bedürfnisse genau erkennen, müssen sich fragen: »Was will *ich*?« Nicht was Ihr ideales Selbst Ihrer Meinung nach wollen *sollte*, sondern was Sie wirklich wollen. Machen Sie eine Liste. Das Faszinierende an einer solchen Liste ist, daß hier jeder auch Triviales und Belangloses, Tiefgründiges und Feinsinniges aufschreibt. Unsere Bedürfnisse zu befriedigen, ohne sie zu werten, ist einer der Schlüssel, um uns selbst so zu akzeptieren, wie wir sind, einschließlich unseres Körpers. John, Assistent in der medizinischen Forschung, hatte erhebliche Probleme damit, diese Liste zu machen. Er hatte sich sein ganzes Leben darum bemüht, so zu sein, wie er dachte, daß alle anderen ihn haben wollten. Er wußte gar nicht genau, was er wollte. Seine Liste sah so aus:

Meinem Chef endlich einmal meine Meinung sagen.
Segeln lernen.
Größer sein.
Mich weniger herumschubsen lassen.
Einen interessanteren Job suchen.
Innere Ruhe finden.
An den Wochenenden länger schlafen.
Meine Kinder besser kennenlernen.

Wenn Sie Ihre eigene Liste durchlesen, werden Sie feststellen, daß manche Wünsche sich nur in der Phantasie verwirklichen lassen, wie zum Beispiel größer zu sein. Manche werden Sie in Schwierigkeiten bringen, wie etwa das Bedürfnis, Ihrem Chef endlich einmal zu sagen, was Sie von ihm (oder ihr) halten. Andere wieder sind leicht zu realisieren, wenn Sie es sich zugestehen, zum Beispiel Segeln lernen. Es ist erstaunlich, wie selten Menschen, die leicht Opfer der Schamfalle werden, sich zugestehen, über ihre Bedürfnisse nachzudenken, geschweige denn sie zu befriedigen. Wenn wir aufhören, uns wegen unseres Äußeren und unseres Körpers zu schämen, haben wir die nötige Zeit und Energie – und das Gefühl, es zu verdienen –, um herauszufinden, was wir wirklich wollen und brauchen. Das ist der Schlüssel, um aus der Schamfalle herauszukommen.

4

Die Konkurrenzfalle

Die Frauen der 80er und 90er Jahre haben ein neues Markenzeichen, behauptet das Magazin *Working Woman* ganz stolz: den Kampfgeist. Wen wollen die Schreiber denn hier auf den Arm nehmen? Ist ihnen entgangen, daß Frauen seit Jahrhunderten konkurrieren? Die Arena ist seit jeher die Schönheit, und der Wettstreit ist erbittert. Die Konkurrenz im beruflichen Sektor nimmt zwar zu, aber körperliche Attraktivität und das Gewicht sind nach wie vor die Domänen, wo Frauen vor allem und rückhaltlos darin bestärkt werden, miteinander zu konkurrieren. Der Wettbewerb der Wettbewerbe – die Miß-Wahlen – ist nach wie vor ein großer Erfolg.

Frauen, die Opfer der Konkurrenzfalle geworden sind, ziehen ständig Vergleiche zwischen sich selbst und anderen Frauen. Bei manchen nimmt die Arbeit an ihrem Körper nie ein Ende, denn es gibt immer irgendwelche neuen Kurzentren, Behandlungsmethoden und Schönheitssalons. »Und wenn du dir gerade die Haare von Lady Di's Friseur hast färben lassen, beim allerexklusivsten Fitneßclub Mitglied geworden bist, bei der Kosmetikerin der Stars zur Huf- und Krallenpflege warst, dann gibt es immer noch jemanden, der dir voraus ist. ›Hast du schon von diesem Laden gehört, wo sie die Handtücher für Kräuterumschläge in Wasser aus Evian anfeuchten?‹«

Lori, Probandin bei einer unserer Studien, betrachtet alle Frauen unter dem Aspekt, wie sie im Vergleich zu ihr aussehen. Schneidet Lori dabei besser ab, geht es ihr wunderbar, aber wenn nicht, fühlt sie sich besiegt. Immer wenn sie jemanden kennenlernt, muß sie sich irgendwie einstufen. Selbst ein Mittagessen mit Freunden ist ein Wettbewerb, wo sie die Beste sein muß, nämlich die, die am wenigsten ißt. Jeder Fernsehstar liefert ihr einen Maßstab für ihre Selbstbewertungen. Diese tagtäglichen kritischen Vergleiche führen zu emotionalen Höhen und Tiefen, die ihre Aufmerksamkeit im Übermaß beanspruchen.

Ein weiterer Aspekt der Konkurrenzfalle ist, daß die Kontrolle des Gewichts selbst schon ein Wettstreit ist. Frauen wollen meistens besser sein als ihre Freundinnen, und viele Frauen, die Opfer dieser Falle geworden sind, sehen tatsächlich ihren relativen Erfolg in Sachen Gewichtskontrolle als Maßstab dafür an, wie gut sie als Frau sind. Damit wird die Konkurrenzfalle noch komplizierter, denn miteinander über seine Probleme und Sorgen wegen des Gewichts zu reden ist für Frauen auch eine Möglichkeit, sich näherzukommen. Der Grund mag darin liegen, daß die Beziehung zu Mutter oder Schwestern oft der erste »Austragungsort« für die Konkurrenz in Sachen Gewicht und äußere Erscheinung ist.

Lisas Eltern ließen sich scheiden, als sie 19 Jahre alt war. Nachdem Lisas Mutter sich an den neuen Status als geschiedene Frau gewöhnt und die schwierigste Phase überstanden hatte, entschloß sie sich zu einer »Runderneuerung« und begann eine Diät, nach der sie, wie Lisa sagt, »50 Pfund weniger wog und 15 Jahre jünger aussah«. Lisa empfand es als bedrohlich, daß ihre Mutter sich im Aussehen so sehr verändert hatte, und glaubte, daß sie jetzt auch eine Diät machen müsse, um etwas abzunehmen. »Können Sie sich vorstellen, wie peinlich es ist, wenn Ihre Mutter Größe 36 tragen kann, und Sie selbst haben Größe 42?« Frauen wie Lisa, die Opfer der Konkurrenzfalle geworden sind, bejahen Aussagen wie: »Wie gut ich aussehe, beurteile ich meistens durch einen Vergleich mit anderen.« Sollte das auch auf Sie zutreffen, beeinflußt Ihre jeweilige Einstufung in bezug auf das Aussehen beim Vergleich mit anderen Frauen dann auch

Ihr Selbstwertgefühl? Wenn ja, ist der Einsatz dafür zu hoch. Für Lisa ist Abnehmen ein Wettbewerb mit anderen Frauen, und Zunehmen bedeutet, auf der Verliererseite zu stehen. Denken Sie doch einmal kurz über Ihre eigene Einstellung zu Gewicht und Aussehen nach. Inwieweit spielt Konkurrieren hier bei Ihnen eine Rolle?

Die meisten Frauen konkurrieren auch in ihrem Bemühen, Männer auf sich aufmerksam zu machen und an sich zu binden. Attraktivität beeinflußt zwar sowohl Männer wie Frauen in der Interaktion, aber bei Frauen scheint Attraktivität wichtiger zu sein. Nehmen wir als Beispiel Dawn, eine alleinstehende junge Frau, die einen festen Partner sucht. Sie beklagt sich bitter darüber, daß das Aussehen in der »Single-Szene« das einzige ist, was Männer anzieht. Sie achtet ständig darauf, was sie ißt, macht mindestens viermal pro Woche Sport und geht nirgendwo hin, ohne perfekt auszusehen. »Man weiß ja nie, wo man jemanden kennenlernt«, erklärt sie und gibt zu, daß sie sich selbst für einen Gang zum Waschsalon zurechtmacht oder wenn sie Müll wegbringt.

Junge Frauen lernen sogar, ihr Eßverhalten zu ändern, um für Männer attraktiv zu sein. Die Psychologinnen Shelly Chaiken und Patricia Pliner haben ein Experiment durchgeführt, das wie eine spielerische Form von Verabredung gestaltet war. Männliche und weibliche Collegestudenten trafen einander zum ersten Mal. Im Rahmen dieser ersten »Verabredung« gingen sie zusammen essen. Variiert wurde durch die Versuchsleiter die Attraktivität des jeweiligen neuen Partners. Waren die Frauen mit einem attraktiven Mann zusammen, aßen sie erheblich weniger als dann, wenn sie mit einem unattraktiven ausgingen. Frauen haben offenbar das Gefühl, daß die Tatsache, wieviel sie essen, wichtig dafür ist, ob sie einen guten Eindruck machen. Die in dieser Studie erfaßten Männer aßen immer die gleiche Menge, unabhängig vom Aussehen ihrer Rendezvouspartnerin.

Aber die Konkurrenzfalle ist inzwischen noch komplexer geworden. Heute heißt die Botschaft an die Frauen, daß sie alles haben
müssen – gutes Aussehen, beruflichen Erfolg und ein glückliches
Familienleben. Frauen beurteilen sich selbst und auch gegenseitig in mehreren Bereichen nach der Leistung – und das nach
immer strengeren Normen. Die Konkurrenz ist umfassender geworden und bezieht sich nicht nur auf das Aussehen, sondern
auf viele Aspekte des Frauenlebens.

Anhand des Tests auf S. 131 können Sie feststellen, inwieweit
Sie in Leistungssituationen auf Konkurrenz eingestellt sind.

Daß Frauen sich heute in verschiedenen Bereichen mit anderen
messen müssen, führt bei vielen zu Konflikten. Und zu wissen,
wie gut man dabei abschneidet, wird immer schwieriger. Dieser
Teil der Konkurrenzfalle ist neu hinzugekommen. Frauen haben
weit mehr Erfahrung darin, miteinander im Aussehen zu konkurrieren, und es gibt für diese Art Wettstreit viel genauere
Richtlinien. Wir lernen die entsprechenden Regeln in der Kindheit, so daß wir als Erwachsene wissen, wie wir einander in
bezug auf das Aussehen ausstechen können. Es gibt auch ziemlich detaillierte Regeln dafür, wie Frauen miteinander um Männer konkurrieren. Wir eignen sie uns aus Romanen und Zeitschriften an, lernen sie durch Film und Fernsehen und durch die
Erfahrungen, die wir als Heranwachsende machen.

Viel jüngeren Datums – und deshalb stehen wir hier auf viel
wackeligeren Füßen – ist die Konkurrenz unter Frauen und mit
Männern im beruflichen Bereich. Wir wissen nicht, ob hier dieselben Regeln gelten, denn wir haben auf diesem Gebiet noch
nicht genug Erfahrung. Männer lernen als kleine Jungen durch
ihre Erziehung die Art von Spielen und Regeln, die ihnen später
am Arbeitsplatz von Nutzen sind. Frauen lernen als kleine Mädchen weder die Fähigkeiten noch die Regeln, die sie im Lei-
stungswettbewerb brauchen. Das mag einer der Gründe sein,
warum Frauen, die auf dem Leistungssektor in Wettbewerb tre-

Test zur Leistungsorientiertheit

Die folgenden Aussagen beschreiben Reaktionen auf Arbeits-
bedingungen und fordernde Situationen. Kreuzen Sie bei jeder
Aussage an, wie sehr oder wie wenig sie auf Sie zutrifft.

1. Ich arbeite gerne in einem Umfeld, wo ich mit anderen
konkurrieren kann.

Stimmt genau	Stimmt zum Teil	Bin unent- schieden	Stimmt nicht ganz	Stimmt gar nicht
___	___	___	___	___

2. Es ist mir wichtig, eine Aufgabe besser zu erledigen als andere.

Stimmt genau	Stimmt zum Teil	Bin unent- schieden	Stimmt nicht ganz	Stimmt gar nicht
___	___	___	___	___

3. Ich finde es wichtig, der/die Beste zu sein und zu gewinnen,
im Beruf und bei Spielen.

Stimmt genau	Stimmt zum Teil	Bin unent- schieden	Stimmt nicht ganz	Stimmt gar nicht
___	___	___	___	___

4. Es ärgert mich, wenn andere besser sind als ich.

Stimmt genau	Stimmt zum Teil	Bin unent- schieden	Stimmt nicht ganz	Stimmt gar nicht
___	___	___	___	___

5. Ich strenge mich mehr an, wenn ich mit anderen konkurrieren muß.

Stimmt genau	*Stimmt zum Teil*	*Bin unent-schieden*	*Stimmt nicht ganz*	*Stimmt gar nicht*
____	____	____	____	____

Bewerten Sie nun Ihre Antworten mit 0 Punkten für *Stimmt gar nicht* bis zu letztlich 4 Punkten für *Stimmt genau*. Sie sind *wettbewerbsorientiert*, wenn Ihre Gesamtpunktzahl 18 oderöher ist. Nicht alle *stark* leistungsorientierten Frauen laufen jedoch Gefahr, Opfer der Konkurrenzfalle zu werden – nur die, die ständig erfolglos mit ihren eigenen unerreichbaren Idealen wetteifern.

ten, das Aussehen als ihre Domäne nicht aufgeben. Mit anderen Worten, sie wollen nicht nur alles oder meinen alles haben zu müssen, sie haben vor allem auch Angst, sich von den Bereichen zu verabschieden, in denen sie seit jeher konkurrieren.

Solange Frauen nicht wirklich überzeugt sind, daß sie im Beruf Erfolg haben können, dient der Wettbewerb in Sachen Aussehen und Körper als Sicherheitsventil. Falls es mit der Arbeit nicht so läuft, haben sie immer etwas, auf das sie zurückgreifen können. Und der Zusammenhang zwischen gutem Aussehen und einem guten Job ist auf dem heutigen Markt nicht zu übersehen. Wie Marilyn Moats Kennedy sagt, die Frauen bei der Karriereplanung berät: »Ist die wirtschaftliche Lage schlecht, will man gut aussehen, wirklich gut. Wenn jemand auf der Jagd nach einer Stelle ist und auch nur ein kleines bißchen ungepflegt aussieht, hat er keine Chance. Das Aussehen ist heute wichtiger denn je.« Da heute mehr Frauen als früher ganz nach oben kommen, wird das Aussehen möglicherweise noch wichtiger, wenn das überhaupt noch geht. Frauen können auf ihren Körper als letztes Mittel zählen. Wenn sie die Gehaltserhöhung oder Beförderung durch größeren Einsatz bei der Arbeit nicht bekommen, können sie sich zumindest hübsch machen oder mehr abnehmen.

Frauen, die Opfer der Konkurrenzfalle geworden sind, wetteifern nicht nur mit anderen, sondern auch mit ihrem eigenen Ideal. Das führt oft zu Enttäuschung und dem Gefühl der Unzulänglichkeit. Viele stellen extrem hohe Anforderungen an sich, denen sie glauben entsprechen zu müssen. Corinne konnte nie auf ihre Leistungen stolz sein. Ganz gleich, wie gut sie ihre Sache gemacht hatte, sie glaubte immer, daß sie es hätte noch besser machen können. Sie bezeichnete ihr Leben als »einen schiefen Turm von Geboten«, den sie ständig abstützen mußte. Das ist eine sehr plastische Metapher für den kräftezehrenden Aspekt des Konkurrierens mit den eigenen Idealen. Wettbewerbsorientiert zu sein und dabei unrealistische Ziele zu haben, läßt Corinne und viele andere Frauen, die ihr ähnlich sind, Opfer dieser Falle werden. Der Selbsteinschätzungstest auf S. 135 wird Ihnen helfen zu erkennen, ob Sie mit sich selbst konkurrieren.

Wenn Sie verstehen, wie die Konkurrenzfalle aufgebaut ist, kommen Sie leichter aus ihr heraus. Lassen Sie uns jetzt die einzelnen Aspekte näher untersuchen.

Wie die Konkurrenzfalle funktioniert

Der Schönheitswettbewerb

In fast 40 Jahren hat kein Fernsehprogramm zur gleichen Sendezeit jemals höhere Zuschauerquoten erreicht als die Wahl der Miß America. Steven Stark, Reporter der *New York Times*, schrieb in seinem Artikel über die letzte Miß-Wahl: »Mit ihrem Preis für den schönsten Badeanzug und den Talentwettbewerben erscheint die Miß-Wahl wie ein Anachronismus in einer Zeit, in der Frauen danach streben, die Vorstandsetagen zu erobern, nicht die Strandpromenaden.« Die von ihm interviewten Psychologen waren nicht dieser Meinung. Manche meinten, daß Schönheit für Frauen Macht bedeute; andere sagten, daß solche Wettbewerbe eine der wenigen Gelegenheiten seien, wo wenigstens eine Frau die Siegerin sein kann. Der Manager des Wettbewerbs um den Titel der Miß Universum bewies seinen Scharfblick, als er meinte, daß diese Shows so populär seien, weil sie jeder Frau zu Hause vor dem Bildschirm die Möglichkeit geben, sich »mit ihren Geschlechtsgenossinnen zu messen«.

Aber selbst bei den Schönheitswettbewerben ist der Einsatz inzwischen höher. Die Miß America von heute ist nicht nur wohlgeformt und hübsch. Sie besucht oft eine renommierte Universität und hat ernsthafte berufliche Ambitionen. Die Botschaft lautet mehr und mehr, daß Frauen jetzt beweisen müssen, daß sie wirklich alles haben.

Bei Männern ist der Körper noch nicht der Bereich, wo sie vorrangig konkurrieren. Aber die alten Spartacus-Filme erinnern uns daran, daß es einmal so war, und es gibt bereits Anzeichen dafür, daß es zukünftig wieder so sein wird. Bodybuilding findet immer mehr Anhänger und tagtäglich gibt es in irgendwelchen Fitneßclubs Wettbewerbe, wer am besten aussieht. Da die Be-

Selbsteinschätzungstest

Dieser Test gibt Aufschluß über verschiedene Einstellungen, Gefühle und Verhaltensweisen. Manche der Fragen mögen recht ähnlich scheinen, sie zielen aber auf etwas unterschiedliche Prozesse ab. Es gibt keine richtigen und falschen Antworten; versuchen Sie also bei der Beantwortung der Fragen wirklich ehrlich zu sein. Kreuzen Sie die Antwort an, die am ehesten auf Sie zutrifft.

1. In meiner Familie ist nur eine hervorragende Leistung gut genug.

Immer	Meistens	Oft	Manchmal	Selten	Nie
____	____	____	____	____	____

2. Ich habe mich als Kind immer sehr bemüht, meine Eltern und Lehrer nicht zu enttäuschen.

Immer	Meistens	Oft	Manchmal	Selten	Nie
____	____	____	____	____	____

3. Ich hasse es, wenn ich bei irgend etwas nicht absolut perfekt bin.

Immer	Meistens	Oft	Manchmal	Selten	Nie
____	____	____	____	____	____

4. Meine Eltern haben Bestleistungen von mir erwartet.

Immer	Meistens	Oft	Manchmal	Selten	Nie
____	____	____	____	____	____

5. Ich finde, daß ich entweder etwas perfekt machen oder es gleich bleibenlassen sollte.

Immer	Meistens	Oft	Manchmal	Selten	Nie
____	____	____	____	____	____

6. Ich habe extrem hochgesteckte Ziele.

Immer   *Meistens*   *Oft*   *Manchmal*   *Selten*   *Nie*

———   ———   ———   ———   ———   ———

Geben Sie sich nun für jede Antwort Punkte, und zwar eine 1 für *Oft*, eine 2 für *Meistens*, eine 3 für *Immer* und eine 0 für *Nie, Selten* oder *Manchmal*. Zählen Sie die Punkte zusammen. Haben Sie 12 Punkte oder mehr erreicht, ist es möglicherweise Ihr Perfektionismus, der Sie in der Konkurrenzfalle festhält.

treiber von Fitneßcentern inzwischen auch in die Firmen gehen, wird die Arbeitsleistung am Schreibtisch vielleicht bald nicht mehr genügen.

Die meisten Frauen geben zu, daß sie beim Betreten eines Raumes sofort die anderen Frauen beurteilen und sich im Vergleich zu ihnen einstufen: Welche ist schlanker? Welche ist hübscher? Milly, die wir für eine unserer Studien interviewten, ist noch weiter gegangen als die meisten. Sie hat eine richtige Notenskala entwickelt: »*Eins* heißt ›Nulpe‹; ein zweiter nervöser Blick erübrigt sich. *Zwei* heißt ›ist okay‹, aber wahrscheinlich bin ich besser; keine Gefahr. *Drei* heißt ›Ausgang ungewiß‹; vergleichen wir uns doch Körperteil für Körperteil, die Kleidung und das Makeup. Im Auge behalten. *Vier* heißt ›tolle Biene‹. Grundsätzlich mindestens 15 Meter Abstand halten.« Ich habe Milly leider nie gefragt, wie sie sich auf kleinen Parties den »Vieren« gegenüber verhielt.

Millys Bewertungsschema enthüllt ein interessantes psychologisches Prinzip. Wir konkurrieren zwar, im allgemeinen aber nicht mit Menschen, die sich zu sehr von uns unterscheiden – vor allem jenen, die wir als erheblich besser einstufen. Es ist Nummer drei, die für alle Vergleiche genau unter die Lupe genommen wird. Milly weiß bei Nummer eins, zwei und vier wesentlich besser, wo sie selbst steht. Bei Nummer drei sucht sie den Entscheidungskampf.

Die Psychologen meinen auch, daß Menschen eine ziemlich verzerrte Selbstwahrnehmung haben, wenn sie sich mit anderen vergleichen. Ihre Beurteilungen werden durch sogenannte Schemata gesteuert. Schemata in bezug auf das Selbst sind die Gedanken und Gefühle, die unser Selbstbild ausmachen. Sie bestimmen, welche Informationen über uns selbst und über andere wir in uns aufnehmen. Sie steuern die Verarbeitung all unserer Erfahrungen. Sie spielen bei der Konkurrenzfalle eine zentrale Rolle.

Wir verwenden den Test auf S. 138 als eine Möglichkeit herauszufinden, ob jemand in bezug auf das Körpergewicht ein Schema hat. Sie sind zwar jetzt sozusagen schon vorgewarnt durch das, was Sie bis jetzt gelesen haben, aber versuchen Sie trotzdem die Wortanfänge dieser Liste mit der *ersten* Buchstabenkombination, die Ihnen in den Kopf kommt, zu einem einsilbigen Wort zu vervollständigen.

Die Bandbreite reicht von Menschen, die sich sehr intensiv Gedanken über ihr Körpergewicht machen und alles damit in Verbindung bringen bis zu jenen, die wenig Gefühl für oder Interesse an diesem Aspekt ihres Selbst haben. Frauen sind in der zweiten Gruppe allerdings selten zu finden! Frauen mit einem Schema in Sachen Gewicht bewerten Ereignisse, Menschen – im Prinzip alles – ständig im Hinblick auf seinen Bezug zum Körpergewicht. Für sie ist das Gewicht das wichtigste Merkmal, das ihnen bei anderen auffällt, und zwar in allen Situationen.

Marlenes Selbstbewertungen drücken sich oft als vergleichende Fragen aus wie zum Beispiel: »Wiegt sie mehr als ich?« oder:

RU   ___
STRA   ___
FE   ___
KU   ___
DI   ___
STA   ___
SCHLA   ___
BA   ___

Es gibt in allen Fällen mehr als eine Möglichkeit, das Wort zu
vervollständigen, und diese Wörter mit verschiedenen Endungen
kommen im Deutschen in etwa gleich häufig vor. Sie wurden
ausgewählt, um zu testen, ob jemand in bezug auf das Körpergewicht ein Schema hat, denn alle haben, wenn sie auf bestimmte
Weise vervollständigt werden, einen Bezug zum Gewicht. So kann
FE___ fett, Feld oder fern heißen. Was Ihnen als erstes in den Sinn
kommt, weist also auf Ihre persönlichen Probleme hin.

»Sitzen in diesem Restaurant viele eher rundliche Gäste?« Ihre
Welt ist eingeteilt in solche, die mehr, weniger oder genausoviel
wiegen wie sie. Die Konkurrenzfalle zwingt Marlene dazu, Vergleiche anzustellen. Ihr Gewichtsschema bestimmt, worauf ihr
Auge fällt. Die Existenz von Schemata bedeutet, daß wir nicht
alle dieselben Dinge sehen, wenn wir uns mit derselben Person
vergleichen. Wenn zwei Freundinnen zum Beispiel dieselbe Frau
anschauen, werden sie sie wahrscheinlich unterschiedlich bewerten, je nachdem welche Konkurrenz sie darstellt. Was sie
sehen, hängt davon ab, was ihnen nach ihrem ganz persönlichen Schema an sich selbst wichtig ist. Marlene würde eine
schlanke Frau mit einem uninteressanten Gesicht als wesentlich

attraktiver einstufen als ihre Freundin, die kein solches Schema in Sachen Gewicht in sich hat. Marlene würde diese Frau auch weit mehr als Konkurrenz betrachten als ihre Freundin.

Konkurrenz bei Männern

Körperliche Attraktivität hat einen enormen Einfluß darauf, wie Männer und Frauen interagieren. Am wichtigsten scheint dabei jedoch die Attraktivität der Frau zu sein. Bei Untersuchungen zum Thema »erster Eindruck und erstes Rendezvous« haben die Psychologinnen Elaine Hatfield von der University of Hawaii und Ellen Berscheid von der University of Minnesota festgestellt, daß die gutaussehenden Frauen am meisten gemocht werden. Und Männer waren gegenüber attraktiveren Frauen eher bereit, Persönliches von sich zu erzählen.

Attraktivität scheint die Konkurrenzfalle selbst bei kleinen Kindern zu verstärken, und auch hier wieder bei Mädchen mehr als bei Jungen. So ist zum Beispiel bei Mädchen die Beliebtheit beim anderen Geschlecht stärker an gutes Aussehen gebunden als bei Jungen. Eleanor Maccoby und Carol Jacklin, Entwicklungspsychologinnen von der Stanford University und der University of Southern California, haben viele Jahre die geschlechtsspezifischen Unterschiede untersucht und dabei festgestellt, daß sich die attraktivsten Mädchen für die Jungen mit dem höchsten Status und der größten Kraft, dazu einem einigermaßen guten Aussehen interessieren. Andererseits interessieren sich die Jungen mit dem höchsten Status nur für die verführerischsten, hübschesten Mädchen.

Zweifellos fördern und unterstützen die Medien die Einstellung, daß die hübschesten Mädchen die besten Männer bekommen. Kinder kommen schon sehr früh mit der Vorstellung in Berührung, daß das Aussehen in Beziehungen eine Rolle spielt, aber

Jungen und Mädchen reagieren verschieden darauf. Ich sehe da meinen neunjährigen Sohn, wie er vor dem Fernseher sitzt. Wenn das hübsche Mädchen den Jungen bekommt und sie sich küssen, schneidet er eine Grimasse und wendet sich ab. Ihn interessiert dieses »Getue« noch nicht, und deshalb hat die Botschaft weniger Wirkung auf ihn. Die achtjährige Tochter einer Freundin hingegen verfolgt das Ganze mit gespannter Aufmerksamkeit. Sie lernt eindeutig, was man braucht, um einen Mann zu bekommen. Sie redet schon davon, daß sie hübsch ist und welche ihrer Freundinnen hübscher ist als die anderen.

Alexis Tan, Publizistikprofessorin an der Texas Tech University, hat untersucht, wie die Massenmedien und das Fernsehen im besonderen beim Zuschauer Wahrnehmungen der sozialen Wirklichkeit erzeugen und fördern. Bei einer der Studien standen TV-Werbespots im Mittelpunkt, die mit Schönheit zu tun hatten, also solche, bei denen Sexappeal, Schönheit oder Jugend als Verkaufsargument eingesetzt wurden. Zum Beispiel ein Werbespot, bei dem suggeriert wird, daß der Gebrauch einer bestimmten Zahnpastamarke dem Benutzer mehr Sexappeal verleiht.

In den USA stellen Werbespots ein wichtiges Element in der symbolischen Welt des Fernsehens dar. Die Werbung beansprucht von jeder Stunde während der Hauptsendezeit mindestens 9½ Minuten. Werbespots ziehen die Aufmerksamkeit des »eher unbeteiligten« Zuschauers im allgemeinen dadurch auf sich, daß man Unterhaltungselemente einbaut, sie in beliebten Sendungen zwischenschaltet und mehrfach wiederholt. Es ist also interessant festzustellen, ob die Themen der Werbespots die Einstellungen der Zuschauer beeinflussen.

Tan teilte die Probanden in zwei Gruppen auf: Die eine Gruppe sah sich 15 TV-Werbespots mit Bezug zum Thema Schönheit an, die bei Shows verschiedener Sendeanstalten aufgenommen worden waren; die andere Gruppe bekam ebenfalls 15 aus

Shows aufgenommene Werbespots zu sehen, in denen Schönheit weder erwähnt noch in irgendeiner Weise gezeigt wurde. Anschließend wurden den Teilnehmern an der Studie eine Reihe von Fragen gestellt, unter anderem: »Welche der folgenden Merkmale sind am wichtigsten, damit eine Frau bei Männern beliebt ist (oder von ihnen gemocht wird)?« Die zusätzliche Anweisung lautete: »Wählen Sie die Merkmale, die Ihrer Meinung nach im wirklichen Leben wichtig *sind, nicht* die, die Ihrer Meinung nach wichtig sein *sollten.*« Die zur Wahl stehenden Merkmale waren: ein hübsches Gesicht; Intelligenz; Sexappeal; Fleiß; ein jugendliches Aussehen; Redegewandtheit; ein gesunder, schlanker Körper; eine gute Ausbildung; Charme; Kompetenz.

Die Probanden, die die Schönheitswerbespots gesehen hatten, bewerteten die mit Schönheit zusammenhängenden Merkmale für die »Beliebtheit bei Männern« als erheblich wichtiger als die Teilnehmer, denen neutrale Werbespots vorgeführt worden waren. Wenn schon nach einer einzigen, intensiven Darbietung von TV-Werbespots eine solche Wirkung erreicht wird, ist es mehr als wahrscheinlich, daß eine langfristige, wiederholte Konfrontation damit (wie es ja in der Realität ist) tiefgreifende Auswirkungen auf die Zuschauer haben muß.

Die herkömmliche Definition der Geschlechterrollen gibt für Männer und Frauen ganz unterschiedliche Bereiche vor, aus denen sie ihren Status ableiten. Männern stehen leicht quantifizierbare Kriterien des Erfolgs zur Verfügung, wie etwa das Einkommen oder der Wert von Besitztümern. Da Frauen diese Kriterien üblicherweise nicht aufzuweisen hatten, war Schönheit der wichtigste Aktivposten, der einer Frau Zugang zum Besitz eines Mannes verschaffte. Umgekehrt steigt das soziale Ansehen eines Mannes, wenn er eine schöne Frau heiratet.

Zwei Sozialpsychologen der Boston University, Daniel Bar-Tal und Leonard Saxe, haben eine Untersuchung durchgeführt, bei

der den Probanden Photos von Paaren aus attraktiven und unattraktiven Männern und Frauen in allen denkbaren Kombinationen vorgelegt wurden. Dabei wurde festgestellt, daß ein unattraktiver, mit einer attraktiven Frau verheirateter Mann die
besten Bewertungen bekam. Die Bewertungen einer unattraktiven Frau wurden von der Attraktivität ihres Partners überhaupt
nicht beeinflußt. Eine schöne Frau zu heiraten kann den Status
eines Mannes erhöhen, wohingegen der Status einer Frau durch
die Heirat mit einem attraktiven Mann nicht beeinflußt wird.
Diese Unterschiede scheinen trotz unserer inzwischen liberaler
gewordenen Gesellschaft weiterzubestehen.

Ähnliche Erkenntnisse ergeben sich aus der Arbeit zweier So-
ziologen der University of Washington, Philip Blumstein und
Pepper Schwartz, die einen Querschnitt von amerikanischen
Paaren interviewten. Die heterosexuellen Frauen der ausgewählten Gruppe ärgerten sich darüber, wenn ihre Ehepartner
oder Freunde attraktiver waren als sie selbst, während Männer
überhaupt nichts gegen die relativ größere Attraktivität ihrer
Gattinnen oder Freundinnen hatten. In Übereinstimmung mit
der Studie von Bar-Tal und Saxe betrachtete ein Mann eine
attraktivere Partnerin als eine positive Spiegelung. Interessant
ist die Beobachtung von Blumstein und Schwartz, daß, obwohl
ihre Probanden zu der Annahme neigten, die äußere Erscheinung würde im Laufe einer Beziehung für das Paar eine weniger
große Rolle spielen, das Aussehen der Frau für den Partner weiterhin wichtig blieb. Sie stellten fest, daß attraktive Frauen selbst
in langfristigen Beziehungen ein erfüllteres Sexualleben hatten
und die Ehepartner/Freunde ihnen treuer waren.

Die folgenden Fallbeispiele aus der interviewten Gruppe zeigen,
daß gutes Aussehen bei einer Frau auch lange nach der Part-
nerwerbung noch wichtig ist und seine Anziehungskraft hat. Die
Beispiele zeigen, daß Frauen sich äußerst bewußt sind, wie wichtig ihr Aussehen für ihre Partner ist.

Faith ist eine 39jährige Hausfrau, ihr Ehemann Gerry ist Stadtdirektor und im gleichen Alter. Sie sind seit 15 Jahren verheiratet. Faith weiß, daß ihr Aussehen für Gerry wichtig ist:

> *Ich glaube nicht, daß ich von Natur aus attraktiv bin ..., aber ich tue viel für mein Aussehen. Ich glaube, er wäre enttäuscht, wenn ich es nicht täte. Wenn ich ein paar Pfund zunehme, ärgert er mich im Spaß und kneift mich in die Taille oder den Oberschenkel. Er will mich damit nur necken, aber er sagt auch, daß ich in die Gymnastik gehen soll ... Die Mühe lohnt sich auch. Ich muß mich wohl fühlen in meiner Haut, und glauben Sie mir, ich würde bei ihm überhaupt nichts erreichen, wenn er nicht auf mein Aussehen stolz wäre.*

Für Joe, einen Verkäufer Ende Dreißig, ist vor allem die Tatsache an seiner kürzlich erfolgten Scheidung schuld, daß seine Frau zuwenig auf ihr Äußeres achtete.

> *Ich glaube, sie hat vergessen, daß sie auch meine Geliebte war. Sie wurde dick. Sie hat mir überhaupt nicht zugehört, wenn ich mich darüber beklagt habe. Sie färbte ihr Haar nicht mehr, und ich bin auf sie abgefahren, weil sie blond war. Ich glaube, sie war im Grunde erleichtert, daß ich sie nicht mehr anfaßte ... Ich habe mir diesen ganzen Quatsch sechs Jahre lang gefallen lassen, stellen Sie sich vor. Nie mehr wieder!*

Bei einer anderen Studie haben die Wissenschaftler herausgefunden, daß Mütter, die ein Jahr nach der Geburt eines Babies noch nicht wieder ihre alte Figur haben, für ihre Extrapfunde dadurch büßen, daß sie verärgerte Ehemänner zu Hause haben.

Die Studie wurde von den Psychologinnen M. Geraldine Gage und Donna Christensen von der University of Minnesota in St. Paul durchgeführt. Sie untersuchten 454 weiße Paare aus der Mittelschicht – erstgebärende Mütter und ihre Ehemänner – und befragten sie hinsichtlich ihrer Ehe, ihrem Lebensstil und ihrer psychischen Verfassung sechs Monate nach der Entbindung.

Die Studie erbrachte, daß die Männer desto unzufriedener mit ihrer Ehe waren und von entsprechend mehr Partnerschaftskonflikten berichteten, je weniger sich das Gewicht der Frauen nach unten veränderte. Nicht weiter verwunderlich ist eine zusätzliche Erkenntnis dieser Studie, nämlich daß genau diese Frauen ein niedrigeres Selbstwertgefühl hatten und sich als Mütter weniger kompetent fühlten. Dr. Gage meint dazu, daß diese Frauen »… wissen, wie wichtig ein schlanker Körper für Männer ist. Frauen fühlen sich ständig der Gefahr ausgesetzt, gegen ein neueres Modell eingetauscht zu werden.« Frauen müssen im Aussehen weiter mit anderen Frauen konkurrieren, weil weibliche Attraktivität für die Mann-Frau-Beziehung von so eindeutig fundamentaler Bedeutung ist. Eine von uns befragte Frau eines leitenden Angestellten drückte es so aus: »Wenn ich mit meinem Mann zu einer Poolparty gehe, muß ich im Badeanzug wirklich gut aussehen, denn mein Körper ist ja schließlich mein ›Kapital‹.«

Die Konkurrenzsituationen werden das ganze Leben bis ins Alter hinein immer wieder durchgespielt. Da Frauen durchschnittlich acht Jahre länger leben als Männer, gibt es eine erhebliche Anzahl älterer Frauen, die einen Partner suchen. Oft konkurrieren sie um die wenigen übriggebliebenen älteren Männer. Dieser Konkurrenzkampf wird in Comedyserien wie den *Golden Girls* karikiert, aber die Realität ist schmerzlich und für viele ganz und gar nicht komisch.

Sally, eine Frau in den Achtzigern, beschrieb uns die Frauen in dem großen Altersheim, in dem sie lebt; sie lesen jeden Tag die Todesanzeigen, um zu sehen, wer seine Frau verloren hat. »Sie stürzen sich wie die Geier auf ihn«, klagt sie, »die Speckrollen im Hüfthalter eingequetscht, dick Makeup auf dem Gesicht und ein schönes Stück Braten auf dem Teller; so kreisen sie ihn ein, bis sie ihn haben.«

Die Autorin Susan Sontag argumentiert, daß die Sorge der Frauen über die Konsequenzen des Alterns eine richtige Wahrnehmung der unterschiedlichen Maßstäbe widerspiegelt, die für alternde Männer und Frauen gelten. Während Frauen, sobald die Jugend dahinschwindet, als weniger begehrenswert eingestuft werden, ist es bei Männern nicht so. Das liegt zum Teil wahrscheinlich daran, daß Männer ihr Leben lang mehr nach ihren Leistungen beurteilt werden als nach ihrem Aussehen. Hinzu kommt aber, daß das soziale Ideal Männern einen gewissen Spielraum beim Altwerden zugesteht, während das Ideal bei Frauen sich auf Jugendlichkeit zu beschränken scheint. Elaine Hatfield und ihre Kollegen berichten, daß sowohl junge wie alte Menschen ältere Frauen als relativ weniger attraktiv beurteilen als ältere Männer. Frauen werden offenbar, was das Alter und das Aussehen betrifft, in eine engere Schablone gepreßt. Ältere Frauen lassen das Konkurrieren entweder sein oder kämpfen tapfer weiter, oft voller Frustration und Verzweiflung.

Sicher, es muß für Frauen irgendwo einen gesunden Mittelweg geben zwischen der zwanghaften Sorge darüber, was ihr Partner oder andere Männer von ihnen denken, und einer völligen Gleichgültigkeit gegenüber einem guten Aussehen. Das Ziel ist, einen gesunden Stolz auf seine äußere Erscheinung zu entwickeln, der weder schwächend noch durch eine andere Person motiviert ist. Das ist kein leichtes Unterfangen, aber viele der am Ende dieses und anderer Kapitel vorgeschlagenen Übungen können Ihnen dabei helfen, zu einer solchen Balance zu finden.

Das Turnier der Gewichtskontrolle

Frauen wissen genau, daß sie von ihren Partnern und der Gesellschaft mehr geschätzt werden, wenn sie attraktiv sind. Am wichtigsten ist dabei für Frauen jedoch das Gewicht und das nicht nur, um einen Mann zu bekommen. Eine interessante Studie der Psychologen Paul Rozin und April Fallon unterstützt die These, daß Frauen nicht darauf hinarbeiten, *extrem* dünn zu sein, weil sie glauben, daß es den Männern gefällt.

Die Wissenschaftler zeigten Männern und Frauen eine Reihe unterschiedlicher Körperformen von sehr dünn bis ziemlich dick (Sie kennen sie aus Kapitel 3). Die Probanden wurden gebeten anzugeben, welche Figur ihrer eigenen am nächsten kam. Sie wählten auch eine Figur, die ihrem Idealbild entsprach, und die Figur, von der sie dachten, daß sie für das jeweils andere Geschlecht am attraktivsten sei.

Frauen wünschten sich eine erheblich schlankere Figur als die, die sie selbst als die für Männer attraktivste einstuften. Mit anderen Worten, Frauen wollen sogar noch dünner sein, als Männer sie ihrer Meinung nach haben wollen! Zudem war die Figur, von der die Frauen meinten, sie sei die für Männer attraktivste, erheblich dünner als die, die bei den Männern tatsächlich am meisten Anklang fand. Nancy Adler und ihre Kollegen von der University of California in San Francisco kamen bei ihrer Studie von männlichen und weiblichen Heranwachsenden im Alter von 10 bis 15 Jahren zu dem gleichen Ergebnis. Frauen und selbst heranwachsende Mädchen wollen nicht nur dünn sein, um Männern zu gefallen. Das Turnier der Gewichtskontrolle hat einen anderen Lohn zu bieten.

Viele Frauen, die Opfer der Konkurrenzfalle geworden sind, werden zum Diäthalten gezwungen, weil sie wissen, daß ihr Körper für ihre Attraktivität wichtiger ist als bei Männern. Diese Ansicht wurde durch eine Forschungsstudie bestätigt, bei der

Portraits von Männern und Frauen auf Gemälden, in Zeitungen und Zeitschriften verglichen wurden. Auch eher feministisch ausgerichtete Zeitschriften wie *Ms.* wurden untersucht. Bei Frauen waren es weit häufiger Ganzkörperportraits, bei Männern meist nur das Gesicht. Vielleicht ist diese verschiedene Art der Darstellung eine unbewußte Spiegelung der unterschiedlichen gesellschaftlichen Auffassung von Männern und Frauen. Sie legt nahe, daß das Wesentliche bei einem Mann in seinem Gesicht eingefangen ist, was die größere Bedeutung von Qualitäten symbolisiert, die mit dem Kopf des Menschen assoziiert werden. Dazu zählen Intelligenz, Charakter, Persönlichkeit, Willenskraft und andere geistige Phänomene. Das Wesentliche der Frau wird eingefangen, indem man ihren Körper zeigt, und der Körper hat einen engeren Bezug zu Gefühlen, Trieben und Sinnlichkeit.

Daher ist unsere Feststellung bei einer großangelegten Studie wenig überraschend, daß Gewicht und Körperform die *zentralen* Determinanten dafür darstellten, wie die überwältigende Mehrheit der Frauen ihre eigene körperliche Attraktivität bewertete. Für die Männer waren Gewicht und Körperform zwar wichtig, hatten aber für ihre real erlebte Attraktivität keine zentrale Bedeutung.

Da das Körpergewicht eine so große Rolle dabei spielt, für wie attraktiv sich eine Frau hält, beeinflußt es ihren Selbstwert sehr stark, ob sie mit ihrem tatsächlichen Gewicht zufrieden ist. Frauen machen beim Turnier der Gewichtskontrolle mit, um sich selbst mehr zu mögen. Unzufriedenheit mit dem Gewicht ist mit einem chronisch niedrigen Selbstwertgefühl verbunden. Sie spielt auch eine Rolle bei eher kurzfristigen, vorübergehenden Schwankungen des Selbstwertgefühls. Die Psychologen Susan und Wayne Wooley stellten bei einer großangelegten Untersuchung von Lesern des Magazins *Glamour* fest, daß bei 63 Prozent der jungen Frauen ihrer Stichprobe das Gewicht oft Einfluß darauf hatte, wie sehr sie sich insgesamt mochten; 33 Prozent gaben an, daß das Gewicht manchmal eine Rolle dabei spiele, und nur 4 Prozent sagten, daß das nie der Fall war.

Trotz möglicher Probleme bei der Stichprobenerhebung zur *Glamour*-Untersuchung (vielleicht machen sich nur gewichtsbewußte Menschen die Mühe, solche Fragebögen auszufüllen) haben 33000 Personen geantwortet. Daraus kann man schließen, daß sich sehr viele Menschen Gedanken über ihr Gewicht machen und daß es ein wichtiger Faktor dafür ist, wie gut wir uns fühlen. Kein Wunder, daß Frauen darum kämpfen, so dünn wie möglich zu sein.

Oft wollen Frauen aber nicht nur abnehmen, um sich gut zu fühlen und gut auszusehen. Sie möchten besser sein als ihre Freundinnen. Viele sind neidisch, wenn eine andere abnimmt und sie nicht. Eine sehr erfolgreiche unverheiratete Frau gestand mir vor kurzem, daß sie ihrer Schwester die 15 Pfund, die sie vor der Hochzeit abgenommen hatte, mehr neidete als die Tatsache, daß sie heiratete – und der Zukünftige war gar nicht ohne! Für viele ist das Gewicht wie ein Barometer, an dem sie sofort ablesen können, wie gut sie als Frau sind.

Diäthalten ist unter Frauen inzwischen zur Wettkampfdisziplin geworden. Damit wird auch etwas mehr verständlich, warum Internate und Colleges manchmal als »Brutstätte« für Eßstörungen bezeichnet werden. Die leistungsorientierte schulische Umgebung fördert nicht nur die Konkurrenz auf akademischem Gebiet, sondern auch den Wettstreit darum, wer am dünnsten ist und am besten aussieht. Celia erzählte uns:

Meine Freundin Mary und ich machten immer gleichzeitig Diät. Wir stellten immer einen genauen Plan auf und unterstützten uns gegenseitig. Aber nach ein paar Tagen kam regelmäßig so etwas wie Konkurrenz zwischen uns auf. Ich brachte Snickers in den Unter-

richt mit, weil ich wußte, wie gern Mary sie aß. Mary brachte selbstgemachte Schokoladenkekse mit. Wir kämpften darum, wer den größeren Durchhaltewillen hatte, und meistens endete es damit, daß wir beide die Diät abbrachen. Aber jede versuchte, länger durchzuhalten als die andere. Irgendwann wurde es mir mit dem Diäthalten dann doch sehr ernst, weil ich sah, daß Mary ihren Babyspeck langsam verlor, und ich hatte total Angst, daß sie am Ende hübscher sein würde als ich. Ich erzählte ihr gar nicht mehr von meiner Diät und nahm eine ganze Menge ab. Ich weiß noch, wie stolz ich darauf war, daß ich eine Größe kleiner tragen konnte als Mary, und ich weiß, daß sie sich unheimlich darüber geärgert hat.

Es ist nicht schwer zu verstehen, warum Gewichtskontrolle bei Frauen zu einer Metapher für Erfolg geworden ist. Die Aufgabe ist schwierig genug, um Respekt zu gebieten. Die Auswirkungen sind sichtbar und finden großen Beifall. Ein interessantes berufliches Angebot, eine Beförderung, eine neue Liebe – all das sind hochgeschätzte, wünschenswerte Siegestrophäen. Aber hier sieht nicht jeder, wie gut wir uns geschlagen haben. Unsere Erfolge beim Turnier der Gewichtskontrolle tragen wir buchstäblich zur Schau. Die hohe Mißerfolgsquote unterstreicht noch die Bedeutung der Sache.

Was diesen speziellen Aspekt der Konkurrenzfalle so komplex macht, ist der Umstand, daß das Sichaustauschen über Gewichtsprobleme bei Frauen eine Form von freundschaftlichem Kontakt darstellt. Die Beschäftigung mit dem Gewicht ist zur Norm geworden. Die meisten Frauen, die eine Diät machen, sprechen darüber mit ihren Freundinnen. Wenn man einander seine Gewichtsprobleme eingesteht, entwickelt sich eine Art Kameradschaft. Es ist zu einem Freundschaftsritual unter Frauen geworden, einander den sündigen Genuß einer Eisbombe oder eines Stücks Schokoladentorte zu bekennen.

Achten Sie doch beim nächsten Mal, wenn Sie mit einer anderen Frau beim Essen sind, auf das, was zwischen den Zeilen zum Ausdruck kommt. Dabei wird nämlich der verschwörerische Charakter des Bestellrituals deutlich. Beobachten Sie die andere Frau, wenn der Kellner die Dessertkarte bringt. Sie wird etwas bestellen, wenn Sie es auch tun. Wahrscheinlich wird sie Sie aufmerksamer anschauen als die Karte. Die meisten Frauen – und inzwischen vielleicht auch einige Männer – kennen diese ganz besondere Form der Interaktion.

Unsere Freunde sind wichtige Determinanten für unsere eigenen Gewichtsprobleme. Unsere Einstellung in Sachen Gewicht wird zweifellos dadurch beeinflußt, wie wichtig unsere Freunde Schlanksein nehmen. Bei Frauen ist Diäthalten oft eine Gruppenaktivität, und indem die Frau daran teilnimmt, bestätigt sie ihre Rolle als Mitglied der Gruppe. Christian Crandall hat Studentinnenverbindungen an der University of Michigan in Ann Arbor untersucht und dabei festgestellt, daß Symptome von Eßstörungen häufiger sind bei Frauen, die mehr Freundinnen haben, die Diät machen.

Crandalls Studie war insofern recht kreativ, als er die Bedeutung von Normen in unterschiedlichen Freundesgruppen dadurch demonstrieren konnte, daß er junge Frauen untersuchte, die einen Aufnahmeantrag für eine Studentinnenverbindung gestellt hatten und dieser dann beitraten. Dr. Crandall stellte bei seinen Interviews fest, daß in den verschiedenen Verbindungen Gewicht und Schlankheit unterschiedlich bewertet wurden. Je nachdem, welcher Verbindung sich die Studienanfängerin anschloß, übernahm sie mit der Zeit auch die Einstellung der Gruppe dazu, wie wichtig Schlankheit ist. Und die Neuzugänge versuchten nicht nur, das zu tun, was die anderen Gruppenmitglieder auch taten. Sie versuchten sie sogar noch zu übertreffen!

Das Turnier der Gewichtskontrolle wurde jeden Tag neu ausgetragen.

Auffallend finde ich auch, wie leicht Frauen miteinander über ihre Gewichtsprobleme, ihre letzte Diät oder die neuesten Schönheitsmittelchen reden. Es ist, als würden sie einander die Hand reichen, als würden sie sagen: »Ich bin genau wie du, ganz gleich, wie sehr wir uns in anderen Dingen vielleicht unterscheiden.« Unsere Untersuchungen belegen dies auch ganz eindeutig. Frauen, die sich von anderen, die sie gerade kennenlernen, distanzieren wollen (auf Anweisung der Versuchsleiter hin), sprechen viel weniger über ihre Gewichtsprobleme als Frauen, die angewiesen wurden, miteinander schnell Freundschaft zu schließen.

In Freundschaften unter Frauen gibt es unausgesprochene Regeln zum Thema Gewicht und Aussehen. Wenn eine diese Regeln bricht, indem sie abnimmt oder ihr Aussehen verändert, stört sie damit das Gleichgewicht. Frauen setzen möglicherweise ihre Freundschaften aufs Spiel, wenn sie sich aus der einen oder anderen Körperfalle befreien, wenn sie aufhören, bei den sündigen Verstößen gegen das Schlankheitsgebot weiter in heimlichem Einverständnis zu handeln.

Konkurrenz in Familien

Die Familie ist ein wichtiger, vielleicht der wichtigste Platz überhaupt, wo Einstellungen und Verhaltensweisen in bezug auf Gewicht, Aussehen und Essen entwickelt werden. In vielen Familien wird auf Aussehen und eine schlanke Figur großer Wert gelegt. Angesichts der soziokulturellen Vorurteile gegen übergewichtige Frauen kann man durchaus verstehen, daß Eltern sich über die Eßgewohnheiten ihrer Tochter oft mehr Gedanken machen als über die ihres Sohnes. Dr. Philip Costanzo, ein führender Persönlichkeits- und Entwicklungspsychologe an der Duke University, sagt, daß Eltern, die sich um einen bestimmten Bereich im Leben ihres Kindes ganz besonders kümmern, zu einem restriktiveren Erziehungsstil neigen, um das Verhalten des Kindes in diesem Bereich zu beeinflussen. Ironischerweise führen ihre Besorgtheit und Kontrollbemühungen aber zu einem paradoxen Resultat: Essen ist dann für die Tochter mit erheblichen Angst- und Schuldgefühlen verbunden, und gleichzeitig entwickelt sie nicht die für eine effektive Selbststeuerung des Eßverhaltens notwendigen Fähigkeiten. Dazu muß man noch sagen, daß Eltern, die sehr besorgt um das Gewicht ihrer Tochter sind, diesen Erziehungsstil meist unabhängig von deren tatsächlichem Gewicht anwenden. Die Folge davon ist, daß junge Mädchen ungeachtet ihres Gewichts Gefahr laufen, in bezug auf ihr Eßverhalten starke Angstgefühle und wenig Selbstdisziplin zu entwickeln.

Eine Mutter, die sehr darum bemüht ist, ihr Gewicht zu kontrollieren, kann der Tochter damit vermitteln, wie wichtig Schlanksein ist. Sie wird ihr Strategien beibringen, wie sie dieses Ziel erreicht. Unsere Studien belegen eindeutig, daß die am stärksten gewichts- und körperbewußten Teenager Mütter haben, die ihre Töchter für weniger attraktiv halten als diese sich selbst. Manchmal wird diese Einstellung sicher unbewußt weitergegeben, manchmal aber auch ausdrücklich geäußert. Solche Mütter geben ihren Kindern direkt zu verstehen, wie wichtig Figur und Gewicht sind, indem sie über das Aussehen der Tochter Bemerkungen machen und boshafte Vergleiche ziehen. Kommentare dieser Art haben eine tiefgreifende und bleibende Auswirkung auf deren Selbstwertgefühl. Eine unserer Probandinnen bemerkte einmal: »Meine Mutter sagte mir ständig, daß ich mich mehr anstrengen müßte, wenn ich so gut aussehen wollte wie sie. ›Gut auszusehen ist die beste Rache‹, sagte sie oft. Ich glaube zwar, daß sie es nicht so gemeint hat, aber ich fragte mich trotzdem immer, ob sie damit Rache an mir meinte. Ich wußte aber nie, was ich Schlimmes getan hatte, damit sie sich so fühlte.«

Es gibt wenige Studien über die Konkurrenz zwischen Schwestern in bezug auf das Gewicht, über Geschwisterrivalität im allgemeinen ist jedoch schon ausführlich geschrieben worden. Man muß gar nicht besonders viel Phantasie aufbringen, um sich vorstellen zu können, daß besonders Schwestern in Punkten wie Gewicht und Aussehen sehr stark miteinander konkurrieren. Zudem können die Probleme einer älteren Schwester mit dem Gewicht und ihre Diätversuche eine ähnliche Entwicklung bei ihrer jüngeren Schwester beschleunigen. Das folgende Beispiel ist nur eines von vielen aus unseren Protokollen. Jody und ihre um ein Jahr jüngere Schwester pflegten am Abendbrottisch immer den Teller der anderen zu taxieren. Wer würde sich mehr auf den Teller nehmen? Wer würde mehr vom Dessert essen? Wer würde wenig essen und dann vom Tisch aufstehen, obwohl die Mutter sie ständig drängte, doch mehr zu essen? Vor dem Schlafengehen wetteiferten sie noch darum, wer mehr Gymnastikübungen machte.

Neben der Interaktion in Sachen Gewicht und Aussehen gibt es häufig noch andere Aspekte in Mutter-Tochter-Beziehungen, die die Konkurrenzfalle verstärken.

Paula, die Managerin einer Telekommunikationsfirma, identifiziert sich sehr stark mit ihrer Mutter, lehnt aber ihre Schwäche ab. Unbewußt hat Paula jedoch ihre Ambivalenz im Hinblick darauf, daß sie ihre Mutter beruflich überrunden könnte, so gelöst, daß sie sich von ihrer Eßstörung ebenso beherrschen läßt, wie sich ihre Mutter von ihrem Vater beherrschen ließ. Hier sind einige Auszüge aus unserem Interview.

Beschreiben Sie Ihre Mutter:

Meine Mutter ist ein ruhiger Mensch. Sie verläßt sich bei den meisten, eigentlich bei allen Entscheidungen, auf andere. Sie mag keine Auseinandersetzungen oder Streitigkeiten und geht dann einfach weg oder versucht, dem Gespräch eine andere Richtung zu geben, wenn sie in eine solche Situation kommt. Sie ist großzügig, wenn es darum geht, ihren Kindern oder Enkeln zu helfen. Ich erinnere mich vor allem daran, daß Mam meinem Vater nie widersprochen hat, wenn er im Unrecht war, und das einzige Mal, wo sie es doch tat, war, um mich zu schützen, weil mein Vater ein Alkoholproblem hatte. Es war immer klar, daß ich in allen Sachen meinen Vater zu fragen hatte oder daß mir mein Vater sagte, was ich wissen mußte – das stand völlig außer Frage. Ich habe meiner Mutter gesagt, daß ich verstehe, warum sie die High School nicht fertiggemacht hat und daß sie arbeiten mußte, damit wir das Haus bezahlen konnten. Ich verstehe oder versuche zu verstehen, daß ich sie werden mußte, als ich elf war, denn das war die Zeit, als sie arbeiten gehen mußte, um meinen Vater zu unterstützen.

Beschreiben Sie sich selbst:

Ich habe in allen Dingen eine feste Meinung. Ich kann ziemlich streitsüchtig sein, wenn etwas entweder nicht so läuft, wie ich möchte, oder ich mich über irgend etwas besonders aufrege. Ich lege Wert darauf, meine Sache gut zu machen – nicht einfach so halbwegs gut, obwohl ich auch Fehler mache. Dann hält man es aber mit mir nur schwer aus, und ich mache anderen ziemliche Probleme, weil es mich so durcheinanderbringt. Das sind die Zeiten, wo ich essen kann wie ein Scheunendrescher, wie man sagt. Ich meine auch immer, daß ich bei Problemen die bessere Lösung habe, weil ich sie gründlicher durchdenke und alle möglichen Varianten bis zum Ende durchspiele. In meinem Harmoniebedürfnis – bloß nicht streiten –, bin ich irgendwie meiner Mutter ähnlich. In solchen Situationen rege ich mich auf, werde nervös und ängstlich und tue normalerweise alles Mögliche, um das Problem zu lösen, ob mein Engagement dazu nötig ist oder nicht. Das ist dann der Moment, wo ich mich für so viele Menschen und Umstände verantwortlich fühle, daß ich gar keine eigene Identität mehr habe. Ich kann offenbar nicht bremsen und sagen ›Ich komme zuerst, und ich mag es nicht, wenn ich gefühlsmäßig wieder in diese Rille komme‹. Ich finde, es ist nicht richtig von mir, egoistisch zu sein.

Das Problem vieler Frauen von heute ist, daß sie, weil sie eine gute Ausbildung und einen Beruf anstreben, die Leistungen ihrer Mütter in diesen Bereichen oft in den Schatten stellen. Kim Chernin vertritt in ihrem Buch *The Hungry Self* ebenso wie Ann Kearney-Cooke – eine Therapeutin, die Frauen mit Eßstörungen behandelt – die Auffassung, daß diese Dynamik für manche Töchter erhebliche Konflikte mit sich bringt, weil sie sich möglicherweise hin und hergerissen fühlen zwischen ihren eigenen Ambitionen und der Loyalität zu dem Rollenmodell, das ihnen die Mütter liefern. Gewichtsprobleme und Eßstörungen können hier ein Versuch sein, diesen Konflikt zu lösen. Die Tochter, bei der die Konkurrenz mit der Mutter ambivalente Gefühle auslöst, kann sich dadurch in einem Bereich inkompetent zeigen, und es kommt zu einer Verschiebung ihrer komplexen Emotionen. Angesichts der Tatsache, daß Stillen bzw. Füttern anfangs die Basis einer Beziehung zwischen Mutter und Tochter war, kann die Mutter-Tochter-Dynamik sich später gut in Eß- und Gewichtsproblemen ausdrücken.

Der Ansicht, daß Frauen mit ihren Müttern darum konkurrieren, besser zu sein und auszusehen, ist auch heftig widersprochen worden. Viele Frauen haben nicht unbedingt ambivalente Gefühle, sondern fühlen sich vielmehr herausgefordert, mehr zu schaffen als ihre Mütter – »alles zu haben«, wenn die Mutter es ihrer Meinung nach nicht hatte. Das kommt bei vielen unserer Patientinnen stark zum Ausdruck.

Allison war in einer großen Firma angestellt, die ihr Vater gegründet hatte. Als er plötzlich starb, wurde sie zur Direktorin bestellt. Ihre Mutter arbeitete nebenbei auch in der Firma, widmete sich aber die meiste Zeit ihrem Garten und der Arbeit im Wohltätigkeitsverein. Allison versuchte ihre Mutter ständig zu übertreffen. Genaugenommen versuchte sie beide Elternteile zu übertreffen, nämlich das Geschäft besser, aggressiver und erfolgreicher zu führen als ihr Vater und eine noch attraktivere Frau, eine noch charmantere Gastgeberin und ein noch hilfsbereiteres Mitglied der Gemeinde zu sein als ihre Mutter. Ihr gestörtes Eßverhalten war ihr heimlicher Trost – der einzige Bereich, wo sie sich völlig gehenlassen konnte, beim übermäßigen Essen und späteren Erbrechen. Als ihre Mutter starb, erkannte Allison erst, welch hohen Preis sie all die Jahre dafür bezahlt hatte, daß sie mit ihr ständig konkurriert hatte.

Oder denken Sie an Fran, bei der eine ganz andere Form der Wettbewerbsdynamik zum Tragen kam. Auf unsere Bitte hin, etwas über ihre Mutter zu erzählen, schrieb Fran:

Meine Mutter ist Anfang Fünfzig. Sie ist sehr gebildet, erfolgreich und auf ihrem Gebiet sehr anerkannt. Sie hat den Doktor in Pharmakologie und eine feste Stelle an der Universität. Sie ist ein sehr nüchterner Mensch und sich ihrer Machtposition bewußt.

Meine Mutter ist sehr gefühlsarm. Es fällt ihr schwer, Gefühle zu zeigen. Sie hat überhaupt keine sexuelle

Beziehung mehr mit meinem Vater, ist aber sein be-
ster Freund.
Meine Mutter ist stolz darauf, was sie alles geschafft
hat. Sie hat sehr viel gekämpft; ich glaube, sie hat ihre
Gefühle irgendwann »abgeschaltet«, um zu überleben.
Sie mußte sich meinem Vater und der Gesellschaft
gegenüber beweisen.

Frans Beschreibung von sich selbst zeigt, wie sehr sie das haben
möchte, was ihre Mutter hat, aber noch etwas darüber hinaus:

Vor allem möchte ich mich unabhängig und sicher
fühlen ohne die »Unterstützung« [Anführungszeichen
von ihr] eines Partners. Aber ich wünsche mir für die
Zukunft auch sehr, einem Mann nah zu sein.

Mit anderen Worten, sie will den Erfolg ihrer Mutter, aber ohne
die emotionale und Beziehungsseite ihres Lebens zu opfern.

Der Kampf um Höchstleistungen

Frauen fühlen sich einem immer stärkeren Druck ausgesetzt,
sich ihren Weg nach oben zu erkämpfen. Die beruflichen Möglichkeiten, die Frauen heute offenstehen, sind schon lange über-
fällig, aber gleichzeitig erweitern sie den Bereich, in dem die
Konkurrenzfalle zum Tragen kommt. Cheryl, eine schlagfertige,
lebhafte und hochintelligente 19jährige Studentin, ist ein besonders gutes Beispiel hierfür.
»Ich kann mir nicht einmal vorstellen, wie es wäre zu versagen«,
sagte sie uns immer wieder. »Ich glaube, ich würde sterben«,
meinte sie noch bekräftigend. Sie hat nur wenige enge Freunde,
was nicht weiter überrascht, denn seit sie denken kann, wollte

Cheryl immer besser sein als ihre Freunde. »Ich habe alles irgendwie als Aufforderung zum Kampf verstanden, und wenn
ich bei irgend etwas weniger gut war als einer meiner Freunde,
bin ich nach Hause gegangen und habe geübt.«

Cheryls Leistungen in Kindheit und früher Jugend waren bemerkenswert. Da sie überdurchschnittlich intelligent war, kam
sie schon früh in Förderklassen für begabte Schüler und schloß
die High School mit 16 Jahren ab. Außerdem war sie eine ausgezeichnete Eisläuferin und gewann mehrere nationale Wett-
kämpfe. Auch als Mitglied des Debattierklubs ihrer High School
machte sie von sich reden, und sie spielte zwei Musikinstrumen-
te. Sie war ständig bemüht, die perfekte Tochter zu sein und
hatte insgeheim Angst, daß ihre Eltern sie nur wegen ihrer Leistungen liebten. Ihre Brieftaschen waren prallvoll mit Zeitungs-
ausschnitten von ihren Erfolgen, und Cheryl erinnert sich an
endlose Abendessen im Familienkreis, wo sie erzählen sollte,
was sie an diesem Tag alles geleistet hatte, welche Lehrer sie
gelobt hatten und wer außer ihr in der Klasse gut war. Cheryls
Eltern stammten beide aus armen Familien und hatten sehr hart
arbeiten müssen, um nach oben zu kommen. Insbesondere ihr
Vater war sehr ehrgeizig, ein Charakterzug, den sie an ihm sehr
bewunderte. Sie wußte immer, daß sie ihm von seinen drei Kindern am liebsten war, hatte aber ständig Angst, daß sie ihren
bevorzugten Status verlieren würde, wenn ihre Leistungen nach-
ließen. Und ihr Bruder und ihre Schwester zogen sie immer
damit auf, daß sie ein »kleines braves Mädchen« sei oder »Papis
Liebling«.

Leistungsfixiertheit wie im Fall von Cheryl bedeutet, ein Ziel
anzustreben, das sich auf die Erwartungen anderer gründet oder
an den Leistungen anderer orientiert. Wie Cheryl scheint es
viele Frauen dazu zu treiben, sowohl ihren eigenen hohen Lei-
stungsmaßstäben zu entsprechen wie auch denen, die durch den
Erfolg anderer vorgegeben werden. Der Streß, sich ständig die

größte Mühe zu geben – und für alles in der Welt verantwortlich zu sein – laugt viele Frauen aus. Und gerade bei Frauen gibt es einen engen Zusammenhang zwischen Streß und Essen. Ständig zu konkurrieren erzeugt einen so großen Druck, daß sie essen, um ihre Gefühle zu beschwichtigen. Für solche Frauen ist essen ein Verarbeitungsmechanismus, um mit dem Streß zurechtzukommen, der aber zum Bumerang wird.

Cheryl war völlig frustriert, ja fast verzweifelt, daß sie ihr Gewicht nicht unter Kontrolle bekam. »Es macht mich verrückt«, jammerte Cheryl. »Ich weiß, daß ich dünn sein und super aussehen kann, wenn ich nur hart genug daran arbeite.« Sie hatte wirklich einen Haß auf sich selbst entwickelt, weil sie unfähig war, ein Diätprogramm durchzuhalten, was sie als lächerliches Versagen empfand. »Was kann denn schon so schwierig daran sein, sich an ein paar Ernährungsregeln zu halten?« fragte sie oft verärgert. »Wenn ich bei nationalen Meisterschaften gewinnen kann, warum kann ich dann keine Diät durchziehen?« Sie erkannte nie den Zusammenhang zwischen ihrer Leistungsfixiertheit und ihrem übermäßigen Essen.

Die Konkurrenz mit dem eigenen Ideal

Perfektionismus bedeutet auch, daß man ein übermäßig hohes Niveau anstrebt, das man selbst festgelegt hat. Sharon ist eine junge Frau, mit der wir uns beschäftigt haben, seit sie als Studienanfängerin nach Yale kam. Sie ist extrem leistungsorientiert und treibt sich ständig zu Höchstleistungen an – im Studium wie auf dem Hockeyrasen. Sie konkurriert zwar sehr stark mit anderen Frauen – und auch Männern –, ihre schlimmste Gegenspielerin aber ist sie selbst. Ihre Ideale in bezug auf Leistung und Aussehen sind so hoch, daß sie unweigerlich daran scheitert. Immer und immer wieder. Sie ist nie zufrieden damit, was sie tut oder wie sie aussieht, weil sie nie so gut ist, wie sie ihrer Meinung nach sein sollte.

Unsere Studien zeigen, daß Frauen wie Sharon – deren Leistungsideale unrealistisch hoch und deren Maßstäbe übertrieben perfektionistisch sind – sehr unglücklich sind, weil sie nie finden, daß sie etwas gut genug gemacht haben. Frauen mit perfektionistischen Maßstäben und hohen Leistungserwartungen an sich selbst neigen auch dazu, mit ihrem Körper unzufriedener zu sein und sich dicker zu fühlen – unabhängig von ihrem tatsächlichen Gewicht – als weniger perfektionistische Frauen. Das ist auch nicht weiter überraschend, da der Körper ja der Hauptschauplatz ist, auf dem sich die Unzufriedenheit mit dem Selbst abspielt.

Die Folgen des Konkurrierens mit einem unerreichbaren Ideal werden schon früh offenkundig. Eine Bostoner Psychologin, Catherine Steiner-Adair, hat festgestellt, daß heranwachsende Mädchen, die ihr persönliches Ziel mit unerreichbaren Superlativen umschreiben – berühmte Schauspielerin, große Schönheit, sagenhaft reiche Frau – auch die Mädchen in ihrer Altersgruppe sind, die am häufigsten an Eßstörungen leiden. Die nicht eßgestörten Mädchen hatten ein ähnliches Bild der idealen Superfrau, sich selbst aber etwas bescheidenere Ziele gesetzt. Daß Teenager sich Ziele setzen, ist sehr gut und wünschenswert, aber eine zu große Diskrepanz zwischen Selbst und Idealbild führt zu Problemen mit dem Essen und dem Körper allgemein. Frauen mit einer großen Diskrepanz zwischen Selbst und Ideal beginnen irgendwann, mit Sicherheit in der Adoleszenz und möglicherweise schon viel früher, mit ihrem eigenen Ideal zu konkurrieren. Ich habe in meiner klinischen Arbeit Frauen erlebt, die sich vor und nach jeder Mahlzeit wiegen, um festzustellen, wieviel sie essen dürfen oder ob sie zuviel gegessen haben. Manche Frauen erstellen detaillierte Tabellen über ihre Taillen-, Hüft- und Oberschenkelmaße, um die Bereiche, wo sich leicht

Fettpölsterchen bilden, genau zu überwachen. Das Resultat dieses Kampfes ist, daß Frauen sich ihrer Schwachpunkte schmerzlich bewußt werden und diese erlebten Mängel äußerst selbstkritisch bewerten. Bei vielen Studien können die Forscher nicht eine einzige Frau finden, die alle Körperteile als ihrem Ideal entsprechend empfindet.

Die Komplexität des Selbst

Die Komplexität des Selbstkonzepts ist bei den einzelnen Menschen unterschiedlich. Unter Komplexität verstehen wir die Anzahl an verschiedenen, *unabhängigen* Merkmalen und Gefühlen, die wir gegenüber unserem Selbst haben. Komplexe Menschen haben entweder mehr unabhängige Aspekte in ihrem Vorstellungsbild, oder sie unterscheiden mehr zwischen den verschiedenen Aspekten. Mit dem Test auf S. 162 können Sie feststellen, wie komplex Ihr Selbstbild ist.

Eine geringe Komplexität des Selbst begünstigt die Konkurrenzfalle. Je komplexer Sie sind, das heißt, je differenzierter Sie sich selbst sehen können – unabhängig von Ihrem tatsächlichen oder gewünschten Gewicht und Aussehen –, um so größer ist die Wahrscheinlichkeit, daß Sie sich selbst mögen. Das wiederum bedeutet, daß Sie weniger leicht Opfer der Konkurrenzfalle werden.

Das hat einen ganz einfachen Grund. Wenn bei einem komplexeren Selbstkonzept etwas passiert, das einen Aspekt des Selbst empfindlich beeinträchtigt, dann überträgt sich dieses negative Gefühl weniger stark auf andere Aspekte des Selbst. Wenn also zum Beispiel an einem Tag etwas geschieht, das Sie sich dicker oder weniger attraktiv fühlen läßt als die Konkurrentin, sind Sie dagegen geschützt, sich dadurch völlig entwertet zu fühlen, wenn Sie mehr Bereiche Ihres Selbst haben, die nicht eng mit

Test zur Komplexität des Selbst

Überlegen Sie, wie wichtig jeder der folgenden Aspekte für Ihr Selbstwertgefühl ist. Bewerten Sie jeden mit einer Zahl zwischen 1 und 10: Ist ein Aspekt extrem wichtig für Ihr Selbstwertgefühl, notieren Sie 10 Punkte; spielt ein Aspekt für Ihr Selbstwertgefühl überhaupt keine Rolle, bewerten Sie ihn mit einer 1. Die Zahlen dazwischen drücken entsprechend den Grad der Wichtigkeit des jeweiligen Aspekts für Sie aus. Sie können jede Zahl so oft nehmen, wie Sie wollen (also z.B. mehrere Aspekte mit 10 bewerten).

_____   Mich als intelligent empfinden
_____   Gute Freunde haben
_____   In Beruf/Schule besonders gut sein
_____   Das richtige Gewicht haben
_____   Ein gutes Körpergefühl haben
_____   Ein gutes Kind sein
_____   Altruistisch sein
_____   Attraktiv aussehen
_____   Kreativ sein
_____   Mich um soziale Dinge kümmern
_____   Einen Liebespartner haben
_____   Im Sport gut sein
_____   Als Vater/Mutter gut sein
_____   Politisch aktiv sein

Anderes (bitte spezifizieren):

_____

_____

dem Aussehen verknüpft sind. Wenn Sie viele verschiedene Interessen oder Rollen haben und diese verschiedenen Bereiche klar voneinander unterscheiden, hält sich die Wirkung nachteiliger Informationen in Grenzen. Es ist dann wesentlich unwahrscheinlicher, daß Sie sich rundherum schlecht fühlen.

Wie sehr sich die Menschen in der Komplexität ihres Selbst unterscheiden, sieht man an den folgenden Selbstbeschreibungen, die beide von Frauen stammen, die etwa fünf Minuten Zeit hatten, etwas über sich selbst zu sagen.

Meine Mutter war eßsüchtig. Mein Vater war Alkoholiker. Ich bin das Produkt einer Eßsüchtigen und eines Alkoholikers.

Das geringe Maß an Komplexität ist hier ganz offensichtlich. Die Patientin sah sich selbst nur im Zusammenhang mit ihren Eltern und wozu sie sie gemacht hatten. Andere Rollen traten nicht hervor, und die Einstellung zu ihrem Äußeren war ganz mit dieser engen Weltsicht verknüpft.

Auch die Mutter der zweiten Patientin litt an Eß- und Diätzwang, der Vater war ebenfalls Alkoholiker. Und das schrieb sie über sich selbst:

Ich bin 24 Jahre alt. Ich lebe seit drei Jahren mit meinem Freund und seinem Bruder zusammen. Vier Tage in der Woche arbeite ich bei Carvel, und nächste Woche beginne ich ein Praktikum bei einem Fernsehsender, das bis zum Herbst geht.
Ich leide seit sieben Jahren an Bulimie und an Anorexie auch schon länger (glaube ich). Bis ich ungefähr 16 war, hatte ich Übergewicht (ich wog 150 Pfund). Ich bin zwanghaft mit meinem Gewicht, Essen und Diäthalten beschäftigt. Ich denke ständig daran.

Ich bin viermal aus dem College geflogen. Fünf Jahre lang habe ich jeden Tag (Abend) getrunken. Das letzte Mal habe ich am 12. September 1989 getrunken, nachdem ich morgens noch betrunken in die Arbeit gegangen war.

Ich bin sehr unzufrieden mit mir, habe einen Freund, der mich nicht besonders gern hat, und fühle mich die meiste Zeit wie ein Stück Dreck. Mit dem Trinken habe ich von allein aufgehört, aber ich brauche Hilfe bei meiner Bulimie. Ich stopfe mich (fast) jeden Tag voll und erbreche mich dann.

Obwohl diese Beschreibung eindeutig von einer hochgradig gestörten Patientin stammt, ist die Komplexität ihres Selbst doch größer als bei der Patientin im ersten Beispiel. Sie hat sich auch überhaupt nicht in bezug auf ihre Eltern definiert. Trotz all ihrer Probleme hatte sie durch ihr differenzierteres Selbstgefühl einen gewissen Schutz, und wir hatten Material, mit dem wir in der Therapie gut arbeiten konnten.

Untersuchungen der Psychologin Patricia Linville von der Duke University belegen, daß Menschen mit einem komplexeren Selbst weniger negative Stimmungen und auch Stimmungsschwankungen erleben, weil negative Gefühle zu einem Aspekt des Selbst sich weniger auf die Einstellung zu anderen Aspekten übertragen. Lebenskrisen, wie zum Beispiel eine Scheidung oder ein beruflicher Mißerfolg, werden bei fast jedem Menschen schwerwiegende psychische Auswirkungen haben. Der Betreffende kann diese Folgen aber eher in Grenzen halten und sich zu anderen Aspekten seines Lebens eine positive Haltung bewahren, wenn die Komplexität des Selbst bei ihm groß ist. Ist die Struktur des Selbst zu einfach, stehen keine anderen positiven Aspekte des Selbst zur Verfügung, die intakt bleiben und als Puffer wirken können.

So kommen Sie aus
der Konkurrenzfalle heraus

Die Erkenntnis aus diesem Kapitel ist, daß durch all unser Streben oft gerade die Dinge, denen wir nachjagen, noch schwerer zu erreichen sind. Wenn man zu perfektionistisch ist, zu ehrgeizig oder zu sehr auf Wettbewerb eingestellt, bleibt häufig nicht genug Zeit und Energie für andere Sachen. Manchmal richten sich unsere Ambitionen auf unerreichbare Ziele, und der Drang, sie unbedingt erreichen zu wollen, ist einfach eine Fehlanpassung. Selbst wenn das angestrebte Ziel zu erreichen ist, sollten Frauen ihre Zeit und Energie auch darauf verwenden, ein »runderes« Selbstgefühl zu entwickeln, das ihnen Selbstvertrauen gibt, um ihre eigenen Regeln aufzustellen und sich eigene Ziele zu setzen. Um aus der Konkurrenzfalle herauszukommen, müssen Sie also lernen, sich umfassender zu entwickeln.

Definieren Sie einmal eine Anzahl von Aspekten Ihrer Persönlichkeit, die Sie wichtig finden. Frauen, denen eine größere Anzahl an Rollen *wichtig ist*, können eine nicht ganz so perfekte Leistung in jedem Bereich leichter akzeptieren. *Je größer die Anzahl der in Ihrem Leben wichtigen Rollen ist, um so weniger kann eine einzige Ihr Selbstwertgefühl zerstören.*

Joe hatte sich selbst nur als Arzt und als dicker Junge definiert. Inzwischen schätzt er noch viele andere Aspekte seiner Person – den Skifahrer, den Vater, den Freund jüngerer Männer und seine Rolle als ihr Vorbild sowie den Autofan. Er hat das erreicht, indem er zuerst überlegte, welche Bereiche ihm wirklich wichtig waren, und sich dann Aktivitäten, Erfahrungen und persönliche Kontakte gesucht, die diese Aspekte des Selbst positiv würden verstärken können. So entwickelte er zum Beispiel seine Vaterrolle, indem er wesentlich mehr Zeit mit seinen Kindern verbrachte. Er entwickelte die Skifahrerrolle, indem er sich zugestand, trotz seines vollen Terminkalenders einen »leichtsinnigen« Skiurlaub zu machen. Da er mehrere Selbstkonzepte hat, kann er sich mehr mögen. Er versucht immer noch abzunehmen, aber es hat nicht mehr die Qualität des Zwanghaften. Es muß nicht mehr alles bis morgen weg sein.

Wenn Sie Joe ähnlich sind, setzen Sie möglicherweise zuviel Energie für das Konkurrieren in den Bereichen Schlankheit und Aussehen ein. Da Ihr Körper nicht grenzenlos formbar ist, ist es vielleicht einfacher, sich noch ein paar andere Freuden im Leben zu suchen, als einige Pfund abzunehmen. Suchen Sie sich neue Aktivitäten und neue Rollen, die Ihnen wichtig sind. Gehen Sie noch einmal die Liste der Rollen durch, die beim Test zur Komplexität des Selbst auf S. 162 aufgeführt sind. Überlegen Sie, welche Sie bei sich selbst noch stärker entwickeln könnten. Sie können die Komplexität Ihres Selbst vergrößern und stärken und sich so aus der Konkurrenzfalle befreien.

Es hat auch noch einen anderen Vorteil, wenn man eine größere Zahl von Rollen entwickelt, die einem wichtig sind. Allgemein gilt, daß verschiedene Rollen sich in mehrfacher Hinsicht positiv auf die Gesundheit auswirken. Es sieht so aus, als wäre ein gewisses »Jonglieren« damit das allerbeste Training. Natürlich wirkt es sich bei jeder Frau unterschiedlich auf die Gesundheit aus, wenn sie Arbeit, Ehe, Kinder und Hobbies unter einen Hut bringen will, aber die Ergebnisse vieler neuerer Untersuchungen im sozialen und biomedizinischen Bereich lassen darauf schließen, daß mehrere verschiedene Rollen der Gesundheit sehr zuträglich sind.

Es geht allerdings um mehr, als diese Rollen nur einzunehmen. Es geht darum, wie wir unsere verschiedenen Rollen erleben. Sie müssen uns wichtig sein, uns eine gewisse Befriedigung und das Gefühl geben, daß wir die Dinge unter Kontrolle haben. Wenn wir das Gefühl haben, daß wir in vielen Bereichen etwas bewirken können, hilft uns das, aus der Konkurrenzfalle herauszukommen.

Seien Sie aber nicht zu perfektionistisch in Ihrem Bestreben, all diese Rollen auszufüllen. Denken Sie daran, daß Untersuchungen einen sehr engen Zusammenhang zwischen überzogenem Perfektionismus und Gewichtsproblemen nachgewiesen haben. In Sharons Fall hat ihr Perfektionismus die Eßstörung noch verstärkt und pathologische Formen angenommen. Sie erkannte, daß unrealistische Ziele sie extrem hart zu sich selbst hatten werden lassen und sie sich dafür mit Essen getröstet hatte. Sie mußte lernen, sich in allen Lebensbereichen realistische Ziele zu setzen. Dazu schrieb sie sich jeden Morgen auf, was sie an diesem Tag alles machen wollte. Vielleicht wollen Sie es auch einmal damit versuchen. An Sharons Liste wurde deutlich, daß sie überzogene Anforderungen an sich stellte. Sie arbeitete daran, sich vernünftigere Ziele zu stecken, und fand das anfangs schwierig und unbefriedigend. Sie stellte sich vor, daß andere ihr vorwerfen würden, sie leiste nicht genug. Im Zuge der Therapie machten wir gelegentlich auch Rollenspiele. Sharon spielte sich selbst, und ich spielte die anderen, die etwas von ihr forderten, sie beschwatzen wollten, immer mehr verlangten. Indem sie sich mir widersetzte, die unrealistischen Erwartungen von sich wies, kam Sharon langsam so weit, daß sie weniger von sich selbst forderte.

Extrem perfektionistische Frauen, nicht nur solche mit Eßstörungen, haben Schwierigkeiten, ihren eigenen Erwartungen vernünftige Grenzen zu setzen. Wenn Sie sich in dieser Aussage wiederfinden, versuchen Sie sich doch einmal Ihr ganz persönliches »Horrorszenario« vorzustellen. Wen werden Sie enttäuschen, wenn Sie sich ein kleines bißchen weniger anstrengen? Falls Sie selbst es sind, sollten Sie sich andere Belohnungen suchen als perfektes Aussehen und Höchstleistungen. Wenn es andere sind, sollten Sie es einmal mit Rollenspielen versuchen, so wie ich es mit Sharon gemacht habe, entweder mit einem guten Freund zusammen oder indem Sie selbst die verschiedenen Parts übernehmen.

Versuchen Sie herauszufinden, was hinter Ihrem Leistungs- und Konkurrenzbedürfnis steckt. Cheryls Überlegungen, was Leistung und Wettbewerb für sie bedeuteten, führten zu der Erkenntnis, daß die Angst vor Versagen sie dazu trieb und sie dadurch nicht in der Lage war, ihre Leistungen anzuerkennen, geschweige denn sich darüber zu freuen. Wir baten sie, über mehrere Wochen hinweg jeden Tag drei Dinge aufzuschreiben, die sie geleistet hatte, um sie auf ihre ungewöhnlich große Produktivität hinzuweisen. Wir mußten auch Cheryls »Vergleichskala« angehen und ihr zeigen, daß sie mit einem unrealistischen Ideal konkurrierte. Wie vielen anderen Studenten auf einem Campus, wo praktisch nur Hochbegabte herumlaufen, fiel es auch Cheryl schwer, ihre Leistungen zu würdigen, die in dieser Umgebung nur »durchschnittlich« erschienen. Cheryl mußte die Vielfalt an Fähigkeiten und Begabungen erkennen, die sich hinter der scheinbar uniformen Leistung von Studenten an Eliteuniversitäten verbarg. Wir ermunterten sie dazu, mit ein paar engen Freunden über ihre Angst vor Versagen zu sprechen, was ihr dabei half zu erkennen, daß ihre Gefühle nicht so ungewöhnlich waren.

Der entscheidende Punkt aber war vielleicht die Arbeit an Cheryls Überzeugung, daß Konkurrenz beim Streben nach herausragenden Leistungen enorm wichtig sei. Es läßt sich nicht leugnen, daß Konkurrenz uns durchaus zu harter Arbeit motivieren kann, aber bei Cheryl war es sehr extrem. Wenn sie nicht erschöpft, nervös und »ausgepowert« war, nachdem sie etwas getan hatte, schien es ihr unzulänglich zu sein und wahrscheinlich nicht den gewünschten Erfolg zu bringen. Die Folge davon war, daß sie auf kein Ziel hinarbeiten konnte, ohne unter enormem Streß zu stehen. Diese psychische Verfassung war der Auslöser für ihr übermäßiges Essen. Mit unserer Unterstützung arbeitete Cheryl intensiv daran, sich realistischere Ziele zu stecken. Mit der Zeit konnte sie es akzeptieren, ab und zu eine Zwei zu bekommen, und sie wollte sich einen kleinen Kreis enger Freunde schaffen, statt danach zu streben, bei möglichst vielen beliebt zu sein. Cheryl erkannte auch, daß sie keineswegs ein »Faultier« wurde – wovor sie große Angst hatte –, wenn sie sich zugestand, sich zu entspannen und das Leben zu genießen. Tatsächlich verbesserten sich ihre schulischen Leistungen sogar.

Bei Beatrice wirkte sich die Konkurrenzfalle so aus, daß sie ständig herabsetzende Vergleiche zwischen ihrem und dem Aussehen anderer Frauen zog. Wir baten sie, ihre Gedanken jedesmal aufzuschreiben, wenn sie sich dabei ertappte. Als wir ihre Notizen auswerteten, erkannte sie, daß diese Vergleiche immer negativ für sie ausfielen. Sie konzentrierte sich bei anderen Frauen nur auf die Aspekte, in denen sie ihr überlegen waren, und sah nie, welche körperlichen Vorzüge sie selbst hatte. Außerdem wurde deutlich, daß sie bei sich selbst strengere Maßstäbe anlegte als bei anderen. So gab sie zum Beispiel zu, daß ihre Freundin Lisa leichtes Übergewicht und einen schwabbeligen Bauch hatte, fügte aber ganz schnell hinzu, daß das ja ganz verständlich sei, weil Lisa schließlich drei Kinder geboren habe. Bei sich selbst ließ Beatrice solche Zugeständnisse nicht gelten. Schlimmer noch: Beatrice ging immer davon aus, daß die anderen sie nicht mochten, weil sie nicht so attraktiv war. Es ist daher nicht verwunderlich, daß sie in gesellschaftlichen Situationen meistens angespannt und nervös war. Als sie dieses selbstschädigende Muster erkannt hatte, konnte sie ihre früheren Annahmen hinterfragen und sich ein spezielles Konzept zurechtlegen, wie sie mit solchen Situationen in Zukunft anders umgehen könnte.

So begann sie zum Beispiel mit unserer Unterstützung ihre Aussage in Frage zu stellen, daß ihre Bekannten und Freunde wegen ihres Übergewichts eine negative Einstellung ihr gegenüber hatten. Was Beatrice von ihren Beziehungen berichtete, zeigte ganz deutlich, daß die Leute sie wirklich sehr mochten und daß viele ihrer Freunde sie als hilfsbereiten Menschen schätzten. Wir halfen ihr dabei, sich für gesellschaftliche Situationen eine bestimmte Aufgabe zu stellen, damit sie weniger in Versuchung kam, sich vom Aussehen her mit anderen Frauen zu vergleichen oder zu bewerten. Für eine Party in ihrem Tennisclub bereitete Beatrice zum Beispiel einige Fragen vor, die sie bei Unterhaltungen mit drei verschiedenen Menschen ins Gespräch einflechten wollte. Die Fragen waren bei jedem der drei Bekannten anders, und jede Frage war auf die persönliche Situation des Betreffenden zugeschnitten. Beatrice mußte sich also auf ihre Fragen konzentrieren und konnte dadurch nicht mehr zwanghaft über ihr Aussehen nachdenken. Diese Übung war so wirkungsvoll, daß Beatrice sie als regelrechte »Partystrategie« übernahm. »Ich vertiefte mich mit diesen Leuten so sehr ins Gespräch, daß ich vergaß, mir über mein Aussehen Gedanken zu machen. Noch mehr verblüffte mich, daß ich ganz vergaß, ständig darüber nachzudenken, was ich essen durfte und was nicht. Ich habe mich unheimlich gut amüsiert!«

Bei vielen Problemen spielt das Konkurrieren mit dem eigenen Ideal eine Rolle, das heißt mit anderen Worten, wie sehr Ihnen die Diskrepanz zwischen dem, was Sie sind und was Sie sein möchten, zu schaffen macht. Die von mir beschriebenen Strategien können Ihnen dabei helfen, ein ideales Selbstbild zu entwickeln, das sich mehr den realen Möglichkeiten annähert. In diesem Fall kann ein ideales Selbstbild anpassungsfähig sein, eine Quelle der Motivation und Orientierung. Einen Aspekt des idealen Selbstbildes zu verwirklichen kann Gefühle wie Stolz, Befriedigung und Freude mit sich bringen, die wiederum als Anreize dienen können, auf zukünftige Ziele hinzuarbeiten.

5

Die Essensfalle

»Vor 20 oder 30 Jahren war Sex das heimliche Thema Nummer eins bei Frauen. Heute ist es das Essen.« In der Tat sind Sex und Essen in den Köpfen vieler Frauen austauschbar geworden. »Ich mag es, wie sich Essen anfühlt. Ich kann Messer und Gabeln nicht ausstehen, denn ich möchte es richtig anfassen«, sagt eine Frau. Ein anderer Kommentar: »Ich finde es erotisch. Es ist ›safe Sex‹. Ich meine, Essen ist der sicherste Sex, den man haben kann.« Für manche Frauen ist Essen sogar besser als Sex. Eine andere Frau bemerkt: »Ich suche immer noch den Mann, der mich so erregt wie eine gebackene Kartoffel.« Seit Henry Jagloms Film *Eating* letztes Jahr in die amerikanischen Kinos gekommen ist (aus ihm stammen diese Zitate), wird die obsessive und ambivalente Beziehung der Frauen zum Essen vielleicht endlich ein öffentliches Thema. Essen löst bei Frauen Gefühle aus, hat eine tiefgreifende Wirkung und vielschichtige Bedeutung.

Eine andere Frau in Jagl
oms Film sagt: »Essen ist das einzige, von dem ich mit Sicherheit bedingungslose Liebe bekomme. Essen ist das einzige, was mich tröstet und liebt und gut zu mir ist. Ich kann jederzeit den Kühlschrank aufmachen und mich 24 Stunden am Tag gut fühlen.« Essen ist eine sehr wirksame Form der Selbstfürsorge, ein Weg, gut zu uns zu sein, wenn niemand oder nichts anderes gut genug erscheint. Viele Frauen dämpfen mit Essen unangenehme Gefühle, meistens heimlich und verstohlen. Eine Frau in Jagloms Film gesteht: »Wenn ich nicht aß, war in mir ein großes schwarzes Loch.« Essen erfüllt uns, im

übertragenen und im wörtlichen Sinn. In der Öffentlichkeit aber essen wir kaum jemals zuviel, denn unser Essen ist schambesetzt. Wollen wir denn nicht gut aussehen? Wie können wir es wagen, ein Stück Kuchen zu essen, ohne Schuldgefühle zu haben?

Selbst wer sich von Berufs wegen mit kulinarischen Genüssen beschäftigt, fühlt sich zu entschuldigenden Anmerkungen genötigt. Wie M.F.K. Fisher, die bekannte Schriftstellerin in ihrem Buch *The Art of Eating* sagt:

> *Die Leute fragen mich: Warum schreiben Sie über Essen und Trinken? Warum schreiben Sie nicht über den Kampf um Macht und Sicherheit und über Liebe, wie die anderen?*
>
> *Sie fragen es in einem anklagenden Ton, als wäre es irgendwie anstößig, ein Vergehen gegen mein Berufsethos.*
>
> *Die einfachste Antwort darauf ist, daß ich hungrig bin, wie die meisten anderen Menschen auch. Aber es steckt noch mehr dahinter. Mir scheint, daß unsere drei Grundbedürfnisse – das Bedürfnis nach Nahrung und Geborgenheit und Liebe – so miteinander vermischt und vermengt und verflochten sind, daß wir uns das eine ohne die anderen gar nicht vorstellen können. So kommt es, daß ich, wenn ich über Hunger schreibe, eigentlich über Liebe und den Hunger nach ihr schreibe ... und dann die Wärme und Sattheit und das Heile-Welt-Gefühl, wenn der Hunger gestillt ist ... und es ist alles eins.*

In einer der vielen treffenden Szenen in Jagloms Film lassen die Frauen, die drei Geburtstage feiern wollen, dieselbe Platte mit Kuchen zwei- oder dreimal herumgehen – keine hat Lust oder genug Mut, sich ein Stück Kuchen zu nehmen. Bis die Bulimikerinnen sich unauffällig davonmachen, um Stück für Stück zu verschlingen. Wenn Eine-gute-Figur-Haben bedeutet, mit dem Essen aufzuhören, dann geraten unser Verlangen nach Essen und die vielen Bedürfnisse, die es befriedigt, mit unserem Wunsch nach dem richtigen Aussehen in Konflikt. Diesen Kampf haben die meisten Frauen, die sich wegen jedes Extrabissens endlos Vorwürfe machen, Tag für Tag auszufechten. Eine Frau in Jagloms Film beschreibt das so: »Jedesmal wenn ich den Kühlschrank aufmache, denke ich: ›Was, du willst essen? Du wirst doch nicht schon *wieder* essen! Paß bloß auf!‹« Die verzweifelte, erotische und schambesetzte Haßliebe zum Essen ist bei vielen Frauen die vielleicht schlimmste aller Fallen. Wer von uns ist völlig immun dagegen? Aber wie hat sich diese Falle zu einem wahren Monster auswachsen können, das uns umklammert, und unsere unstillbaren Gelüste wütend aufbegehren läßt, wenn wir sie unter Kontrolle zu halten versuchen?

Erstens hat Essen eine sehr tiefgehende Bedeutung. Unsere frühesten Gefühle von Liebe und Geborgenheit sind mit Essen verknüpft. Ein bestimmter Auflauf, Pudding oder Kuchen, der einen Bezug zur Kindheit hat, eine Leckerei, die es nur an Festtagen gab, ein Käse, den wir auf unserer ersten großen Reise entdeckt haben. All diese Dinge sind mit Bedeutungen und Gefühlen gewürzt, die nicht auf der Zutatenliste stehen. Ein Teilnehmer bei einer Umfrage zu den verschiedenen Aspekten des Essens hat uns geschrieben:

Niemand ist zu alt für den Trost des Essens. Je älter man wird, um so deutlicher wird die Erinnerung an die Dinge, die einem in der Kindheit Geborgenheit gaben: Mutters Hafergrütze, Mutters Brotpudding mit Rosinen, Mutters Kartoffelbrei, Mutters Milch.

Essen bedeutet Trost und Umsorgtwerden. Für Penny, wie für viele andere Frauen, transportieren sahnig-süße Desserts diese Gefühle am besten. Jemandem etwas zu essen zu geben war in ihrer Familie eine Art, seine Liebe zu zeigen, und ihre liebsten Kindheitserinnerungen sind mit dem Geruch und Geschmack der Speisen am Abendbrottisch der Familie verbunden. Kein Wunder, daß Penny sich heute etwas zum Essen holt, um sich aufzumuntern, wenn sie niedergeschlagen ist, um die Zeit herumzubringen, wenn sie sich langweilt, und um ihre eigenen Kinder glücklich zu machen. Wenn sie Diät macht, kommt es ihr vor, als hätte sie ihren besten Freund verloren, der sie am besten trösten und unterstützen kann.

Es ist auffallend, daß die Bandbreite der emotionalen Funktionen von Essen bei den meisten Frauen sehr groß ist. Der Test auf S. 175 zeigt Ihnen, wie Gefühle und Essen bei Ihnen persönlich miteinander verflochten sind.

Essen ist, abgesehen von den Gefühlen, auch untrennbar mit den verschiedensten Tätigkeiten des Menschen verbunden. Dichter und Maler in ihrer Rolle als Kommentatoren der Gesellschaft sagen das schon seit Jahrhunderten. Ihre Werke sind ein beredtes Zeugnis der intimen Beziehung zwischen Mensch und Nahrung. Essen ist bei allen mystischen Riten, Begräbnissen, Feier- und Opferakten ein Bestandteil der Zeremonie. Öffentliche Ereignisse werden mit einem Bankett gefeiert, große Geschäfte bei opulenten Arbeitsessen besprochen, Familienbande beim Weihnachtsessen fester geknüpft, und Liebe entflammt angeblich oft bei einem intimen Abendessen zu zweit.

Der berühmte französische Schriftsteller und Staatsmann Brillat-Savarin sagte einmal: »Sag mir, was du ißt, und ich sage dir, wer du bist.« Seiner Meinung nach offenbaren Nahrungsmittel, die wir bevorzugt essen, ein Stück unseres inneren Selbst. Die Kühnheit kräftig gewürzter, scharfer Speisen, die Weichheit eines noch warmen Puddings, die Wechselhaftigkeit süß-

Test: Essen als Seelennahrung

	Oft	*Manch-mal*	*Selten*
1. Bekommen Sie Lust zu essen, wenn Sie gereizt sind?	___	___	___
2. Bekommen Sie Lust zu essen, wenn Sie niedergeschlagen oder mutlos sind?	___	___	___
3. Bekommen Sie Lust zu essen, wenn Sie sich einsam fühlen?	___	___	___
4. Bekommen Sie Lust zu essen, wenn jemand Sie enttäuscht?	___	___	___
5. Bekommen Sie Lust zu essen, wenn Sie verärgert sind?	___	___	___
6. Bekommen Sie Lust zu essen, wenn Ihnen etwas Unangenehmes bevorsteht?	___	___	___
7. Bekommen Sie Lust zu essen, wenn Sie nervös, besorgt oder angespannt sind?	___	___	___
8. Bekommen Sie Lust zu essen, wenn etwas schiefgegangen ist?	___	___	___
9. Bekommen Sie Lust zu essen, wenn Sie vor etwas Angst haben?	___	___	___
10. Bekommen Sie Lust zu essen, wenn Sie enttäuscht sind?	___	___	___
11. Bekommen Sie Lust zu essen, wenn Sie emotional erregt sind?	___	___	___

Die Antwort *Oft* ist mit 2 Punkten zu bewerten, *Manchmal* mit 1 Punkt, *Selten* mit 0 Punkten. Bei 17 Punkten oder mehr besteht bei vielen Ihrer Gefühle ein enger Zusammenhang zum Essen.

saurer Gerichte – all das sagt viel über den aus, der diese Dinge ißt.

Außerdem hat Nahrung chemische Eigenschaften, die die Stimmung beeinflussen und sich positiv auf die Gesundheit auswirken. Was früher als Ammenmärchen oder folkloristische Eigentümlichkeit angesehen wurde, ist heute jede Woche in führenden medizinischen Blättern nachzulesen. Die Beweise für die medizinische Wirkung mancher Nahrungsmittel scheinen unwiderlegbar. Genaugenommen ist Nahrung vielleicht die am leichtesten verfügbare, legale Form der Selbstmedikation, die es gibt. Aber auch hier lauert eine Falle.

Sally bezeichnet sich selbst als »Schokoholikerin«. Sie fragt sich, warum ihre Gier nach Süßem so groß ist und oft in den Tagen vor und während der Menstruation noch stärker wird. Sie setzt Süßigkeiten wie ein Medikament ein, das ihr einen Energieschub gibt und ihre Stimmung bessert. Ihre Körperchemie scheint diese »Spritze« zu brauchen.

Nahrungsmittel haben keine magischen Eigenschaften. Biochemisch gesehen sind sie weit komplexer als Medikamente, und die gleichen Nahrungsmittel scheinen bei verschiedenen Menschen je nach genetischer Veranlagung, bisheriger Ernährung und Körperfettanteil unterschiedlich zu wirken. Wir haben der Nahrung bei unserem Kampf gegen Herzkrankheiten, Krebs und andere häufige Todesursachen zuviel Bedeutung beigemessen. Wörter wie Cholesterin, Ballaststoffe und Zucker sind nicht mehr einfach einzelne Aspekte der Ernährung. Sie haben einen moralischen Unterton bekommen. Sie sind nicht mehr einfach nur gut oder schlecht für uns. Inzwischen verraten sie, wie gut oder schlecht wir selbst sind. Wir konkurrieren miteinander darum, was wir weglassen und was wir seit neuestem zusätzlich essen. Es gibt einen guten Gesprächsstoff für Cocktailpartys ab (»Bitte, für mich nur ein Perrier«). Dennoch scheint die Öffentlichkeit verwirrter denn je, welche Nahrungsmittel gut für den

Menschen sind und wofür sie gut sind. Und den Nahrungsmitteln, die schlecht für uns sein sollen, wird nicht nur zur Last gelegt, daß sie körperliche Krankheiten, sondern auch daß sie Verhaltensauffälligkeiten wie Hyperaktivität und sogar Kriminalität verursachen. All die widersprüchlichen Informationen über die Auswirkungen von Nahrungsmitteln machen einen weiteren Aspekt der Essensfalle aus.

Und schließlich spielt auch der Punkt eine Rolle, daß der Körper offenbar nicht alle Nahrungsmittel in der gleichen Weise verarbeitet. Im Gegensatz zu der früher von Medizinern vertretenen Meinung wissen wir heute, daß nicht alle Kalorien gleichwertig sind. Das gilt sogar für die Unterklassen von Nährstoffen: So wirken sich zum Beispiel nicht alle Zuckerformen auf Appetit und Eßlust gleich aus. Außerdem sind die eigentlichen chemischen Eigenschaften nur einer von vielen Faktoren, die den Geschmack von Nahrungsmitteln beeinflussen. Die Tageszeit, Ihr persönlicher Energiebedarf und was Sie vorher gegessen haben: all das wirkt sich darauf aus, wie Ihnen etwas schmeckt. Entgegen der landläufigen Meinung enthalten also Nahrungsmittel eigentlich nur wenige Substanzen, die sie wirklich zu »guten« oder »schlechten« machen, ihnen einen guten oder neutralen Geschmack verleihen. Viel wichtiger ist, was wir selbst mit an den Tisch bringen.

Wir wollen uns jetzt die verschiedenen Essensfallen im einzelnen anschauen, damit Sie sehen, welcher Sie zum Opfer gefallen sind und was Sie dagegen tun können.

Die vielen Bedeutungen des Essens

Es ist eine unbestreitbare Tatsache, daß jeder Mensch eine angemessene und gesunde Ernährung braucht. Wir müssen essen, um zu leben, und wir wollen besser essen in der Hoffnung, daß wir dadurch gesünder werden. Aber Essen bedeutet weit mehr als bloßes Überleben. Die vielfältigen Bedeutungen und Funktionen des Essens machen den ersten Aspekt der Falle aus.

Zwischen Frauen und Nahrung besteht ein tiefgreifender und elementarer Zusammenhang. Frauen werden als Nährerinnen definiert und üben diese Rolle am augenfälligsten beim Stillen aus. Außerdem *sind* Frauen während der Schwangerschaft und Stillzeit Nahrungsquelle für ihre Kinder, was ihre Identifikation mit dem Essen und seine Relevanz als Symbol verstärkt. Melinda, eine Hausfrau mit drei Kindern, war ausgesprochen gerne schwanger. Es erfüllte sie, das Kind, das sie unter dem Herzen trug, ganz allein zu ernähren. Es war die einzige Zeit, in der es ihr nicht unangenehm war, daß sie so gerne aß – weil sie die Nahrungsquelle für einen anderen Menschen war, der ohne sie nicht leben konnte. Es war die einzige Zeit, in der sie rundherum froh war, eine Frau zu sein.

In vielen Kulturen, wie bei den alten und noch bei den heute lebenden Azteken in Mexiko, werden Frauen mit der Fruchtbarkeit der Erde und ihrer Freigebigkeit assoziiert. Frauen sind fast überall auf der Welt für die Zubereitung der Nahrung zuständig und in vielen Kulturen auch für ihre Produktion und Verteilung. Es ist daher nicht überraschend, daß Nahrungszubereitung für Frauen ein wichtiges Mittel zum Ausdruck der eigenen Persönlichkeit geworden ist, auch wenn die damit transportierte Botschaft im Laufe der Geschichte und je nach Kultur unterschiedlich war.

Nach Ansicht der Anthropologin Mary Douglas ist das starke Bestreben, ihre Nahrungsaufnahme zu kontrollieren, bei den Frauen der modernen westlichen Kultur eine Metapher für ihre Bemühungen, selbst über ihren Körper und ihr Leben zu bestimmen in einer Gesellschaft, die Selbstbestimmung zu einem moralischen Gebot erhoben hat. Essen ist für viele Frauen ein Weg, um ihre Autonomie und Selbstbestimmtheit zu verteidigen – zuerst gegenüber ihren Müttern, später gegenüber ihren Ehepartnern. Dadurch geraten sie aber gleichzeitig in einen Prozeß von blindem Widerstand und Selbstverleugnung. Auch hier wird die Doppelbindung der Schönheitsfallen ganz deutlich. Das Gefühl, sich unter Kontrolle zu haben, hat reale Vorteile – Durchsetzungsvermögen, Autonomie und, höchstwahrscheinlich, auch Schlankheit. Es hat aber auch spürbare negative Konsequenzen, die oft sogar sehr schaden – Hungergefühl, die Verleugnung des Bedürfnisses nach Trost und Selbstfürsorge. Wie Susan sich erinnert: »Ich konnte meine Mutter immer damit wütend machen, daß ich nichts aß. Frank [ihrem Mann] geht es genauso auf die Nerven. Es gibt mir ein unheimliches Machtgefühl. Aber ich müßte lügen, wenn ich nicht zugeben würde, daß mir die Völlerei am Erntedankfest und das Gefühl, Teil der Familie zu sein und mich mit ihnen zu freuen, fehlen.«

Henry Jaglom, der Drehbuchautor und Regisseur von *Eating*, räumt ein, daß es in seinem Film nicht nur ums Essen geht: »Essen wird eine Metapher dafür, wie schwer es ist, in dieser Gesellschaft eine Frau zu sein. Frauen wird von Kind an gesagt, wie sie sich sehen sollen – von ihren Müttern, ihren Vätern, ihren Männern, ihren Freunden, der Gesellschaft. Ich glaube nicht, daß Männer diese Komplexität verstehen.« Das glaube ich auch nicht. Wenn ich meinem besten Freund von den leidgeprüften, gequälten Frauen erzähle, die ich in meiner Praxis erlebe, scheint er es manchmal zu begreifen. Aber dann sagt er wieder, ungeduldig: »Ich verstehe das einfach nicht. Wenn sie abnehmen wollen, warum hören sie dann nicht einfach auf zu essen?« Ja, warum wohl!

Essen und Gefühle

Das *Radcliffe College Quarterly* hat eine seiner Ausgaben ganz unter das Motto gestellt: »Amerikas Romanze mit dem Essen«. Ehemalige Studentinnen wurden mit der folgenden Frage gebeten zu sagen, welche »Tröster« sie unter den Nahrungsmitteln bevorzugen: »Wenn jemand Sie schlecht behandelt hat und alles schiefgeht; wenn Sie müde sind; wenn Ihnen zu heiß ist oder zu kalt; wenn Sie sich langweilen, überfordert sind oder nicht mehr so recht weiterwissen: Welche Art von Essen hilft Ihnen dann, damit die Welt wieder in Ordnung ist?« Es ist faszinierend, daß es absolut vernünftig erscheint zu fragen, mit welcher Art von Nahrung sich unangenehme Gefühle beschwichtigen lassen, statt zu fragen, ob Nahrung das überhaupt leisten kann. Die Antworten spiegeln die tiefgehende emotionale Beziehung von Frauen zum Essen wider. Eine der Studentinnen schrieb dazu:

Der »Tröster«, nach dem jeder in meiner Familie bei Streß, Krankheit oder irgendeinem Kummer greift, ist Tapiokapudding. Nichts macht unser Herz so froh wie eine große Schüssel weicher, schneeweißer Tapiokapudding, der von allein hinunterrutscht, mit einem dicken Klacks Erdbeermarmelade in der Mitte der Schüssel.

Tapiokapudding essen bringt den Trost und die sichere Geborgenheit von etwas sehr Vertrautem – meine Mutter hat ihn für mich gemacht, und ich habe ihn für meine Kinder gemacht; heute machen ihn meine Kin-

der für ihre Kinder und ihre Partner.
Bist du krank? Bist du traurig? Iß einen Löffel von
dieser süßen, köstlichen Leckerei, und sei getröstet.

Die meisten Frauen essen mehr, wenn sie unter Streß stehen.
Ob es süß und weich oder fest und hart ist, so daß man viel
kauen muß – man braucht nur zu wählen.

Beatrice beschreibt ihre persönliche Wahl sehr anschaulich:
»Wenn ich gestreßt bin, muß ich etwas kauen, regelrecht zer-
malmen können; schon bei dem Gedanken daran tut mir der
Kiefer weh. Nur Essen betäubt mich, wie ein Narkosemittel, es
stoppt den Schmerz. Wenn ich mich gut fühle, habe ich kaum
Hunger.« Sich mit Essen vollzustopfen kann bei Beatrice und
vielen anderen Frauen zum Teil der Versuch sein, aus dem Ich-
Bewußtsein zu flüchten, um den wahren Gründen für ihren
Streß und ihre Angst aus dem Weg zu gehen. Gibt es außer
Essen irgendeine andere Form des Trostes, die so leicht verfüg-
bar ist und über die wir in diesem Maße bestimmen können?
Wahrscheinlich nicht.

Für Frauen ist Essen ein Freund. »Es ist, als wäre etwas Leben-
diges in der Wohnung, jemand, zu dem man nach Hause kommen kann«, sagt eine Frau in dem Film *Eating*, und eine von
den Geburtstagskindern meint trotzig: »Heute ist mein Geburtstag, und ich kann alles essen, was ich möchte.« Welch größeres
Geschenk könnte eine Frau sich machen! Es widerspricht nicht,
es stellt keine Ansprüche. »Es ist einfach da, um mich zu befriedigen«, bekannte einmal eine meiner Patientinnen. Eine andere
Frau, die auf die Radcliffe-Umfrage antwortete, schrieb:

Von den vielen Sachen zum Essen, die in meinem Le-
ben Nahrung und Stütze zugleich waren, habe ich die
emotional stärkste und befriedigendste Beziehung
zum Brot. Seit ich denken kann, hat Brot mich gesät-

tigt und gestärkt, mich mit seiner Vielfalt und Kernig-
keit angezogen und verführt.

Essen ist ein Weg, sich selbst zu lieben. Der berühmte Persönlichkeitstheoretiker Henry Murray von der Harvard University
meinte, daß Menschen mit dem Essen auch ihrer Seele Nahrung
geben wollen – als Trost, Unterstützung und Belohnung. Essen
ist eine Form der Selbstfürsorge, die jedem zugänglich ist außer
denen, die in tiefster Armut leben. Nur wenige Freuden des
Lebens sind so leicht verfügbar, wenn uns danach ist. Aber das
Diktat von Mode und Gesellschaft lautet, daß Schlanksein gleich
Schönsein ist, und man verlangt von uns, daß wir nicht essen,
wenn wir es wollen, und nimmt uns damit die Fähigkeit, uns frei
von Zwängen Nahrung zuzuführen.
Mit dem Test auf S. 183 können Sie feststellen, wann Sie Essen
am häufigsten als Form der Selbstfürsorge einsetzen.
Jeder Mensch setzt Essen mehr oder weniger als eine Form der
Selbstfürsorge ein. Es gehört zu unserem Wesen und dem kulturellen Imperativ. Ein Stück weit ist Essen mit dem Kern unserer Identität verknüpft. Der bekannte Psychiater Erik Erikson
sagt dazu: »… das Neugeborene … lebt durch und liebt mit seinem Mund, und die Mutter lebt durch und liebt mit ihren Brüsten
oder welcher Teil ihres Gesichts oder Körpers auch immer das
Verlangen in sich birgt, ihm zu geben, was es braucht … Für
das Baby ist sein Mund das Zentrum einer allgemeinen, ersten
Begegnung mit dem Leben.« Bei vielen Frauen verkehrt es sich
jedoch ins Gegenteil. Essen löscht ihre ganze Identität aus. *Wie*
sie essen, wird gleichbedeutend damit, *wer* sie sind. Und das ist
eine Falle.
Cindy weiß nicht, wer sie ist, außer im Zusammenhang mit Essen. Sie sieht sich selbst als »die Schokoholikerin«, die Eßsüch-
tige. Wenn sie sich in anderer Weise definieren soll, fällt ihr eine
genauere Selbstbeschreibung schwer. Und während die meisten

Test: Essen als Selbstfürsorge

Bitte kreuzen Sie an, wie sehr die folgenden Aussagen auf Sie zutreffen.

	Gar nicht	*Etwas*		*Sehr*	
1. Ich feiere es gern, wenn ich etwas Schönes erlebt habe.	1	2	3	4	5
2. Ich bin besonders gut zu mir, wenn ich krank bin oder mir etwas weh tut.	1	2	3	4	5
3. Ich sage oft Sachen, die mein Selbstvertrauen stärken.	1	2	3	4	5
4. Ich gönne mir oft etwas besonders Gutes zum Essen, wenn ich etwas Schönes erlebe.	1	2	3	4	5
5. Ich bin mir selbst gegenüber gerne großzügig.	1	2	3	4	5
6. Ich behandle mich gerne gut.	1	2	3	4	5
7. Ich heitere mich oft mit Essen auf, wenn ich etwas Unangenehmes erlebt habe.	1	2	3	4	5
8. Ich verzeihe mir, wenn ich einen Fehler mache.	1	2	3	4	5
9. Ich sorge dafür, daß es mir gut geht.	1	2	3	4	5
10. Ich esse oft etwas, wenn ich niedergeschlagen oder unglücklich bin.	1	2	3	4	5
11. Ich esse gern meine Lieblingsspeisen, wenn ich krank bin oder mir etwas weh tut.	1	2	3	4	5
12. Ich stärke mir gern selbst den Rücken bei allem, was ich zu erreichen versuche.	1	2	3	4	5

Zählen Sie nun als erstes die Punkte der Aussagen 4, 7, 10 und 11 zusammen. 16 oder mehr Punkte heißt, daß Sie im allgemeinen Essen als Form der Selbstfürsorge einsetzen. Dann addieren Sie die Punktzahl der restlichen Aussagen (1, 2, 3, 5, 6, 8, 9, 12). Teilen Sie diese Zahl durch 2, da es hier doppelt so viele Aussagen waren. 16 oder mehr Punkte heißt, daß Sie viele Möglichkeiten finden, wie Sie ohne Essen gut zu sich sein können. Vergleichen Sie nun die beiden Punktzahlen miteinander. Ist das Verhältnis größer als 1, sind Sie möglicherweise ein Opfer der Essensfalle, weil Sie Essen weit mehr als andere Dinge als Form der Selbstfürsorge einsetzen.

von uns auch in anderer Weise gut zu sich sein können, kann Cindy das nicht. Aber auch Sie können in zweierlei Hinsicht Probleme bekommen (wenn das Verhältnis bei dem Test, den Sie eben gemacht haben, größer als 1 war): Entweder kann die erste Punktzahl (sie steht für die Selbstfürsorge via Essen) im Vergleich mit Ihren anderen Möglichkeiten der Selbstfürsorge ungewöhnlich hoch sein; oder Ihre Möglichkeiten der Selbstfürsorge, die nicht mit Essen zu tun haben, sind sehr gering.

Unsere Studien, bei denen dieser Test verwendet wurde, haben gezeigt, daß Cindy und viele andere Bulimikerinnen einen weit kleineren Anteil ihrer Selbstfürsorge durch Aktivitäten abdecken, die nichts mit Essen zu tun haben, als dies bei vielen Frauen aus vergleichbaren Gruppen ohne Eßstörungen der Fall ist. In einem in bezug auf Selbstfürsorge offenbar extrem reduzierten Umfeld hat das Essen für die Bulimikerin eine viel zu wichtige Rolle übernommen.

Caroline war anders als Cindy, hatte aber auch Probleme, bei denen es um Essen und Selbstfürsorge ging. Im Gegensatz zu Cindy sorgte sie einigermaßen gut für sich selbst in Dingen, die nichts mit Essen zu tun hatten, aber sie aß zuviel – um sich zu trösten, zu belohnen, zu loben und lieb zu sich zu sein. Sie erzählt, daß sie die ganze Küche »abgrast«, wenn sie von einem Rendezvous nach Hause kommt und nicht so behandelt worden ist, wie sie es erwartet hatte. Gut zu sich selbst zu sein bedeutet für sie, etwas zu essen, was sie gern mag, wenn andere Formen der Liebe nicht ausreichend scheinen.

Essen muß oft als Ersatz für sexuelle Gefühle herhalten. Für zwei von der Organisation »Weight Watchers« in Auftrag gegebene Studien wurden im Jahr 1988 verheiratete Männer und im Jahr 1989 verheiratete Frauen untersucht. Frauen aßen oft zuviel, um eine »körperliche Distanz« zum Partner zu schaffen – sie vermieden sexuelle Begegnungen, weil sie meinten, wegen ihres Übergewichts unattraktiv zu sein – und damit gleichzeitig unbefriedigte Bedürfnisse nach emotionaler »Nahrung« zu stillen. Essen ist für viele Frauen die Lösung, um emotional zu überleben. »Manche Mädchen haben Ehemänner und Freunde und Liebhaber … und ich habe Roggenbrot und Rahmkäse«, meint eine Frau in Jagloms Film. Die Familientherapeuten Richard Stuart und Barbara Jacobson stellen in ihrem Buch *Weight, Sex and Marriage* fest, daß Frauen sich ans Essen halten, wenn sie nicht genug Zärtlichkeit und Liebe bekommen. Eine unserer Patientinnen hat das sehr gut beschrieben: »Sobald mein Freund gegangen ist, bin ich schon auf dem Weg zum Kühlschrank, um die leeren Stellen in mir zu füllen, an die er nie herankommt.« Bei der ein Jahr vorher an Männern durchgeführten Weight-Watchers-Untersuchung wurde ein fast entgegengesetztes Muster festgestellt: Etwa zwei Drittel der Männer sagten, daß ihre Libido stärker sei als bei ihren Frauen, und so aßen sie, um sich zu trösten. Fast zwei Drittel gaben an zu essen, um ihre erotischen Gefühle zu sublimieren – eine Reaktion auf den Verlust sexueller Freiheit durch die Ehe. Drei von fünf aßen mehr, um den Streß besser zu ertragen, der sich aus den finanziellen Be-

lastungen der Familie ergab. Etwas über die Hälfte sah im Essen
einen Weg, um Gespräche über Intimes zu vermeiden. Männer
und Frauen sind also offensichtlich sehr verschieden, selbst was
die sexuelle Komponente des Essens angeht.

Essen und Kultur

Essen gehört zu fast allen gesellschaftlichen Anlässen dazu. Gemeinsam ein Stück Brot zu brechen ist ein Zeichen von Freundschaft und gegenseitigem Vertrauen. Keine Festlichkeit wäre
vollkommen ohne Essen. In den meisten Religionsgemeinschaf-
ten und Kulturen beginnen oder enden Begräbniszeremonien
mit einem gemeinsamen Essen, ein symbolisches Zeichen dafür,
daß das Leben weitergeht. Essen miteinander zu teilen bedeutet
in allen Kulturen Zusammengehörigkeit und Verbundenheit. Bei
so unterschiedlichen Gruppen wie dem Jäger-und-Sammler-
Volk der San im südlichen Afrika, den Sharanahua-Indios im
peruanischen Amazonasgebiet und den sardischen Bauern ist
das Miteinander-Essen die Definition schlechthin dafür, wer als
Familienmitglied betrachtet wird.
Eßtabus tragen dazu bei, ein Individuum als Mitglied seiner Ge-
meinschaft zu sozialisieren. Jedes kulturelle System schränkt
den Verzehr bestimmter tierischer oder pflanzlicher Nahrungsmittel ein. Muslime und Juden, die auf koscheres Essen achten,
dürfen zum Beispiel kein Schweinefleisch essen. Nahrungsmittelverbote dienen als Kennzeichen der Mitgliedschaft. Ihr Sinn
liegt darin, dem sozialen Handeln eine Grenze zu setzen, die die
Mitglieder der betreffenden Gruppe nicht überschreiten dürfen,
obwohl sie sehr gut wissen, daß andere das können. So läßt sich
unter anderem also auch durch die Art der Nahrung definieren,
ob man zu einer bestimmten Gruppe gehört.
Bis zu einem gewissen Grad sind solche Eßverbote und Zube-

reitungsregeln willkürlich. Sie haben mit den Vorstellungssystemen und Wertstrukturen einer bestimmten Gesellschaft zu tun. So werden zum Beispiel als ekelerregend betrachtete Nahrungsmittel wegen der Assoziationen verschmäht, die sie in uns auslösen, und nicht unbedingt wegen ihrer eigentlichen Eigenschaften oder weil sie gesundheitsschädlich wären.

Uns ekelt bei dem Gedanken, Ameisen, Raupen oder Würmer zu essen, die Chinesen aber essen sie gerne. Paul Rozin, Psychologe an der University of Pennsylvania, hat mit einem Versuch gezeigt, daß erwachsene Amerikaner nicht einmal von einer Suppe essen, die mit einer nagelneuen Fliegenklatsche umgerührt wurde, weil sie sie durch den *Gedanken* an Fliegen als ekelerregend empfinden. Manche Nahrungsmittel nehmen die positiven oder negativen Eigenschaften dessen an, der mit ihnen in Berührung gekommen ist, was wiederum die enge Beziehung zwischen Mensch und Nahrung belegt. Die Anthropologin Anna Meigs vom MacAllister College in Minnesota hielt sich für ihre Feldforschung bei den Hua in Neuguinea auf. Für die Hua fließt die Lebensessenz eines Menschen, das *Nu*, in alle Dinge ein, mit denen er oder sie interagiert. Die Nahrung, die man angebaut, geschossen, getötet oder gekocht hat, enthält etwas von dieser Lebensessenz. Für die Hua ist eine Speise nahrhaft, wenn sie das *Nu* von Menschen enthält, mit denen der Esser eine positive Beziehung hat, und sie kann ihm schaden, wenn sie das *Nu* einer Person enthält, die dem Esser möglicherweise feindlich gegenübersteht. In anderen Gesellschaften muß das Oberhaupt besondere Nahrungsmittel zu sich nehmen, um sich wichtige Führungsqualitäten anzueignen. Ein extremes Beispiel hierfür ist der König der Yoruba in Afrika, der das Herz seines Vorgängers verspeisen muß.

Überraschender mag jedoch sein, daß selbst amerikanische Collegestudenten von heute unbewußt an der magischen Vorstellung festhalten, daß man ist, was man ißt. Paul Rozin und seine

Kollegin Carol Nemeroff erfanden Namen von fiktiven Stämmen und gaben zwei Gruppen von Studenten unterschiedliche Beschreibungen dazu. Sie erzählten ihnen zum Beispiel von »Chandoranern«, die Meeresschildkröten und Wildschweine jagten. Die eine Hälfte der Studenten machte man glauben, daß die Chandoraner nur Wildschweine äßen; die anderen waren überzeugt, sie äßen nur Schildkröten. Dann sollten die Studenten anhand einer Liste von Merkmalen, die ihnen die Psychologen gegeben hatten, die Leute von Chandor beschreiben. Um die eigentliche Bedeutung der ausgewählten Eigenschaften zu bewerten, ließen Rozin und Nemeroff eine andere Gruppe von Studenten die körperlichen und Wesensmerkmale von Wildschwein und Schildkröte benennen. Fast alle Eigenschaften, die den Tieren von dieser Studentengruppe zugeschrieben wurden, wurden von der ersten Teilnehmergruppe auch bei den Menschen angenommen, die sie verzehrten. So wurden zum Beispiel die Angehörigen des Stammes, der Schildkröten aß, als bessere Schwimmer angesehen, die Wildschweinesser hingegen als aggressiver eingestuft. Selbst wir, die wir an der Schwelle zum 21. Jahrhundert stehen, scheinen zu glauben, daß der Mensch die Eigenschaften dessen annimmt, was er ißt, obwohl wir über diese Vorstellung wahrscheinlich lachen würden, wenn man uns direkt fragen würde, ob wir an sie glauben oder nicht.

Essen als »Medizin«

Ein zweiter Aspekt der Essensfalle hat mit den Tatsachen und Mythen in bezug auf die chemischen Wirkungen von Nahrungsmitteln zu tun.

Nahrungsmittel als Medikamente

In den vergangenen fünf Jahren hat es eine deutliche Verschiebung von Diätbüchern hin zu Büchern über Ernährung gegeben, die alle gute Gesundheit und ein längeres Leben versprechen. Ob Sie Ihren Cholesterinspiegel senken, den IQ Ihres Kindes erhöhen oder sich selbst vor niederschwelliger Strahlung schützen wollen: Es gibt ein Buch, das Ihnen sagt, mit welchen Nahrungsmitteln Sie das erreichen. Wir glauben daran, daß manche Nahrungsmittel für einen ganz bestimmten Zweck gut sind. Die Zeitschrift *American Health* titelte einmal: »Hummer für die Liebe, Salat für die Muskeln«. Verschiedenen Arten von Nahrungsmitteln werden in der Werbung alle möglichen Funktionen zugeschrieben – sexuelle Potenz, Intelligenz, Konzentration, um nur einige wenige zu nennen.

Der Gedanke, daß bestimmte Nahrungsmittel eine ganz spezielle Funktion haben, ist nicht neu. Das war zu allen Zeiten so. Montezuma glaubte, daß heiße Schokolade eine Quelle der Kraft sei und ein Aphrodisiakum. Der Legende nach trank er einen ganzen goldenen Becher von dieser schaumigen Flüssigkeit, bevor er in die Frauengemächer ging. Im Mittelalter glaubte man, Rosmarin könne einen vor schlechten Träumen schützen. Neu an dem Ganzen ist, daß heute jede dieser Behauptungen durch wissenschaftliche Feststellungen über die biochemische Wir-

kung von Nahrungsmitteln auf die Körperfunktionen untermau-
ert wird. So haben Forscher jetzt zum Beispiel festgestellt, daß
Schokolade kleine Mengen an Phenylethylamin enthält, eine
chemische Substanz, die in natürlicher Form im Gehirn vorkommt und offenbar vermehrt produziert wird, wenn man ver-
liebt ist.

Zwei für das Magazin *American Health* durchgeführte Gallup-
Umfragen erhärten die Vermutung, daß die Menschen sich an
eine »situationsgebundene Ernährung« halten. Wir ändern unse-
re gewohnte Ernährung, um den Anforderungen verschiedener
Situationen gerecht zu werden und wissen – oder glauben zu
wissen –, welche Nahrungsmittel unsere sportlichen Leistungen
verbessern, uns für geschäftliche Besprechungen einen klaren
Verstand geben oder uns in romantische Stimmung versetzen.
Wir ernähren uns heute ganz anders als noch vor 20 Jahren.
Wir haben sogar größere Erwartungen an das Essen als unsere
Eltern und recht unterschiedliche Vorstellungen darüber, was
Nahrung bewirken kann. In der Tat spielen Nahrungsmittel bei
unseren Bemühungen, etwas für unsere Gesundheit zu tun, inzwischen eine sehr wichtige Rolle. Die Hersteller entwickeln und
vermarkten in zunehmendem Maße Produkte mit dem Etikett
»pro-aktiv«, was heißen soll, daß diese Nahrungsmittel die Gesundheit verbessern und nicht nur Krankheiten verhüten helfen
sollen. »Der Hinweis, daß etwas der Gesundheit zugute kommt,
ist heute das stärkste Verkaufsargument«, sagt Martin Friedman,
Herausgeber von Gorman's *New Product News*, einem Fach-
blatt für den Handel. »Die Wunschvorstellung ist ein pro-aktives
Produkt nach dem Motto: nehmen, aufreißen, schlucken. Die
großen Firmen sind an allem interessiert, von Volksweisheiten
in Sachen Ernährung bis hin zu alten chinesischen Pflanzenheil-
mitteln.«

Selbst die ganz Kleinen wissen schon, daß bestimmte Nahrungsmittel »gut« oder »schlecht« für sie sein können. Bei einer Unter-

suchung in einem Kindergarten baten wir drei- und vierjährige Kinder, sich aus einer Vielzahl von Nahrungsmitteln, die auf einem großen Tisch ausgelegt waren, zwei Lunchpakete zusammenzustellen. Jedes Kind wurde einzeln getestet und bekam eine Frischhaltebox mit einem lachenden Gesicht darauf, in das es einen Imbiß packen sollte, der »gesund und gut für dich ist«, und eine mit einem grimmigen Gesicht für einen schlechten, ungesunden Snack.

Schon die Dreijährigen hatten einige ganz klare Vorstellungen. Obst und Gemüse kamen stets in die »gesunde« Box. Als eines der Kinder eine Orange als gesund auswählte, fragte der Interviewer, warum. »Weil Sunkist darauf steht«, antwortete das Kind. Nahrungsmittel mit Zucker wurden allgemein als »schlecht für dich« eingestuft, obwohl viele Kinder nicht sagen konnten, warum. Ein Kind meinte, Nahrungsmittel mit Zucker »sind weniger schlecht für die Gesundheit, wenn man sie nach dem Abendessen ißt«. Manche dachten, Käse sei gut, andere hielten ihn für schlecht, weil er zu fett sei, obwohl ein Kind sagte: »Er sieht anders fett aus als mein Daddy«. Auch wenn die Kinder offensichtlich nicht alles verstanden, was ein Nahrungsmittel zu einem gesunden Essen macht, konnten die meisten nicht nur die gesunden oder ungesunden Attribute des jeweiligen Nahrungsmittels benennen, sondern waren sich auch der angeblichen gesunden oder ungesunden Wirkungen bewußt.

Julia Child erinnert sich an die gute alte Zeit, als sich noch niemand über die gesundheitlichen Auswirkungen der Nahrung Gedanken machte:

Dann hast du Unmengen dicker frischer Sahne geschlagen und untergerührt – je mehr Sahne, um so leichter und feiner wurde die Mousse. Niemand verschwendete einen Gedanken an die Berge von Sahne, die man zum Kochen nahm, oder daran, wie viele Eier oder wieviel von der besten Butter. Das waren die glücklichen Tage, wo man noch so richtig schlemmen konnte.

Jetzt sind »sie« beim Essen alle ängstlich, vor allem bei rotem Fleisch und Milchprodukten. Als Kochbuchautorin wagt man es schon kaum, ... Butter vorzuschlagen ... oder mehr als einen oder zwei Eßlöffel dicke Sahne anzugeben.

Diese Ängstlichkeit in Sachen Essen beschwört eine Welt von Bohnensprossen und Tofu herauf, mit etwas Distelöl beträufelt. (Wir hatten einmal den Winter über eine Frau, die unser Haus hütete und offenbar von Distelöl abhängig war. Ich habe es bis heute noch nicht geschafft, das Zeug restlos von den Ofenplatten wegzubekommen. Wenn Distelöl das mit einem Ofen fertigbringt, wie um alles in der Welt müssen dann die Eingeweide aussehen?)

Inzwischen suchen wir unser Heil bei Nahrungsmitteln und Produkten wie Haferkleie und Omega-3-Fettsäuren in dem Bemühen, Herzerkrankungen vorzubeugen. Seit im *Journal of the American Medical Association* berichtet wurde, daß Haferkleie den Cholesterinspiegel im Blut um etwa 20 Prozent senken kann – um genausoviel wie die meisten Medikamente –, werden wir mit immer neuen Haferkleieprodukten bombardiert. Sogar meine Brötchen werden inzwischen mit einer gehörigen Portion Haferkleie zubereitet. Neuere Studien stellen zwar die früheren Behauptungen über die Wirksamkeit von Haferkleie zur Vorbeugung gegen Herzkrankheiten in Frage, aber nur wenige Experten zweifeln daran, daß sie ein wichtiger Bestandteil einer gesunden Ernährung ist.

Haferkleie ist eines der Nahrungsmittel, die reich an Ballaststoffen sind, die man heute für so wichtig hält zur Vorbeugung gegen Krebserkrankungen des Verdauungstraktes. Eigentlich ist der Begriff Ballaststoffe nicht eindeutig definiert, im allgemeinen sind es jedoch die Bestandteile von pflanzlichen Nahrungsmitteln, die durch die menschlichen Enzyme nicht verdaut werden. Schon Ärzte aus ganz früher Zeit wie Hippokrates haben angemerkt: »Für den menschlichen Körper macht es einen großen Unterschied, ob das Brot aus feingemahlenem Mehl oder grobem gemacht ist, ob aus Weizen mit der Kleie oder ohne sie.«

Dr. Fergus Clysdale, Leiter der Abteilung für Ernährungswissenschaft an der University of Massachusetts in Amherst, befürchtet jedoch, daß man sich die derzeit empfohlene Menge an Ballaststoffen – 37 Gramm pro Tag – gar nicht zuführen kann, ohne gleichzeitig eine gewaltige Kalorienmenge aufzunehmen. So meinte er letztens auf einer Tagung im Scherz, daß die Leute wahrscheinlich mehr Ballaststoffe bekommen, wenn sie die Schachteln aufessen, in denen sie ihre mit Haferkleie angereicherten Getreideflocken kaufen, als wenn sie deren Inhalt verzehren.

Die Haferkleiemanie ist zwar relativ neu, die potentielle Bedeutung der Reduktion von Fett in der Nahrung zur Vorbeugung gegen Herzkrankheiten ist aber schon seit langem bekannt. Die Pritikin-Diät und andere fettarme, halbvegetarische Diäten zielten alle darauf ab, die Eßgewohnheiten zu verändern und damit Herzerkrankungen zu bekämpfen. Neu – und ziemlich wichtig – ist, daß die Wissenschaft jetzt glaubt, daß manche Fette gut für den Menschen sind, wie etwa Olivenöl und Omega-3-Fettsäuren im Fischöl, die Ablagerungen in den Herzkranzgefäßen vermeiden helfen. Es heißt, daß allein mit einer Ernährungsumstellung möglicherweise bei bis zur Hälfte der Menschen mit schwerwiegenden Gefäßverengungen eine Bypass-Operation und Angioplastik vermieden werden könnten. Also müssen sich die Leute jetzt darum kümmern, wie sie die guten Fette in die

Ernährung einbauen, die schlechten streichen und dabei möglichst nichts durcheinanderbekommen.

Charles verfolgt seit Jahren die Forschung auf dem Gebiet der
Fette. Sein Vater und Großvater waren beide Mitte Fünfzig, als
sie an Herzinfarkt starben, und er hat panische Angst, daß es
ihm genauso geht. Er ist von Distelöl auf Olivenöl umgestiegen,
wird dabei aber von Schuldgefühlen und Zweifeln geplagt. Es ist
ihm immer noch unbegreiflich, wie alle Fettarten gleich viel Kalorien haben und dennoch manche von ihnen schlecht, andere
gut sein können. Die Angaben auf den Etiketten und die Hin-
weise, daß fettarme Marken der Gesundheit förderlich sind, ver-
wirren ihn noch zusätzlich. Jetzt hat er Angst, daß er von dem
ganzen Streß, der bei dem Versuch entsteht, gesund zu bleiben,
einen Herzinfarkt bekommt.

Auch unsere Eßgewohnheiten sind beim Kampf gegen Herzerkrankungen möglicherweise wichtig, wie man einem Artikel von
Dr. David Jenkins von der Abteilung für Ernährungswissenschaft der University of Toronto in Kanada entnehmen kann,
der im New England Journal of Medicine erschienen ist. Er
stellte gesunden Probanden, die freiwillig an dem Versuch teil-
nahmen, zwei identische Ernährungspläne zusammen, und zwar
nahmen sie das Essen einmal in Form von drei Mahlzeiten zu
sich und das andere Mal in siebzehn kleinen Portionen, jede
Stunde eine. Beide Ernährungsformen wurden zwei Wochen
lang beibehalten, und alle Männer machten jeweils beide mit.
Dabei wurde festgestellt, daß das (schlechte) LDL-Cholesterin
allein durch das häufigere Essen gesenkt werden konnte, ohne
daß an der Art oder Menge der Kost etwas geändert wurde.

Ich will mich damit nicht zum Verfechter einer Häppchendiät
machen, denn viele Menschen könnten wohl kaum länger dabei
bleiben, ohne die Kalorienzufuhr insgesamt zu erhöhen. Bei der
Jenkins-Studie wurde die Kalorienaufnahme streng überwacht,
und keiner der Männer nahm zu. Aber das Grundprinzip scheint

wichtig zu sein: Eher häufiger als weniger oft zu essen, kann bei unserem ständigen Bemühen darum, eine Herzerkrankung zu vermeiden, durchaus von Vorteil sein.

Auch im Kampf gegen Krebs werden Nahrungsmittel inzwischen umfassend eingesetzt. Dr. Marilyn Menkes, Epidemiologin am Institut für öffentliche Gesundheitspflege der Johns Hopkins University, hat im *New England Journal of Medicine* einen Artikel veröffentlicht, der sehr viel Beachtung fand. Sie hat Patienten untersucht, die an einem Plattenepithelkarzinom litten – der häufigsten Lungenkrebsart bei Rauchern –, und festgestellt, daß die Wahrscheinlichkeit, diese Krebsform zu entwickeln, bei Menschen mit einem niedrigen Spiegel an Beta-Carotin wesentlich höher war. Beta-Carotin ist ein Antioxidans im Körper, das gegen chemische Substanzen – genannt »freie Radikale« – vorgeht, die gesunde Zellen angreifen. Sie und andere Forscher schätzen, daß schon das in einer Karotte täglich enthaltene Beta-Carotin das Lungenkrebsrisiko um die Hälfte reduzieren kann, vor allem bei früheren Rauchern.

Auf der Liste der bevorzugten Nahrungsmittel von Menschen mit geringer Häufigkeit bei bestimmten Krebsarten – insbesondere Magen- und Dickdarmkrebs – tauchen immer wieder verschiedene Kohlsorten auf. Manche Wissenschaftler empfehlen aufgrund epidemiologischer Studien eine Ernährung, bei der häufig Gemüse aus der Familie der Kreuzblütler (Weiß- und Rotkohl, Brokkoli, Blumenkohl), tieforanges Obst und Gemüse (Netzmelone, Yamswurzel, Karotten) und dunkelgrünes Blattgemüse (Grünkohl und Spinat) verzehrt werden, weil sich dadurch das Risiko bei verschiedenen Krebsarten möglicherweise senken läßt.

Die Falle liegt in der damit einhergehenden falschen Vorstellung, daß Nahrung heilen kann. Nahrungsmittel sind keine Medikamente, die oft nur einfache Kombinationen mit einer ganz gezielten Wirkung sind. Und Nahrungsmittel wirken nicht bei jedem Menschen gleich. Genetische Faktoren bestimmen, wie Nahrung im Körper umgesetzt und verdaut wird. Außerdem kann es sein, daß dasselbe Nahrungsmittel, das der einen Erkrankung vorbeugt, das Risiko für eine andere erhöht. So schützen zum Beispiel Omega-3-Fettsäuren, die in fettem Fisch wie Lachs oder Thunfisch enthalten sind, die Herzkranzgefäße, weil sie die Triglyzeride senken, den HDL-Spiegel (das gute Cholesterin) erhöhen und der Bildung von Blutgerinnseln vorbeugen. In großen Mengen zugeführtes Fischöl kann jedoch für Diabetiker schädlich sein und auch bei Nicht-Diabetikern das Blut zu dünn werden lassen.

Während ein Glas Wein oder Bier am Tag das (gute) HDL-Cholesterin deutlich erhöhen kann, lassen neue Untersuchungen des Framingham Heart Project – einer Langzeitstudie an 1968 Männern und 2505 Frauen zwischen 17 und 90 Jahren, die in Framingham, Massachusetts, leben – darauf schließen, daß selbst ein oder zwei Gläser eines alkoholischen Getränks am Tag bei Männern mittleren Alters das Risiko einer Herzerweiterung erhöhen. Bei einer Herzerweiterung kommt es zu Herzrhythmusstörungen und es muß mehr Pumparbeit geleistet werden. Je stärker das Herz erweitert ist, um so größer ist das Risiko von Herzversagen und Tod. Bei Frauen scheint dies zwar seltener vorzukommen, aber die Wissenschaftler gewinnen immer mehr Anhaltspunkte dafür, daß die gleiche Menge an Alkohol das Brustkrebsrisiko erhöht. Also gibt es selbst hier – wo Nahrungsmittel heute offenbar eine so wichtige Rolle in der Präventivmedizin spielen – wieder eine Falle.

Versuchen Sie am besten jedes Übermaß zu vermeiden. Selbst wenn es sich um etwas an sich sehr Nahrhaftes handelt, kann ein Zuviel schädlich sein. Die Ernährungsbücher, die Ihnen Wunderdinge versprechen – und es werden immer mehr –, bringen Ihnen nichts, mögen die Versprechungen auch noch so verführerisch klingen.

Ein Aspekt der Essensfalle ergibt sich daraus, daß diese widersprüchlichen Empfehlungen zu heilloser Verwirrung darüber führen, welche Nahrungsmittel nun tatsächlich gut sind. Gestern hieß es, Cholesterin sei schlecht für das Herz; heute ist sich die Wissenschaft nicht mehr so sicher. Manche Leute, wie Charles, stellen ihre Ernährung nach jeder neuen Verlautbarung von seiten der Mediziner und Forscher um. Andere haben das Thema abgeschrieben und sagen, daß das, was heute gut für einen ist, morgen als schlecht befunden wird, warum sich also den Kopf darüber zerbrechen. Darin steckt schon ein Körnchen Wahrheit, denn die wissenschaftlichen Erkenntnisse über die Ernährung und ihre Auswirkungen auf Gesundheit, Geist und Körper werden immer mehr. Man kann kaum eine Zeitung oder Zeitschrift aufschlagen, ohne auf ein neues Forschungsergebnis zu stoßen, über das gerade bei einer Tagung oder in einer Fachzeitschrift berichtet wurde und das besagt, daß der eine oder andere Aspekt der Ernährung jetzt völlig anders zu sehen ist. Selbst das früher über jeden Zweifel erhabene Fluorid in unserem Trinkwasser wird noch einmal einer Prüfung unterzogen, und die US-Regierung hat Anfang 1990 neue Erkenntnisse über sein krebsauslösendes Potential veröffentlicht. Als Wissenschaftler machen wir uns viel Gedanken darüber, ob die ausführliche Behandlung solcher Themen in den Medien hilfreich ist oder die meisten Menschen lediglich verwirrt. Oft wird die Öffentlichkeit dadurch nur beunruhigt und verunsichert. Nehmen Sie zum Beispiel die Kennzeichnungspflicht über den Inhalt von Lebensmitteln oder die gentechnische Produktion von Nahrung.

Wissenschaftliche Erkenntnisse über die Ernährung wurden erstmals systematisch zur Information der Öffentlichkeit eingesetzt, als die US-Regierung begann, Ernährungsrichtlinien herauszugeben. Diese Richtlinien entsprechen der bestmöglichen Schätzung des Nährstoffbedarfs, die von einem Komitee hochrangiger Ernährungswissenschaftler – dem Food and Nutrition Board

der National Academy of Sciences – erarbeitet wurde. Die neuesten Ernährungsrichtlinien wurden 1989 veröffentlicht. Die
Empfehlungen sind so angelegt, daß sie den Nährstoffbedarf des
größten Teils der Bevölkerung decken; es ist aber nicht möglich,
etwas über den genauen Bedarf jedes einzelnen auszusagen. Die
Richtlinien stimmen zwar für viele Erwachsene ziemlich genau,
bei Kindern, Teenagern und älteren Menschen aber nicht mehr.
Aber was bedeutet es, wenn wir auf der Zutatenliste eines Pro-
dukts lesen, daß es die hundert- oder tausendfache Menge der
pro Tag empfohlenen Menge eines bestimmten Vitamins oder
Mineralstoffes enthält? Sollen wir uns darüber freuen oder beunruhigt sein? Bei den meisten Stoffen besteht wahrscheinlich
kein Anlaß zur Sorge, obwohl niemand das mit Sicherheit sagen
kann. Bei manchen Vitaminen aber, wie dem Vitamin A, sind
zu große Mengen potentiell schädlich.

Die meisten bearbeiteten Produkte in den USA müssen heute
von Gesetzes wegen mit einer Zutatenliste versehen sein. Sie
soll dem Verbraucher Aufschluß geben über die darin enthaltenen Nährwerte. Umfragen bei Verbrauchergruppen haben jedoch gezeigt, daß die Öffentlichkeit nicht weiß, was sie damit
anfangen soll, und manche Leute empfinden diese Informationen geradezu als störend. Viele Wissenschaftler und auch die
Nahrungsmittelindustrie befürchten, daß die Menschen immer
mehr »abschalten«, wenn aufgrund neuer Gesetze sowohl mehr
Produkte ausgezeichnet werden müssen als auch die Menge an
Information zunimmt.

Heute können viele neue Produkte, wie zum Beispiel Fettersatz-
stoffe, entwickelt werden, weil die Wissenschaftler dazu ihre Erkenntnisse auf dem Gebiet der Gentechnik umsetzen können.
Sie werden nicht nur schmackhafte Nahrungsmittel ohne Kalorien herstellen, sondern auch Lebensmittel vom Geschmack her
verbessern können – damit sie frischer, süßer, knackiger sind,
was auch immer. Inzwischen beginnt man allmählich zu verste-

hen, welche Gene eigentlich für die Entstehung der verschiedenen Nahrungsmittel verantwortlich sind, was alle nur erdenklichen Manipulationen und Variationen möglich macht.

Das mag zwar wie die ideale Lösung für jedermanns wildeste Phantasien in Sachen Ernährung klingen, aber auch Kritiker dieses Verfahrens gibt es zuhauf. Bei Gentechnik, selbst bei Pflanzen, denken manche gleich an ein erhöhtes Krebsrisiko. Manche neue Produkte bewirken, daß bestimmte wichtige Vitamine oder Mineralstoffe schneller aufgebraucht werden. So kann zum Beispiel eines der neuen modifizierten Fette dem Körper den Vorrat an Vitamin E entziehen. Die Wissenschaftler werden darüber weiter debattieren, aber leider wird die Öffentlichkeit dadurch noch mehr verwirrt und verunsichert, was den gefahrlosen Verzehr von Nahrungsmitteln betrifft.

Ernährung und Stimmung

Die Skala des Allgemeinwissens darüber, wie Kohlenhydrate unsere Gefühle und unser Verhalten beeinflussen, reicht vom »Zuckerhoch« bis zum »Zuckertief«.

Ernährung, Kriminalität und Hyperaktivität

Theorien, die Zucker mit unsozialem Verhalten und Hyperaktivität in Zusammenhang bringen, sind seit Jahren im Gespräch. Fand man sie früher nur in Büchern und Zeitschriften für Ernährungsfanatiker, werden diese Theorien heute ausführlich bei Fachtagungen diskutiert und tauchen in Büchern und Artikeln auf, die für das Personal von Straf- und Justizanstalten gedacht sind, für Schulen und Eltern.

Die Überzeugung, daß Zucker einen wesentlichen Einfluß auf kriminelles Verhalten hat, ist inzwischen schon bis in den Gerichtssaal vorgedrungen. Das berühmteste Beispiel dafür ist das Plädoyer des Verteidigers im Mordprozeß von Dan White. Dan White, ehemaliger Aufsichtsbeamter in San Francisco, war mit einem geladenen Gewehr in das Rathaus eingedrungen – er war durch ein Fenster geklettert, um den Metalldetektor zu umgehen – und hatte dann den Bürgermeister George Moscone und den Beamten Harvey Milk getötet.

Oberflächlich betrachtet schien es ein klarer Fall von vorsätzlichem Mord zu sein. Aber Whites Verteidiger berief sich auf verminderte Zurechnungsfähigkeit. Er argumentierte, daß Whites Fähigkeit, das Ausmaß seiner Tat »reiflich und im Zusammenhang« zu bedenken, erheblich beeinträchtigt gewesen sei. Er führte an, daß »Whites Hang dazu, irgendwelches Zeug hinunterzuschlingen – Schokoladenkekse, Cola, Krapfen und Schokoladenriegel – ... seine Depression verschlimmerte und zu einem chemischen Ungleichgewicht in seinem Gehirn führte.« White wurde daraufhin nur des Totschlags für schuldig befunden, ein wesentlich weniger schlimmes Verbrechen, was zu einer öffentlichen Kontroverse und anschließend zur Abschaffung der verminderten Schuldfähigkeit in Kalifornien führte.

Zur Zeit gibt es wenig wissenschaftliche Beweise dafür, daß bestimmte Faktoren der Ernährung bei unsozialem Verhalten eine Rolle spielen. Verschiedene Strafanstalten versuchen zwar, durch Ernährungsprogramme darauf Einfluß zu nehmen, aber ihre Effektivität konnte bislang durch keine entsprechenden Daten erhärtet werden.

Zucker ist auch mit der Hyperaktivität bei Kindern in Verbindung gebracht worden. Wie der Fachausdruck schon sagt, weisen solche Kinder ein für ihr Alter hohes Maß an motorischer Aktivität auf. Sie können sich außerdem schlecht konzentrieren und zeigen sich sehr impulsiv. Daß der Zuckerkonsum hinter diesem Problem steckt, ist eine in der Öffentlichkeit weit verbreitete Meinung. Diese Überzeugung wurde in den Medien noch durch Berichte über den »Halloween-Effekt« verstärkt: Kinder sollen angeblich Amok gelaufen sein, nachdem sie sich mit ihren Halloween-Süßigkeiten vollgestopft hatten.

Inzwischen sind einige methodologisch sehr genaue Studien durchgeführt worden, um die Auswirkungen von Zucker bei hyperaktiven und »normalen« Kindern zu überprüfen. Die Untersuchungen waren deshalb so genau, weil sie als Doppelblindversuche durchgeführt wurden: Weder die Versuchsleiter noch die Kinder wußten, wann sie echten Zucker oder nur den Zuckerersatzstoff Aspartam (Nutrasweet) bekamen. Die hyperaktiven und »normalen« Kinder wurden beim Spiel und bei der Durchführung verschiedener Aufgaben beobachtet, von denen jede ein unterschiedliches Maß an Aufmerksamkeit und Wissen erforderte. Die Studien haben allgemein nur sehr wenig Beweismaterial für die Auswirkungen von Zucker auf das Verhalten erbracht.

Es kann natürlich trotzdem sein, daß einzelne Menschen auf Zucker oder Nahrungsmittel, die Zucker enthalten, sehr negativ reagieren; es gibt ja auch Menschen, die auf andere Nahrung negativ reagieren, zum Beispiel auf Milchprodukte. Und über mehrere Tage oder Monate hinweg zugeführter Zucker hat möglicherweise Auswirkungen, die in kurzzeitigen Laborstudien nicht festzustellen sind. Allerdings sprechen die bisher aus den wissenschaftlichen Studien gewonnenen Erkenntnisse dagegen, daß Zuckerkonsum allgemein für aggressives Verhalten oder Lernprobleme verantwortlich ist.

Stimmung und Müdigkeit

Zuckerhaltige Nahrungsmittel können sich jedoch auch auf die psychische Stimmung auswirken. Kein Wunder, daß so viele Menschen davon praktisch abhängig sind. Unsere besondere Vorliebe für Süßigkeiten scheint angeboren zu sein. Ich selbst habe Studien bei Neugeborenen durchgeführt, die erst wenige Minuten auf der Welt waren. Die Ergebnisse zeigen, daß sie viel stärker an der Flasche saugten, wenn sie eine süße Lösung bekamen statt reines Wasser. Neugeborene können schon kurz nach der Geburt zwischen verschiedenen Zuckerkonzentrationen im Wasser unterscheiden – je süßer es ist, um so stärker ist der Saugreflex. Diese Erkenntnis traf gleichermaßen zu, ob die Neugeborenen ein normales Gewicht hatten oder eher rundlich waren.

Die Wissenschaftler untersuchen schon seit langem, welche Auswirkungen Zucker auf den Körper hat. Wir wissen zum Beispiel, daß die in einem Schokoriegel enthaltene Menge an Zucker schnell zu einem Anstieg des Blutzuckerspiegels führt und damit zu einem schnellen Energieschub. Dieser Anstieg bedeutet aber auch, daß das Hormon Insulin freigesetzt wird, das den Blutzuckerspiegel senkt. Unter dem Strich bedeutet das für manche Menschen, wenn auch sicherlich nicht für alle, daß sie nach dem anfänglichen »Hoch« schlecht gelaunt, reizbar und ganz allgemein niedergeschlagen sind. Und etwas später führt man seine Stimmung vielleicht nicht auf die Süßigkeiten zurück, die man eine Stunde vorher gegessen hat – vor allem weil sie einem anfangs ein so gutes Gefühl gegeben haben.

Eine andere Untersuchung läßt darauf schließen, daß die Ermüdungserscheinungen nach Zuckerkonsum nicht nur auf Hypoglykämie, den plötzlichen Blutzuckersturz, zurückzuführen sind, zu dem es anschließend kommt. Diese Arbeit legt vielmehr nahe, daß die Folgen des Verzehrs zuckerhaltiger oder jeglicher kohlenhydratreicher Nahrung (Zucker ist nur eine von verschiedenen Kohlenhydratarten) möglicherweise auf einen Anstieg des Serotonins, einem der Botenstoffe im Gehirn, zurückzuführen ist.

Die Neurologen Richard Wurtman und John Fernstrom, die ursprünglich am MIT zusammenarbeiteten, fanden heraus, daß das Gehirn auf bestimmte Nahrungsbestandteile reagiert, vor allem auf das Verhältnis von Protein zu Kohlenhydraten bei einer Mahlzeit. Sie glauben, daß die Ernährung die Aktivität der Neuronen (Nervenzellen) im Gehirn beeinflußt, indem sie auf die Synthese der Neurotransmitter einwirkt, die chemischen Überträgerstoffe, die die Neuronen sozusagen zünden. Wie man inzwischen weiß, steuern verschiedene Neurotransmitter unterschiedliche Verhaltensweisen. Daher könnten sich Ernährungsfaktoren, die die Produktion einer ganzen Reihe von Neurotransmittern beeinflussen, auch auf das Verhalten auswirken. Es scheint, daß die Frequenz, mit der manche Neurotransmitter synthetisiert werden und die Menge, die freigesetzt wird, von Mensch zu Mensch unterschiedlich ist, je nachdem, was er gerade gegessen hat.

Manche Wissenschaftler sind hier noch skeptisch, und noch sind nicht alle Teile dieses Steuerungspuzzles am richtigen Platz. Dennoch liefern die Wurtman-Ergebnisse einige sehr interessante Aufschlüsse darüber, wie das System funktionieren könnte. Zwischen dem Blutkreislauf und dem Gehirn gibt es eine halbdurchlässige Barriere, die als Blut-Hirn-Schranke bezeichnet wird. Um durch die Ernährung Einfluß auf das Gehirn zu nehmen, müssen die Nahrungsbestandteile diese Blut-Hirn-Schranke überwinden. Einigen gelingt das offenbar leichter als anderen. Zu denen, die das können, gehört Tryptophan, eine Aminosäure, die in Serotonin und andere chemische Stoffe umgewandelt wird, sobald sie in das Gehirn gelangt. Wird jedoch proteinreiche Nahrung, die Aminosäuren in großer Menge enthält, zusammen mit Kohlenhydraten zugeführt, überwinden diese die Blut-Hirn-Schranke schneller als das Tryptophan. Eine proteinreiche Mahlzeit setzt die Serotoninsynthese daher im allgemeinen herab. Eine kohlenhydratreiche, proteinarme Mahlzeit hingegen erhöht den Tryptophanspiegel im Gehirn und beschleunigt damit die Serotoninsynthese. Werden allein Kohlenhydrate aufgenommen, bewirken sie die Freisetzung von Insulin in den Blutkreislauf, das durch seine hemmende Wirkung auf die Konkurrenten des Tryptophans diesem ermöglicht, die Blut-Hirn-Schranke leichter zu überwinden. Entsprechende Studien haben gezeigt, daß eine nur aus Kohlenhydraten bestehende Mahlzeit eine größere Entspannung und manchmal sogar Müdigkeit bewirkt als eine proteinreiche, vor allem bei Frauen. Nach Meinung von Richard und Judith Wurtman könnte es mehr als ein Zufall sein, daß die mit der Nahrung aufgenommenen Kohlenhydrate und die zwei Hauptgruppen antidepressiver Medikamente, die Monoaminooxydasehemmer und die trizyklischen Antidepressiva, die in den Synapsen im Gehirn vorhandene Menge an Serotonin erhöhen sollen. Vielleicht betreiben manche Leute, die zwischendurch etwas Kohlenhydratreiches essen, damit unbewußt eine Art Selbstmedikation. Viele Frauen, die in unserer Klinik wegen Gewichtsproblemen Hilfe suchen, nehmen etwa die Hälfte ihrer täglichen Kalorienmenge in Form von kohlenhydratreicher Nahrung zu sich. Sie berichten, daß sie oft eine richtige Gier danach haben. Die Wurtmans sind der Ansicht, daß bei ihnen eine Störung des Prozesses zwischen der Kohlenhydrataufnahme und der Freisetzung von Serotonin im Gehirn vorliegt.

Die meisten dieser Menschen beschreiben sich als ängstlich, angespannt oder depressiv, bevor sie eine kohlenhydrathaltige Mahlzeit zu sich nehmen. Viele sagen, daß sie sich dann ganz gezielt etwas Kohlenhydratreiches suchen und sich ruhiger und entspannter fühlen, wenn sie es gegessen haben. Sherry erzählt, daß sie am Nachmittag eine solche »Spritze« braucht. Sie beeilt sich, nach dem Unterricht schnell nach Hause zu kommen, und schnappt sich Süßigkeiten, Crackers, Chips – alles Kohlenhydratreiche. Die Lehrersitzungen um vier Uhr nachmittags jeden Montag hält sie nicht durch – dort werden nur Tee und Kaffee angeboten. Also legt sie in ihrem Pult einen Vorrat an

Salzbrezeln und Keksen an, die sie heimlich hinunterschlingt, sobald ihr Unterricht zu Ende ist. Selbst die Angst, daß sie dabei ein Schüler überraschen könnte, der etwas im Klassenzimmer vergessen hat, kann sie nicht davon abhalten. Sie ist überzeugt, daß nichts anderes sie so sehr entspannt wie dieser Snack am Nachmittag. Sie erzählt, daß sie die Spannung im Gesicht und Nacken regelrecht abfließen spürt, ein spürbares Zeichen der Erleichterung.

Außer dem Serotoninspiegel im Gehirn gibt es noch andere biologische Mechanismen, die die Beziehung zwischen Streß oder Depression und übermäßigem Essen ebenfalls beeinflussen könnten. Viele Leute behaupten, daß sie mehr essen, wenn sie unter Streß stehen, weil sie hungriger sind und ihnen das Essen in solchen Momenten besonders schmeckt. Um diesen Punkt experimentell zu untersuchen, führten wir eine Studie mit Menschen durch, die nicht regelmäßig Koffein zu sich nahmen. Die Hälfte von ihnen bekam Koffeintabletten, die sie für Vitaminpräparate hielten. Das Koffein regte sie körperlich an, aber sie führten diese Aktivierung nicht auf das Koffein zurück, da sie ja nicht wußten, daß sie es bekommen hatten. Die andere Hälfte der Probanden bekam Placebos, die keine Wirkstoffe enthielten. Dann bekamen alle Versuchsteilnehmer etwas zu essen, was sie vorher noch nie gegessen hatten (ein Mangosorbet), so daß wir sehen konnten, welche Auswirkung die physiologische Aktivierung auf ihr Eßverhalten hat, ohne daß dies durch eine frühere Erfahrung mit diesem Nahrungsmittel verkompliziert worden wäre. Wir stellten fest, daß die durch das Koffein körperlich angeregten Probanden sich tatsächlich hungriger fühlten und ihnen das Mangosorbet besser schmeckte als denen, die nur ein Placebo bekommen hatten.

Bei vielen Menschen ist es gerade diese »ungeklärte« Aktiviertheit, die zu zwanghaftem Essen führt. Es ist das Gefühl von Aufgeregtheit, innerer Unruhe, Nervosität. Solche Leute können »süchtig« werden nach Kohlenhydraten, insbesondere wenn sie unter Streß stehen, denn Kohlenhydrate führen zu innerer Ruhe oder sogar einer willkommenen Müdigkeit. Anschließend aber kann das Kohlenhydrat-»Tief« einsetzen und ein Übermaß an Mattigkeit und Schuldgefühlen wegen all der kalorienreichen Sachen, die man gegessen hat, mit sich bringen. Wir müssen also mit langfristigen Folgen für den momentan erzielten Nutzen bezahlen.

Eine unserer Patientinnen, Marcia, ißt alles, was sie an Kohlenhydraten im Haus hat, selbst Hundefutter, wenn sie nervös und gereizt ist. Da sie nicht in der Lage ist, sich darüber klarzuwerden, was genau los ist, stopft sie weiter Essen in sich hinein, um diese unangenehmen Gefühle zu vertreiben. Sie sagt, daß sie »eine Spritze braucht«, und beschreibt ihre Gefühle in solchen Momenten als eine »Riesenpanik«. Wenn sie fast bis zur Bewußtlosigkeit benommen ist, scheinen die schlechten Gefühle abzuebben. Auch der Akt des Kauens ist für sie eine Erleichterung. Und Marcia ist damit nicht allein, obwohl sie in der Wahl ihrer Nahrungsmittel doch weit extremer ist als die meisten anderen Menschen. Fast jeder, der mit seinem Gewicht zu kämpfen hat, ißt mehr, wenn er unter Streß steht. Warum? Bei innerer Not und anderen Formen psychischer Erregung werden dem Gehirn chemische Signale übermittelt, die denen ähneln, die es während einer Diät bekommt, wenn Energie gebraucht wird. Essen verwandelt diese Signale und schafft Erleichterung.

Nicht alle Kalorien sind gleich

Der dritte Aspekt der Essensfalle ergibt sich daraus, daß der Körper selbst sehr ähnliche Nahrungsmittel nicht in der gleichen Weise behandelt.

»Eine Rose ist eine Rose ist eine Rose«

Nichts könnte in bezug auf Nahrung unzutreffender sein als dieses geflügelte Wort von Gertrude Stein. Die neuesten wissenschaftlichen Beweise hierzu sind eindeutig. Der Körper behandelt einfach nicht alle Kalorien gleich. Ein kleiner Schokoladenriegel und eine große Banane können gleich viele Kalorien haben. Wir wissen natürlich, daß sie sich vom Nährwert her unterscheiden, aber nur wenige kennen andere wichtige Aspekte, die bei diesen beiden Nahrungsmitteln anders sind. Die Banane hemmt die Resorption von Kalorien und beschleunigt den Stoffwechsel. Die Schokolade vergrößert die Fettdepots.

Von Forscherteams der Universitäten Harvard und Stanford durchgeführte Untersuchungen an Männern und Frauen haben ergeben, daß in der Nahrung enthaltenes Fett womöglich der Hauptschuldige für unseren Kampf mit dem Gewicht ist. Die Untersuchungen fanden fast keine direkte Beziehung zwischen der täglichen Kalorienzufuhr und dem Körpergewicht. Das Gewicht korrelierte vielmehr nur damit, wieviel Fett jeweils in der Nahrung enthalten war. Dr. Ethan Sims, emeritierter Professor der medizinischen Fakultät der University of Vermont, hat Untersuchungen bei Männern durchgeführt, die in einem Vermonter Staatsgefängnis einsaßen. Er und seine Kollegen bezahlten sie dafür, daß sie mehr als gewöhnlich aßen und dadurch zunahmen, und versorgten sie mit allen möglichen leckeren Sachen, die die Gefängniskost sonst nicht zu bieten hat. Die freiwilligen Versuchsteilnehmer nahmen am stärksten zu, wenn der Fettanteil in der Nahrung erhöht wurde.

Wenn zwei Menschen die gleiche Menge an Kalorien aufnehmen, der eine mit der Nahrung aber mehr Fett zu sich nimmt, hat er oder sie dadurch mehr Energie zur Verfügung. Das hat zwei Gründe. Erstens werden zur Verbrennung fettreicher Nahrung beim Verdauungsvorgang weniger Kalorien verbraucht als bei kohlenhydratreicher Kost. Zweitens wandelt der Körper Fett aus der Nahrung relativ leicht in Depotfett um. Die Umwandlung von Kohlenhydraten in Depotfett hingegen erfordert kompliziertere Stoffwechselvorgänge. Studien, die Dr. Eric Jecquier von der Universität Lausanne in der Schweiz durchgeführt hat, haben erbracht, daß 23 Prozent der in einem kohlenhydratreichen Nahrungsmittel wie einem Stück Brot enthaltenen Kalorien verbraucht werden, um diese Kalorien in Fett umzuwandeln. Im Vergleich dazu werden nur 3 Prozent eines fettreichen Nahrungsmittels wie Eiscreme für die Umwandlung dieses Nahrungsfettes in Depotfett benötigt.

Bei einer anderen Untersuchungsreihe hat Dr. Claude Bouchard, Physiologe an der Laval University in Kanada, vor kurzem nachgewiesen, daß der Verzehr fettreicher Nahrung dazu führen kann, daß man später mehr Kalorien zu sich nimmt. Bei seinen Versuchen bekamen Studenten, die sich dafür freiwillig gemeldet hatten, über mehrere Tage hinweg alle Mahlzeiten im Labor. An einigen Tagen war der Fettanteil sehr hoch, ohne daß sie das wußten. An anderen Tagen sah das Essen genauso aus, enthielt aber sehr wenig Fett. Ironischerweise führte die fettreiche Kost dazu, daß die Teilnehmer den Rest des Tages über mehr Kalorien zu sich nahmen. Dieses Ergebnis ist überraschend, denn die vorher aufgenommene fettreiche Nahrung enthielt mehr Kalorien, sollte sie also mehr gesättigt haben. Es scheint, daß das System dadurch biochemisch auf Touren gebracht wird und man als Folge davon mehr Lust auf Essen bekommt und nicht weniger.

Andere von Dr. Bouchard durchgeführte Untersuchungen fügen sich in dieses Bild ein, denn sie ergaben, daß die Zunahme an Körperfett durch hohe Fettzufuhr sich vor allem um Taille und Bauch herum zeigt. Epidemiologische Studien belegen, daß Fettdepots im Bauchbereich mit einem stark erhöhten Risiko von Herz-Kreislauferkrankungen einhergehen. Sie tun sich also möglicherweise den besten Dienst damit, wenn Sie beim Fett in der Nahrung Abstriche machen.

Vor kurzem hat unsere Forschungsarbeit einen neuen Anhaltspunkt dafür erbracht, daß nicht alle Kalorien gleich sind – dieses Mal im Hinblick auf die verschiedenen Arten von Zucker. Die verschiedenen Zuckerarten unterscheiden sich in ihrer Wirkung darauf, was und wieviel Sie als nächstes essen, nachdem Sie sich etwas Süßes gegönnt haben, auch wenn die Kalorienmenge gleich ist. Wir haben bei unseren Studien festgestellt, daß mit Fruktose gesüßte Zitronenlimonade Hungergefühle und Nahrungsaufnahme zu reduzieren scheint, während mit anderen Zuckerarten (Saccharose, Glukose oder Dextrose) gesüßte Limonade den gegenteiligen Effekt hat. Fruktose ist der in Honig und Obst enthaltene Zucker, während Glukose und Dextrose in Haushaltszucker und vielen Süßigkeiten enthalten sind. Es kann also ziemlich wichtig sein, darauf zu achten, welche Art von Zucker man zu sich nimmt.

Und es geht noch weiter. Ballaststoffreiche Nahrungsmittel wie Obst, Getreide und Teigwaren können die Resorption der in ihnen enthaltenen Kalorien zum Teil hemmen. Entsprechende Studien haben erbracht, daß Tiere, die ballaststoffreiches Futter bekamen, 25 Prozent weniger Körperfett ansetzten als Tiere, die ein Futter ohne Ballaststoffe bekamen. So unglaublich es auch erscheinen mag, das mit Ballaststoffen angereicherte Futter enthielt tatsächlich mehr Kalorien. Dr. Allen Levine, Professor für Ernährungswissenschaft am Veterans Administration Medical Center in Minneapolis, ist der Ansicht, daß dieser Effekt auf die grobe Struktur der Ballaststoffe zurückzuführen ist. Er meint, daß um so weniger Kalorien resorbiert werden, je weniger bearbeitet und daher gröber die Nahrung ist. Um diese Annahme zu überprüfen, ließ er den Teilnehmern an einer Studie 100 Fettkalorien in Form von Erdnußöl, Erdnußmus und Erdnüssen verabreichen. Er stellte fest, daß sie die 100 Fettkalorien in Form von Öl fast ganz resorbierten, 94 der Fettkalorien beim Erdnußmus und nur 82 Fettkalorien bei den Erdnüssen. Eine Kalorie ist keine Kalorie ist keine Kalorie.

Der Geschmack

Der Geschmackssinn wird von vielen Faktoren beeinflußt, was ein wichtiger Aspekt der Essensfalle ist. Die Tageszeit, was Sie vorher gegessen haben und das individuelle Muster der Geschmacksknospen haben einen Einfluß darauf, wie Ihnen etwas schmeckt. Morgens zum Beispiel schmeckt vieles anders als zu anderen Tageszeiten. Das kommt daher, daß die Geschmacksknospen während des Schlafs nur mit Speichel und Luft in Berührung gekommen sind. Der Speichel ist salzig, was man aber normalerweise nicht merkt, weil die Geschmacksknospen ständig damit befeuchtet werden.

Der Geschmack eines Nahrungsmittels wird sehr davon beeinflußt, was man vorher gegessen hat. Waren die Geschmacksknospen längere Zeit etwas Süßem ausgesetzt, dann schmeckt die nächste Süßigkeit, die Sie essen, weniger süß. Es hat sich dann ein Phänomen vollzogen, das man als Geschmacks-adaptation bezeichnet. Dr. Barbara Rolls, Psychologin an der Johns Hopkins University, und Dr. Edmund Rolls von der Oxford-Universität in England sind der Ansicht, daß Menschen, die viele gleich schmeckende Dinge essen, aufgrund der Geschmacksadaptation ihren Appetit verlieren.

Die beiden Wissenschaftler haben in einer repräsentativen Studie den Teilnehmern so viele Süßigkeiten gegeben, wie sie essen wollten, und sie sollten nicht aufhören, bevor sie ganz satt waren. Bekamen sie dann andere, jedoch immer noch süße Nahrungsmittel angeboten, lehnten sie sie ab, als wären sie tatsächlich satt. Wurde ihnen hingegen eine andere Geschmacksrichtung angeboten, zum Beispiel etwas Salziges wie Chips, begannen sie wieder zu essen, als hätten sie noch Hunger. Dieses Phänomen – man bezeichnet es als sinnesspezifische Übersättigung – basiert auf Geschmacksadaptation. Die Rolls argumentieren, daß unser typisches Muster von verschiedenen Gängen bei einer Mahlzeit – von denen jeder in eine andere Geschmacksrichtung geht – die Geschmacksadaptation verhindert und damit übermäßiges Essen fördert. Und das erklärt auch, warum wir für ein Dessert immer noch Platz im Magen haben. Marla konnte oft einfach nicht aufhören, zu Hause ständig irgend etwas zu essen. »Ich war so voll von der Tüte Kartoffelchips, die ich gerade gegessen hatte, daß ich dachte, ich würde explodieren«, erzählte sie mir einmal. »Dann sah ich plötzlich die Eiscreme, die ich ganz vergessen hatte, und es war, als hätte ich nie etwas gegessen.«

Die Wissenschaftler meinen, daß der Geschmack bei der Steuerung des Eßverhaltens eine wichtige Rolle spielt. Wenn die Geschmacksknospen nicht richtig funktionieren, ist bei der Nahrungsaufnahme oft jede Kontrolle dahin. Wir haben zum Beispiel festgestellt, daß Bulimikerinnen, die mindestens dreimal pro Woche oder öfter erbrachen, in den Bereichen des Mundes, der mit dem Erbrochenen in Berührung kam – das Gaumendach und der Gaumen selbst – ihre Fähigkeit zu schmecken völlig verloren hatten. Sehr wahrscheinlich wird die Häufigkeit des

Erbrechens durch den Geschmacksverlust noch verstärkt, weil sie immer intensivere Geschmacksempfindungen brauchen, um den durch ihr Erbrechen verursachten Verlust auszugleichen.

Viele Menschen brauchen einen ganz bestimmten Geschmack, der es »bringt«, auch wenn sie nicht an einer Eßstörung leiden. Denise zum Beispiel beschreibt ihren Hunger als eine Reihe von Begierden und Geschmacksempfindungen. Sie konnte etwas essen, das sie ziemlich sättigte, aber wenn es nicht den Geschmack hatte, nach dem ihr gerade war, fühlte sie sich trotzdem unbefriedigt. »Wenn ich Lust auf etwas Saures habe«, erzählte sie, »dann spüre ich richtig, wie mein Mund sich in der Vorfreude darauf zusammenzieht. Wenn mein Mund etwas Saures will, dann schmeckt Popcorn, das ich sonst sehr gern mag, wie Sägemehl.«

So kommen Sie aus
der Essensfalle heraus

Um aus der Essensfalle herauszukommen, müssen Sie die verschiedenen Bedeutungen des Essens berücksichtigen. Es gibt nur sehr wenige Befriedigungen im Leben, die so leicht zugänglich, so erfüllend sind oder so sehr unserer eigenen Kontrolle unterliegen wie Essen. Machen Sie eine Liste von all den Dingen, für die Sie Essen einsetzen – ob Sie sich damit etwas Gutes gönnen oder seelischen Schmerz lindern wollen. Gehen Sie als erstes zu Ihren Antworten beim Test »Essen als Seelennahrung« (S. 175) zurück. Notieren Sie die negativen Emotionen, auf die Sie häufig mit Essen reagieren. Überlegen Sie sich dann, wie Essen diese unangenehmen Gefühle beeinflußt – ob es Sie beruhigt, entspannt, Ihnen ein Gefühl der Zufriedenheit gibt. Vergessen Sie bei Ihrer Liste auch nicht, ob Sie manchmal essen, weil Ihnen schlicht langweilig ist oder der Geselligkeit wegen.

Wenn Sie damit fertig sind, notieren Sie neben jedem Punkt andere Dinge, die dieselbe Funktion erfüllen können. Ganz wichtig dabei ist, daß diese »Ersatzbefriedigungen« sofort verfügbar sind und Ihrer eigenen Kontrolle unterliegen. So könnte zum Beispiel ein Kinobesuch leicht ein Ersatz für ein gemeinsames Abendessen sein, wenn es um das Zusammensein mit anderen geht, aber es ist kein Ersatz für die Plünderung des Kühlschranks, damit Sie sich besser fühlen, wenn Sie gerade einen Streit mit Ihrem Partner oder Ihrem besten Freund hatten.

Erschrecken Sie nicht, wenn Sie feststellen, daß Sie nur sehr wenige Dinge parat haben, die die Funktion von Essen problemlos übernehmen können. *Auf die Schnelle geht das wahrscheinlich bei fast niemandem.* Die Strategie dahinter ist, daß

Sie langsam auf mehrere Sachen kommen, die Sie ausprobieren könnten. Was könnte sich als Ersatz anbieten? Auch hier müssen Sie wieder Punkt für Punkt und jede Funktion für sich durchgehen. Das ist kein generelles Konzept, es geht vielmehr darum, eine Reihe von einzelnen Taktiken zu entwickeln, um einen Ersatz für die vielfältigen Bedeutungen und Funktionen des Essens zu finden. Andernfalls werden Sie immer wieder die gleichen Kämpfe mit dem Essen zu bestehen haben.

Marcia, die einmal Hundefutter gegessen hat, geht jetzt jedesmal joggen, wenn sie sich gestreßt fühlt, und spielt Klavier, wenn ihr langweilig ist. Auf diese »Ersatzbefriedigungen« ist sie selbst gekommen, nicht ich. Was sie von mir gelernt hat, war, eine Wahl zu treffen. Sie hat gelernt, daß sie es wert ist. Sie hat jetzt neue Wege der Selbstfürsorge gefunden und sieht im Essen nicht mehr die einzige Möglichkeit, gut zu sich zu sein.

Sie müssen lernen, daß Essen nichts mit gut oder schlecht zu tun hat. Es ist gefährlich, den emotionalen Zündstoff des Essens zu entschärfen. Sie müssen sich immer wieder sagen, daß es in Ordnung ist, wenn Sie etwas essen, von dem Sie glauben, es wäre »falsch«. Essen *ist* befriedigend, also ist das Ziel, sich dessen bewußter zu werden und es zu analysieren, damit Sie am Ende besser kontrollieren können, wann und warum Sie essen.

Bei der Behandlung von Cheryl konzentrierten wir uns auch darauf, die »hochriskanten emotionalen Situationen« genau zu erkennen, die oft zu übermäßigem Essen führten. Wenn sie sich zum Beispiel »total gestreßt« fühlte, ging sie in der Mensa ihres Colleges von Tisch zu Tisch, blieb immer nur ein paar Minuten sitzen und aß, während sie sich mit den Leuten unterhielt. Dann stand sie auf, holte sich wieder etwas zum Essen und setzte sich an einen anderen Tisch, damit niemand merkte, wieviel sie aß. Das machte sie oft so lange, bis die Mensa schloß. Ihr übergroßes Bedürfnis nach Beliebtheit und ihr Verlangen nach Essen waren der Grund für dieses Verhaltensmuster.

Cheryl beschloß, dieses eingefahrene Muster abzulegen, indem sie sich einen Tisch aussuchte und sich eine ausgewogene Mahlzeit auf das Tablett stellte. Dann setzte sie sich an den entsprechenden Tisch, begann zu essen und aß dort auch alles auf. Cheryl suchte sich ein paar Freunde, mit denen sie essen wollte und konnte ihr Essensritual allein dadurch durchbrechen, daß sie sich darauf konzentrierte, eine bessere Beziehung zu ihnen aufzubauen. Wenn sie sehr nervös war, rief sie einen ihrer Freunde an und verabredete sich mit ihm in der Mensa, wo sie dann mit ihm zusammen ihr Essen einnahm und auch mit ihm wegging, wenn sie fertig war.

Damit Cheryl mit Spannungen, Angst und anderen unangenehmen Gefühlszuständen besser zurecht kam, zeigten wir ihr auch verschiedene Entspannungstechniken. Außerdem bestärkten wir sie darin, andere Möglichkeiten der Selbstfürsorge als Essen zu entwickeln, zum Beispiel Musik hören, was sie sehr gerne mochte, und Zeitschriften lesen. Cheryl hatte ziemliche Widerstände gegen diese scheinbar »oberflächlichen« Beschäftigungen. »Ich bekomme doch schließlich keinen Nobelpreis dafür, wenn ich die *Vogue* lese«, klagte sie, obwohl sie zugab, daß es ihr großen Spaß machte und sie insgeheim ihre Freundinnen beneidete, die sich ohne Schuldgefühle und Gewissensbisse dabei entspannen konnten.

Viele Menschen müssen lernen, *fehlgesteuerte oder nicht hilfreiche Gedanken umzustrukturieren* in solche, die ihnen besser dabei helfen, aus der Essensfalle herauszukommen. Wenn Sie wissen, welche innersten Gedanken und Gefühle bei Ihnen eine Eßlust auslösen, können Sie beginnen, ähnliche gedankliche Prozesse für sich einzusetzen statt gegen sich. Sie können gedankliche Reaktionen ebenso kontrollieren und umlenken wie andere gewohnheitsmäßige Reaktionen.

Was unzweifelhaft zum Essen verleitet, ist der Gedanke an das Essen selbst. Hier ein Experiment, das ich Marcia machen ließ.

Stellen Sie sich vor, Sie gehen eine Straße entlang. Stellen Sie
sich vor, Sie sehen das Reklameschild Ihres Lieblingsrestau-
rants. Sie riechen den Küchengeruch und sehen, wie die Leute
hineingehen und mit Ihrem Lieblingsessen herauskommen: einem Steak, einem Chinagericht, Schokoladeneiscreme, einem
frisch gebackenen Kuchen. Lehnen Sie sich zurück, entspannen
Sie sich, schließen Sie die Augen, atmen Sie tief durch und blen-
den Sie alles aus, außer dem geistigen Bild und dem Geruch.
Achten Sie darauf, was passiert, wenn Sie sich diese Szene vorstellen, und halten Sie Ihre Gedanken dabei fest. Bleiben Sie bei
Ihren Reaktionen auf dieses Bild.

Sind Sie dabei hungrig geworden? Höchstwahrscheinlich. Diese
Übung wird Ihnen klarmachen, daß Gedanken und Phantasien
im Zusammenhang mit Essen eine anregende Wirkung haben.
Dieser Effekt kann sowohl physiologisch als auch psychologisch
bedingt sein. Meine Forschungsarbeit hat gezeigt, daß bei manchen Menschen Insulin ausgeschüttet wird, wenn sie Essen sehen oder daran denken. Diese Feststellung ist äußerst wichtig,
denn ein höherer Insulinspiegel verstärkt das Hungergefühl und
fördert die Einlagerung von Fett. Es liegt auf der Hand, daß
Strategien erlernt werden müssen, um diese geistigen »Anma-
cher« zu umgehen.

Menschen mit schwerwiegenden Eßstörungen – zum Beispiel
solche, die an Anorexia nervosa leiden und dabei fast verhungern
– denken ausschließlich an Essen. Wie ich im nächsten Kapitel
noch näher erläutern werde, berichten Menschen, die Diät halten, oft von einem unkontrollierbaren Drang, über Kochrezepte
zu reden, Kochbücher zu lesen und sich Mahlzeiten für andere
auszudenken. Diese intensive gedankliche Beschäftigung mit
dem Essen ist kontraproduktiv. Sie ist das direkte Ergebnis eines
Zustandes von Nahrungsentzug, die gerade für Menschen, die
Diät halten, eine ganz paradoxe Wirkung hat. Je mehr Sie sich
bemühen, nichts zu essen, um so mehr denken Sie an Essen.

Anne, eine Lehrerin, beschreibt, wie sie den ganzen Tag über Dinge nachdenkt, die sie ganz bestimmt *nicht* essen wird, nur um dann nach einem Hungertag alles in sich hineinzuschlingen.

> *Ich war völlig von dem Gedanken an Essen in Anspruch genommen. Ich habe genau beobachtet, was meine Schüler aßen, und mir gesagt, daß ich dieses oder jenes nicht essen würde. Ich habe während der Schulstunden im Geiste eine Liste von all meinen Lieblingsgerichten gemacht, die ich nicht essen würde, bis ich dünner wäre. Ich habe mir vorgestellt, in welche Bäckerei ich auf dem Nachhauseweg nicht hineingehen würde. Sobald ich in meinem Auto saß, fuhr ich zum nächsten Supermarkt, um mir die Sachen zu kaufen, die ich am liebsten mochte. Zu Hause war ich dann zwei oder drei Stunden nur am Essen.*

Was ist in einem solchen Fall zu tun? Hier einige Strategien, die wir mit Erfolg bei Leuten wie Anne eingesetzt haben, damit sie mit ihren mentalen »Anmachern« besser umgehen lernen. Eine Methode ist – wenn Sie nichts daran ändern können, wo Sie sind und was Sie tun –, daß Sie Ihre Gedanken sofort auf etwas anderes lenken. Sie wissen ja jetzt, daß der Gedanke an Essen Sie hungriger macht, also müssen Sie versuchen, sich in irgendeiner Form mit anderen angenehmen Gedanken abzulenken, die nichts mit Essen zu tun haben. Denken Sie an einen aufregenden Abend, den Sie erlebt haben, das gute Buch, das Sie gerade lesen, Beethovens Fünfte Symphonie, das geplante Wochenende, die neuen Vorhänge, die Sie gerne für Ihr Wohnzimmer hätten, die Sonette von Shakespeare. Jennifer versuchte die störenden Gedanken an Essen dadurch zu eliminieren, daß sie an den letzten Urlaub dachte, der wirklich herrlich gewesen war, oder an irgend etwas Schönes, das sie mit ihrer Tochter

Sophia unternehmen wollte. Die Fähigkeit, mit dem Essen zu warten, hängt davon ab, wie gut Sie Ihre Gedanken und Aufmerksamkeit auf andere Dinge lenken können, die keine Eßlust auslösen.

Stellen Sie sich jetzt die folgende Situation vor. Sie sehen fern, und es kommt ein Werbespot für einen neuen leckeren Schokoriegel: Es wird eine »typische« Familie gezeigt, die Spaß miteinander hat, in der Sonne sitzt und ihn genüßlich verzehrt. Sein Geschmack und die knackigen Nüsse darin werden ausführlich beschrieben, dazu in Nahaufnahme große Bottiche mit Schokolade, die gerade durchgerührt wird. Was sollen Sie tun, wenn Ihnen solche appetitanregenden Bilder aufgezwungen werden? Sie können sicher nicht immer den Fernseher abschalten, wenn dieser Werbespot gezeigt wird, oder sich einen solchen Anblick in Restaurants oder Imbißstuben ersparen. Sie können sich aber auf den negativen Aspekt der betreffenden Sache konzentrieren. Stellen Sie sich vor, daß Ratten in der Küche des Restaurants herumlaufen; tote Küchenschaben in der Imbißbar herumliegen; denken Sie daran, wie Sie von dem Hersteller übervorteilt, manipuliert und ausgebeutet werden. Wenn Sie es merkwürdig oder völlig abwegig finden, an Ratten zu denken, könnte das ein Zeichen dafür sein, daß Ihre Gedanken in bezug auf Essen in gewisser Weise sakrosankt sind und es Ihnen Probleme bereitet, im Zusammenhang mit Essen negative Gedanken zu haben.

Eine dritte Methode ist, sich auf die Aspekte des jeweiligen Nahrungsmittels zu konzentrieren, die nichts mit Essen zu tun haben. Sie können, wenn vor Ihnen ein Teller mit Marshmallows steht, entweder denken: »Mmmm – köstliche, schmatzige, süße, weiße, herrliche Marshmallows« oder: »Diese kleinen, weißen Kugeln sehen aus wie Wölkchen oder Wattebäusche.« Mit anderen Worten, Sie müssen Ihre Vorstellung davon gar nicht negativieren. Wenn Sie die betreffende Sache in Gedanken mit etwas anderem als Essen verbinden, ist das schon eine Hilfe, damit Sie gar keine Lust mehr darauf haben. Diese Methode funktioniert sogar bei Kindern sehr gut, wo man erwarten würde, daß sie die Befriedigung ihrer Gelüste weniger gut aufschieben können, wenn etwas Verlockendes und Appetitanregendes vor ihnen steht.

Gedanken, die Ihre Eßlust steigern, sind eine Sache der Gewohnheit. Sie können solche Gedanken selbst ohne äußere Reize in sich wachrufen. Wenn Sie sich darin üben, auf die gleichen Auslöser mental anders zu reagieren, werden diese neuen Gedanken ebenfalls mit der Zeit zur Gewohnheit.

Es gibt auch ganz bestimmte Möglichkeiten, wie Sie die verschiedenen Eigenschaften von Nahrungsmitteln zu Ihrem Vorteil einsetzen können. Wenn Sie ruhig und entspannt sein möchten, erreichen Sie das mit Kohlenhydraten. Greifen Sie dann aber lieber zu Nudeln oder Vollkornbrot und nicht zu Süßigkeiten. Ballaststoffe sättigen auch mehr. Ballaststoffreiche Nahrungsmittel sind Vollkornbrot, brauner (unpolierter) Reis, Kleie, frisches Gemüse, frisches Obst, Kartoffeln, Erbsen und Bohnen – und versuchen Sie, die Mahlzeiten mehr über den Tag zu verteilen.

Eintönigkeit ist schlecht. Geschmack heißt das Stichwort, wenn es um die Steuerung der Nahrungsaufnahme geht; essen Sie also nichts, was Ihnen eigentlich nicht besonders schmeckt. Beatrice zum Beispiel war überzeugt, daß alle gesunden Nahrungsmittel im Grunde fad und langweilig schmecken und daß sie möglichst nichts essen sollte, was gut schmeckt, weil sie das nur dazu verleiten würde, zuviel zu essen. Sie mußte also üben, schmackhafte Sachen in kleinen Mengen zu essen, um die Erfahrung zu machen, daß sie solche Dinge essen konnte, ohne daß daraus eine Freßorgie wurde. Zu Beatrices »Hausaufgaben« gehörte auch eine Schmeckübung. Sie kaufte sich dann zum Beispiel ein einziges Stück Schokoladenkuchen, nahm es mit

nach Hause und aß es im Wohnzimmer in aller Ruhe. Anschließend schrieb sie in ihr Tagebuch, wie sie sich beim Essen dieser
»verbotenen Sache« gefühlt hatte, welche Gedanken in bezug
auf den Kuchen, das Essen und sich selbst ihr dabei durch den
Kopf gingen. Anfangs kamen immer wieder Erinnerungen an
Zeiten hoch, in denen sie alle möglichen Dickmacher hinunter-
geschlungen hatte und dann, von maßloser Gier gepackt, immer
mehr in sich hineinstopfte, weil »ich ja sowieso schon alles ver-
patzt hatte«, womit sie natürlich ihre Diät meinte. Um zu vermeiden, daß diese Eßübung in einen Freßanfall ausartete, nahm
sich Beatrice für hinterher immer etwas vor. Sie machte die
Übung zum Beispiel, kurz bevor sie zu einem Besuch bei einer
Freundin aufbrach oder bevor sie zur Schule fuhr, um ihre Söh-
ne abzuholen. Mit der Zeit konnte Beatrice die früher »verbotenen« Sachen genießen und sie in Maßen essen, ohne anschließend Schuldgefühle zu haben oder von der Gier nach immer
mehr überwältigt zu werden.

Das Ziel ist, essen zu können, was einen voll und ganz befriedigt,
ohne daß daraus überwältigende Gier wird. Wenn Beatrice eine
Portion Hüttenkäse hinunterwürgte, dachte sie dabei ständig an
einen großen, gefüllten Krapfen. Als sie anfing zu essen, was
ihr schmeckte, und sie sich dabei auf den Geschmack konzentrierte (und sie nichts mehr aß, was sie eigentlich nicht mochte
oder ihr nicht richtig schmeckte), nahm sie letztlich weniger Kalorien zu sich, weil sie das Essen viel mehr genoß. Ein Jahr nach
Abschluß der Behandlung erzählte uns Beatrice:

*Wissen Sie, ich hätte nie gedacht, daß ich je etwas
essen und es genießen könnte. Ich dachte, Eßsucht
wäre wie Alkoholismus, daß man ständig dagegen
kämpfen muß. Das Komische ist, daß ich mich jetzt
kaum mehr erinnern kann, wie es war, ständig und
zwanghaft an Diät und Essen und all das zu denken.*

Wirklich, ich weiß nur noch, daß es mir miserabel ging, mehr nicht. Ich kann es mir überhaupt nicht mehr vorstellen. Jetzt esse ich einfach, wenn ich hungrig bin, und ich habe einiges abgenommen, ohne daß ich es richtig gemerkt habe. Es ist mir aufgefallen, weil mir die Röcke und Hosen zu groß geworden sind. Aber ich verbiete mir nie mehr etwas, was ich gerne esse. Im Grunde ist es jetzt einfach kein Problem mehr.

Oscar Wilde sagte einmal: »Der einzige Weg, eine Versuchung loszuwerden, ist: ihr nachzugeben. Widerstreben Sie ihr, so erkrankt Ihre Seele vor Sehnsucht nach dem, was sie selbst sich verboten hat.« Eine ausgezeichnete Erkenntnis, um aus der Essensfalle herauszukommen.

6

Die Diätfalle

Fernsehfreunde werden sich an den November 1988 erinnern, als eine schlanke, elegante Frau in Jeans, Größe 36, stolz zu ihrer Talkshow auf die Bühne kam und ein rotes Wägelchen mit 67 Pfund Fett hinter sich herzog. Das war Oprah Winfrey, die auf diese Weise verkündete, wieviel sie mit einer Trinkdiät abgenommen hatte.

Aber inzwischen sind all die Kilos wieder da. »Ich habe es nicht geschafft, mein Gewicht zu halten, weil Diäten nicht funktionieren«, äußerte sich Oprah den Reportern gegenüber. »Ich sage jedem: Wenn du Untergewicht hast, mach eine Diät, und du wirst alles wieder zunehmen, was du abgenommen hast, und noch einiges dazu. Ich versuche jetzt einen Weg zu finden, in einer Welt mit Essen zu leben, ohne mich davon beherrschen zu lassen, ohne unter Eßzwang zu leiden. Das ist der Grund, warum ich sage, daß ich nie mehr eine Diät machen werde.«

Trotz eines solch denkwürdigen Vorsatzes verspüren viele von uns immer wieder den unwiderstehlichen Drang, eine Diät anzufangen, ungeachtet der eigenen und unzähliger Mißerfolge anderer Menschen. Der Grund ist letzten Endes, daß der Körper der letzte und vielleicht einzige Kommandoposten der Seele ist. Unfähig, das Schicksal unserer Mitgeschöpfe zu lenken, können wir wenigstens über unseren eigenen Leib bestimmen.

Ein Aspekt der Diätfalle ist, daß Diäten Symbolcharakter haben. Es geht um viel mehr als nur darum, abzunehmen. Es ist eine Form der Selbstreinigung, körperlich und geistig – verheißt ein besseres Leben, ein besseres Selbst. Dieser ganz wichtige

Aspekt der Falle erhöht den Reiz von Diäten noch zusätzlich. Wendy Wasserstein, die mit dem Pulitzerpreis geehrte Schriftstellerin, beschreibt es so: »In mir gibt es immer noch, irgendwo, eine ganz makellose Stelle, einen Neubeginn, eine Chance auf Erlösung … Mich selbst mögen heißt Diät-Fruchtgelee mögen … Alle drei Jahre oder so – seit ich mit der Ausbildung fertig bin, im Beruf stehe und ein erwachsenes Leben führe – beschließe ich, mich selbst in Angriff zu nehmen.« Wendy Wasserstein vergleicht dieses Sichzusammennehmen mit einem »Frühjahrsputz«. Auch das ist ein Teil der Diätfalle. Mit einer Diät anzufangen ist mühsam. Aber es ist auch ein Weg, mit sich selbst zufriedener zu sein, weil es uns eine neue Chance verspricht. Selbst sehr schlanke Frauen glauben, daß ihr Leben schöner wäre, wenn sie nur ein paar Pfund abnehmen könnten.

Die Industrie schlägt Kapital aus unseren Obsessionen in Sachen Gewichtskontrolle. Ein New Yorker Marktforschungsunternehmen hat errechnet, daß die Amerikaner im Jahr 1990 33 Milliarden Dollar für Diäten und damit zusammenhängende Dienstleistungen ausgegeben haben; 1989 waren es 29 Milliarden. Bleibt es bei dieser jährlichen Wachstumsrate, dann werden wir um die Jahrhundertwende 77 Milliarden Dollar ausgeben, um an Gewicht zu verlieren; das ist nur etwas weniger als das gesamte Bruttosozialprodukt von Belgien. (Auch die deutsche Industrie profitiert beim Geschäft mit der Schlankheit. So sind im Jahr 1987 allein 70 Millionen Mark für Appetitzügler ausgegeben worden, für Abführmittel 1990 in den alten Bundesländern 270 Millionen Mark, Anm. d. Übers.) Allerdings muß sich die Diätmittelindustrie heute, in den 90er Jahren, eine genaue Prüfung durch die Öffentlichkeit gefallen lassen. Ein Unterausschuß des amerikanischen Kongresses unter Vorsitz des Abgeordneten von Oregon, Ron Wyden, überprüft derzeit Produkte vieler großer Hersteller dahingehend, ob sie den Versprechungen gerecht werden und wie man mit ihnen abnimmt. Die meisten Experten sind sich darin einig, daß der Öffentlichkeit ein problemloses Abnehmen vorgegaukelt wird und man sich kaum damit beschäftigt, wie sich dieser Erfolg langfristig stabilisieren läßt.

Diäten waren nicht immer ein großes Geschäft. Ende der 50er und Anfang der 60er Jahre, als Fotomodelle und Miß Americas ein Korsett trugen, hin und wieder ein bißchen Gymnastik für die Oberschenkel und Hüften machten und in Größe 36 paßten, hielten nur wirklich übergewichtige Frauen Diät. Eine Auswertung der in den 60er Jahren erschienenen Ausgaben der Zeitschrift *Ladies' Home Journal* hat ergeben, daß im Schnitt nur alle sechs Monate ein einziger Artikel zum Thema Diät erschien. Mitte der 70er Jahre aber hatte fast jede Amerikanerin schon irgendeine Diät ausprobiert, und Abnehmen wurde zu einer nationalen Obsession. Bei einer Nielsen-Umfrage im Jahr 1978 gaben 56 Prozent aller befragten Frauen zwischen 24 und 54 Jahren an, daß sie gerade eine Diät machten, und Ende der 80er Jahre waren es bereits 72 Prozent. Einige Umfragen lassen darauf schließen, daß diese Zahl jetzt, Anfang der 90er Jahre, wieder nach unten geht. Andererseits haben die Umsatzzahlen im Abnehmgeschäft ein nie dagewesenes Hoch erreicht. Es ist deshalb vermutlich zu früh für eine Prognose, wohin der Trend wirklich geht.

Der Zeitschrift *Newsweek* (Ausgabe vom 11. September 1989) zufolge liegt jetzt die Babyboom-Generation im Kampf mit der Leibesfülle, die sich in den mittleren Jahren gerne einstellt. Also gibt es mehr Menschen denn je, die sich für Diätprodukte und Dienstleistungen in diesem Bereich interessieren. Es kommen laufend neue Diätbücher, diätunterstützende Mittel und Appetitzügler auf den Markt, Clubs speziell zum Abnehmen werden eröffnet, im Fernsehen werden kalorienarme Menüs vorgekocht, es gibt leichtes Bier und sogar schon Diätnahrung für Haustiere. Da die Diätindustrie so eindeutig auf Expansionskurs ist, erscheinen auch die Investmentberater der Banken auf dem

Plan. So sagte einer bei einem Interview der *Newsweek*: »Wir beobachten den aktuellen Geschäftsgang und sehen hier ein ungeheuer großes Potential. Unser Ziel ist, das Abnehmen zu ›McDonaldisieren‹.«

Und haben wir, angesichts all dieser Geschäfte mit der Diät, unser Gewicht besser im Griff? »Nein«, sagen die Fachleute ganz entschieden. Die meisten Untersuchungen belegen, daß von 100 Menschen, die abnehmen, ungefähr 95 wieder genausoviel zunehmen, wie sie abgenommen haben – und manchmal noch mehr. Die Psychologin Kelly Brownell, Expertin für Fragen der Gewichtskontrolle an der Universität Yale, führt aus, daß, wenn man als eine erfolgreiche Behandlung das Erreichen des idealen Körpergewichts und seine Stabilisierung über einen Zeitraum von fünf Jahren ansieht, ein Mensch mit größerer Wahrscheinlichkeit von fast jeder Form von Krebs geheilt ist als von Fettleibigkeit. Hier lauert eindeutig eine Falle.

Manche Forscher glauben inzwischen, daß *strenges* Diäthalten einer der Hauptgründe für die Gewichtszunahme sein könnte. Der Körper tut alles, um sich in Zeiten stark eingeschränkter Kalorienzufuhr zu schützen. Eigentlich beginnt er dann in einer Weise zu funktionieren, die Ihren Interessen zuwiderläuft. Da der Grundumsatz durch extremes Fasten herabgesetzt wird, werden für die Ruheenergie weniger Kalorien benötigt, so daß man nach einer Diät oft schon zunimmt, wenn man wieder normal ißt. Die Selbstreinigung kann also auch eine Form der Selbstbestrafung sein, wenn man am Ende die ganzen Kilos wieder zunimmt. Außerdem erhöht sich durch die biochemischen Veränderungen aufgrund wiederholten Ab- und Zunehmens – so läuft es bei den meisten Menschen typischerweise ab – der Anteil an Kalorien, der als Fett gespeichert wird. Jeder neue Diätbeginn macht den nächsten Versuch etwas schwieriger. Das ist das Problem dabei, wenn man jede neue Modediät ausprobiert. Mit jedem Fasten lernt der Körper die Kalorien, die er bekommt, effizienter zu nutzen und braucht weniger, um zu überleben. Alexandra, eine Stewardeß, hat jede Diät ausprobiert und dabei immer extrem wenig gegessen. Sie ist jetzt 37 und versteht einfach nicht, warum es jetzt schwieriger ist abzunehmen als vor 20 Jahren. Liegt es am Alter? fragt sie sich. Leider nicht. Es liegt an ihrer Diätgeschichte. Hungern ist der schlechteste Weg, um dauerhaft abzunehmen.

Ein weiterer Aspekt der Diätfalle ist, daß der Körper nicht unbegrenzt formbar ist. Die Gene spielen eine wichtige Rolle bei Form und Umfang unseres Körpers – zum Beispiel wie leicht wir Fett speichern und wie es sich im Körper verteilt. Auch Vererbung beeinflußt das Gewicht, und zwar über den Stoffwechsel. Sandra, eine unserer stationären Patientinnen, kam aus einer Familie, in der alle Mitglieder dicke, stämmige Beine und Oberschenkel hatten. Jahrelang versuchte sie es mit jeder Diät, die auf den Markt kam. Aber gleichgültig, wieviel Gewicht sie auch verlor, wie dünn sie auch wurde, ihre Beine und Oberschenkel wurden dadurch nicht wesentlich schlanker. »Mein größtes Lebensziel ist«, sagte sie uns, »schlanke Beine zu haben, einen Badeanzug tragen zu können, ohne diesen Haß auf meine schwabbeligen Oberschenkel. Ich weiß, warum Frauen sich das Fett absaugen lassen. Es ist die allerletzte Lösung. Schon als Kind habe ich oft von einem großen Staubsauger geträumt, der das ganze Fett wegsaugt. Aber ich kann es mir jetzt einfach noch nicht leisten.«

Als weitere Komponente der Diätfalle kommt hinzu, daß wir emotional und psychologisch gesehen einen hohen Preis für das Fasten bezahlen. Viele Frauen sind depressiv, nervös, schwach und reizbar, wenn sie abzunehmen versuchen. Und inzwischen ist auch belegt, daß Eßstörungen häufig kurz nach einer strengen Diät beginnen. Allerdings glauben die meisten Leute, die eine Diät machen – und die Hersteller von Diätmitteln wollen uns sicher in diesem Glauben bestärken –, daß das Streben nach

Schlankheit mit dem Streben nach mehr Gesundheit gleichzusetzen ist. Das trifft zwar in manchen Fällen zu, aber Wissenschaftler stehen der Ansicht, daß schlanker automatisch gesünder bedeutet, aufgrund neuer Erkenntnisse doch skeptischer
gegenüber.

Die Gesellschaft – und damit auch die Werbung – tut, als wäre
Abnehmen leicht, und damit sind wir schon beim nächsten
Aspekt der Diätfalle. Aus all den eben erwähnten Gründen ist
es äußerst schwierig, abzunehmen und das niedrigere Gewicht
auf Dauer zu halten. Es gibt kein medizinisches Modell, das besagt, daß wir nach Essen süchtig sind, also wird erwartet, daß
jedermann leicht darauf verzichten kann. Unsere Gesellschaft
bringt viel mehr Mitgefühl für Alkoholiker auf als für Menschen
mit Eßzwängen. Essen macht zwar nicht in der gleichen Weise
süchtig wie Heroin oder Alkohol, aber die Abhängigkeitsproble-
matik spielt auch bei Eß- und Diätgewohnheiten eine Rolle. Und
selbst wenn jemand aufhört, übermäßig zu essen, nimmt er oft
nicht soviel ab, wie er gerne möchte.

Wie sieht Ihre persönliche Diätgeschichte aus? Sind Sie ein Opfer der Diätfalle geworden? Der Fragebogen zur Diätgeschichte
auf S. 230 ist die adaptierte Version eines ähnlichen, den ich
zusammen mit Dr. Kelly Brownell, Psychologe in Yale, und Dr.
Jack Wilmore, Leiter der Abteilung für Kinesiologie und Ge-
sundheitserziehung an der University of Texas in Austin, entwickelt habe.

Wie sehr Wunschvorstellungen bei unseren Anstrengungen in
Sachen Gewichtskontrolle mitspielen, zeigt sich sehr deutlich
daran, daß unsere Urteilsfähigkeit bei Diätprodukten offenbar
aussetzt. Auf der einen Seite machen wir uns als Nation verstärkt Gedanken über den Wahrheitsgehalt der Werbung. Ver-
braucherverbände gehen gegen falsche Versprechungen an-
waltschaftlich vor. Auf der anderen Seite sind wir überaus
tolerant gegenüber manchen ganz offensichtlich unsinnigen und

gelegentlich sogar gefährlichen Diätprodukten, die absolut unmögliche Erfolge versprechen. Für den, der abnehmen will, ist das eine gefährliche Falle, für Industrie und Handel aber ein Jahrhundertgeschäft: Sie können denselben Menschen die gleichen Produkte und Programme immer wieder verkaufen. Und was noch schlimmer ist: Die Statistik zeigt, daß es heute in den USA 50 Prozent mehr übergewichtige Teenager gibt als vor zehn Jahren. Eine ganz neue – und dickere – Käuferschicht steht schon in den Startlöchern. Und es ist erschreckend, auf welche Methoden manche Jugendlichen zurückgreifen. Mädchen im Grundschulalter erbrechen sich regelmäßig und schlucken Abführmittel, und viele Jungen schnupfen stark suchterzeugendes Kokain und rauchen Crack, um dünner zu werden! Laut einem Artikel in der *Los Angeles Times* gibt es eine neue »irrige, sich aber immer weiter ausbreitende Vorstellung, daß dies ein schneller, billiger und leichter Weg ist, um abzunehmen.«

Drogenhändler nutzen dieses Argument sogar zur »Verkaufsförderung« für ihre gefährlichen Drogen. Ein zehnjähriges Mädchen aus New York berichtete, daß sie ein Dealer angesprochen und ihr gesagt habe, daß Jungen nur dünne Mädchen mögen und sie Crack rauchen solle, um wie Lisa Bonet auszusehen. Ein elfjähriges Mädchen erzählte, daß ihre Freunde nicht Crack rauchen, damit sie alles gleichgültig läßt, sondern »damit sie ganz dünn werden«.

Der Trend geht quer durch alle sozioökonomischen Klassen und Schichten. Crack wird als das billigere Rauschmittel vor allem von ärmeren Schichten geraucht, während Kokain die Droge der Wohlhabenden ist. Crack und Kokain stimulieren das Zentralnervensystem und dämpfen dadurch den Hunger. Die Konsumenten verspüren kein Bedürfnis nach Essen oder Schlaf, obwohl sie manchmal schon tagelang nicht mehr geschlafen oder gegessen haben. Manche essen sogar einige Wochen lang nichts.

Ihre Diätgeschichte

1. Wie oft machen Sie eine Diät?

a) Nie   b) Selten   c) Manch-   d) Oft   e) Ständig
                          mal

____   ____   ____   ____   ____

2. Bei vielen Erwachsenen ändert sich das Körpergewichtsschema im Laufe des Lebens. Bei manchen bleibt das Gewicht relativ konstant (mit einer Toleranz von fünf Pfund), andere nehmen zu, manche nehmen ab, und bei einigen schließlich schwankt das Gewicht. Bitte kreuzen Sie an, welches allgemeine Schema auf Sie am ehesten zutrifft (Veränderungen durch Krankheit oder Schwangerschaft sind nicht zu berücksichtigen):

a) Gewicht ist stabil   b) Gleichmäßige Gewichtszunahme

_____   _____

c) Gewicht schwankt   d) Habe dauerhaft abgenommen

_____   _____

3. Machen Sie im Grunde Jo-Jo-Diät (das heißt, Sie fasten, um abzunehmen, und nehmen dann oft ebensoviel wieder zu)?

Ja   Nein

4. Wie oft müssen Sie in letzter Zeit bewußt weniger essen, um Ihr Gewicht zu halten?

a) Nie   b) Selten   c) Manch-   d) Oft   e) Ständig
                          mal

____   ____   ____   ____   ____

5. Wie oft haben Sie Ihrer Schätzung nach im Laufe des Lebens das unten genannte Gewicht in Pfund *ab- und wieder zugenommen?* Haben Sie zum Beispiel zweimal 30 Pfund ab- und wieder zugenommen, notieren Sie eine »2« neben der Zeile »21-30 Pfund«. Geben Sie bei jeder Kategorie eine Antwort; schwangerschafts- und menstruationsbedingte Schwankungen sind nicht zu berücksichtigen.

		Muster	*Ihre Geschichte*
1-5	Pfund	20mal	_____
6-10	Pfund	10mal	_____
11-20	Pfund	3mal	_____
21-30	Pfund	2mal	_____
31-50	Pfund	0mal	_____
+51	Pfund	1mal	_____

Wenn Sie die Fragen 1 und 4 mit *Oft* oder *Ständig*; Frage 2 mit *Gewicht schwankt*; Frage 3 mit *Ja* beantwortet haben, sind Sie möglicherweise ein Opfer der Diätfalle geworden. Frage 5 gibt Aufschluß darüber, wie groß die Wahrscheinlichkeit ist, daß sich Ihre Physiologie durch Diäten verändert hat. Je öfter Sie elf Pfund oder mehr ab- und wieder zugenommen haben, um so wahrscheinlicher ist es, daß es bei Ihnen zu den biologischen Veränderungen gekommen ist, die ich in diesem Kapitel beschrieben habe.

Und jetzt wollen wir uns anschauen, wie die Diätfalle funktioniert und wie man aus ihr herauskommt.

Die Hintergründe der Diätfalle

Diät als Selbstreinigung

Schlankheitszwänge gibt es zuhauf, daran ist kein Zweifel. Als Begründung für Diäten müssen Gesundheit, gutes Aussehen, mehr Lebensqualität und die Tatsache herhalten, daß man damit den gesellschaftlichen Normen entspricht. Hinter diesen augenfälligen Gründen versteckt sich jedoch noch ein anderes Motiv für unsere Diätobsession, eines, das tiefer geht und psychische Ursachen hat. Fasten ist ein rituelles Verhalten, ein Weg der Seelenreinigung. Selbst primitive Kulturen glaubten, daß in der Selbstverleugnung Reinheit liegt. Der Anthropologe William Jones beschrieb Ende des 19. Jahrhunderts die Rituale der Fox, eines nordamerikanischen Indianerstammes. Wenn ein junger Mann Häuptling werden wollte, teilte er das dem Großen Geist durch Fasten mit. Wenn er groß werden wollte, lernte er die dazu notwendigen Dinge durch Fasten. Er fastete zum Zeichen der Trauer und der Reue.

Der Mensch scheint das einzige Lebewesen zu sein, das Nahrung ablehnt, wenn es hungrig ist, das den Körper willentlich hungern läßt, um der Seele Nahrung zu geben. Viele Religionen haben das Fasten als eine Form der Bitte um Erlösung institutionalisiert – die Juden zum Beispiel fasten an Jom Kippur, dem Tag der Buße, und die Christen verzichten während der Fastenzeit auf bestimmte Speisen, um dadurch die Selbstverleugnung Jesu nachzuvollziehen. Bestimmte polynesische Volksgruppen glauben, daß die Verweigerung von Nahrung Segen und Glück bringt. Es ist ein stummes Gebet an die göttlichen Mächte, die Bitte: »Sorge für mich, da ich Verzicht übe!« Dahinter steht die Erwartung, für eine so offensichtliche Reinheit und Selbstkasteiung belohnt zu werden.

Die moderne Frau von heute setzt diese Rituale fort und sucht in der Selbstverleugnung Kraft, Schönheit, Vergebung und Erlösung. Hat die Frauenbewegung in Sachen Schlankheit etwas zum Besseren verändert? Kaum! Faktisch wird die feministische Sprache heute oft dazu benützt, den Körperkult noch zu verstärken. »Disziplin ist Befreiung«, läßt uns Jane Fonda in der Werbung für ihre Bodyshaping-Übungen wissen. »Abnehmen war die größte Leistung in meinem Leben«, verkündete der Fernsehstar Oprah Winfrey, als sie sich in ihren Jeans, Größe 36, stolz den Zuschauern präsentierte. Mit dieser Aussage entwertete sie viel von der harten Arbeit und Zielstrebigkeit, die sie für ihren schwer erworbenen Ruhm und Erfolg hatte aufbringen müssen.

Viele Frauen kämpfen für das Recht auf befriedigenden Sex, unterwerfen aber befriedigende Mahlzeiten der Zensur. »Schlecht« ist man, wenn man etwas ißt, das man nicht essen sollte, und nicht, wenn man mit dem Mann der Freundin schläft. Corinne, eine unserer Probandinnen, sprach von Versuchung, Sünde und Schuldgefühlen, als wir uns über ihre Abnehmversuche unterhielten. Alles, was dick macht, aß sie heimlich, als ob es eine Sünde wäre. Und wenn sie sich zurückhielt, verband sie das mit Begriffen wie Tugendhaftigkeit, charakterlicher Stärke und Reinheit. Ob sie ihre Diät durchhielt oder nicht, war ihre Metapher dafür, ein wie guter Mensch sie war. Einer jüngsten Umfrage zufolge haben 11 Prozent der Frauen mehr Schuldgefühle, wenn sie zwischendurch etwas essen und bei ihrer Diät mogeln, als wenn sie bei der Einkommensteuererklärung schummeln.

Jennifer betrachtete Diäthalten als eine Form der Absolution, der Buße für alle Entgleisungen bei ihrem Streben nach einem schönen Körper und als eine Möglichkeit, sich selbst und ihre Lebensziele wieder in den Griff zu bekommen. »Wenn etwas schiefgeht – in der Arbeit oder zu Hause –, dann fange ich mit einer Diät an. Auch wenn es dumm ist, ich bin einfach überzeugt, daß es mir dann besser gehen wird, daß alles wieder in Ordnung kommt.«

Für viele Frauen ist die Geschichte ihres Gewichts ein Weg, um die Vergangenheit zu rechtfertigen, und ihr Gewicht ist das Objektiv, durch das sie die erhoffte Zukunft sehen. Es war ein schlechter Tag oder ein schlechtes Jahr, wenn sie sich dick gefühlt haben; der Vorsatz zu Silvester, jetzt endlich abzunehmen, ist praktisch das gleiche wie der Wunsch nach einem guten neuen Jahr.

Befragt, welche von vier möglichen Alternativen sie am glücklichsten machen würde, wünschten sich 42 Prozent der Frauen bei einer Umfrage des Magazins *Glamour*, schlanker zu sein. Nur 22 Prozent gaben Erfolg im Beruf an; 21 Prozent eine Verabredung mit einem Mann, den sie bewunderten, und 15 Prozent, wieder etwas von einem alten Freund zu hören. Von den Psychologen Robert White und Marlene Boskind-White durchgeführte Untersuchungen haben gezeigt, daß Frauen meinen, ihr Leben würde völlig anders verlaufen, wenn sie nur schlank wären. Es ist der größte Wunschtraum jeder Frau, die ihr Leben lang dick war, abzunehmen und sich in eine Prinzessin zu verwandeln.

Carol Sternhell, Autorin und Journalistin für die Zeitschrift *Ms.*, schreibt: »In dieser Welt reduziert sich für Frauen alles auf die Figur.« In einer traurigen Bitte darum, als übergewichtiger Mensch respektiert zu werden, gesteht Sternhell ein:

Manchmal fühle ich mich wie eine Feministin bei einer Recht-auf-Leben-Konferenz, eine Atheistin im puritanischen Neuengland, eine Sozialistin im Weißen Haus zur Zeit von Präsident Reagan. Manchmal habe ich Angst, daß dicke Frauen in unserer Gesellschaft die letzten geächteten Ketzer sind, unser größter kollektiver Alptraum aus allzu festem Fleisch ... [Aber dann fährt sie fort:] Wir alle kennen die Geschichte – vom häßlichen Entlein, das sich nach jahrelanger Protein-Trinkdiät in einen schönen Schwan verwandelt, von der tugendhaften, aber tyrannisierten Stieftochter, der eine gute Fee eine lebenslange Mitgliedschaft bei den Weight Watchers schenkt. Unsere Phantasien über die große Verwandlung sind verwegen, aufregend; wenn wir Frauen daran denken, unser Leben zu ändern, fangen wir sehr oft beim Gewicht an.

»Wenn ich nicht schlank bin, fühle ich mich ziemlich wertlos«, gestand uns Jennifer. Sie war von Schuldgefühlen überwältigt, wenn sie Eiscreme oder ein Stück Kuchen aß. Was die Waage morgens sagte, entschied darüber, wie gut oder schlecht ihr Tag werden würde. Jennifer nahm in der Schwangerschaft 40 Pfund zu und hatte Probleme, dieses Übergewicht wieder loszuwerden. Durch diese Erfahrung machte sie sich noch mehr Gedanken über Diäthalten und Gewicht. Sie war ganz in Anspruch genommen von ihren Diätritualen – die Saftdiät eine Woche vor dem Unabhängigkeitstag am vierten Juli; das viertägige Fasten nach Weihnachten. Jennifer erzählt: »Ich kann Ihnen die Kalorien von allen Nahrungsmitteln sagen, die Sie sich nur vorstellen können. Bei manchen Marken weiß ich sogar, welche mehr haben und welche weniger. Ich weiß über Diäten ganz bestimmt mehr als über Sex.«
Unheimlich fasziniert und mit einer guten Portion Voyeurismus verschlingen wir Diätbücher von prominenten Autoren. Auch sie finden, daß in ihrem Leben Schlanksein mit Glücklichsein gleichzusetzen ist. Wie sehr fühlen wir uns doch bestätigt, wenn diese berühmten Leute die gleichen Sünden beichten, die wir begehen, wenn wir lesen, wie sie das Bonbonpapier unter dem Bett verstecken und sich genauso wegen Pfunden und Zentimetern sorgen.

Elizabeth Taylor gesteht in ihrem Buch *Vom Dicksein, vom Dünnsein, vom Glücklichsein*, daß sie fünf Jahre lang mit Backhähnchen und üppigen Desserts im Kampf lag. »Ich war fast 50, als ich zum ersten Mal im Leben mein Selbstwertgefühl verlor«, bekennt sie, als sie über ihre »Freßphase« schreibt. Sie war einsam und langweilte sich; sie hatte das Gefühl, daß ihr Mann sie nicht brauchte. Hört sich das nicht ganz so an, als würde hier die Frau von nebenan erzählen? Oder vielleicht Sie selbst. Es vergeht kein Jahr, wo nicht ein berühmter Mensch, im allgemeinen sogar mehrere, uns einen Blick in seine Seele gewährt und einen Neuanfang verspricht, wenn wir seinem Diätweg zum Heil folgen. Jeden Tag können wir am Zeitungsstand im Supermarkt Schlagzeilen lesen wie: Dolly Parton hat 50 Pfund abgenommen und die Liebe gefunden.

Schauen wir diskret weg, wenn unsere heißgeliebten Stars alles wieder zugenommen haben, vergeben wir ihnen die unglücklichen Ausrutscher? Bestimmt nicht. Insgeheim haben wir uns an Oprahs neu-alter Figur geweidet. Jeder konnte es mit eigenen Augen sehen – wie tief die Großen fallen. Ihre Gewichtszunahme wurde in der Öffentlichkeit pausenlos diskutiert. Die Winfrey-Fans nehmen jedes Detail gierig in sich auf und finden Trost darin, daß ihre großformatige Fernsehfreundin wieder zu ihrem alten Selbst gefunden hat. Welch eine Erleichterung für uns, das gemeine Volk, daß man sich selbst mit Ruhm und Geld keinen Platz im Himmel der ewigen Schlankheit kaufen kann. Unsere Kämpfe, unsere Selbstverleugnung werden wertvoller durch das Scheitern anderer, insbesondere das Scheitern derer, von denen wir glaubten, daß sie einfach alles bekommen können.

Wie formbar ist unser Körper?

Die Menschen glauben, sie könnten ihren Körper unbegrenzt formen. Wie ich schon im Kapitel über die Eitelkeitsfalle sagte, ist diese Vorstellung eine Art Reserve für sie, auf die sie zurückgreifen, wenn sie Schwächen verdecken oder sich in Rollen profilieren wollen, für die sie sich nicht hinreichend befähigt fühlen. Auf der anderen Seite ist diese Vorstellung vom unbegrenzt formbaren Körper nirgendwo problematischer als bei der Kontrolle des Gewichts. Zum Teil beruht die Diätfalle auf Unwissenheit oder Fehlinformationen über die physiologischen Determinanten des Körpergewichts.

Körpergestalt und Gewicht werden in hohem Maße von unseren Genen bestimmt. Sich die richtigen Eltern auszusuchen ist weit wichtiger, als sich die richtige Diät herauszupicken. Eineiige Zwillinge haben mehr als doppelt so oft ein ähnliches Körpergewicht als zweieiige Zwillinge oder Geschwister. Wachsen eineiige Zwillinge getrennt, in verschiedenen Familien auf, sind sie sich im Gewicht immer noch ähnlicher als zweieiige Zwillinge, die in derselben Familie aufwachsen. Und wenn eineiige Zwillinge zuviel essen, nehmen sie fast identisch zu und bilden neue Fettdepots an denselben Körperstellen. Das bestätigen Studien von Dr. Claude Bouchard und Kollegen.

Die Gene setzen unserer Fähigkeit Grenzen, unseren Körper nach unserem Wunschbild zu formen. Wenn wir davon ausgehen, daß Körpergestalt und Gewicht in der Bevölkerung innerhalb einer von genetischen Determinanten bestimmten Bandbreite variieren, dann kann man nur von einer Minderheit der Frauen erwarten, daß sie »von Natur aus« dem extrem schlanken Ideal entsprechen. Die große Mehrheit wird einen in unterschiedlichem Maß schwereren Körper haben.

Die Vererbung beeinflußt das Gewicht auch, indem sie bestimmt, wie Nahrung vom Körper umgesetzt wird. Der Stoffwechsel entscheidet darüber, wieviel Fett wir verbrennen und wieviel wir speichern. Deshalb nehmen manche Menschen schon zu, wenn sie nur ein bißchen zuviel essen, andere hingegen bei derselben Menge nicht. Für eine schon klassische Studie haben Geoffrey Rose und R.T. Williams am Paddington General Hospital in London Menschen untersucht, deren Gewicht über Jahre hinweg stabil war. Die Wissenschaftler stellten aus den Probanden Paare zusammen, bei denen verschiedene Merkmale identisch waren: Geschlecht, Gewicht, Alter und Aktivitätsniveau. Sie hielten genau fest, was beide über mehrere Tage an Nahrung zu sich nahmen. Oft war die Kalorienzufuhr bei dem einen doppelt so hoch wie bei dem anderen, obwohl das Körpergewicht bei beiden gleich blieb. Merkwürdig? Vielleicht. Aber diese Erkenntnisse legen nahe, daß verschiedene Individuen die gleiche Art und Menge an Nahrung in unterschiedlicher Weise speichern und verwerten.

Neue, in der Fachzeitschrift *New England Journal of Medicine* veröffentlichte Studien zeigen, daß der Grundumsatz – also der Prozeß, durch den der Körper Nahrung in Energie umwandelt, die dann verbraucht wird – ererbt ist. Bei diesen Studien wurden dieselben Probanden über den ganzen Zeitraum der Gewichtszunahme beobachtet. Sie erbrachten, daß der Grundumsatz bei den Probanden, die am meisten zunahmen, von Anfang an am niedrigsten war. Eine der Studien führte Dr. Susan Roberts von der Dunn Nutrition Unit in Cambridge durch. Sie beobachtete die Babies von schlanken und übergewichtigen Müttern. Etwa die Hälfte der Babies von übergewichtigen Müttern verbrannte fast 21 Prozent weniger Kalorien als die anderen Babies. Die Babies, die die wenigsten Kalorien verbrannten, hatten mit einem Jahr Übergewicht, die mit einem höheren Grundumsatz dagegen nicht. Dr. Roberts sagt, daß die später übergewichtigen Babies nicht mehr aßen als die anderen auch. Die Unterschiede beim Gewicht ergaben sich weniger deshalb, weil die Betreffenden zuviel essen, sondern weil ihr Körper die Kalorien zu langsam verbrennt. Die nächste Aufgabe der Forscher ist, herauszufinden, welche biochemischen Ursachen dahinterstehen, daß manche Menschen einen langsameren Stoffwechsel haben. Haben wir diese Ursachen einmal erkannt, können wir sie in irgendeiner Weise beeinflussen.

Beim Grundumsatz gibt es auch geschlechtsspezifische Unterschiede. Im allgemeinen haben Frauen einen niedrigeren Grundumsatz als Männer. Das liegt zum Teil an der unterschiedlichen Körpergröße, aber auch am Unterschied beim Verhältnis von magerem zu Fettgewebe. Fettgewebe ist vom Stoffwechsel her träger als mageres Gewebe, und Frauen neigen aufgrund ihrer genetischen Veranlagung zu einem höheren Anteil an Fettgewebe als Männer.

Geschlechtsgebundene Hormone scheinen bei der Neigung zur Fettspeicherung und womöglich sogar bei der Entwicklung von Fettzellen ebenfalls eine wichtige Rolle zu spielen. Einschlägige Studien sehen einen Zusammenhang zwischen Östrogen und zum Teil auch Progesteron und der Tatsache, daß Frauen vor allem an den Hüften und Oberschenkeln Fettdepots bilden. Mit dem Anstieg des Östrogen- und Progesteronspiegels in der Pubertät entwickelt sich beim heranwachsenden Mädchen genau dann der biologische Mechanismus, der die Bildung von Fettdepots fördert, wenn es sich in bezug auf Schlankheit und Attraktivität die meisten Sorgen zu machen beginnt. Diese beiden parallel verlaufenden Vorgänge können zu dem exzessiven Diätverhalten führen, das bei vielen heranwachsenden Mädchen zu beobachten ist. Aus einem bisher unbekannten Grund wirken sich Diäten in der Zeit, in der sich die Sexualhormone zu bilden und einzupendeln beginnen, auf die normale Steuerung des Körpergewichts besonders schädlich aus. Ein hoher Prozentsatz der Frauen, die während der Pubertät strenge Diäten einhielten, entwickelt später Probleme bei der Kontrolle ihres Gewichts.

Am Vergleich von Carol und Penny können wir das gut erkennen. Kurz nachdem sie ihre Periode bekommen hatte, redeten ihre Mutter und Schwester Carol ein, daß sie allmählich dick würde. Sie erinnert sich gut daran, daß ihre mißbilligenden Äußerungen sie so erschreckten, daß sie nichts mehr aß, was Fett oder Zucker enthielt. Sie hat damals abgenommen, kämpft aber seither ständig mit ihrem Gewicht. Seit dieser Diät ging es mit ihrem Gewicht wie bei einer Achterbahn bergauf und bergab. Penny dagegen machte ihre erste Diät mit 23 Jahren. Interessant ist, daß sie es auf die gleiche Weise versuchte wie Carol – also Fett und Zucker wegließ –, aber es fiel ihr viel leichter, das neue Gewicht zu halten. Ich finde, wir sollten unsere Töchter nicht dazu ermuntern, *im Jugendalter* Diät zu halten, selbst wenn sie etwas Übergewicht haben. Möglicherweise nehmen sie nach der Pubertät von sich aus wieder ab, und wenn nicht, ist dann immer noch genug Zeit für ein ausgewogenes, vernünftiges Diät- und Trainingsprogramm. Wenn wir unsere Jugendlichen zum Abnehmen drängen, programmieren wir damit möglicherweise ein lebenslanges Scheitern voraus.

Diätstrategien

Die meisten Menschen haben irgendwann einmal versucht, durch Reduzierung der Kalorien abzunehmen. Um ein Pfund Fett zu verlieren, müssen 3600 Kalorien eingespart werden. Wenn diese Kalorienreduzierung langsam geschieht, kann das durchaus eine wirksame Methode sein. Bei einer Abnahme von einem halben bis eineinhalb Pfund pro Woche wird am ehesten Depotfett abgebaut und nicht nur Wasser oder mageres Muskelgewebe.

Aber die meisten wollen viel schneller einen Erfolg sehen. Es tut ja auch sooo gut, sich auf die Waage zu stellen und zu sehen, daß sie weniger anzeigt; wen interessiert es da schon, ob es wirklich Fett, Wasser oder mageres Muskelgewebe ist? Sie, liebe Leserin und lieber Leser. Wasserverlust ist nicht von Dauer. Ihr Körper besteht zu etwa 60 Prozent aus Wasser, und er wird sich immer wieder so einstellen, daß er dieses Niveau hält. Auch mageres Muskelgewebe wird verteidigt. Sobald Sie die Kalorienzufuhr nicht mehr drosseln, wird wieder magere Muskelmasse aufgebaut. Das zeigt sich auf der Waage dann als Gewichtszunahme. Viele fühlen sich dadurch besiegt und sind verzweifelt.

Bei Diäten mit weniger als 1000 Kalorien pro Tag ist es schwer, bei einigen Vitaminen und Mineralstoffen ohne Zusatzpräparate auf die in den Ernährungsrichtlinien empfohlenen Mengen zu kommen. Das gilt insbesondere für Eisen, Magnesium, Kalzium, Phosphor, Zink und Vitamin B_6. Man hat inzwischen nachgewiesen, daß unzureichende Ernährung bei einer Reduktionsdiät schwerwiegende und sogar tödliche Folgen haben kann. Einige der ersten kalorienarmen Protein-Trinkdiäten, die auf den Markt kamen, erhöhten das Risiko von Herzrhythmusstörungen oder eines plötzlichen Todes. Solche Probleme wurden bei den heute gängigen Trinkdiäten zwar nicht beobachtet, aber auch sie bedürfen ärztlicher Überwachung.

Die Öffentlichkeit bezieht ihre Informationen über Reduktionsdiäten hauptsächlich aus den zahllosen Diätbüchern, die jedes Jahr erscheinen, und aus den Besprechungen von Diäten, die jeden Monat in Zeitschriften und Zeitungen veröffentlicht werden (und oft nur ein Auszug oder eine komprimierte Version eines gerade populären Buches sind).

Die meisten dieser Bücher gehen nach einer bestimmten Methode vor, um das Interesse des Lesers an der Diät zu wecken und ihn dazu zu bringen, daß er sie macht. Fast alle berufen sich auf eine bahnbrechende »neue« Entwicklung der wissenschaftlichen Forschung, im Normalfall irgendeine Wirkung auf die Biochemie des Körpers, die die Gewichtsabnahme fördert. Viele verwenden den Namen einer bekannten Person oder Institution, um der Diät Glaubwürdigkeit zu verleihen. Alle versuchen den Interessenten durch verschiedene Aufhänger dazu zu bringen, ihre Diät zu machen, zum Beispiel mit einer »Crash«-Phase am Anfang, um rapide abzunehmen; mit festen Menüs, die je nach Diätphase variiert werden, wodurch angeblich eine bestimmte biochemische Wirkung erzielt wird; mit verschiedenen Eßritualen, wie etwa einer bestimmten Reihenfolge bei der Nahrungsaufnahme oder genauen Anweisungen, wann und wo man essen soll. Die meisten Diäten arbeiten mit einer Kombination aus Neuheit und Strenge. Viele der Diätmethoden fördern eine Art magisches Denken in einem Bereich, wo es überhaupt keine Magie gibt; manche der ganz strengen Diäten, wie monatelanges Fasten oder die ausschließliche Zufuhr von Protein, können dazu auch noch gesundheitsschädlich sein.

Die Kalorienaufnahme liegt bei den gängigsten Diäten zwischen einigen hundert und 1800 Kalorien, bei den meisten zwischen 800 und 1100 Kalorien. Im allgemeinen haben Diäten, die sich selbst für schnelles Abnehmen empfehlen, einen hohen Proteinanteil. Diäten, die auf langsames Abnehmen und dauerhaftere Veränderungen des Eßverhaltens abzielen, basieren meistens auf kohlenhydratreicher Kost.

Aber die meisten dieser Modediäten sind schnell wieder von der Bildfläche verschwunden. Das liegt zum Teil daran, daß sie eben nicht den schnellen Erfolg bringen, den die Leute suchen. Viele sind nur schwer durchzuhalten, und sie verhindern nicht, daß man wieder zunimmt, da sie ja keine langfristige Veränderung des Eßverhaltens vorsehen. Aber selbst gute Diäten bleiben oft aus einem anderen Grund erfolglos, der mit unserer eigenen Diätgeschichte zu tun hat.

Diäthalten kann Gewichtszunahme bedeuten

Strenge Diäten sind wahrscheinlich ein uneffektiver Weg, um dauerhaft abzunehmen. Viele Forscher sind inzwischen der Meinung, daß sie vielmehr zu Gewichtszunahme und übermäßigem Essen führen können. Im Grunde sind strenge Diäten für alle, die sich um ihren Körper und ihr Aussehen Sorgen machen, die ungeeignetste Methode. Und warum?

Wird die Kalorienzufuhr für mehr als nur ein paar Tage erheblich reduziert, verlangsamt sich jedesmal der Stoffwechsel. Schätzungen aufgrund von Studien weisen darauf hin, daß der Grundumsatz bei strengen Diäten um ganze 15 bis 30 Prozent sinkt. Das bedeutet, daß die lebenswichtigen Funktionen – Blutkreislauf, Arbeit der Körperorgane – mit weniger Energieverbrauch aufrechterhalten werden. Ein normalgewichtiger Erwachsener müßte bei einer solchen Verlangsamung des Stoffwechsels 180 bis 360 Kalorien weniger zu sich nehmen. In der Frühzeit unserer Geschichte hat uns dieser wichtige Anpassungsmechanismus gute Dienste geleistet, denn wir hatten damals noch keine Möglichkeit, uns gegen Nahrungsknappheit abzusichern. Für jemanden, der bewußt abnehmen will, ist das natürlich schlimm, denn er verliert langsamer an Gewicht.

Am stärksten sinkt der Grundumsatz während einer Diät bei den Menschen, deren Grundumsatz schon zu Beginn niedriger ist. Da der Grundumsatz bei Frauen niedriger ist als bei Männern, stellen sie besonders häufig fest, daß sie trotz aller Anstrengungen nicht so viel abnehmen, wie sie gerne möchten. Schlimmer noch: Der Grundumsatz schnellt nicht sofort wieder auf das normale Niveau hoch, sobald man mit der Diät aufhört. Und je länger die Diät dauert, um so länger braucht der Grundumsatz, um wieder sein ursprüngliches Niveau zu erreichen. Es liegt auf der Hand, daß man leicht wieder zunimmt, wenn der Grundumsatz nach einer Diät niedrig bleibt.

Suzanne ist sozusagen auf Dauerdiät. Sie versucht ständig, für den einen oder anderen Anlaß abzunehmen, vor jedem Urlaub, vor jedem Geburtstag. Ihre Erfahrung ist – und das kennen sicher viele von Ihnen –, daß sie bis zu dem »großen Ereignis« streng Diät hält und hinterher wieder normal zu essen beginnt. Mit jedem Mal scheint sie schneller wieder zuzunehmen als vorher. Sie ist deshalb frustriert und unzufrieden mit sich. Sie findet eigentlich nicht, daß sie übermäßig viel ißt, obwohl sie sich offenbar schon die Sachen auswählt, die sie sich während der Diät nicht gegönnt hat. »Ich verstehe nicht, warum ich mein Gewicht dann nicht halten kann«, klagt Suzanne. »Ich brauche nur wieder normal zu essen, und schon gehe ich wieder auseinander«. Suzanne muß, wie zahllose andere auch, die Folgen jahrelanger Diätversuche ausbaden.

Wiederholtes Abnehmen und Zunehmen – die sogenannte Jo-Jo-Diät – erfordert einen immer höheren Einsatz. Wissenschaftler haben inzwischen nachgewiesen, daß es bei jeder neuen Diät tatsächlich länger dauert, um ebensoviel abzunehmen wie beim letzten Mal, und daß man sogar schneller wieder zunimmt. Die Forschungsarbeit von Kelly Brownell und seinen Kollegen macht das in absolut sachlicher Weise deutlich. Sie gaben einer Gruppe von Ratten fettreiches Futter, damit sie übergewichtig wurden, und setzten sie dann auf Diät. Als sie an Gewicht verloren hatten, verabreichten ihnen die Forscher wieder fettreiches Futter, und sie nahmen erneut zu. Das Ganze wurde noch einmal wiederholt. Beim ersten Mal dauerte es 21 Tage, bis sie ihr Gewicht verloren, und 46 Tage, bis sie alles wieder zugenommen hatten. Beim nächsten Versuchszyklus aber dauerte es 45 Tage, bis sie in gleichem Umfang an Gewicht verloren, und nur 14 Tage, bis sie alles wieder zugenommen hatten.

Danielle Reed, eine Yale-Absolventin, und ich wollten wissen, ob sich denn die Futterpräferenzen in den verschiedenen Diätphasen änderten, wenn die Tiere eine Möglichkeit hätten, sich ihr Futter selbst auszuwählen und ihre »Diät abzubrechen«. Wir stellten fest, daß die Tiere nach jeder Reduktionsphase mehr Fett und weniger Protein fraßen, was vielleicht erklärt, warum die Ratten in der Brownell-Studie so schnell wieder zunahmen. Es muß also nicht unbedingt ein Zeichen von Willensschwäche sein, wenn Sie Ihre Diät abbrechen und fett- und kalorienreiche Nahrung zu sich nehmen. Ihr Körper treibt Sie vielleicht dazu, Ihre Fettdepots so schnell und so leicht wie möglich wieder aufzufüllen – indem Sie viel Fettes essen.

Entsprechende Studien lassen darauf schließen, daß Menschen, die wiederholt ab- und dann wieder zugenommen haben, ein Übermaß an Nahrung biologisch möglicherweise weniger gut verarbeiten können. Die thermogenetische Reaktion auf Nahrung – das ist die Energiemenge, die der Körper nach einer Mahlzeit zu deren Verdauung aufwendet – scheint bei Menschen mit wiederholten Gewichtsschwankungen niedriger zu sein. Möglicherweise können diese Menschen nicht so viele Kalorien verbrennen wie ebenso schlanke Personen, die keine solchen Jo-Jo-Diäten hinter sich haben.

Abzunehmen und das niedrigere Gewicht zu halten scheint Männern besser zu gelingen als Frauen. Moralistische oder motivationsbezogene Erklärungen wollen wir hier einmal außer acht lassen. Der Grund ist in erster Linie ein biologischer. Männer machen seltener und wesentlich weniger strenge Diäten, also ist der niedrigere Grundumsatz für sie auch kein so großes Problem. Und sie setzen Sport häufiger als Frauen als Mittel der Gewichtskontrolle ein. Allerdings weisen Umfrageergebnisse darauf hin, daß Männer mode- und gewichtsbewußter und damit möglicherweise auch immer mehr Opfer der Diätfalle werden. Schon vermarkten männliche Fernsehstars und bekannte Sportler alkoholfreie Diätgetränke, Leichtbiere und andere Diätprodukte. Auch Männer empfinden es inzwischen als geradezu unmoralisch, die falschen Sachen zu essen. In einem der neuen

»Cathy«-Cartoons ist zum Beispiel ein Mann mit Cathy und ihrer Freundin zu sehen, wie sie in einem Restaurant die Speisekarte studieren. »Pommes frites?« meint er. »Warum nicht? Ich bin jung. Ich kann alles essen.« Aber dann: »Wem will ich denn da was vormachen?« und kämpft mit sich selbst: »Ein Pommes, kein Pommes, was ist schon ein kleines Pommes?« »Eindeutig Schuldgefühle«, bemerkt Cathy sachkundig zu ihrer Freundin. »Endlich lernen die Männer unsere zweite Sprache.« Wenn immer mehr Männer in den Teufelskreis von Diäten geraten, werden wir in den nächsten zehn Jahren eine explosionsartige Zunahme von Gewichtsproblemen bei Männern erleben.

Der psychische Preis des Diäthaltens

Strenges Fasten ist ein leidvoller und kräfteraubender Prozeß. Manche Fachleute sind der Ansicht, daß es sogar Ursache psychischer Störungen sein kann. Über die Hälfte der Menschen, die eine Diät machen, berichten von Depressionen, Nervosität, Mattigkeit oder erhöhter Reizbarkeit. Die methodisch wahrscheinlich genaueste Studie über die Auswirkungen strenger Hungerkuren wurde von Ancel Keys und seinen Kollegen von der University of Minnesota durchgeführt. Sie erfaßten darin Kriegsdienstverweigerer, die sich als Alternative zum Militärdienst während des Zweiten Weltkriegs freiwillig der medizinischen Forschung zur Verfügung gestellt hatten. Die Männer bekamen sechs Monate lang nur etwa halb soviel zu essen wie gewohnt und verloren dabei im Durchschnitt 25 Prozent ihres ursprünglichen Körpergewichts. Bei den meisten Männern führte diese langfristige Mangelernährung zu Reizbarkeit, Angstzuständen, einem verzerrten Körperbild, Lethargie, Erschöpfung, innerer Spannung, Schlaflosigkeit und Depression. Sie wurden ständig von den Gedanken an Nahrung und Essen geplagt. Ihre

Gespräche und Tagträume, selbst ihre Lektüre, drehten sich fast nur noch um das Essen. Bei manchen beeinträchtigte das lange Fasten ihr Urteilsvermögen und führte schließlich zu geistiger Verwirrung. Die nordamerikanischen Indianer haben regelmäßig Kämpfe ausgetragen, während sie fasteten; ebenso die japanischen Samurai. Vielleicht hat die fastenbedingte geistige Verfassung dazu beigetragen, daß sie so gefürchtete Gegner waren. Ein angriffslustiger Zustand, bei dem man nicht mehr Herr seiner Sinne ist, mag ja für einen echten Kampf wünschenswert sein, aber sicher nicht für den Lebenskampf in der modernen Gesellschaft.

Die psychischen Folgen von Diäten und chronischer Unzufriedenheit mit dem Körper könnten einer der Gründe dafür sein, daß Frauen häufiger an Depressionen leiden. Viele der Begleiterscheinungen der Keys-Studie finden wir bei Frauen, die streng Diät halten, bestätigt. Im Laufe einer längeren Diät treten Reizbarkeit und Depression an die Stelle des anfänglichen Gefühls von Euphorie und Stärke. Katie, eine Versicherungsagentin, war auf ihren Charme und ihr nettes Wesen angewiesen, um Versicherungen zu verkaufen. Aber dann begann sie ihre jährliche Frühjahrsdiät mit einem fünftägigen Fasten, an das sich zwei Wochen mit 800 Kalorien pro Tag anschlossen. Es dauerte nicht lange, bis sie ihre Kinder und Mitarbeiter ziemlich grob anfuhr. »Alles und jeder bringt mich auf die Palme. Ich fühle mich mißachtet und ausgenutzt. Ich weiß, daß mich eigentlich keiner leiden kann«, jammerte sie. Sie konnte nicht verstehen, warum sie weniger Versicherungen verkaufte, und war mit ihrem Leben immer unzufriedener. Sie hielt nie einen Moment inne, um nachzudenken und möglicherweise darauf zu kommen, daß sie an einer diätbedingten Depression litt.

Fasten und übermäßiges Essen

Inzwischen leiden erstaunlich viele Frauen an Eßzwängen, einigen Studien zufolge sind es in den USA 20 bis 40 Prozent, und gleichzeitig ist Diäthalten so populär wie nie zuvor. Diese beiden Trends widersprechen sich nicht; es könnte sein, daß gerade diese wiederholten Diäten zu so hohen Zahlen an Eßsüchtigen geführt haben.

Viele Frauen berichten, daß sie »mit Erfolg« eine Diät gemacht haben und dann plötzlich, praktisch ohne Vorwarnung, alles in sich hineinschlingen. Ob der Auslöser bei ihnen ein Überangebot an Essen, Mißstimmung, Wohlbefinden, Streß oder Langeweile ist, das Muster ist immer das gleiche: Sie haben eine Diät gemacht, irgendein »Schalter« wird umgelegt, und sie verspüren einen starken Drang, immer weiter zu essen. Allie erzählte uns, wie sie sich fühlt, wenn sie so viel ißt wie sie möchte. Zuerst ist es wundervoll – das quälende Leeregefühl in der Magengrube und im Hals ist weg. Aber dann kommt die Strafe. Gewissensbisse und Ekel überwältigen sie. Und sie faßt neue gute Vorsätze. Sind Sie eine zwanghafte Esserin oder ein zwanghafter Esser? Das mag vielleicht jeder von sich denken, aber mit dem Test auf S. 250 können Sie feststellen, ob verschiedene Merkmale von zwanghaftem Eßverhalten auf Sie zutreffen.

Wenn Sie eßsüchtig sind, dann ist womöglich Ihre Diätgeschichte schuld daran und nicht Ihre mangelnde Willensstärke. Je öfter und je radikaler Sie Diät gehalten haben, um so wahrscheinlicher ist, daß Sie jetzt im Übermaß essen. In der früher erwähnten Studie mit den Kriegsdienstverweigerern verloren viele Männer die Kontrolle und aßen mehr oder weniger ohne Unterbrechung, sobald sie mehr zu essen bekamen. Selbst zwölf Wochen nach der Rehabilitation hatten viele sofort nach einer umfangreichen Mahlzeit noch ein verstärktes Hungergefühl. Es gab Wochenendfreßorgien, bei denen zwischen 8000 und

10000 Kalorien aufgenommen wurden. Dr. Keys berichtet dazu:

Vielen Männern fiel es schwer, mit dem Essen aufzuhören. Proband Nr. 20 stopft sich voll, bis er schier platzt, bis ihm fast übel ist und er trotzdem noch Hunger hat; Nr. 120 sagt, daß er sich sehr zurückhalten mußte, um nicht so viel zu essen, daß er krank wurde; Nr. 1 aß, bis er satt und ihm ziemlich übel war; und Proband Nr. 30 mußte um alles Eßbare einen Bogen machen, weil er kein Sättigungsgefühl mehr kannte, selbst wenn er voll war »bis an die Kiemen«.

Diese Schilderungen unterscheiden sich gar nicht so sehr – höchstens im Ausmaß – von dem, was wir bei Menschen beobachten, die ständig Diät halten. Und inzwischen weisen viele klinische und epidemiologische Untersuchungen darauf hin, daß Diäthalten bei der Entwicklung der Bulimie eine Rolle spielt. Die Studien belegen, daß die Eßstörung normalerweise in einer Phase strikter Nahrungsbeschränkung beginnt. Dr. Christopher Fairburn, Experte für Eßstörungen, und seine Kollegen von der Oxford University in England berichten, daß 83 Prozent der von ihnen untersuchten Bulimikerinnen zur Zeit ihrer ersten Eß-Brech-Phase Diät hielten, obwohl die meisten von ihnen kein Übergewicht hatten. Den genauen Zusammenhang zwischen Diäthalten und Bulimie kennen wir noch nicht, aber alle bisherigen Erkenntnisse weisen darauf hin, daß es einen gibt.

Marianne machte jedesmal vor den Sommerferien eine Diät, weil sie den Sommer über als Rettungsschwimmerin in einem nahegelegenen Schwimmclub arbeitete. Sie wußte, daß sie lange Tage im Badeanzug durchzustehen hatte und wollte schlank und schön aussehen. Einmal fiel es ihr im Frühjahr schwerer als

Test: Essen Sie zwanghaft?

	Sehr oft	Oft	Manch- mal	Selten	Nie
1. Ich habe Zeiten, wo ich in kurzer Zeit sehr viel esse.	___	___	___	___	___
2. Wenn ich etwas sehr Gutes esse, habe ich das Gefühl, daß ich nicht aufhören kann.	___	___	___	___	___
3. Ich esse kalorienreiche Sachen immer ganz schnell.	___	___	___	___	___
4. Ich esse kalorienreiche Sachen nur allein.	___	___	___	___	___
5. Ich fühle mich nach dem Essen vollgestopft und unwohl.	___	___	___	___	___
6. Ich habe ein starkes körperliches Bedürfnis, sehr schnell sehr viel zu essen.	___	___	___	___	___
7. Ich beende Diäten mit einer Freßorgie.	___	___	___	___	___
8. Ich muß mich beim Essen bewußt zurückhalten.	___	___	___	___	___
9. Ich verschlinge einfach alles, was eßbar ist.	___	___	___	___	___
10. Ich glaube, daß ich mit dem Essen aus freiem Entschluß nicht mehr aufhören kann.	___	___	___	___	___
11. Nach einem Eßanfall bin ich depressiv oder denke nur negativ.	___	___	___	___	___

Bewerten Sie jede Aussage mit einer 0 für *Nie*, einer 1 für *Selten*, einer 2 für *Manchmal*, einer 3 für *Oft* und einer 4 für *Sehr oft*. Wenn Sie auf 30 Punkte oder mehr kommen, dann sind Eßanfälle und die damit verbundenen Gefühle und Folgen eindeutig ein Problem für Sie.

sonst, die üblichen Kilos loszuwerden, und sie fürchtete, bis zum Beginn der Saison nicht genug abzunehmen. Also machte sie noch mehr Abstriche und nahm pro Tag nur 300 bis 600 Kalorien zu sich. Nach fast einem Monat extremen Fastens veranstaltete sie eine wahre Freßorgie und aß eine ganze Schachtel Kekse, eine Packung Geleebananen, eine Familienpackung ihrer Lieblingseiscreme und hinterher noch eine Menge gefrorenen Joghurt. Sie erinnerte sich daran, daß ihre Freundin Lynne ihr erzählt hatte, daß sie sich nach Freßorgien immer erbrach, um alles wieder loszuwerden. Marianne versuchte es auch damit und war ziemlich schnell so weit, daß sie sich mehrmals pro Woche mit Essen vollstopfte und es anschließend erbrach. Bulimie läßt sich nicht auf eine Einzelursache zurückführen, und bei Marianne waren auch viele andere signifikante Risikofaktoren vorhanden. Sie kam aus einer extrem gewichtsbewußten Familie, und viele ihrer Freunde zeigten ein stark gestörtes Eßverhalten. Sie war äußerst perfektionistisch, und mit weniger als dem idealen Körper war sie nicht zufrieden. Selbst normale Portionen waren in ihren Augen zuviel. Trotz all der vorhandenen Risikofaktoren wird in ihrem Fall aber deutlich, daß ihre strengen und restriktiven Diäten bei ihr der unmittelbare Auslöser für die Entwicklung der Bulimie waren.

Fasten, Dicksein und Gesundheit

Ein weiterer Aspekt der Diätfalle ist, daß die meisten Ärzte und Wissenschaftler das Abnehmen als gesundheitsfördernde Maßnahme propagieren. Aber für wen und wofür? Der bekannte Physiologe Ancel Keys, der die Kriegsdienstverweigerer-Studie durchführte, hat 13 Untersuchungen zum Thema Fettleibigkeit und Sterblichkeit überprüft und dabei festgestellt, daß das Risiko eines vorzeitigen Todes sich nur in extremen Fällen von Unter- oder Übergewicht erhöhte. Das Risiko einer Koronarerkrankung steigt offenbar mit zunehmendem Gewicht sowohl bei Männern wie bei Frauen, aber Dr. Brownell und seine Kollegen haben kürzlich eine Abhandlung veröffentlicht, aus der hervorgeht, daß wiederholte starke Gewichtsschwankungen das Risiko einer Herzerkrankung ebenfalls erhöhen. Tatsächlich schienen solche Gewichtsschwankungen für schlankere Menschen sogar ein größeres Risiko darzustellen als für solche, die etwas dicker waren. Für viele könnte also der unerbittliche Kampf um Schlankheit das wahre Gesundheitsrisiko sein.

Wichtiger für die Gesundheit als das Gewicht ist möglicherweise, wie die Fettpolster verteilt sind. Fettdepots am Bauch scheinen gefährlicher zu sein als an den Hüften und Oberschenkeln. Von Dr. Jules Hirsch und Dr. Rudolph Liebel, Ärzten an der Rockefeller University, durchgeführte Studien haben gezeigt, daß Fettzellen im Bauchbereich sich vom Stoffwechsel her gesehen von denen an den Hüften und Oberschenkeln unterscheiden und auf die Hormone im Körper in ganz besonderer Weise reagieren. Sie sind zum Beispiel dem Insulin gegenüber resistenter, so daß der Körper dieses Hormon in größerer Menge produzieren muß. Möglicherweise ist das der Grund dafür, daß epidemiologische Studien im Bevölkerungsdurchschnitt einen Zusammenhang zwischen Fettdepots am Bauch und einem erhöhten Risiko für Diabetes und Herzerkrankungen festgestellt haben.

Dieses eine Mal sind die Gene vielleicht ausnahmsweise auf seiten der Frauen. Außer wenn Sie in letzter Zeit überhaupt nicht mehr in den Spiegel gesehen haben, wissen Sie wahrscheinlich, daß sich die Fettdepots bei Frauen mehr an den Oberschenkeln und Hüften bilden und bei Männern am Bauch. Nach Ansicht der Wissenschaftler erklärt sich dadurch zumindest zum Teil, warum das Risiko einer Herzerkrankung bei Männern größer ist als bei Frauen. Auf der anderen Seite haben wir ja gerade gesehen, daß Frauen durch Jo-Jo-Diäten mehr Fett am Bauch ansetzen. Damit scheint sich hier wiederum eine Diätfalle aufzutun.

Sie können das Verhältnis von Bauchfett zu Fettdepots an Hüften und Oberschenkeln ganz leicht selbst ermitteln. Nehmen Sie ein Maßband, und stellen Sie sich unbekleidet vor einen Spiegel. Messen Sie den Bauchumfang, und zwar etwa fünf Zentimeter über dem Nabel. Dann messen Sie den Umfang an der breitesten Stelle im Bereich Hüfte/Oberschenkel. (Das ist ein bißchen knifflig; oft, aber nicht immer, ist es ziemlich genau der Punkt, wo der Po am dicksten ist.) Teilen Sie das Bauchmaß durch das Hüftmaß. Statistisch gesehen liegt bei Männern mit einem Bauch-zu-Hüfte-Verhältnis von 1,0 oder mehr und bei Frauen mit einem Verhältnis von 0,8 oder mehr ein erhöhtes Risiko vor. Wenn das Verhältnis bei Ihnen unter den angegebenen Zahlen liegt und Sie um Ihrer Gesundheit willen Diät halten, ist das wahrscheinlich gar nicht notwendig. Liegt das Verhältnis bei Ihnen darüber, ist Diäthalten möglicherweise keine zweckmäßige Lösung, ja Ihr Problem wird dadurch vielleicht sogar größer.

So kommen Sie aus
der Diätfalle heraus

Vorrangiges Ziel dieses Kapitels ist, Ihnen erkennen zu helfen, was Diäthalten für Sie bedeutet. Wenn es eine Selbstreinigung, eine Art Wechsel auf eine bessere Zukunft oder ein Mittel der Buße sein soll, sollten Sie neue Wege finden, um sich mehr zu mögen. Die in den vorangegangenen Kapiteln über die Eitelkeits-, die Scham- und Konkurrenzfalle vorgeschlagenen Übungen sollen Ihnen dabei helfen, dieses Ziel zu erreichen.

Aber angenommen, Sie wollen wirklich abnehmen? Wie stellen Sie das am besten an? Viele von Ihnen haben sicher schon sehr oft ab- und dann wieder zugenommen. Bei manchen wird sich der Stoffwechsel schon verlangsamt haben. Und vielleicht vergrößern sich inzwischen bevorzugt die Fettdepots am Bauch. Zudem finden Sie das Diäthalten wahrscheinlich immer schwieriger und frustrierender. Was ist also der beste Weg, um abzunehmen und die Diätfalle dabei möglichst zu umgehen?

Unsere Arbeit hat gezeigt, daß die beste Strategie der Gewichtskontrolle für Menschen, die schon oft eine Diät gemacht haben, leicht zu befolgen ist, Entzugssymptome verhindert und über lange Zeit eingehalten werden kann. Viele Diätnahrungsmittel sind ungesund, und manche sogenannte gesunde Kost ist kalorienreich. Bei guten Reduktionsdiäten ist der Fettanteil niedrig, und es werden verstärkt Ballaststoffe in Form von Obst, Gemüse und Vollkornbrot aufgenommen. Alle einschlägigen Untersuchungen belegen, daß man mit einer maßvollen Reduzierung der Kalorien und dem Schwerpunkt auf naturbelassener, unbearbeiteter Nahrung am besten abnehmen und das neue Gewicht am längsten halten kann. Die langfristig beste Strategie ist also, nicht mehr dem schnellen Diäterfolg nachzujagen, sondern bewußter zu essen. Bewußtes Essen verlangt ein langfristiges Engagement. Wir empfehlen unseren Patienten, sich zumindest an einige der folgenden Strategien zu halten.

Prüfen Sie Ihre Diätbereitschaft

Versuchen Sie nicht wieder abzunehmen, bevor Sie nicht wirklich dazu bereit sind. »Aber dazu bin ich doch immer bereit«, werden Sie denken. Nach Ansicht des Psychologen Kelly Brownell trifft das aber nicht zu. Er hat festgestellt, daß zu einer echten Bereitschaft auch die richtige mentale Einstellung und geeignete Lebensumstände gehören; es ist nicht nur eine Frage des Wollens. Wenn Ihr Erfolg von Dauer sein soll, müssen Sie sicher sein, daß *jetzt* der richtige Zeitpunkt ist. Und wie können Sie das wissen?

Als erstes müssen Sie eine geistige Vorstellung davon entwickeln, wie Sie abnehmen und Ihr Gewicht langfristig halten wollen. Denken Sie dabei an einen Zeitraum von sechs Monaten oder einem Jahr, nicht nur an morgen. Jennifer zum Beispiel mußte sich vorstellen lernen, mehr zu essen und nicht weniger. Sie mußte visualisieren, wie sie häufiger aß und dabei kleine Mahlzeiten über den Tag verteilte. Sie begann sich darauf zu freuen und stellte es sich als etwas ganz Besonderes vor, das sie genießen konnte, was es für jemanden wie sie, der so viel Energie in Selbstverleugnung investiert hatte, auch wirklich war.

Als nächstes sollten Sie sich Ihre Lebensumstände genau ansehen. Versuchen Sie nicht abzunehmen, wenn Sie gerade in Scheidung leben oder Ihren Job verloren haben. Es ist immer schwer, aber da die meisten Frauen gerade in Streßsituationen essen, sollten Sie den Mißerfolg nicht schon vorprogrammieren, bevor Sie überhaupt angefangen haben. Wenn Sie aber gerade in einer Übergangsphase sind, wo Sie Ihre gewohnten Verhaltensmuster ohnehin ändern müssen – wenn Sie zum Beispiel einen neuen Job mit anderen Arbeitszeiten haben –, dann könnte jetzt der richtige Zeitpunkt sein, um auch an Ihren Eßgewohnheiten und in Sachen sportlicher Aktivität etwas zu ändern.

Als letztes sollten Sie den tatsächlichen Grad Ihrer Motivation herausfinden. Haben Sie wirklich das Gefühl, daß Sie jetzt dazu bereit sind? Abnehmen ist harte Arbeit. Wenn Sie im Moment nicht wirklich motiviert sind, sollten Sie es auf einen günstigeren Zeitpunkt verschieben.

Verabschieden Sie sich von der Diätmentalität

»Fasten« ist »gut«, »nicht fasten« ist »schlecht« – diese Einstellung ist eine Komponente der Diätfalle. Gerade dieses Alles-oder-nichts kann schon für den nächsten Mißerfolg sorgen. Und das läuft dann im allgemeinen wie folgt ab.

Vielleicht beginnt dieses typische Szenario schon, bevor Sie mit Ihrer Diät anfangen. Lucy zum Beispiel hat in den vergangenen drei Monaten 20 Pfund zugenommen, was ihr Mann gar nicht verstehen kann, weil sie in dieser Zeit des öfteren geäußert hat, daß sie »auf Diät« sei.

Lucys Diätversuche beginnen immer mit einem Plan. »Nächsten Montag«, gelobt sie sich selbst und ihrer ganzen Umgebung, »fange ich mit einer neuen Diät an«. Aufgeregt erzählt sie von der neuesten Wunderdiät und macht dabei noch die Schachtel Pralinen vom Valentinstag leer. »Solche Sachen kann ich die nächsten vier Wochen hier nicht brauchen«, erklärt sie, während sie die Krümel auf dem Tisch zusammenwischt, die letzten Spuren des Geburtstagskuchens von ihrem Mann, den sie gerade verspeist hat. Am Montag stellt Lucy verzweifelt fest, daß sie zwei Pfund mehr wiegt als beim letzten Mal, als sie auf der Waage war.

Nachdem sie sich eine Woche lang nur auf Obst und Wasser beschränkt hat, besucht Lucy eine Freundin, die gerade ein Baby bekommen hat. Sie hat ihr angeboten, etwas Süßes mitzubringen. Sie ist fest entschlossen, den köstlichen Käsekuchen, den sie gebacken hat, nicht einmal zu probieren. Sie erzählt jedem der Anwesenden, daß sie gerade eine Diät macht und nur Obst ißt. Nach dem Kaffeeklatsch hilft sie aufräumen. Es ist nur noch ein ganz kleines Stück von ihrem Käsekuchen übrig, nicht genug, um es aufzuheben. Lucy schlingt es hastig hinunter und merkt erst hinterher, daß sie damit ja gegen ihre Diät »verstoßen« hat. Sie ärgert sich furchtbar über sich selbst und nimmt sich ganz fest vor, daß sie am nächsten Montag wieder mit der Diät anfängt. Auf dem Heimweg macht sie bei einer Konditorei halt, holt sich ein halbes Dutzend Krapfen und ißt sie nebenher, während sie mit dem Auto nach Hause fährt. Und bis zum Montag ißt sie, »als würde ich in der Todeszelle sitzen, als würde ich diese ganzen feinen Sachen zum letzten Mal bekommen, und ich möchte nicht, daß nach dem Sonntag noch irgend etwas davon im Haus ist«.

Diäthalten bedeutet für viele Frauen eine Art Verheißung, eine letzte Chance, dadurch ihren Körper endlich besser akzeptieren zu können. Ich habe festgestellt, daß es für die Behandlung von Problemen mit dem Körper sehr wichtig ist, schlechte Eßgewohnheiten und entsprechende Vorstellungen abzulegen und sie durch vernünftigere, gesunde Einstellungen zu ersetzen. Die scheinbar einfache Aufgabe, in allen Details aufzuschreiben, was und unter welchen Umständen man zu sich nimmt, ist eine sehr hilfreiche Methode, die zu manch überraschender Erkenntnis führt. Solche Aufzeichnungen können zum Beispiel falsche Vorstellungen in bezug auf Essen deutlich machen (Beatrice war überzeugt, daß gesundes Essen fad schmeckt, und wir kamen dahinter, als wir über ihr Ernährungstagebuch sprachen) oder negative Verbindungen zwischen Emotionen und Essen (Jennifer fühlte sich »von Schuldgefühlen überwältigt«, wenn sie eine ihrer Lieblingsspeisen aß) oder eine Fehlanpassung im Eßverhalten (wie im Falle von Cheryl, die so kleine Mahlzeiten zu sich nahm, daß niemand davon satt werden würde). Aus welchem Grund auch immer sich diese schlechten Eßgewohnheiten eingeschlichen haben, solche Verhaltensweisen verfestigen sich und sind ohne genaue Selbstbeobachtung nur schwer zu ändern. *Die größten Schwierigkeiten macht oft der innere Dialog –* der ständige geistige Kommentar, der bei jedem von uns abläuft, im allgemeinen in der Form eines Selbstgesprächs. Was Lucy zu sich selbst sagt, ist ein gutes Beispiel dafür. Indem sie das Leid ihrer Enthaltsamkeit vorwegnimmt und es sich in allen Einzelheiten ausmalt, gesteht sie sich selbst zu, vor jeder neuen Diät übermäßig viel zu essen. Oder stellen Sie sich vor, die Gastgeberin einer Party bietet Ihnen ein großes Stück Kuchen an. Sie nehmen und essen es. Aber Sie hatten sich am Morgen ganz fest vorgenommen, daß Sie ab sofort Diät halten würden. Sie fühlen sich schrecklich, und Ihr innerer Dialog verläuft etwa so: »Was ist los mit mir? Ich bin doch ein unmöglicher Freßsack! Morgen fange ich auf jeden Fall mit einer neuen Diät an.« Da Sie jetzt schon den Kuchen gegessen haben, essen Sie auch den Rest des Abends mehr als sonst. Und wenn Sie dann spätabends nach Hause kommen, sind Sie natürlich verzweifelt.

Bei diesem Szenario lassen sich zumindest zwei Arten kontraproduktiver Gedanken leicht identifizieren, die zu übermäßigem Essen führen. Erstens haben Sie aus einem einzigen kleinen Ausrutscher (daß Sie den Kuchen gegessen haben) gleich auf persönliche Mängel und schreckliche Charakterschwächen geschlossen. Dadurch haben Sie sich wertlos gefühlt und waren demoralisiert. Zweitens haben Sie beschlossen, am nächsten Tag mit der Diät anzufangen: In Ihrer Vorstellung war der folgende Tag mit strengem Nahrungsentzug verbunden, so daß Sie das Gefühl hatten, am Abend vorher alles essen zu müssen, was in greifbarer Nähe war.

Sie müssen Ihre kontraproduktiven Gedanken und inneren

Dialoge erkennen, die im allgemeinen negativ und selbstab-wertend sind. Setzen Sie an ihre Stelle Gedanken, die besser und hilfreicher für Sie sind. Hilfreiche Aussagen müssen einen Ansatz zur Veränderung in sich tragen. Statt zu sagen »Ich bin doch ein unmöglicher Freßsack«, was negativ und kontrapro-duktiv ist und Ihnen überhaupt nicht hilft, sollten Sie herausfin-den, welche Umstände Sie dazu gebracht haben, daß Sie zuviel gegessen haben. Dann können Sie zum Beispiel sagen: »Ich esse zuviel, wenn ich Alkohol trinke«, und damit ist ein Umstand ge-nau umrissen, den man ändern kann.

Man löst sich nur schwer von der Tendenz, Nahrungsmittel in »gute« und »schlechte« zu unterteilen

Diese Vorstellung wird von der Nahrungsmittelindustrie, den Herstellern von Diätprodukten und unserer eigenen Psyche un-terstützt. Wir glauben oft, daß *gesund* und *schmackhaft* sich gegenseitig ausschließen – »gute« (d.h. gesunde) Getreideflocken schmecken langweilig und fad, wohingegen »schlechte« (d.h. un-gesunde) Getreideflocken süß sind und köstlich schmecken. Ob-wohl es natürlich Nahrungsmittel gibt, die vom Nährwert her »ein Alptraum« sind, sehr viel Fett und Salz oder sehr viel Fett und raffinierten Zucker enthalten, gibt es auch viele gesunde Nahrungsmittel, die ausgezeichnet schmecken. Allerdings ha-ben wir uns leider selbst dahingehend einer Gehirnwäsche un-terzogen, daß eine gute Diät immer langweilig und geschmack-los sein muß. Deshalb glauben wir, daß gesundes Essen immer eine Belastung sein muß. Den meisten Untersuchungen zufolge ist jetzt bei Erwachsenen die gleiche Verwirrung und mangelnde Kontrolle in Sachen Gewicht und Essen festzustellen wie bei den Heranwachsenden.

Der Glaube an die Willenskraft geht mit der Entwicklung von Schuldgefühlen einher – man fühlt sich schuldig, weil man glaubt, nicht genug Willenskraft zu haben. Beides sind geistige Einstellungen, die Ihnen schaden. *Die Überzeugung, daß Sie sich unter Kontrolle haben, ist jedoch ein guter Weg, Ihre gedankliche Kraft einzusetzen. Es ist etwas ganz anderes als der Glaube an die Willenskraft.* Wie der Fernsehstar Delta Burke – ich habe sie im Zusammenhang mit der Schamfalle erwähnt –, sehr klug angemerkt hat: »Der Wendepunkt bei mir war, daß ich selbst zu bestimmen begann und auch die Verantwortung für mein Leben übernommen habe, so daß ich nicht mehr mit mir selbst konkurrieren muß.« Und sie sagt weiter: »Der Körper ist etwas ganz Wundervolles. Er weiß mehr, als wir ihm zutrauen. Deshalb habe ich beschlossen, mehr auf ihn zu hören.«

Die Vorstellung von der »Willenskraft« beinhaltet ständige Verleugnung und Mißachtung der Weisheit des Körpers. Selbstbestimmung bedeutet, daß man die Fähigkeit zur bewußten Entscheidungsfindung hat und das Bewußtsein für die Bedürfnisse des Körpers. Unkontrolliertes Essen bedeutet Essen ohne überlegte Entscheidung und ohne Bewußtheit. Selbstbestimmte Menschen entscheiden sich nicht immer für »Nein«. Manchmal entscheiden sie auch: »Ja, das esse ich jetzt!« Zur Entscheidungsfindung gehört eine aktive und einsichtsvolle Problemlösung, was jedem Gefühl der Hilf- und Hoffnungslosigkeit entgegensteht. Und gerade das ist ganz wichtig, um aus all den Schönheitsfallen herauszukommen.

Versuchen Sie, Ihre Kalorien über den Tag zu verteilen

Um ihr aus der Diätfalle herauszuhelfen, ließen wir Beatrice als erstes genau aufschreiben, was sie aß und unter welchen Umständen, also wo, wann und mit wem, und wie sie sich dabei fühlte. Anfangs zeigte ihr Ernährungstagebuch, daß Beatrice ein ziemlich chaotisches Eßverhalten hatte. An manchen Tagen aß sie nichts bis zum Schlafengehen und stopfte eine Stunde vorher Süßigkeiten in sich hinein. An anderen Tagen versuchte sie, »regelmäßig« zu essen – das waren eigentlich immer sehr kleine Mahlzeiten mit Dingen, die Beatrice als »gesund« einstufte und die sie meistens haßte. Sie mußte ganz konkret beraten werden, was eine gesunde, ausgewogene Mahlzeit und angemessene Portionen sind. Wie viele Menschen, die ständig Diät halten, hatte auch Beatrice kein Gefühl mehr dafür, wie es ist, wenn man angenehm satt ist und wieviel man essen muß, um diesen Zustand zu erreichen.

Tagsüber gar nichts und abends eine umfangreiche Mahlzeit zu sich zu nehmen ist die schlechteste Strategie. Der Körper braucht morgens einen »Stoffwechselkick«, nachdem er während der Nacht nichts zu tun hatte. Eine Kleinigkeit am Morgen – eine Scheibe Toast, eine halbe Grapefruit, irgend etwas – reicht schon, um den Stoffwechsel auf Touren zu bringen.

Eine jüngste Studie besagt, daß alle im Frühstück enthaltenen Ballaststoffe einen zusätzlichen Vorteil bringen, abgesehen davon, daß sie den Stoffwechsel in Schwung bringen. Dr. Allen Levine, Professor für Ernährungswissenschaft am VA Medical Center in Minneapolis, hat nachgewiesen, daß die, die beim Mittagessen die wenigsten Kalorien zu sich nahmen, gleichzeitig die waren, deren Frühstück die meisten Ballaststoffe enthalten hatte. Sie nahmen mittags zum Beispiel 933 Kalorien zu sich, wenn sie zum Frühstück nur Weißbrottoast gehabt hatten (keine Ballaststoffe), 921 Kalorien nach einem Frühstück mit Kleiekeksen (18 Prozent) und 888 Kalorien nach einem Frühstück mit Vollkornflocken (39 Prozent). Ballaststoffe reduzieren die Passagezeit im Darm, so daß Sie mit einem ballaststoffreichen Frühstück auch um die Mittagszeit noch nicht so hungrig sind.

Entsprechende Untersuchungen haben gezeigt, daß der Grundumsatz sinken kann, wenn man Mahlzeiten ausläßt. Dr. Wayne Callaway, Endokrinologe und Leiter des Center for Clinical Nu-

trition am George Washington University Medical Center hat
bei seinen Studien festgestellt, daß eine 150 Pfund schwere
Frau, die die eine oder andere Mahlzeit ausläßt, 150 Kalorien
weniger verbrennt als eine Frau mit demselben Gewicht, die drei
Mahlzeiten am Tag zu sich nimmt und die Kalorien dabei gleichmäßig verteilt. Das beruht zum Teil darauf, daß die Kalorien
nach jeder Mahlzeit in verstärktem Maß verbrannt werden, weil
der Körper die Nahrung verdauen muß.

Viele Leute, die ständig eine Diät machen, essen vor allem
abends. Sie lassen das Frühstück aus, essen zu Mittag nur wenig
und gönnen sich dann ein üppiges Abendessen. Das ist eine
denkbar schlechte Strategie, um abzunehmen. Warum lassen so
viele, wenn sie Diät machen, das Frühstück weg? Brendas Erklärung ist ganz typisch für das, was wir von vielen anderen
gehört haben. »Für mich heißt Diäthalten und auf mein Gewicht
achten, daß ich nichts zum Frühstück esse. Ich frühstücke nur,
wenn ich nicht Diät mache. Wenn ich auf Diät bin und etwas
zum Frühstück esse, habe ich Angst, daß mir zum Abendessen
nicht genug Kalorien übrigbleiben. Ich *weiß*, daß es mir schwerfällt, abends nur wenig zu essen, und deshalb spare ich mir fast
alle Kalorien für das Abendessen auf.«

Koffein stimuliert auf negative Weise

Es regt die Ausschüttung von Insulin an und kann damit die
Speicherung der zugeführten Nahrung als Fett begünstigen. Die
Behauptungen, daß es den Stoffwechsel in Schwung bringt, sind
übertrieben. Versuchen Sie, sich bei koffeinhaltigen Getränken
zurückzuhalten. Sehr viele Frauen trinken koffeinhaltige Limo-
naden, um während einer Diät über den Tag zu kommen. Das
führt möglicherweise nur dazu, daß sie sich noch hungriger fühlen und ihr Körper die maximale Menge von allem speichert,
was sie essen.

Naturbelassene, unbearbeitete Nahrungsmittel sättigen mehr

Sie sind günstig bei einem Stoffwechsel, der sich durch wiederholtes Ab- und Zunehmen verlangsamt hat. Versuchen Sie, so viele frische und unbearbeitete Lebensmittel wie möglich zu essen. Wir haben ja schon über die gesundheitsfördernden Aspekte der komplexen Kohlenhydrate in Obst, Gemüse und Vollkornbrot gesprochen. Der wahrscheinlich wichtigste und oft übersehene Vorteil ist, daß sie äußerst sättigend sind. Ihr Körper hat nämlich eine ganze Weile damit zu tun.

Wie Sie im vorangegangenen Kapitel erfahren haben, sind nicht alle Kalorien gleich. Kalorien aus Fett führen zu einer stärkeren Gewichtszunahme als Kalorien aus Kohlenhydraten oder Protein. Sie können also mehr Kalorien in Form von Protein und komplexen Kohlenhydraten zu sich nehmen und dennoch an Gewicht verlieren. Machen Sie um die fettreichen Nahrungsmittel einen möglichst großen Bogen. Es ist relativ leicht, beim Fett Abstriche zu machen, denn Sie können sich ja Kalorien in anderer Form zuführen und trotzdem nicht ständig einen knurrenden Magen haben.

Verlassen Sie sich nicht auf Ihr Gedächtnis

Jüngste Untersuchungen von Dr. Albert F. Smith, einem kognitiv arbeitenden Psychologen, der an der State University of New York in Birmingham die Gedächtnisleistung untersucht, haben erbracht, daß jeder Mensch Schwierigkeiten hat, sich daran zu erinnern, wieviel und was er gegessen hat. Smith hat überprüft, wie gut sich die Menschen daran erinnern, was sie gegessen haben, selbst wenn sie es gleich nach der Mahlzeit in einem Tagebuch notiert haben. Das Erinnerungsvermögen war ziemlich schlecht – nur 55 Prozent konnten sich nach Ablauf der

Berichtswoche noch genau erinnern, und nach drei Wochen waren es nur noch 35 Prozent. Daß das Erinnerungsvermögen noch schlechter ist, wenn nichts schriftlich festgehalten wird, konnten wir ebenfalls nachweisen. Wir haben Studienanfänger in Yale beim Mittagessen in der Mensa beobachtet. Gleich anschließend konnten sie genau angeben, was sie gegessen hatten. Als wir sie am nächsten Tag fragten, was sie am Vortag zu Mittag gegessen hatten, gaben nur 23 Prozent eine absolut korrekte Antwort. Bei den meisten ergaben sich Abweichungen um mehr als 300 Kalorien.

Diese Fehlerquote beruht zum Teil auf der Wahrnehmung und nicht auf der Gedächtnisleistung. Die Untersuchungen von Smith zeigen zum Beispiel, daß die Leute sich erstaunlich schwer tun, ihre Portionen richtig einzuschätzen. Die meisten erinnern sich bestenfalls daran, ob sie etwas Bestimmtes gegessen haben oder nicht. Da die Portionsgröße auch die Kalorienmenge bestimmt, können sich viele auch in der nachträglichen Bewertung irren, weil sie die jeweilige Portion nicht richtig eingeschätzt haben.

Aufschreiben ist also eine Hilfe, aber nur, wenn Sie auch wissen, wieviel Sie wirklich gegessen haben. Andernfalls meinen Sie, die Kalorien genau berechnen zu können, liegen damit aber häufig falsch. Es ist ganz wichtig, daß Sie wissen, wie viele Kalorien die von Ihnen üblicherweise verzehrten Portionen haben. Seien Sie realistisch. Stellen Sie fest, wie viele Kalorien Ihre gewohnten Portionen haben, und reduzieren oder ergänzen Sie sie ganz nach Bedarf.

Sport kann eine Hilfe sein

Ausdauersportarten erhöhen den Grundumsatz und verhindern damit eine Verlangsamung des Stoffwechsels. Sich eine regelmäßige sportliche Aktivität anzugewöhnen, mit positiver Einstellung und in Maßen, ist ein sehr gesunder Weg, um Kalorien zu verbrauchen. Sport wirkt sich bei vielen Menschen positiv auf ein gesünderes Eßverhalten aus und kann zudem den Appetit dämpfen. Zweifellos ist körperliche Aktivität auch ein Symbol für die erhofften positiven Veränderungen, die man anstrebt. Sportliche Betätigung kann also Ihr Wohlbefinden verbessern und Ihr Selbstvertrauen stärken.

Alle hier vorgeschlagenen Wege können Ihnen helfen, abzunehmen und Ihr neues Gewicht zu halten. Aber dazu braucht es bewußtes Engagement und Mäßigung, keine wilde Entschlossenheit oder religiösen Eifer. Suchen Sie sich andere Wege als Diäthalten und Selbstverleugnung, um ein besserer Mensch zu werden.

7

Die Fitneßfalle

Kann man wirklich des Guten zuviel tun? Was die Fitneßfalle angeht, scheint ein Zuviel wirklich schlimmer zu sein als gar nichts. Wir alle haben schon von Leuten gehört, die von Sport abhängig sind – wie andere von Alkohol, Zigaretten oder Drogen. Aber selbst die, die noch nicht süchtig danach sind, können in Schwierigkeiten kommen. Für manche Sportabhängige ist das Training kein Mittel zur Steigerung der Lebensqualität mehr. Es wird vielmehr zur Flucht vor dem Leben. Sport vermittelt ihnen Wohlbefinden, wenn nichts anderes mehr greift. Robert Lipsyte, der für die *New York Times* schreibt, berichtet sorgenvoll:

Da sagt ein Mann im Umkleideraum vom Fitneßclub des Ritz-Carlton in Chicago zu mir: »Wenigstens habe ich heute etwas Sinnvolles gemacht.«
Was kann er sonst noch tun? Noch mehr arbeiten? Die Firma liebt ihn nicht. Wenn er schon nichts daraus gelernt hat, wie die Bahn seinen Vater behandelt hat, dann haben das die letzten 20 Jahre an Umorganisation und Schließungen und Warnstreiks und Zusammenschlüssen von Betriebsteilen zuwege gebracht. Was soll er denn tun? Noch eine Maschine kaufen? Wie viele BMWs, Videorecorder und PCs braucht ein Mensch? Familiäre Bindung? Seine Frau ist auch beim Joggen, um einen klaren Kopf für geschäftliche Verhandlungen zu bekommen, und die Kids sind nur da,

> *wenn wirklich etwas geboten wird. Also »trainiert« der*
> *Arme. Er verrenkt sich nach allen Regeln der Kunst,*
> *und egal, wieviel Schmerz und/oder Verletzungen er*
> *sich zumutet, und selbst wenn er dabei nur das extre-*
> *me Tempo, die Paranoia, das reflexhafte Konkurrenz-*
> *verhalten seines Berufslebens wiederholt, glaubt er,*
> *daß er sich etwas Gutes tut: die Schreckgestalten ver-*
> *jagen, Fett verbrennen, Muskeln aufbauen, jünger*
> *aussehen, besser werden!*

Für Jennifer, die ich im Zusammenhang mit der Eitelkeitsfalle ausführlich beschrieben habe, war Sport treiben ein Statussymbol. Sie fühlte sich danach nicht nur körperlich besser, sondern mochte sich auch besser leiden. Daß ihr Mann den Freunden gegenüber mit ihrer Disziplin und Körperbeherrschung prahlte, ließ ihre Mühe noch lohnender erscheinen.

Die Fitneßfalle ergibt sich daraus, daß Sport sowohl gut wie schlecht ist – es kommt ganz darauf an, wie intensiv man ihn betreibt. Sport in Maßen ist gut für uns, obwohl »gut wofür« eine Frage ist, auf die ich in diesem Kapitel noch näher eingehen werde. Will man aber seiner Gesundheit zuliebe auf Biegen und Brechen fit werden, kann das genau den gegenteiligen Effekt haben.

Fitneß ist ein ganz wichtiges Gesundheitsziel und läßt sich zu einem großen Teil durch sportliche Aktivität erwerben. Gegen Ende der 60er Jahre aber, als die Regierung eine Kommission für körperliche Fitneß einrichtete, war Sport auf einmal nicht mehr nur gut für die Gesundheit, sondern bekam einen moralischen Anstrich. Der Fitneßboom ist, Robert Lipsyte zufolge:

> *… ein zyklisches Phänomen – überwiegend in der Mit-*
> *telklasse anzutreffen – bei dem Geld, Sex, Religion,*
> *charismatische Unternehmerpersönlichkeiten und die*

*Angst vor einem frühen Tod mitspielen ... Selbst
wenn wir hoffen, dadurch einen knackigen Körper zu
bekommen, »hip« zu sein, ist es doch die Aussicht auf
ein längeres Leben, die das ganze Geld, die Zeit und
harte Arbeit derer rechtfertigt, die sich vom Fitneßwahn mitreißen lassen.*

Und Sport ist zum großen Geschäft geworden, das wir durch
unsere Glorifizierung von Sportlern noch fördern. Viele Leute
sind der Ansicht, daß diese Verherrlichung weder für den Sportler noch für seine Fans gut ist. Sportler stehen immer im Ram-
penlicht, und viele halten entweder dem Druck oder der ständigen öffentlichen Beobachtung nicht stand. Die Stars unter den
Sportlern bekommen unerhörte Geldsummen bezahlt, weil das
Fernsehen (genauer die Fernsehwerbung) einigen Sportarten,
von denen vor 20 Jahren die meisten noch nicht einmal gehört
hatten, Millionen von Dollar und Millionen von Zuschauern verschafft. Muskelbepackte Fitneßexperten haben inzwischen auch
ihre eigene Sendezeit. Die dadurch vermittelte Botschaft kommt
an: gut aussehen und berühmt sein; hart trainieren und zu den
Gewinnern gehören. Auch du kannst deinem langweiligen All-
tagsleben entkommen, wenn du an deinem Körper arbeitest.
Vergiß deinen Grips. Was verdienen Lehrer und Richter denn
schon? Heute gibt es andere Wege, an Prestige, Bewunderung
und Geld zu kommen.
Das Pro und Contra des Sports wird heiß diskutiert – es steht ja
für beide Seiten viel auf dem Spiel. Die Fitneßbefürworter möchten alle Welt in Bewegung sehen. Einige Skeptiker sind sich
nicht so sicher, und andere sind strikt gegen jeden Sport. Jedes
Argument läßt sich in irgendeiner Weise vertreten. Auf der einen Seite gibt es unwiderlegbare Beweise dafür, daß Sport in
vernünftigem Maß den meisten Leuten gut tut. Natürlich ist
Sport für die körperliche Gesundheit besser als kein Sport, und

er wirkt sich außerdem positiv auf die Stimmung aus. Aber sein Sportpensum immer mehr zu steigern kann den Nutzen sogar verringern. Dr. David Costill, Leiter des Human Performance Laboratory an der Ball State University, hat Schwimmer während der Trainingsphase untersucht. Er stellte fest, daß sie ihr Trainingspensum um ganze 30 Prozent reduzieren konnten – das heißt, sie konnten die wöchentlich im Wasser zurückgelegten Kilometer um ein Drittel verringern –, ohne daß sie an Kondition einbüßten.

Bei Leuten, die intensiv Sport treiben, geht der Grundumsatz sogar oft zurück, je mehr sie trainieren, weil der Körper möglichst wenig Energie abgibt und so die Energiebilanz durcheinanderbringt. Lisa fing vor etwa sieben Jahren mit dem Joggen an, zuerst um ihr Gewicht unter Kontrolle zu halten, nachdem sie 20 Pfund abgenommen hatte, und später, um ausdauernder und fitter zu werden. Ihre Freunde bewunderten ihre Beharrlichkeit, und sie war sehr zufrieden mit sich. Sie steigerte ihre Laufstrecke immer mehr, weil sie fürchtete, sonst weniger davon zu profitieren. Inzwischen hat sie Angst, damit aufzuhören. »Es ist die reinste Tretmühle«, sagte sie und lachte dabei schwach über ihren grausamen Scherz. »Ich kann einfach nicht damit aufhören, und manchmal komme ich mir vor wie ein Hamster im Käfig, der hinter seinem Schwanz herjagt.« Sie bekommt schon Panik, wenn sie ein paar Tage krank ist, und als sie sich letztes Jahr den Fuß verstaucht hatte, begann sie viel früher wieder mit dem Laufen, als der Arzt ihr geraten hatte. Heute hat sie das Gefühl – so verrückt das auch klingen mag –, daß sie, um ihr Gewicht zu halten, noch weniger essen darf und mehr trainieren muß. Und damit kann sie durchaus recht haben. Lisa ist ein Opfer der Fitneßfalle geworden. Und wie steht es mit Ihnen? Der Test auf S. 273–274 gibt Ihnen Aufschluß darüber. Es ist die bearbeitete Version eines Tests, den Dr. Kelly Brownell, Dr. Jack Wilmore und ich für die Zeitschrift *Runner's World* entwickelt haben.

Was ist Fitneß?

Betrachten wir die menschliche Anatomie und Physiologie, dann wird deutlich, daß der Mensch für die Bewegung geschaffen ist. So macht die Skelettmuskulatur ganze 45 Prozent unserer Körpermasse aus, und ihre anatomische Anordnung erlaubt eine Vielfalt an Bewegungsabläufen. Bei den Muskelfasern des Menschen unterscheiden wir zwei Arten, zum einen die schnellkontrahierenden und zum anderen die langsam kontrahierenden Muskelfasern. Die »schnellen Fasern« sind die, die bei anaerober – also nicht sauerstoffverbrauchender – Belastung aktiviert werden, zum Beispiel beim Sprinten oder Gewichtheben. Die »langsamen Fasern« werden bei Ausdauersportarten wie etwa dem Langstreckenlauf gebraucht. Bei den meisten Menschen sind beide Fasertypen in etwa gleich großer Zahl vorhanden.

Hinsichtlich der sportlichen Leistungsfähigkeit gibt es erhebliche individuelle Unterschiede, je nach genetischer Ausstattung, Geschlecht, Alter, Trainingsform, Ernährungs- und gesundheitlichem Status. Dazu kommen ererbte Unterschiede, zum Beispiel bei der Kapazität des Herz-Kreislauf-Systems beim Sauerstofftransport, bei der Zusammensetzung und Masse der Skelettmuskulatur. Auch bei der »Trainierbarkeit« eines Menschen für eine bestimmte Sportart oder die allgemeine Fitneß scheinen die Gene eine wichtige Rolle zu spielen. Wie es um Ihre angeborene Leistungsfähigkeit in Sachen Sport bestellt ist, zeigt sich normalerweise in der Pubertät oder kurz danach. Es ist eine Eigenschaft, an der Sie selbst wenig ändern können.

Sport wird allenthalben als *der* Weg zur Fitneß propagiert. Aber Fitneß wird zum größten Teil von der Verfassung des Herz-Kreislaufsystems bestimmt, das eigentlich nur (oder zumindest in erster Linie) durch aerobe – also sauerstoffverbrauchende – Formen sportlicher Aktivität beeinflußt wird. Am leichtesten stellen Sie fest, wie fit Ihr Herz-Kreislaufsystem ist, wenn Sie messen, wie lange Ihr Puls braucht, um wieder auf seine normale Frequenz – den sogenannten »Ruhepuls« – zu kommen, nachdem er bei einer aeroben Belastung eine bestimmte »Zielpulszahl« erreicht hat. Ihre Zielpulszahl errechnet sich nach der Formel: 154 minus Ihr Alter. Wenn Sie zum Beispiel 25 Jahre alt sind, ist Ihre Zielpulszahl 154 – 25 = 129; sind Sie 55 Jahre alt, dann kommen Sie auf 154 – 55 = 99. Je größer Ihre Ausdauerleistungsfähigkeit ist, um so schneller sinkt Ihr Puls wieder auf die normale Frequenz. Eine schnellere Erholung läßt darauf schließen, wenn auch nicht mit absoluter Sicherheit, daß Ihr Herz stärker ist. Aber wie ich Ihnen später noch erläutern werde, ist auch das keine Garantie dafür, daß Sie gesünder sind.

Die positive Seite des Sports

Sport kann Ihre körperliche und seelische Verfassung verbessern. Der Körper paßt sich gesteigerter sportlicher Aktivität ebenso an wie jeder anderen Belastung; er reagiert darauf, indem er seine Kapazitäten noch besser auszunutzen versucht, um sich den durch die jeweilige Belastung verursachten biologischen oder physischen Veränderungen anzupassen. So werden zum Beispiel bei einer Ausdauersportart (also bei aerober Aktivität) verschiedene Gewebe über längere Zeit hinweg belastet und an die biochemischen Prozesse erhöhte Anforderungen gestellt. Sie reagieren darauf, indem sie ihre Kapazität steigern, um entweder eine stärker belastende Aktivität über den gleichen Zeitraum oder eine Aktivität gleicher Intensität über einen längeren Zeitraum zu ermöglichen.

Ihre Sportgeschichte

1. Wie viele Stunden pro Woche trainieren Sie bzw. sind Sie sportlich aktiv?
Im Durchschnitt _____ Stunden; davon bei intensivem Training
_____ Stunden

2. Wie viele Jahre haben Sie mindestens viermal pro Woche Sport gemacht?

_____ Jahre

3. Haben Sie an Ihrem Trainingsprogramm in den letzten fünf Jahren etwas geändert?

Ich habe öfter und länger trainiert   _____
Ich habe seltener und kürzer trainiert   _____
Keine Veränderung   _____

4. Werden Sie unruhig oder nervös, wenn Sie länger als ein paar Tage keinen Sport machen?

1. Nie	*2. Selten*	*3. Manch-mal*	*4. Oft*	*5. Immer*
_____	_____	_____	_____	_____

5. Wie wichtig ist Sport in Ihrem Leben verglichen mit anderen Aktivitäten?

1. Sehr wichtig	*2. Wichtig*	*3. Gleich wichtig*	*4. Nicht sehr wichtig*	*5. Un-wichtig*
_____	_____	_____	_____	_____

6. Wie oft halten Sie in Phasen intensiven Trainings Diät?

1. Nie	*2. Selten*	*3. Manch-mal*	*4. Oft*	*5. Immer*
_____	_____	_____	_____	_____

7. Wie würde es sich auf Ihr Gewicht auswirken, wenn Sie weniger Sport treiben würden als zur Zeit?

1. *Ich würde viel weniger wiegen* _____
2. *Ich würde etwas weniger wiegen* _____
3. *Ich würde gleich viel wiegen* _____
4. *Ich würde etwas mehr wiegen* _____
5. *Ich würde viel mehr wiegen* _____

8. Wenn Sie intensiv Sport treiben, wie viele Kalorien nehmen Sie Ihrer Meinung nach durchschnittlich zu sich, um Ihr Gewicht zu halten?

Bei intensivem Training _____ Kalorien
Wenn Sie gar nicht oder weniger trainieren _____ Kalorien

9. Wenn Sie intensiv trainieren, müssen Sie dann heute mehr oder weniger essen als früher, um Ihr Idealgewicht zu halten/zu erreichen?

1. *Viel weniger als früher* _____
2. *Etwas weniger als früher* _____
3. *Keine Veränderung* _____
4. *Etwas mehr als früher* _____
5. *Viel mehr als früher* _____

Menschen, die viermal pro Woche oder öfter eine Stunde oder länger trainieren, können leicht Opfer der Fitneßfalle werden. Das gilt vor allem für jene, die dieses Pensum drei Jahre oder länger konstant aufrechterhalten oder ihre Trainingseinheiten in den vergangenen fünf Jahren gesteigert haben. Wenn Ihre Antwort auf Frage 4 zeigt, daß Sie öfter oder immer schlechter Stimmung sind, wenn Sie keinen Sport treiben, sind Sie sehr wahrscheinlich ein Opfer der Fitneßfalle, vor allem wenn Sie Sport als eine in Ihrem Leben sehr wichtige Aktivität eingestuft haben (Frage 5).

Bei Menschen, die streng Diät halten und gleichzeitig intensiv Sport treiben, sinkt der Grundumsatz möglicherweise. Wenn Sie auf Frage 7 geantwortet haben, daß Sie ohne Ihr derzeitiges Sportpensum wahrscheinlich viel mehr wiegen würden, sollten Sie sich fragen, wann Sie diese Überzeugung das letzte Mal konkret überprüft haben. Um auf Frage 8 möglichst genau antworten zu können, sollten Sie ein paar Tage lang Kalorien zählen. Und wenn Sie schließlich glauben, daß Sie heute weniger essen dürfen als früher, dann könnte die Fitneßfalle Ihr Problem sein.

Sport und Gesundheit

Sport wird als eines der wichtigsten Mittel zur Förderung der Gesundheit gerühmt. Man schreibt dem Sport bei den häufigsten chronischen Krankheiten, unter anderem bei der ischämischen Herzerkrankung, bei Schlaganfall, Bluthochdruck, Erwachsenen-Diabetes und Osteoporose, eine potentiell präventive oder therapeutische Wirkung zu. In jüngster Zeit hat man zum ersten Mal auch einen Zusammenhang zwischen Sport und Krebs hergestellt, vielleicht weil eine längerfristige sportliche Betätigung eine gesündere Lebensführung bedeutet.
Die gesundheitsfördernde Wirkung des Sports wird zum großen Teil durch Studien belegt, die die Auswirkungen der sportlichen Aktivität auf biologische Prozesse nachweisen, von denen man annimmt, daß sie das Krankheitsrisiko verringern: so zum Beispiel ein verändertes Lipidprofil (Herzerkrankungen) oder eine erhöhte Insulinempfindlichkeit (Diabetes). Darüber hinaus nimmt man an, daß Sport auch weitere gesunde Verhaltenswei-

sen fördert, etwa eine vernünftigere Ernährung. Wissenschaftler weisen jedoch darauf hin, daß man noch nicht davon ausgehen kann, daß eine offenkundige Veränderung in einem dieser Bereiche eine Verbesserung des Gesundheitszustandes *ursächlich bewirkt*. Außerdem stützt man sich gegenwärtig in der Bewertung des positiven Effekts eines speziellen Sporttrainingsprogramms auf die Gesundheit in erster Linie auf das Kriterium, ob dieses Training eine Steigerung der Ausdauerleistungsfähigkeit bewirkt oder nicht. Eine solche Steigerung bringt eine Kräftigung des Herzmuskels mit sich, verbessert die Durchblutung und wirkt sich möglicherweise günstig auf den Energieverbrauch aus. Viele andere positive biologische Veränderungen können jedoch auch durch Sportarten erzielt werden, die nichts mit der Ausdauerleistungsfähigkeit zu tun haben.

Krafttraining (mit Gewichten) fördert die Ablagerung des Knochenminerals, führt zum Aufbau von Muskelmasse und kräftigt das Bindegewebe. Der Aufbau und die Erhaltung von Muskeln werden vor allem mit zunehmendem Alter wichtig. Man nimmt heute an, daß der insbesondere bei älteren Frauen häufige Knochenschwund zumindest zum Teil auf Muskelschwund zurückzuführen ist. Es kann deshalb sehr wichtig sein, Muskelmasse aufzubauen, um Verletzungen der Knochen in späteren Jahren vorzubeugen.

Selbst jüngere Menschen scheinen von mehr Muskeln zu profitieren. Mehr Muskeln verbrennen mehr Kalorien – man schätzt, daß Muskeln etwa ein Viertel bis ein Drittel mehr an Kalorien verbrauchen als Fettgewebe. Ein Verlust an Muskelmasse bedeutet, daß sich der Stoffwechsel verlangsamt; mehr Muskelmasse beschleunigt ihn und erhöht den Kalorienverbrauch. Kräftige Muskeln schützen vor Verletzungen, vor allem in verletzungsanfälligen Bereichen wie den Knien und dem Kreuz.

Viele Formen von in Maßen betriebenem Sport kommen der Gesundheit der Knochen zugute, weil sie ihren Mineralgehalt erhöhen. Die in den Wirbelsäulenknochen eingelagerte Mineralmenge nimmt zum Beispiel mit den Jahren im allgemeinen ab, aber man hat festgestellt, daß sich dieser Abbau durch regelmäßigen Sport verlangsamen läßt. Einige Studien belegen, daß ältere Frauen, die an Osteoporose leiden (ein sehr niedriger Knochenmineralgehalt, der das Risiko von Knochenbrüchen erhöht), diesem Problem durch regelmäßigen Sport zum Teil abhelfen können. Bewegungsübungen tragen zum Erhalt der Muskeln und des Knochengerüsts in späteren Jahren zusätzlich bei. Betty ist 65, spielt zweimal in der Woche Tennis und geht fast jeden Morgen mit einer Freundin etwa eine halbe Stunde spazieren. Sie erwähnt gerne und oft, daß sie viel jünger aussieht und sich auch so fühlt, und vergleicht sich mit ihren »miesepetrigen« Freundinnen, die untätig zu Hause herumsitzen und zehn Jahre älter aussehen. Betty ist letztes Jahr im Winter auf einer vereisten Straße schwer gestürzt, hat sich aber nicht das Bein gebrochen, obwohl das leicht hätte passieren können, wie ihr Arzt sagte. War es nun Glück, oder hatte sie es ihrem regelmäßigen Sport zu verdanken? Betty würde ihr Bankkonto darauf wetten, daß ihr der Sport geholfen hat!

Sport wird auch als lebensverlängernde Maßnahme propagiert. »Weg mit dem Bauch, und Sie leben länger« hieß es in einem Artikel auf der Titelseite von *USA Today* über eine Studie, die von dem Epidemiologen Steven Blair vom Institute for Aerobic Research in Dallas im *Journal of the American Medical Association* veröffentlicht worden war. Die Sterbeziffer in Blairs Studie war bei den Menschen, die am wenigsten fit waren (dazu wurde durch Belastungstests die Ausdauerleistungsfähigkeit gemessen) im Vergleich zu den fittesten Testpersonen bei Männern 3,4mal höher und bei Frauen 4,6mal. Andere in Harvard durchgeführte Studien, bei denen ehemalige Harvardstudenten über einen langen Zeitraum beobachtet wurden, erbrachten eine bis zu zwei Jahre höhere Lebenserwartung bei Männern, die durch irgendeine Form von Sport mindestens 3500 Kalorien pro Woche verbrauchten.

Wenn aktive Menschen eine um zwei oder mehr Jahre höhere Lebenserwartung haben als inaktive Vergleichspersonen, dann muß das daran liegen, wie sich sportliche Betätigung auf das Risiko auswirkt, eine zum Tode führende Krankheit zu entwickeln. Noch wichtiger als die höhere Lebenserwartung ist vielleicht die größere Lebensqualität. Aktive ältere Menschen können die körperliche Leistungsfähigkeit eines um 20 bis 40 Jahre jüngeren haben, was die Lebensqualität im Alter erheblich verbessert.

Sport zur Gewichtskontrolle

Nichts macht Sport attraktiver als die Verheißung, dadurch abzunehmen. Das bestätigt die Überschrift eines der vielen Artikel zum Thema Sport in der Zeitschrift *New Woman*: Wenn Sie keine Diät machen wollen, gibt's nur eins – Sport treiben. Was ist Ihnen lieber? Dick werden? Oder aktiv werden?

Zu jedem Diätprogramm gehört irgendeine Form von Ausdauersport, und wer sich konsequent daran hält, nimmt tatsächlich mehr ab. Der wirkliche Nutzen scheint nicht nur in den dabei verbrauchten Kalorien zu bestehen. In Maßen betriebener Sport erhöht vielmehr den Grundumsatz, der bei einer Diät durch die Kalorienreduktion sinken kann. Mit steigendem Grundumsatz wird entsprechend mehr Körperfett abgebaut. Diät in Verbindung mit Sport erhöht den Energieverbrauch und den Abbau von Fett, solange weder Sport noch Diät exzessiv betrieben werden. In diesem Fall könnte der Körper nämlich versuchen – ich werde diesen Punkt später noch näher erläutern –, sich noch besser zu schützen, indem er den Stoffwechsel weiter verlangsamt.

Welche Rolle Sport bei der Gewichtsabnahme auch spielen mag

– dazu gibt es unter den Wissenschaftlern noch kontroverse Meinungen –, in einem Punkt sind sich alle einig: daß Sport hilft, das Gewicht nach dem Abnehmen zu halten. Fast alle Menschen, die ihr Gewicht mit Erfolg halten, haben Sport in irgendeiner Form in ihr Leben integriert. Interessant ist, daß wir gar nicht wissen, wie Sport genau zur Gewichtsstabilisierung beiträgt. Manche führen diesen Effekt auf die beim Sport verbrauchten Kalorien zurück. 30 Minuten Training in einer Ausdauersportart, während der sich der Puls auf 140 bis 150 Schläge pro Minute erhöht, entsprechen einem Energieverbrauch von 150 bis 200 Kalorien. Auf dieser Rechnung basieren viele populäre Ratschläge zur Gewichtskontrolle durch Sport. So hieß es zum Beispiel in der Zeitschrift *Ms.*: »Sind sie fit, schwitzen Millionen noch für einen Extrabonus, zum Beispiel die Freiheit, ungestraft zu schlemmen.« Der Artikel klärt auf, »wieviel Sie ›umsonst‹ essen können, wenn Sie vorher etwas getan haben«. Nach einer Stunde Radfahren bei einem Tempo von 20 km/h dürfen Sie sich zum Beispiel einen Eisbecher mit Früchten gönnen, heißt es in *Ms.*, ohne dafür büßen zu müssen. Wie viele von uns haben für solch einfach klingende Versprechungen nicht schon teuer bezahlt?

Der Vorteil regelmäßiger sportlicher Aktivität besteht weniger im Schlemmen ohne Reue, als vielmehr darin, daß man dem Wunsch nach einem »Leckerbissen« nicht so schnell nachgibt. Gaby erzählte uns: »Wenn ich regelmäßig Sport mache, fühle ich mich rundum wohl und möchte gar nicht mehr als nötig essen. Ich bin stolz darauf, was mein Körper leisten kann, und möchte wirklich gut für ihn sorgen. Wenn ich keinen Sport mache, habe ich viel eher diese ›Was-macht-es-schon‹-Einstellung. Ich denke mir dann, du bist sowieso eine fette Kuh, also warum sollst du diesen Windbeutel mit Sahne nicht auch noch essen?« Nach Ansicht einiger Wissenschaftler hat Sport außer dem erhöhten Kalorienverbrauch für die Stabilisierung des Gewichts auch noch andere Vorteile. Das Forscherteam von Dr. Judith Stern an der University of California in Davis zum Beispiel hat vor kurzem eine großangelegte Studie abgeschlossen. Dabei wurden einige hundert Menschen erfaßt, die versuchten, ihr Gewicht nach einer Reduktionsphase zu halten. Die Wissenschaftler stellten fest, daß alle, die ihr Gewicht mit Erfolg stabilisieren konnten, Sport trieben. Welche Art von Sport das war, war dabei eher nebensächlich. Es war offenbar nicht einmal wichtig, wie oft oder wie lange sie trainierten, solange sie es regelmäßig machten. Die Frau, die dreimal pro Woche für zehn Minuten Gymnastik machte, konnte ihr Gewicht ebensogut halten wie die Frau, die jeden Tag 30 Minuten joggte. Wir können also den positiven Effekt des Sports nicht auf einen erhöhten Grundumsatz oder Kalorienverbrauch allein zurückführen, wenn es in Art und Umfang so große Unterschiede gibt.

Als Erklärung für diese überraschende Erkenntnis gaben die Forscher an, daß Menschen, die ein regelmäßiges Trainingsprogramm welcher Art auch immer einzuhalten vermögen, vielleicht auch in anderen Dingen konsequenter etwas ändern – zum Beispiel was und wieviel sie essen. Wer bei seinen sportlichen Anstrengungen nicht nachläßt, dem gelingt das vielleicht auch in anderen Bereichen einfach besser.

Manche Wissenschaftler schließlich führen die Tatsache, daß Sport ein gutes Mittel zur Gewichtskontrolle ist, auch darauf zurück, daß man sich dadurch psychisch so viel besser fühlt. Forscher, die sich mit den positiven Effekten sportlicher Aktivität beschäftigen, untersuchen zwei verschiedene Dinge: wie Stimmung und Wohlbefinden unmittelbar nach dem Sport sind und welche Vorteile regelmäßiges Training längerfristig bringt. Die Untersuchungsergebnisse belegen eindeutig, daß man sich kurz nach einer anstrengenden körperlichen Aktivität besser fühlt. Sport scheint Angstgefühle, Depressionen und Streß vorübergehend zu reduzieren. Aber gibt es auch langfristige Vorteile? Die vielgelobte Perrier-Umfrage über Fitneß in Amerika, durchgeführt von Louis Harris & Associates, hat erbracht, daß Sportler sehr wohl dieser Meinung sind. Menschen mit einem starken inneren Engagement in Sachen Sport berichteten, daß sie sich entspannter fühlen, weniger müde und disziplinierter sind. Sie gaben auch an, ein größeres Selbstvertrauen zu haben, das Gefühl, besser auszusehen, im Beruf mehr zu leisten und, ganz allgemein, sich mehr im Einklang mit sich selbst zu fühlen. Diese subjektive Einschätzung wird durch zahlreiche einschlägige Studien bestätigt.

Dr. Tom Stephens aus Kanada hat vor kurzem die Daten von vier landesweiten Umfragen in den Vereinigten Staaten und Kanada auswerten lassen. »Die zwingende Schlußfolgerung ist«, sagt Dr. Stephens, »ein positiver Zusammenhang zwischen körperlicher Aktivität und einer guten psychischen Verfassung, insbesondere einer guten Stimmung, allgemeinem Wohlbefinden, weniger Angstgefühlen und Depressionen.« Dieser positive Effekt war in der älteren Altersgruppe (45 Jahre und darüber) größer als bei jüngeren Menschen und bei Frauen sogar stärker als bei Männern.

Karen ist eine vitale 50jährige Frau, die wir im Zuge einer Studie untersuchten. Sie war voller Lebensfreude, was schon beim ersten »Kennenlern«-Interview deutlich wurde. Sie erzählte uns, daß sie früher ein richtiger Faulpelz gewesen war, den ganzen Abend nur auf dem Sofa gelegen und ferngesehen hatte. Als sie 40 wurde, beschloß sie, an sich zu arbeiten, und begann regelmäßig Sport zu machen, ohne es zu übertreiben. Manchmal geht sie ein paar Wochen lang einmal oder zweimal schwimmen, im allgemeinen aber macht sie abends mit ein paar Freundinnen einen Spaziergang, und zwar in einem flotten Tempo. Sie sagt, daß sie noch nie eine dieser depressiven Verstimmungen erlebt hat, wie sie Frauen mittleren Alters häufig haben. Sie fühlt sich heute jünger und sieht besser aus als mit Vierzig. Wenn sie jetzt ein bißchen niedergeschlagen ist, sagt sie, »schnappe ich mir meine Turnschuhe statt ein Stück Kuchen«.

Bis zu einem gewissen Grad mag die Tatsache, sich als Sportler zu empfinden, ebenso wichtig sein wie die körperlichen Vorteile, die Sport mit sich bringt. Mit anderen Worten, der positive Effekt könnte sich eher dem psychologischen Gewinn verdanken, den man aus dem Bemühen zieht, fit zu werden und fit zu bleiben, als der körperlichen Fitneß an sich. Regelmäßig Sport zu treiben kann das Gefühl persönlicher Leistungsfähigkeit und den Selbstwert stärken. Entsprechende Untersuchungen belegen, daß Kinder und Jugendliche, die körperlich gewandt sind und Sport machen, ein höheres Selbstwertgefühl haben und sich als kompetenter wahrnehmen als Kinder, die sich an keinerlei sportlicher Aktivität beteiligen. Manche Studien weisen darauf hin, daß die Anforderungen und Härten im sportlichen Wettbewerb dem Kind eine Struktur geben, die es die Anforderungen des Jugendalters besser bewältigen läßt. Außerdem wird das Selbstwertgefühl der Jugendlichen gerade in einer Zeit gestärkt, wo sie sich im allgemeinen besonders viel Gedanken um ihren Körper machen, weil dieser Körper sportliche Leistungen vollbringen kann.

Es gibt fast ebenso viele Theorien dazu, warum Sport für die psychische Gesundheit gut ist, wie es Sportarten gibt. Unsere Überzeugungen werden durch ein allumfassendes Gefühl genährt, daß Sport eine gute Sache ist. Für manche ist Sport eine Form der Meditation, die einen veränderten und entspannteren Bewußtseinszustand bewirkt. Anderen soll Sport die benötigte Ablenkung, Unterhaltung oder einfach eine Pause von unangenehmen Gedanken und Gefühlen bringen. Manche argumentieren auch, daß Sportler sich gut fühlen, weil sie von anderen dafür bewundert und in irgendeiner Form belohnt werden. Bis jetzt ist noch keine dieser Annahmen durch hinlängliche wissenschaftliche Befunde erhärtet worden.

Andere Theorien suchen den Grund dafür, daß Sport das psychische Wohlbefinden fördert, in verschiedenen Hormonen und anderen chemischen Stoffen im Körper. Der Körper verfügt über ein erst vor kurzem entdecktes Hormonsystem morphinähnlicher Substanzen, der sogenannten endogenen Opioide, deren Rezeptoren in dem Bereich des Gehirns angesiedelt sind, der mit Gefühlen, Lust, Schmerz und Verhalten zu tun hat. Während des Sports produziert die Hirnanhangdrüse verstärkt β-Endorphin, eines dieser endogenen Opioide, das dann auch im Blut in erhöhter Konzentration zu finden ist.

Obwohl die Sportlergemeinde weitgehend der Meinung ist, daß Endorphine für die sportbedingte Euphorie verantwortlich sind, steht ein überzeugender wissenschaftlicher Nachweis hierzu noch aus. Untersuchungen an Sportlern, die regelmäßiges Lauftraining machen, haben widersprüchliche Ergebnisse erbracht; bei einigen Studien gaben nur 10 Prozent, bei anderen ganze 78 Prozent an, beim Laufen eine Art »Euphorie« zu erleben. 27 verschiedene Adjektive oder Sätze, die das sogenannte Läuferhoch beschreiben, sind in der einschlägigen Literatur zu finden, was seine höchst subjektive Natur bestätigt. Nach Erkenntnis der meisten Forscher hat die vermehrte Produktion von β-Endorphin nichts mit der besseren Stimmung nach dem Sport zu tun. Die meisten Forscher konnten nicht nachweisen, daß, nachdem die Hirnanhangdrüse Endorphine in den Blutkreislauf abgegeben hat, diese Substanzen die Schranke überwinden und ins Gehirn gelangen können.

Dr. James Wiese vom Alberta Hospital und ein Forscherteam der Arizona State University haben entdeckt, daß das Gehirn beim Sport verstärkt Alphawellen aussendet. Diese Gehirnwellen, die einen entspannten, meditationsähnlichen Zustand begleiten, treten bei einem dreißigminütigen Jogging nach 20 Minuten auf und sind auch nachher noch meßbar. Einige Wissenschaftler vermuten, daß eine erhöhte Alphawellenfrequenz zur positiven psychischen Wirkung des Sports beiträgt, unter anderem Angstgefühle und Depressionen verringert. Andere Forscher meinen, daß Sport die elektrische Spannung in den Muskeln herabsetzt. Wieder andere vertreten die Ansicht, daß durch sportliche Betätigung der Sauerstofftransport zum Gehirn verbessert wird.

Wenn Sport sich bei manchen Menschen positiv auf die Psyche auswirkt, dann ist das zweifellos auf Veränderungen zurückzuführen, die dadurch im Gehirn ausgelöst werden. Trotz aller Theorien aber wissen wir bis heute nicht, warum – oder ob überhaupt – Menschen, die Sport treiben, ein besseres Lebensgefühl haben.

Die Kehrseite des Sports

Fitneß und Gesundheit sind keine Synonyme. Schließlich, und daran werden wir oft genug erinnert, ist der Topläufer Jim Fixx während des Trainings tot umgefallen. Bei der Autopsie zeigte sich, daß Fixx an fortgeschrittener Arteriosklerose gelitten hatte – der Kreislaufkrankheit, bei der Ablagerungen an den Wänden die Arterien verengen und das Blutgefäß am Ende verschließen. Wenn dann ein Moment kommt, in dem der Körper sehr schnell eine größere Menge sauerstoffhaltiges Blut braucht, kann es nicht zur Verfügung gestellt werden. Fixx war fit, als er starb, aber er war nicht gesund. Sport ist nur ein Teil des Puzzles. In seinem Fall war eine ungünstige genetische Veranlagung das unüberwindbare Problem. Vielleicht hatte er sich diesen Sport unter anderem deshalb ausgesucht, weil er die Bedrohung durch eine in seiner Familie recht häufig auftretende Herzerkrankung möglichst weit hinausschieben wollte. Befürworter des Sports argumentierten, daß er wahrscheinlich viel früher gestorben wäre, hätte er sich nicht dem Laufen verschrieben. Inzwischen ist es aber in manchen Kreisen genauso »in«, vor Sport zu warnen, wie man ihn in anderen propagiert. Fitneßskeptiker fragen sich, ob es nicht die Intensität des Trainings war, die Fixx' geschwächtes System überforderte. Wenn er nie mit dem Laufen begonnen hätte, wenn er diesen speziellen Streßfaktor vermieden hätte, hätte er vielleicht länger gelebt.

Sport und Gesundheitsrisiken

Wir wollen uns zuerst mit Gesundheit und Krankheit beschäftigen, um dann zu sehen, welche Risiken Sport mit sich bringen kann. Man hat festgestellt, daß eine *hochintensive* Ausdauerbelastung dann zum plötzlichen Tod durch Herzinfarkt führen kann, wenn bestimmte Risikofaktoren für eine Herzerkrankung vorliegen – zum Beispiel wenn in der Familie ein derartiges Leiden häufig vorkommt oder man selbst Übergewicht hat oder raucht. Der Basketballstar Hank Gathers, der für Loyola Marymount spielte und wußte, daß er an einer Herzkrankheit litt, machte seinen Sport weiter und starb während eines Spiels an Herzinfarkt.

Weniger schwerwiegende Risiken sind weit häufiger anzutreffen. So kommt es bei schweren Menschen wegen ihres Gewichts wesentlich öfter zu Verletzungen der Muskeln und Sehnen, und eines der Hauptrisiken für jeden, der exzessiv Sport treibt, sind Verletzungen der Gelenke, Bänder, Sehnen und Muskeln der Füße und Beine. Die meisten Studien belegen, daß Verletzungen am häufigsten bei Sportarten wie Aerobic oder Joggen auftreten, wo man hüpfen und laufen muß.

Weniger bekannt sind Erkenntnisse aus der Forschung, daß exzessiver Sport, wie etwa Marathonlaufen, das Immunsystem schwächen und damit die Widerstandskraft des Körpers gegen Infektionen, Erkältungen und Grippe herabsetzen kann. Sara, eine Läuferin, die oft an Wettbewerben teilnahm, erzählte uns einige Interna aus ihrem Sport. Läufer, die ihre übliche Leistung bei einem Marathon noch verbessert hatten, meinten oft im Spaß, daß sie in den nächsten Tagen sicherlich krank werden würden. Keiner hatte eine Ahnung, warum, aber jeder »wußte«, daß es so sein würde. Bei einer Studie an 2300 Marathonläufern aus Los Angeles waren Erkältung und Grippe bei den Läufern, die den Marathon mitgemacht hatten, um 600 Prozent häufiger als bei denen, die sich kurz vorher entschlossen hatten, doch nicht mitzulaufen.

Langstreckenlauf hat oft noch andere negative Folgen. Ein potentielles Risiko ist die Überhitzung. (Das gilt für alle Ausdauersportarten, nicht nur für den Marathonlauf.) Bei heißem Wetter werden Kreislauf und Temperaturregelungssystem des Sportlers stark belastet. Ungeachtet des Wetters läuft jedoch jeder Gefahr, einen Hitzeschaden zu erleiden, der sich ohne vorheriges Training eine exzessive körperliche Aktivität von längerer Dauer zumutet. Ältere Menschen sind davon häufiger betroffen als jüngere, weil sie Hitze wesentlich schlechter tolerieren. Dickere Menschen mit schwerem Körperbau können Wärme schlechter abgeben. Auch Erschöpfung und mangelnder Schlaf sind Faktoren, die einen Hitzeschaden begünstigen.

Ein weiteres Gesundheitsrisiko bei intensivem Training ist die sogenannte »Läuferanämie«. Entsprechende Studien belegen, daß der Eisenspiegel bei vielen Läufern auf Leistungssportniveau niedriger ist als normal, und ein kleinerer Prozentsatz leidet eindeutig an Anämie. Bei vielen Leistungsläufern kommt es während des Trainings zu Blutungen im Magendarmtrakt, die offenbar bei denen stärker sind, die schneller laufen.

Ein häufiges Problem bei weiblichen Sportlern sind Menstruationsstörungen. Es gibt überzeugende Beweise dafür, daß intensives Training den normalen Ablauf der Menstruation beeinträchtigt und zu Amenorrhoe – also dem völligen Ausbleiben der Regel – führen kann. Die Wissenschaftler sind sich noch nicht ganz klar darüber, was die Ursache hierfür ist, und ziehen mehrere mögliche Faktoren in Betracht, darunter übermäßige Gewichtsabnahme, einen niedrigen Anteil an Körperfett, Streß und hormonelle Veränderungen. Viele Befunde lassen auch darauf schließen, daß bei jungen Sportlerinnen die erste Menstruation später einsetzt, vor allem bei denen, die besonders intensiv trainieren. Eine verspätete Men-arche steht offenbar auch mit dem Alter bei Trainingsbeginn in Zusammenhang. Ein Forscherteam des Instituts für öffentliche Gesundheitspflege in Harvard hat Topschwimmerinnen und -läuferinnen von Colleges für eine Studie ausgewählt. Die Sportlerinnen, die vor der Pubertät mit dem Training begonnen hatten, hatten die Menarche im Durchschnitt mit 15,1 Jahren. Bei denen, die erst nach der Pubertät Leistungssport betrieben, lag das Durchschnittsalter bei 12,8 Jahren. Die Studie belegt, daß jedes Trainingsjahr vor der Menarche die Pubertät um fünf Monate hinausschiebt.

In letzter Zeit macht man sich noch mehr Gedanken über Menstruationsstörungen und die verspätete Menarche, nachdem Berichte veröffentlicht wurden, daß bei Frauen mit diesen Problemen der Mineralgehalt der Knochen niedriger ist als normal, was sie für Brüche und andere Verletzungen der Skelettmuskulatur anfälliger macht. Aber nicht nur Menstruationsstörungen sind schuld an schwachen Knochen. Grace Wyshak vom Institut für öffentliche Gesundheitspflege in Harvard und ein Forscherteam haben vor kurzem 2398 Frauen aller Altersstufen zu ihrer Lebensweise, Ernährung, Teilnahme am Collegesport und Knochenbrüchen befragt. Sie fanden heraus, daß die Wahrscheinlichkeit, ab Vierzig einen ersten Knochenbruch zu erleiden, bei den Mineralwassertrinkerinnen unter den früheren Collegesportlerinnen etwa doppelt so hoch war wie bei denen, die kein Mineralwasser tranken. Das ist das Alter, in dem bei Frauen der Knochenschwund beginnt und die ersten Brüche aufgrund spröder Knochen auftreten.

»Das war ein überraschendes Ergebnis für uns«, sagt Rose Frisch vom Institut für Bevölkerungsstudien in Harvard und mitverantwortlich für die Untersuchung, »und gleichzeitig beunruhigend, denn viele Sportler trinken Mineralwasser in riesigen Mengen«. Sie fügt hinzu, daß bei Nichtsportlerinnen, die Mineralwasser tranken, keine Auswirkungen auf die Knochen festgestellt werden konnten – vielleicht weil sie allgemein weniger alkoholfreie Getränke zu sich nehmen als Sportler. Nur bei einer Getränkesorte wurde ein vergleichbarer Effekt festgestellt, nämlich bei Colagetränken, die Phosphorsäure enthalten. Tierversuche und vereinzelte Krankengeschichten lassen darauf schließen, daß Phosphor die Resorption von Kalzium beeinträchtigt, das der Körper zum Aufbau von Knochensubstanz braucht.

Sport und Gewichtskontrolle

Viele nehmen das gesundheitliche Risiko intensiver sportlicher Betätigung in Kauf, weil sie dadurch ja Kalorien verbrauchen. Für die Gewichtskontrolle ist kein Preis zu hoch! Aber es häufen sich die Anzeichen, die auch diesen Vorteil sportlicher Aktivität in Frage stellen.

Erstens gibt es Probleme, wenn man nur sporadisch Sport treibt. Viele Leute mit sitzender Lebensweise fangen ein Trainingsprogramm an und geben es nach kurzer Zeit wieder auf. Diese Gelegenheitssportler täten oft besser daran, gar nicht erst anzufangen, als anzufangen und wieder aufzuhören. Mary ist ein gutes Beispiel für jemanden, der immer wieder mit einer neuen Sportart anfängt. Sie war anfangs immer sehr engagiert, kaufte sich gleich die komplette Ausrüstung und ging allen Freunden auf die Nerven, weil sie fast von nichts anderem mehr sprach. Aber sie blieb nie sehr lange bei einer Sportart. Manchmal überforderte sie sich und war dann völlig ausgelaugt; manchmal langweilte sie das Ganze; manchmal kam ihr einfach etwas dazwischen. Mit diesem Verhalten hat sie sich höchstwahrscheinlich selbst gefährdet.

Dr. Judith Stern von der University of California in Davis hat einige Gruppen von Versuchstieren ein Bewegungsprogramm absolvieren lassen, während andere eher inaktiv gehalten wurden. Als die häufig zur Bewegung animierten Ratten zur Inaktivität gezwungen wurden, fraßen sie viel mehr, nahmen zu und sahen bald aus wie die Tiere, die keine Bewegung gehabt hatten. Als Dr. Stern und ihre Kollegen jedoch ihren Blutdruck, Insulinspiegel und Stoffwechsel maßen, stellten sie fest, daß diese Tiere sogar schlechter dran waren als die anderen, dauernd inaktiven. Und ihr Anteil an Körperfett war höher. Schlechte Nachrichten für diejenigen von uns, die nach den guten Vorsätzen zu Silvester, endlich etwas für die Fitneß zu tun, mit voller Kraft loslegen und bis zum Frühjahr schon wieder aufgehört haben. Daß sie dann ein paar Pfund zunehmen, mag noch das geringere Übel sein.

Selbst die vielen Sportler, die die ganze Saison über trainieren und nachher das Training reduzieren oder ganz unterbrechen, gehen möglicherweise ein Risiko ein. Auch eine gut trainierte Sportlerin, die verschiedene Trainingszyklen durchläuft, kann sich damit Schaden zufügen, wenn diese Zyklen zu extrem sind. Wenn man immer wieder mit dem Training aufhört und dann wieder beginnt, baut man dadurch eventuell Körperfett auf, vor allem in den Risikobereichen um die Unterleibsorgane. Plötzliche Gewichtsschwankungen sind bei Sportlern relativ häufig, wenn sie vor einem Wettbewerb Diät halten oder in eine bestimmte Gewichtsklasse kommen wollen. Ganz extrem sind hier die Ringer, die immer wieder abnehmen, um beim Wettkampf in einer bestimmten Gewichtsklasse antreten zu können – also das sogenannte »Startgewicht« zu haben, und anschließend wieder zunehmen.

Sportliche Leistung und Eßstörungen

Extrapfunde – insbesondere in Form von Fett – machen zwar langsamer, aber auch obsessives Dünnsein kann zu einer Niederlage führen. Trainingsbedingte Probleme scheinen besonders bei Hochleistungssportlern zuzunehmen. Viele berichten von einem starken Druck, das Körperfett um der Leistung willen zu minimieren, was zu exzessiver Gewichtsabnahme und einer Aversion gegen Essen und Fett in pathologischem Ausmaß führt. Sportler und Trainer wissen, wie wichtig es ist, in den Wettkampf mit jedem Pfund Körpergewicht ein Maximum an Kraft, Ausdauer und Schnelligkeit einzubringen. Die angenommenen wie die realen Vorteile eines minimalen Körperfettanteils für die sportliche Leistung plus die sehr negative und moralische Konnotation, die Dicksein in unserer Gesellschaft hat, üben zusammen einen starken Druck auf viele junge Sportler aus. Sie bekommen dadurch geradezu einen Horror vor Übergewicht. Die Vorstellung, daß Fitneß die Leistung verbessert, wird verzerrt und führt bei vielen zu dem blinden Glauben, daß Dünnsein gleichbedeutend ist mit Siegen.

Eine Aversion gegen Fett wird häufig von Trainern verstärkt, die sich nichts dabei denken, wenn sie jungen Mädchen sagen, sie seien zu dick. Ein erfolgreicher Schwimmtrainer aus dem Südwesten, der viele Sportler zu den Olympischen Spielen schickt, ist bekannt dafür, daß er Mitgliedern seines Teams ein Päckchen Rindernierenfett in die Hand drückt, wenn sie ein paar Pfund zugenommen haben. Er ermuntert außerdem andere Teamkolleginnen dazu, wie Schweine zu grunzen, wenn eine »Missetäterin« den Raum betritt.

Cheryls Eßprobleme begannen, als sie gerade 15 geworden war und der Eislauftrainer ihr nahegelegt hatte, für einen bevorstehenden Wettkampf fünf Pfund abzunehmen. »Bis zu diesem Tag hatte ich nie darüber nachgedacht, was ich aß«, sagte Cheryl.

»Ich war von Natur aus ziemlich mager und natürlich sowieso jeden Tag zwischen drei und sechs Stunden auf dem Eis. Als mein Trainer mir sagte, ich solle fünf Pfund abnehmen, dachte ich ›kein Problem‹, das schafft doch jeder. Außerdem wollte ich unbedingt siegen, und der Gedanke, daß Celina [ihre Hauptkonkurrentin] im Vorteil sein könnte, nur weil ich ein bißchen zuviel wog – also, das hat mich fertiggemacht.«

Was vorher völlig problemlos schien, stellte sich als ein Ding der Unmöglichkeit heraus. Cheryls Körper wuchs noch, und sie schaffte es nie, von 95 auf 90 Pfund herunterzukommen. Sie versuchte zu hungern, erkannte aber bald, daß Essen für sie ein Trost war, das einzige Vergnügen, das sie sich zugestand. Als sie es mit einer Diät versuchte, stellte sie fest, daß Essen sie beruhigte und sie die Phasen brauchte, in denen sie zuviel aß. Als Cheryl ins College kam, »löste« sie das Problem dadurch, daß sie sich jedesmal erbrach, wenn sie zuviel gegessen hatte. Sie wurde zwar nie eine richtige Bulimikerin, aber ihr gefiel der Gedanke, daß sie »den Schaden durch Erbrechen in Grenzen halten« konnte.

Die Sportler, die sich beim Essen am meisten zurückhalten, nehmen ohne Training oft am meisten zu. Diejenigen mit den größten Gewichtsschwankungen leiden auch am häufigsten an Eßstörungen und sind am wenigsten mit ihrem Körper zufrieden. Gleichzeitig halten sie ihr Gewicht mit den wenigsten Kalorien, vielleicht weil ihr Körper durch die Gewichtsschwankungen gezwungen war, sich an die geringe Kalorienmenge anzupassen.

Greg kam zu uns in die Klinik, nachdem er seine dritte Saison als Ringer erfolgreich abgeschlossen hatte. Trotz seiner vielen Medaillen und Auszeichnungen war er nervös und depressiv. Sein Krankheitsbild entsprach genau dem von Marnie, dem Kapitän einer großen Schwimmannschaft im Südwesten. Beide durften nur noch sehr wenig essen, selbst wenn sie im Training waren, denn andernfalls nahmen sie zu. Und beide waren von dem Gedanken an Essen besessen. Beide hatten schon zahlreiche Male ab- und dann wieder zugenommen.

Dr. Jack Wilmore, Dr. Kelly Brownell und ich haben kürzlich die Daten einer Umfrage ausgewertet, an der 4542 Leser der Zeitschrift *Runner's World* teilgenommen hatten. Es waren Leute, die schon lange Zeit Sport trieben, im Schnitt seit 7½ Jahren trainierten und dabei acht Stunden pro Woche liefen.

Die meisten von uns halten solche Sportler für Glückspilze, die alles essen können und nie zunehmen. Die Wahrheit ist jedoch, daß viele Läufer nur davon *träumen* können. Wenn sie nur essen *könnten* und nie auch nur ein einziges Gramm zunehmen würden. Die Ergebnisse unserer landesweiten Untersuchung zum Diät- und Eßverhalten von Läufern zeigen, daß überraschend viele von ihnen sich nicht nur wegen ihres Gewichts Sorgen machen, sondern auch darüber, was sie essen und wie sie aussehen. Im Gegensatz zu dem, was wir Normalbürger vielleicht über sie denken, sind viele Läufer mit ihrem Körper unzufrieden. Manche gewöhnen sich bei ihrem Kampf um körperliche Perfektion sogar ein anomales Eßverhalten an.

Alice ist eine davon. Entsprechend einem recht häufigen Muster entwickelte sie bei der Jagd nach sportlichem Erfolg eine Eßstörung. Vier Tage vor einem Rennen fastete sie und gestand ihrem ausgehungerten Körper nicht mehr als 1000 Kalorien zu. Sobald das Rennen vorbei war, ging sie in die nächste Cafeteria und schlang auf einen Sitz 6000 Kalorien hinunter. Auf eine solche Freßorgie folgten normalerweise zwei Tage mit »normalem Essen«, aber dann wiederholte sich das Ganze. Statt sich eine Grundlage für eine gesunde Zukunft zu schaffen und ihre Leistung zu steigern, lief Alice immer langsamer und entwickelte eine Eßstörung.

Bei vielen Athleten ist ein Gewichtsverlust von einem Pfund oder mehr pro Tag nichts Ungewöhnliches. Sie halten quälenden

Hunger aus und stürzen sich, wie Alice, nach einem Wettkampf oder bei Saisonende oft in Freßorgien. Das kann wegen der salzbedingten Einlagerung von Wasser und einer zu großen Belastung des Kreislaufs gefährlich sein.

Zu dünn sein ist ungesund, und was viele Menschen tun, um dünn zu werden, führt oft zu langwierigen Stoffwechsel- (und psychischen) Problemen. Aber wie viele Läufer sind es eigentlich, die sich zu sehr auf das Dünnsein konzentrieren? Und warum entwickelt sich bei manchen ein Zwang daraus, während andere gesund bleiben? Diese Fragen sind nicht einfach zu beantworten, aber die Statistik aus der Umfrage von *Runner's World* legt einige Erklärungen nahe.

Nach den Erkenntnissen der Studie machten sich die Läufer mit dem höchsten Leistungsniveau die meisten Sorgen um die Ernährung und ihr Gewicht. Fast drei Viertel der Frauen und zwei Drittel der Männer gaben an, daß sie selbst in Zeiten intensivsten Trainings Diät hielten. Viele fanden es schwierig, ihr Gewicht unter Kontrolle zu halten, und sagten, daß es mit zunehmendem Trainingspensum immer schwieriger würde. Ganze 60 Prozent der Frauen und 75 Prozent der Männer gaben an, daß sie heute weniger essen dürfen als früher, um ihr Gewicht zu halten. Wie kann das sein, wenn einer der Vorteile regelmäßigen Sports doch ist, daß er den Stoffwechsel auf Touren bringt und so die Gewichtskontrolle erleichtert? Mit exzessivem Sport erreicht man – ebenso wie durch strenges Fasten – eher das Gegenteil.

Bei den meisten von uns wird ein schöner langer Lauf den Stoffwechsel für eine oder zwei Stunden oder mehr um einiges beschleunigen. Das ist natürlich gut, wenn man versucht, die Kalorien des Bechers Schokoladeneis vom Vorabend wieder zu verbrennen. Neueren Studien zufolge machen Leute, die intensiv Sport treiben, aber oft die genau gegenteilige Erfahrung: daß nämlich ihr Grundumsatz immer mehr sinkt, je mehr sie trainie-

ren. Da ihr Körper Energie zurückhält, brauchen sie oft viel weniger Kalorien als die meisten anderen Menschen, um ihr Gewicht und ihre Trainingsleistung zu halten.

Für »Trainingssüchtige« ist Sport wie Diäthalten: beides kann
den Stoffwechsel verlangsamen, um den Körper vor dem Verhungern zu schützen. Topathleten verbrennen beim Training so
viele Kalorien, mutmaßen manche Forscher, daß ihr Körper als
Reaktion darauf Kalorien zurückhält. In drei Studien über Läuferinnen, die im Durchschnitt jede Woche zwischen 53 und 105
Kilometer zurücklegten, gaben die Frauen an, täglich nur etwa
1400 bis 2000 Kalorien zu sich zu nehmen, obwohl es mindestens 3000 hätten sein können.

Dieser paradoxe Negativeffekt von im Übermaß betriebenem
Sport fordert seinen Tribut vor allem von Sportlern, für die
Schlanksein und gutes Aussehen am wichtigsten sind – Lang-
streckenläufer, Turner, Eiskunstläufer und Ballettänzer. Wenn
der Stoffwechsel bei einem Turner oder Läufer mit zunehmen-
der Fitneß immer effektiver arbeitet und er oder sie weniger
Kalorien verbrennt, um die gleiche Leistung zu erbringen, wird
das Ausbalancieren von Kalorienaufnahme und -verbrauch immer schwieriger. Denken Sie sich Ihren Körper als Automotor:
Ist der Motor sparsam im Verbrauch, können Sie mehr Kilometer mit weniger Benzin zurücklegen. Das gleiche gilt für einen
Körper, der die zugeführte Nahrung sehr gut verwertet.

Bei Frauen ist das Risiko meist größer, daß der Stoffwechsel sich
verlangsamt. Der Grund: Die Fortpflanzungsfunktion ist eher
gefährdet, wenn die Fettdepots sich verändern. Werden Körpergewicht oder der Anteil an Körperfett so niedrig, daß eine derart
wichtige Funktion bedroht ist, schlägt der Körper sozusagen zurück, indem er die zugeführten Kalorien wesentlich effektiver
verwertet. Bei den Studien, die den überraschend niedrigen Ka-
lorienbedarf von Läuferinnen erbrachten, konnten die Frauen,
bei denen die Menstruation ausblieb, ihr Gewicht sogar mit noch

weniger Kalorien halten als jene, die ihre Menstruation noch regelmäßig bekamen.

Bei vielen Sportlern wird die Sorge um die richtige Diät, das Gewicht und ihren Körper zur Obsession. Es ist noch umstritten, wie viele Sportler von Eßstörungen betroffen und wie stark sie ausgeprägt sind, aber alle Experten sind sich darin einig, daß durchaus Grund zur Sorge besteht. Unsere Studie hat gezeigt, daß 38 Prozent der weiblichen und 23 Prozent der männlichen Läufer mindestens einmal im Monat übermäßig viel und unkontrolliert essen. Auf die Frage: »Haben Sie schon einmal für zwangsweise Entleerung gesorgt (durch selbst herbeigeführtes Erbrechen, Abführ- oder harntreibende Mittel), um Ihr Gewicht zu steuern?« antworteten 26 Prozent der Frauen und 4 Prozent der Männer mit Ja. Hätten wir auch Ringer in die Studie mit einbezogen, wäre der Anteil bei den Männern noch höher gewesen. Auch der ernsthafteste Sportler ist gegen Eßstörungen nicht immun; oft liefert er oder sie vielmehr das beste Beispiel dafür. Das Vorhandensein von Eßstörungen bei Athleten *beweist* zwar keinen kausalen Zusammenhang mit der sportlichen Aktivität, aber viele Studien zeigen, daß gerade die besseren Sportler am ehesten sowohl körperliche wie psychische Symptome von Eßstörungen aufweisen.

Ein ganzer neuer Forschungszweig beschäftigt sich inzwischen mit »sportbedingten Eßstörungen«. Diese Studien konzentrieren sich vor allem auf Turner, Eiskunstläufer und Tänzer, bei denen die Anforderungen an das Schlanksein manchmal über das hinausgehen, was für die jeweilige sportliche Leistung notwendig ist. Dünnsein wird vielmehr zur wichtigsten ästhetischen Qualität. Das deutlichste Beispiel hierfür ist die Balletttänzerin, die, egal wie begabt sie auch immer sein mag, keine Chance hat, in einem großen Ensemble aufgenommen zu werden, wenn sie nicht extrem dünn ist. Eine Studie von Dr. Jeanne Brooks-Gunn hat außerdem erbracht, daß es einen Zusammenhang gibt zwischen dem Niveau, auf dem Ballettänzer miteinander konkurrieren, und der Häufigkeit, mit der sie an Anorexia nervosa leiden. In ihrer Untersuchung waren die Fälle von Anorexia nervosa in den großen Ensembles (wo die Konkurrenz am größten ist) häufiger als in den Balletttruppen an kleineren Häusern.

Sportsucht

Der Begriff »sportsüchtig« ist inzwischen in Sportlerkreisen wie auch in der Öffentlichkeit weitgehend akzeptiert. Sucht beruht, allgemein gesprochen, auf dem Erlebnis, das sich eine Person durch eine bestimmte Substanz oder Aktivität verschafft. Dieses Erlebnis hat normalerweise eine körperliche und eine psychische Komponente. Es kommt schließlich so weit, daß der Betreffende dieses Erlebnis braucht – daß er nicht mehr darauf verzichten kann. In der Tat ist das Süchtigsein nach sportlicher Aktivität zu einem Bestandteil des Selbstkonzepts bei Athleten geworden. Bei Menschen, denen Sport sehr, sehr wichtig ist, wird schon fast erwartet, daß sie süchtig danach sind.

Warum treiben Menschen exzessiv Sport? Die Öffentlichkeit nennt es zwar »Sportsucht«, Wissenschaftler ziehen jedoch den Begriff »Sportabhängigkeit« vor. Beide Begriffe drücken jedoch etwas aus, das der Abhängigkeit von Drogen oder Alkohol nahekommt. Und das trifft tatsächlich zu. Wie andere Abhängige leiden auch von Sport abhängige Menschen offenbar an Entzugserscheinungen. Diese äußern sich in unterschiedlicher Weise, aber im allgemeinen wird von Angst- und Schuldgefühlen, Spannungen und Reizbarkeit berichtet. In einer Studie über Hochleistungsläufer und -schwimmer – das heißt Sportler, die bei internationalen, nationalen oder regionalen Wettkämpfen mitmachen – untersuchten die Forscher die Auswirkungen von Trainingspausen von einem Tag bis zu fünf Tagen. Es gaben zwar praktisch alle Athleten an, von Sport »abhängig« zu sein, am deutlichsten ausgeprägt waren die negativen Auswirkungen nach den Erkenntnissen der Studie jedoch bei Männern und bei den Sportlern, die auf hohem Niveau miteinander konkurrierten. Frauen und Sportler, die in Konkurrenzen auf niedrigerem Niveau antraten, empfanden eher Erleichterung als Entzugserscheinungen. Die Auswirkungen von Sportabhängigkeit sind also offenbar nur bei den Sportlern nachweisbar, die hochintensiv trainieren.

William P. Morgan vom Madison Sports Psychology Laboratory der University of Wisconsin hat viele Studien durchgeführt, die für die Vorteile sportlicher Aktivität sprechen. Dennoch erhärtet seine jüngste Arbeit die These, daß *Über*training Depressionen *verursachen* kann. Dr. Morgan hat die psychische Verfassung von männlichen und weiblichen Schwimmern der University of Wisconsin bei planmäßigem »Übertraining« untersucht – dabei müssen die Schwimmer zu Beginn der Saison bis an die Grenze der Belastbarkeit gehen und das Training vor dem Wettkampf allmählich reduzieren. Übertraining soll die Athleten für den Wettkampf schneller und stärker machen.

Morgan hat jedoch festgestellt, daß die körperliche Belastung bei manchen Schwimmern zu erheblichen emotionalen und psychischen Problemen führte. Stimmungseinbrüche nahmen mit steigender Trainingsintensität zu und waren immer dann am stärksten, wenn die Schwimmer am meisten trainierten. Es handelte sich hier nicht einfach um milde Formen depressiver Verstimmung; viele der Schwimmer wurden als ambulante Patienten an psychiatrische Dienste überwiesen, und 80 Prozent litten an einer klinisch signifikanten Depression. Der Streß des Collegelebens war jedenfalls nicht schuld daran; eine Kontrollgruppe von Schwimmern, die dieses Übertraining nicht mitmachten, hatte keinerlei solche Probleme.

Morgan räumt ein, daß seine jüngsten Erkenntnisse etwas Paradoxes an sich haben. Während intensives Training in maßvollem Umfang Depressionen mildern kann, »scheinen Depressionen auch eine Folge des Übertrainings zu sein«, sagt er. Die Symptome der Sportler waren denen einer schweren Depression »auffallend ähnlich«; dazu gehörten unter anderem oft chronische Erschöpfung, Schlaflosigkeit, erhöhte innere Spannung und Abnahme der Libido. Als ob das alles noch nicht genug wäre, fügt Morgan noch hinzu, daß Übertraining auch zu erheblichen Veränderungen im Stoffwechsel, Hormonhaushalt und Kreislaufsystem führen kann. Ein 21jähriger Schwimmer aus Morgans Studie erlitt während des Übertrainings sogar einen Herzinfarkt.

Wenn man sich den Nutzen maßvoll betriebenen Sports anschaut – weniger innere Spannung, mehr Energie, gesünderer Schlaf und vielleicht ein besseres Sexualleben – dann macht Übertraining wenig Sinn, es sei denn, Sie sind Leistungssportler. Aber den meisten von uns fehlt ohnehin die Zeit dafür. Viel häufiger klagen wir darüber, daß wir nicht genug Zeit haben, um Sport zu treiben.

Für den Sportsüchtigen ist ein Reduzieren aber gleichbedeutend mit Versagen. Aus Angst, durch mäßigeres Training die erzielte Leistungssteigerung wieder einzubüßen, trainieren sie zwanghaft weiter, obwohl sie sich dabei nicht gut fühlen. Hier gilt immer noch das alte Sprichwort: »Ohne Fleiß kein Preis«. Sportler, die übertrainieren, fangen mit einer vernünftigen Vorstellung an, schrauben die Norm dann aber immer höher. Sie trainieren nicht um der Fitneß willen; sie jagen einem unerreichbaren Ziel nach. Für sie ist das Streben nach immer größeren Leistungen in einen Zwang ausgeartet. Das Bedürfnis, immer noch mehr zu tun, ist zum Selbstzweck geworden.

Suya Colorado, beim San Francisco Bay Club für Aerobic zuständig, hat festgestellt, daß Leute, die extrem viel trainieren, »oft familiäre oder andere soziale Probleme haben. Sie denken: ›Ich möchte nicht nach Hause, ich gehe lieber laufen‹«. Bei anderen ist Sport einfach ein Ersatz für eine andere Abhängigkeit. Suya Colorado hat selbst die Gefahren des Übertrainings erlebt, nachdem sie wegen Kokainmißbrauchs in Behandlung war. »Ich habe im Sport die Möglichkeit gesehen, wieder ins Leben zurückzufinden«, erklärt sie. »Aber ich habe gemerkt, daß ich das genauso zwanghaft betreiben kann«. Sie beugte einem neuen Abhängigkeitsproblem vor, indem sie in den ersten beiden Monaten der Drogenabstinenz mit einem Trainer arbeitete. Der schwierigste Teil für viele Sportsüchtige ist der, daß sie lernen müssen, ihren Sport weniger ernst zu nehmen.

Der Einsatz anaboler Steroide bei Sportlern

Seit über 3000 Jahren nehmen Sportler verschiedene Substanzen zur Leistungssteigerung. Der Drang nach größeren sportlichen Leistungen hat zu einer erschreckenden Zunahme des Drogenmißbrauchs geführt. Die jüngsten Fortschritte in der Pharmazie ermöglichen modernen Sportlern einen leichten Zugang zu einer Vielzahl potentiell schädlicher Medikamente. Da Sport weltweit ein prosperierendes Geschäft und ein beliebter Zeitvertreib geworden ist, hat der Einsatz anaboler Steroide als mögliches Hilfsmittel zur Leistungssteigerung zugenommen. Anabole Steroide sind synthetische Hormone, die die gleiche muskel- und gewebeaufbauende Wirkung haben wie Testosteron und andere natürliche männliche Geschlechtshormone. Sie werden nicht nur von Kraftsportlern genommen, also Football-Spielern und Gewichthebern, sondern auch von Ausdauersportlern, zum Beispiel Schwimmern und Langstreckenläufern. Manche Schätzungen besagen, daß sage und schreibe eine Million Amerikaner für 100 Millionen Dollar auf dem Schwarzmarkt anabole Steroide kaufen, darunter auch schätzungsweise eine Viertelmillion High-School-Schüler der oberen Klassen.
Neue Untersuchungen weisen darauf hin, daß selbst Teenager,

die keinen Sport treiben, jetzt auf der Steroidwelle mitschwim-
men. Besonders beunruhigend ist, daß zwei Drittel angeben,
unter 16 damit angefangen zu haben, ein Alter, in dem viele
noch wachsen, sagt Dr. Conrad Andringa, Experte für Sport-
medizin am Dean Medical Center in Madison, Wisconsin. Mädchen nehmen sie, um möglichst wenig Fett anzusetzen und
mehr mageres Muskelgewebe zu entwickeln; Jungen, um dickere und kräftigere Muskeln zu bekommen.

Die Bedenken hinsichtlich des Steroidmißbrauchs gelten vor allem den Nebenwirkungen. Zu den weniger schlimmen, sehr
häufigen Nebenwirkungen zählen Schlafstörungen, Stimmungsschwankungen und Persönlichkeitsveränderungen, Akne und,
bei Frauen, Vermännlichung. Schwerwiegendere Nebenwirkungen sind Lebertumoren und Hepatitis, Anstieg des Cholesterin-
spiegels und des Blutdrucks und Wachstumshemmung.

Nach einem jüngst im *Journal of the American Medical Association* von zwei Professoren der Psychiatrie in Yale, Kenneth
Kashkin und Herbert Kleber, veröffentlichten Bericht können
anabole Steroide auch süchtig machen. Dr. Kashkin und Dr.
Kleber weisen auf deutliche Ähnlichkeiten bei den Auswirkungen, Entzugssymptomen und Komplikationen hin, die sich bei
einer hochdosierten Einnahme von Steroiden und dem Mißbrauch von Kokain, Alkohol und anderen Opiaten zeigen. Konsumenten von anabolen Steroiden berichteten zum Beispiel von
einer Steigerung des Selbstwertgefühls, der Libido und Tatkraft
bei gleichzeitig abnehmendem Schlafbedürfnis.

Einige Studien deuten darauf hin, daß die Konsumenten nach
längerem Steroidmißbrauch diese Hormone auch dann weiter
einnehmen, wenn ihr Leben dadurch beeinträchtigt wird. Abstinenz führt zu schweren Depressionen und starken Entzugssymptomen wie Panik und paranoiden Wahnvorstellungen.

Die eher ausgefallenen Risiken

Freunde von mir sagen oft im Spaß, daß sie gegen Sport aller-
gisch sind. Es gibt aber tatsächlich Menschen mit einer Sportallergie. Die sportbedingte Anaphylaxie ist eine potentiell tödlich
verlaufende Allergie, die zu Nesselfieber, Jucken, Husten, Hei-
serkeit, Atemschwierigkeiten und manchmal zu einem gefährlichen Abfall des Blutdrucks führen kann. Wenn Ihnen diese Symptome bekannt vorkommen, sollten Sie einen Allergologen
aufsuchen, denn eine Sportallergie kann wirklich schwerwiegende Folgen haben.

Männliche Radrennfahrer, die ein hochintensives Training absolvieren, leiden oft an Impotenz. Früher hat man dieses Problem dem übermäßigen Training zugeschrieben; inzwischen
nimmt man jedoch an, daß die Impotenz bei Radfahrern darauf
zurückzuführen ist, daß sie sich immer wieder mit aller Kraft in
die Pedale werfen. Durch den Aufprall der Lendengegend auf
dem Sattel werden wichtige Arterien und Nerven geschädigt.
Die ersten Warnzeichen sind ein Taubheitsgefühl am Gesäß und
Erektionsschwierigkeiten während ein oder zwei Tagen. Leider
reagieren viele Radfahrer auf die belastende Erfahrung der Impotenz damit, daß sie noch mehr trainieren. Ein aggressiver
Fahrstil kann den Schaden noch vergrößern.

So kommen Sie aus
der Fitneßfalle heraus

Mein Rat läßt sich hier in einem einzigen Wort zusammenfassen: *Mäßigung*. Die Forschungsergebnisse sagen es sehr deutlich: *Mehr* ist nicht immer *besser*. Am meisten profitieren in bezug auf Fitneß und Gesundheit die Menschen, die sich von einer ausschließlich sitzenden Lebensweise auf maßvollen Sport umstellen. Wie Dr. Ralph Paffenbarger, Sportexperte am Medizinischen Institut der Stanford University, meint: »Jede erstiegene Treppe und jedes zusammengerechte Blatt sind gut für die Gesundheit«. Das gilt vor allem für inaktive Menschen. Wesentlich schwächer sind die Anhaltspunkte dafür, daß Menschen, die ohnehin schon intensiv trainieren, aus einer Steigerung des Trainings einen echten gesundheitlichen Nutzen ziehen. Außerdem kann sich der Stoffwechsel faktisch verlangsamen, wenn der Körper durch exzessiven Sport übermäßig gefordert wird. Für Menschen, die gerne und mit Genuß essen, kann das eine aus der Tugend geborene unverdiente Folter sein.

Nicht nur die biologische Forschung beweist, daß Maßhalten am besten ist, auch psychologische und Verhaltensstudien bestätigen das in vollem Umfang. Man bleibt länger und lieber bei einem gemäßigten Sportprogramm als bei einem zermürbenden Trainingspensum.

Ein Trainingsprogramm ist dann gut, wenn Sie das Gefühl haben, daß Sie es unter Kontrolle haben – und nicht umgekehrt. Es sollte Ihnen eine positive Einstellung zu sich selbst vermitteln, wenn Sie sich an die Richtlinien halten, die Sie sich gesetzt haben. Ein Trainingsprogramm ist schlecht, wenn Sie sich zum Training getrieben oder gezwungen fühlen und Schuldgefühle haben, wenn Sie nicht hingehen. Wenn Ihr Trainingsprogramm das richtige für Sie ist, sollten Sie ihm *nicht* zuviel bewußte Gedanken und Aufmerksamkeit widmen. Es sollte Spaß machen und Ihnen nicht vorkommen wie eine »lästige Hausarbeit« oder »das Einnehmen einer Medizin«. Sport kann und sollte ein Vergnügen sein.

Daß wir bis an die Grenzen der Belastbarkeit trainieren, ist nur ein Beispiel mehr dafür, wie sehr es uns schadet, daß ständige Höchstleistung in unserer Gesellschaft so hoch bewertet wird. Philosophisch betrachtet kann eine gesunde, maßvolle Gewichtung in allen Dingen, auch beim Sport, unserer körperlichen und psychischen Gesundheit nur zugute kommen.

Jennifer hatte den Punkt erreicht, wo ihr das Training immer weniger brachte, sie aber Angst davor hatte, es zu reduzieren. Um aus der Fitneßfalle herauszukommen, mußte Jennifer lernen, ohne Schuldgefühle zu trainieren – sie mußte die Angst loswerden, daß es nie genug ist, ganz gleich, wie hart sie auch trainiert. Wir empfahlen ihr, zuerst einmal verschiedene Trainingsvarianten durchzuprobieren, bis sie die finden würde, die ihr insgesamt am meisten brachte. In ihrem Fall war das, vier Tage in der Woche zu laufen statt sieben. Um das herauszubekommen, reduzierte sie ihr Laufpensum über mehrere Wochen hinweg um einen Tag pro Woche und schrieb auf, wie sie sich dabei fühlte und welche Veränderungen sich beim Gewicht und Eßverhalten ergaben. Sie gestand sich einen trainingsfreien Tag zu, wenn sie verletzt war. Am wichtigsten aber war, daß sie versuchte, sich zu entspannen und mit weniger Druck und mehr Spaß Sport zu machen. Sie begann das Gefühl der Freiheit zu lieben, das sie beim Laufen empfand. Das Laufen wurde für sie zu einer Zeit, in der sie ihre Ängste los war, während sie sich vorher dabei noch verstärkt hatten.

Eine Frage haben Jennifer und andere Patienten uns oft gestellt: »Welche Art von Sport soll ich machen?« Die Antwort ist, daß es die einzig richtige Sportart nicht gibt. Eine interessante Erkenntnis aus einschlägigen Studien ist, daß Regelmäßigkeit offenbar wichtiger ist als die Sportart selbst.

Das ist ein Punkt, in dem mein persönlicher Ratschlag möglicherweise dem entgegensteht, was Sie von anderer Seite hören. Für viele Leute gibt es nur eine einzige »richtige« Sportart. Was der *richtige* Sport ist, hängt aber ganz davon ab, was Sie zu erreichen hoffen. Deshalb ist Aerobic oder Krafttraining nicht unbedingt besser als eine andere sportliche Aktivität, wenn wir uns der These anschließen, daß Regelmäßigkeit der Schlüssel zum Erfolg ist. Wird die Regelmäßigkeit zum wichtigsten Faktor, stellen sich ganz andere, neue Fragen wie zum Beispiel: »Wieviel Spaß macht mir diese oder jene Sportart?« und: »Wie schwer fällt es mir, diesen Sport regelmäßig auszuüben?« Diese Fragen sind ebenso wichtig wie Fragen in bezug auf die Pulszahl, Effizienz des Kreislaufs und so weiter.

Überlegen Sie, welche Art von Sport Sie in welchem Umfang machen möchten. Und bleiben Sie dann dabei. Legen Sie ein paar Richtlinien dafür fest, welchen Sport Sie machen und wann. Es gibt keine Richtlinien, die für jeden richtig wären. Passen die Ihren zu Ihrer Lebensweise und ist damit sowohl Regelmäßigkeit wie Flexibilität gewährleistet? Sie könnten sich zum Beispiel, statt sich ein einziges Ziel vorzunehmen, eine ganze Reihe passender Sportarten und Trainingsvarianten auswählen, damit Sie sie problemlos in einen veränderten Tagesablauf integrieren können.

Was treibt die Menschen dazu, exzessiv Sport zu machen? Nachstehend einige sehr häufig vorgebrachte Gründe und dazu unsere Empfehlung, wie man aus dieser Falle herauskommt.

Wenn Sie sich in Sachen Übertraining Sorgen machen, dann sollten Sie vermeiden, sich nur auf eine einzige Trainingsroutine festzulegen. Gerade da ist die Versuchung am größten, seine Leistung ständig zu steigern. Denken Sie sich Ihren Körper als ein Auto, das mit einem möglichst effizienten Motor am besten

Problem	Lösungen
Die »Ohne-Fleiß-kein-Preis«-Mentalität	Trainieren Sie so hart wie gewohnt, aber jede Woche weniger häufig.
Angst, den Trainingsvorsprung einzubüßen	Reduzieren Sie das Training allmählich, jeden Tag um ein paar Minuten, oder indem Sie eine Trainingseinheit pro Woche weglassen. Sie werden dadurch weder an Kraft noch an Kondition einbüßen.
»Sportsüchtig«	Suchen Sie etwas anderes, das Ihnen Spaß macht, und beschäftigen Sie sich zweimal die Woche damit, statt zu trainieren.
Angst davor, zuzunehmen	Schreiben Sie auf, wie viele Kalorien Sie zu sich nehmen, und variieren Sie Ihr Training alle zwei bis drei Tage. Wiegen Sie sich jeden Tag. Finden Sie heraus, welches »Energie-Input-Energie-Output«-Rezept für Sie am besten ist.

funktioniert. Außerdem verschleißen sich die einzelnen Teile schneller, funktionieren nicht mehr richtig oder gehen kaputt, wenn ein Auto ständig auf Hochtouren läuft. Diese Analogie ist wirklich zutreffend, und wenn Sie sich als ein Auto visualisieren, das gut läuft, können Sie damit vielleicht Ihrer Tendenz entgegenwirken, zuviel von sich zu verlangen. Es gibt eine ganze Reihe von Sportarten, die man ausprobieren könnte, zu den beliebtesten gehören derzeit aber aerobe, sprich Ausdauersportarten, und Krafttraining.

Aerober Sport

Eine aerobe Aktivität ist wichtig für die Fitneß insgesamt, für
Ausdauer und einen gesunden Kreislauf. Aerobe Sportarten gibt
es viele, zum Beispiel Gehen, Joggen und Schwimmen, um die
drei beliebtesten zu nennen. Sie alle sollten so betrieben werden,
daß Ihre Pulszahl steigt, wie schon in diesem Kapitel beschrieben. Wichtig ist hier die *ununterbrochene* Aktivität. Aufhören
und wieder anfangen ist nicht das beste aerobe Training. Aber
ebensowenig müssen Sie sich bis zur völligen Erschöpfung ver-
ausgaben. Ein beständiges, mäßiges Fordern des Körpers ist genau das richtige.

Krafttraining

Wiederholungen bei geringem Widerstand sind kein effektives
Mittel zum Aufbau von Muskeln. Weniger Wiederholungen bei
höherem Widerstand – gerade genug, damit Ihre Muskeln müde
werden –, das ist genau das richtige. Dahinter steckt die Idee,
daß eine Beanspruchung der Muskeln aufgrund einer durch den
Widerstand extremen Belastung zu mikroskopisch kleinen Ris-
sen in den Muskelzellen führt. Die Körperzellen reparieren diese
Risse, indem sie neues Protein synthetisieren, das wiederum den
Muskel aufbaut. Durch eben diesen Abbau- und Erneuerungs-
prozeß wird Muskelkraft aufgebaut.
Experten empfehlen im allgemeinen einen Ruhetag zwischen
jedem Krafttraining, damit dieser Reparaturvorgang in den Muskeln möglichst effektiv ablaufen kann. Auch hier kann es kontraproduktiv sein, wenn man sich keine Pause gönnt – es schä-
digt die Muskeln, statt sie aufzubauen.

Kreuztraining

Kreuztraining bedeutet, zwischen mindestens zwei Sportarten abzuwechseln, wobei jede auf etwas anderes abzielt: zum Beispiel zwischen einer Ausdauersportart und Krafttraining oder zwischen zwei verschiedenen aeroben Aktivitäten wie Laufen und Schwimmen. Neuesten Erkenntnissen zufolge bringt Kreuztraining mehr als ein Training in nur einer einzigen Sportart, und zwar sowohl körperlich als auch psychisch. Es ist schwer, bei nur einer Sportart zu bleiben, ohne sich selbst zu immer größeren Leistungen anzutreiben. Beim Kreuztraining ist diese Gefahr geringer, weil es nicht so monoton ist.

Kreuztraining kann auch körperliche Vorteile haben. Die Muskeln haben dabei natürlich mehr Zeit, um sich von den Belastungen und Verletzungen einer bestimmten Sportart wieder zu erholen. Ein Kreuztraining mit Gewichten und einer aeroben Sportart scheint sowohl der Kraft wie der Ausdauer zugute zu kommen und außerdem womöglich auch der Schnelligkeit. Kreuztraining erhöht die Wahrscheinlichkeit, daß Sie von jedem Training maximal profitieren – Ihr Körper wird sich nicht an eine Art von Sport anpassen und Ihnen damit immer weniger Nutzen bringen, was ich in diesem Kapitel ja bereits ausführlich erläutert habe.

Wenn Sie Ihr Training variieren, lösen Sie sich damit von Ihrer Leistungsfixiertheit und benützen Ihre Muskeln in unterschiedlicher Weise. Achten Sie auf die Signale Ihres Körpers: ständiger Muskelkater oder anhaltende Erschöpfung bedeuten, daß Sie zu hart trainieren. Am wichtigsten ist vielleicht, daß Sie Ruhezeiten einplanen: der Körper braucht genügend Zeit, um sich zu regenerieren.

Um aus der Fitneßfalle herauszukommen, müssen Sie die Vorstellung überwinden, daß die Härte Ihres Trainingsprogramms der Maßstab dafür ist, was für ein Mensch Sie sind. Sport und

Fitneß sind gut für Sie, und zwar nicht etwa weil sie ein Beweis für Ihren Einsatz und Ihre Selbstdisziplin sind, sondern weil sie, in vernünftigem Maße ausgeübt, Ihre Gesundheit und Ihr Wohlbefinden fördern.

Die Erfolgsfalle

Wir versuchen, gut auszusehen und Erfolg zu haben, um andere zu beeindrucken. Und auch, um uns selbst zu beeindrucken. Aber selbst Menschen, die aussehen, als hätten sie alles, haben manchmal Schwierigkeiten, selbst daran zu glauben, daß sie sind, was sie zu sein scheinen.

Führt etwas so schwer Erreichbares wie Gewichtsabnahme immer zu dem Gefühl, etwas geleistet zu haben? *Fühlt* man sich auch besser, wenn man besser aussieht? Überraschenderweise ist die Antwort darauf häufig nein. Viele Leute erzählen uns bei Interviews, daß sie sich wie Hochstapler vorkommen, weil gutes Aussehen soviel Mühe und Zeit erfordert. Margie, eine schlanke, ausgesprochen gut aussehende junge Frau, klagte: »Nur ich kenne mein wahres Ich. Fett und häßlich. Ich stecke meine ganze Energie und Zeit in diese Sache. Es ist der totale Schwindel. Wenn Sie mein wahres Ich kennen würden, würden Sie diese Frau hassen.«

Wir bewundern und beneiden auch manchmal schlanke und schöne Männer und Frauen. Wem käme es in den Sinn, daß viele von ihnen in einer ganz persönlichen Hölle leben? Ob sie narzistisch sind? Manchmal. Aber viel häufiger werden sie von der Ungewißheit gequält, wer sie wirklich sind, haben Angst, ob die Menschen ihr *wahres* Ich mögen, und sind unsicher, ob sie ohne ihr Aussehen überhaupt etwas erreichen würden. Richard, ein Fotomodell, faßt es so zusammen: »Ich vermarkte ein Produkt, und dieses Produkt bin zufällig ich.« Es ist erschreckend, wenn man sich bewußt wird, wieviel von gutem Aussehen abhängt.

Frauen, die sich selbst als »sehr gepflegt« beschreiben, sagten, sie sähen die größte Gefahr darin, daß die Leute sich an ihr Aussehen gewöhnen – und von ihnen erwarten, daß sie *immer* so aussehen. Sobald sie mit ihrer Schönheitspflege *aufhören*, kommen die Probleme an den Tag, unerwünschte Haare beginnen zu sprießen, Nägel fangen an zu splittern – und das alles ist viel auffälliger, weil die Leute an ihr gepflegtes Selbst gewöhnt sind! »Gepflegtes Aussehen«, meint eine der Damen von Dallas, »bedeutet Höhen und Tiefen. Wenn du gut aussiehst, siehst du *schrecklich* gut aus, aber wenn du schlecht aussiehst, siehst du auch *absolut* schlecht aus.« Eine andere Frau meinte: »Jedesmal wenn ich vergesse, Lippenstift aufzutragen, fragen mich die Leute im Büro, ob es mir nicht gut geht.«

Viele Menschen, die viel für ihr Aussehen tun, kommen sich wie Hochstapler vor, weil sie finden, daß eine Menge Täuschung dabei ist. Sie fragen sich ständig: »Bin ich attraktiv genug? Finden andere meinen Körper gut?« Was sie ihrem Gefühl nach tun müssen, damit die Antwort »Ja« lautet, verstärkt ihre Unsicherheit und Selbstzweifel. Und Komplimente von anderen helfen ihnen auch nicht sonderlich. »Wenn jemand zu mir sagt: ›Du siehst super aus‹, kann ich mich über dieses Kompliment freuen? Nein. Ich denke nur daran, welchen Aufwand das Ganze erfordert und was passieren würde, wenn ich mich nicht so sehr um mein Aussehen bemühen würde«, sagt Gloria, Studentin und nebenbei Model. Sich wie ein Hochstapler vorkommen und die damit verbundene seelische Belastung und Angst sind ein Aspekt der Erfolgsfalle.

Für Psychologen ist es beeindruckend zu sehen, wie besessen Menschen von dem Gefühl sein können, andere zu täuschen. Wenn Sie wissen wollen, ob dieser Aspekt der Erfolgsfalle auf Sie zutrifft, sollten Sie die Fragen auf S. 312 so ehrlich wie möglich beantworten.

Die Erfolgsfalle hat aber auch noch andere Aspekte, die vor

allem mit Gewichtsabnahme und anderen größeren Veränderungen im Aussehen zu tun haben. Am häufigsten ist die Angst zu versagen, die Angst, wieder zuzunehmen. Viele Leute haben schon so oft ab- und zugenommen, daß sie ziemlich viel Erfahrung mit Mißerfolgen haben. Maria erzählte uns: »Bei mir läuft eindeutig eine selbsterfüllende Prophezeihung ab. Ich habe soviel Angst davor, daß es wieder nicht klappt, was ja schon so oft der Fall war, daß ich es offenbar irgendwie provoziere.«

Manchmal bringt eine erfolgreiche Gewichtsabnahme auch einen Verlust des Selbstgefühls mit sich, der einem Angst macht. Marie zum Beispiel kennt die »neue« Marie nicht. Sie hat so hart gearbeitet, um dahin zu kommen, aber die Person, die ihr aus dem Spiegel entgegenblickt, ist eine Fremde. Sie fragt sich, wie ihr neues Aussehen wohl ihr Leben verändern wird. Carol hat genau das gegenteilige Problem, das als weiterer Aspekt der Erfolgsfalle aber ebenfalls vielen zu schaffen macht. Carol wollte und erwartete eine radikale Veränderung. Sie träumte davon, daß sie beliebt sein würde wie noch nie, daß die Männer ihr auf der Straße nachlaufen und ihr Telefon ständig läuten würde. Sie war zutiefst getroffen, als sie abgenommen hatte und keine ihrer phantasierten Vorstellungen wahr wurde.

Wie Ihre eigenen Erwartungen aussehen, können Sie feststellen, wenn Sie die folgenden Sätze vervollständigen: »Wenn ich dünner wäre, würde/könnte ich …«; »wenn ich hübscher wäre, bekäme ich …«. Wir alle träumen davon, wie sich unser Leben ändern würde, wenn wir nur in irgendeiner Hinsicht besser wären. Solche Phantasien haben oft mit unserem Körper zu tun. Erwartungen dieser Art sind ein weiterer Aspekt der Erfolgsfalle. Sie können Unglücklichsein und Scheitern geradezu vorprogrammieren.

Auch Veränderungen der zwischenmenschlichen Beziehungen geben der Erfolgsfalle Nahrung. Erfolg belastet Freundschaften, Ehen und Familien oft in einer Weise, die von allen als Bedro-

Test: Erlebe ich mich als Hochstapler?

1. In manchen Situationen komme ich mir wie ein großer Heuchler vor, d.h. ich bin nicht so ehrlich, wie die anderen denken.

Fast nie	Manch-mal	Oft	Fast immer
___	___	___	___

2. Ich habe das Gefühl, daß irgend etwas an mir falsch oder un-echt ist und die anderen es nicht merken.

| ___ | ___ | ___ | ___ |

3. Ich würde mich als »authentischen« Menschen bezeichnen.

| ___ | ___ | ___ | ___ |

4. Ich übertrage eine von bestimmten Vorfällen oder Situationen herrührende negative Einstellung zu mir selbst auf andere Situa-tionen, die gar nichts damit zu tun haben.

| ___ | ___ | ___ | ___ |

5. Ich verstecke mein wahres Selbst und lasse es nur ganz weni-ge Menschen sehen.

| ___ | ___ | ___ | ___ |

6. Wenn ich für eine Leistung sehr viel Lob und Anerkennung bekomme, spiele ich sie mir selbst und anderen gegenüber her-unter.

| ___ | ___ | ___ | ___ |

7. Wenn die Leute mich für etwas loben, was ich geleistet habe, bin ich mir sicher, daß ich ihren Erwartungen auch in Zukunft ge-recht werden kann.

| ___ | ___ | ___ | ___ |

Die Antworten werden wie folgt bewertet: Geben Sie sich eine 1 für *Fast nie*, eine 2 für *Manchmal*, eine 3 für *Oft* und eine 4 für *Fast immer*, außer bei den Aussagen 3 und 7. Diese sind genau umgekehrt zu bewerten (also eine 1 für *Fast immer* usw.). Dann zählen Sie Ihre Punkte zusammen. Je mehr Punkte Sie haben, um so mehr empfinden Sie sich als Hochstapler/in. Kommen Sie auf 21 Punkte oder mehr, ist dieser Aspekt der Erfolgsfalle ein Problem für Sie.

hung empfunden wird. Manchmal versuchen die Menschen, die Ihnen am nächsten stehen, Ihren Erfolg aktiv zu sabotieren. Sie können das mehr oder weniger bewußt machen, das Resultat ist jedoch in beiden Fällen das gleiche. Ihre Erfolgschancen werden durch die mangelnde Unterstützung anderer untergraben.

Angesichts all dieser möglichen unangenehmen Konsequenzen ist es kein Wunder, daß so viele Menschen Angst vor Erfolg haben. Da die negativen Konsequenzen für Frauen oft größer sind als für Männer, ist Angst vor Erfolg bei Frauen auch häufiger anzutreffen. Der Gedanke daran, was sie alles verlieren könnten – was die familiären Beziehungen, Freundschaften und ihr eigenes Selbstgefühl anbelangt –, wenn sie dünner, hübscher oder kompetenter wären, läßt viele Frauen ihren eigenen Erfolg sabotieren.

Die Hintergründe der Erfolgsfalle

Das Hochstaplersyndrom

Frauen kommen sich häufiger wie Hochstaplerinnen vor als Männer. Die Psychologin Kay Deaux, eine führende Forscherin auf dem Gebiet der Psychologie der Frau an der New York University, hat festgestellt, daß Frauen geringere Erfolgserwartungen haben als Männer. Und das hat in den meisten Fällen nicht einmal etwas mit der jeweiligen Aufgabe zu tun.

Ein stark ausgeprägtes Hochstaplersyndrom entsteht meist aus dem Gefühl der Unglaubwürdigkeit und aus Selbstzweifeln heraus. Menschen, die sich als Hochstapler fühlen, sind oft auch sehr ängstlich. Sie wissen, daß sie der Umwelt eine Fassade zeigen. Deshalb haben sie Angst, als Hochstapler oder Betrüger entlarvt zu werden. Sie sind auch deshalb beunruhigt, weil sie spüren, daß es eine große Diskrepanz gibt zwischen dem, was die anderen von ihnen halten, und ihrer eigenen Selbsteinschätzung. Sie haben Angst, die Seiten von sich zu zeigen, von denen sie meinen, daß sie Mißbilligung und Zurückweisung auslösen.

Jennifer sah sich selbst nur von außen – trotz ihrer großen Leistungen bestimmte ihr Aussehen ihr Selbstgefühl und kapselte es ein. Sie stand jeden Morgen ewig vor dem Spiegel und konnte sich nur losreißen, weil sie Angst hatte, zu spät in die Arbeit zu kommen. »Irgendwie muß ich mir ständig über mein Aussehen Gedanken machen. Ich weiß, es ist dumm, aber ich habe eben das Gefühl, daß mein Aussehen alles ist, was ich habe«, sagt sie. Jennifer kam sich wie eine Betrügerin vor, aus den falschen Gründen geschätzt und respektiert. Sie erzählte uns: »Ich bin wütend auf meine Freunde und Kollegen, weil sie mich alle beneiden und zu mir aufsehen. Sehen sie denn nicht, daß ich diese

Frau hasse, die ich bin? – ein oberflächlicher Mensch, dessen einzige Leistung es ist, viel für sein gutes Aussehen zu tun.« Manche Menschen kommen sich so sehr wie Hochstapler vor, daß sie ihr Gefühl dafür verlieren, wer sie wirklich sind. Sie definieren sich selbst über eine ganze Liste von Neigungen und Abneigungen statt durch wirklich bedeutungsvolle Kerneigenschaften ihrer Persönlichkeit. Elaine ist eine junge Frau, die soviel Angst vor dem Abgelehntwerden hat, daß sie ein völlig externalisiertes Selbstbild entwickelt hat. Sie beschrieb sich selbst wie folgt:

Ich bin 160 cm groß, starker Knochenbau – dunkle Haare und Augen, Gewicht etwa 120 Pfund. Ich mag: Tiere, Soho, Bob Dylan, Henry Miller, Kerouac, Lesen, Schreiben, Pflanzen, Kochen, Zeit für mich haben, Allen Ginsberg, Virginia Woolf, Anaïs Nin, Kaffee, Zigaretten, zu Fuß gehen. Ich mag nicht: Pseudo-Intellektuelle, die sich im Collegecafé über Andy Warhol lustig machen; Gleichgültigkeit; Mädchen, die sich wie die Models in der Cosmopolitan *auftakeln; mich wiegen; über mich selbst reden; wenn ich zuviel gegessen habe; andere anlügen; mit einem Blähbauch aufwachen; ständig ab- und zunehmen; Tama Janowitz, MTV, New Wave, die Zeitschrift* Rolling Stone; *Menschen, die sagen, Elizabeth Taylor sei grauenvoll gewesen, als sie dick war; Alpträume.*

Ein falsches Selbst aufrechtzuerhalten bedeutet für Menschen wie Elaine eine starke und chronische Belastung. Für manche ist Essen ein Weg, um diesen Druck zu verarbeiten. Und so geraten sie in einen Teufelskreis: Gewichtsabnahme führt zu Erfolg, Erfolg führt zu Angst und Streß, Angst und Streß führen zu übermäßigem Essen und Gewichtszunahme.

Frauen als Hochstaplerinnen

Schon in der Grundschule unterscheiden sich Mädchen in ihrer Reaktion auf Erfolg von den Jungen. Bereits mit zehn Jahren werten viele Mädchen ihre guten Leistungen ab und werden von Selbstzweifeln geplagt. Die Psychologin Kay Deaux und andere haben zumindest einen der Gründe dafür identifiziert: Mädchen und Frauen neigen dazu, ihren Erfolg auf episodische Ursachen wie glückliche Umstände oder ein besonderes großes Engagement zurückzuführen. Männer und Jungen sehen ihren Erfolg eher als Resultat ihres Könnens. Der Unterschied dabei ist, daß Können etwas Stabiles ist, es gehört zu einem und man kann davon ausgehen, daß es auch beim nächsten Mal zur Verfügung steht, wenn man es braucht. Glück und Engagement sind schon variabler. In dieser Hinsicht erscheinen die Leistungen einer Frau trügerisch und kurzlebig. Sie kann sich nie auf ihren Lorbeeren ausruhen, wenn sie glaubt, daß der Erfolg eigentlich nicht auf ihr Konto geht.

Die Sache wird dadurch noch schlimmer, daß Männer und Frauen für Versagen ganz gegensätzliche Erklärungen haben. Frauen führen ein Versagen eher auf ihr mangelndes Können zurück, Männer schreiben es dem Pech oder der Schwierigkeit der Aufgabe zu. Gloria hat das richtig erkannt. Sie sagte: »Wenn ich mir beim Skifahren ein Bein brechen würde, dann würde ich sagen: ›Ich bin zu blöd dazu.‹ Der Mann, den sie nach mir auf der Tragbahre ins Tal tragen, würde auf die schlechten Schneebedingungen schimpfen.« Diese Einstellung macht die Erfolgsfalle für die meisten Frauen zu einem großen Problem. Unfähig, sich Erfolge als ihr Verdienst anzurechnen und allzu gern bereit, sich selbst die Schuld für einen Mißerfolg zu geben, stecken sie in einer furchtbaren Zwickmühle.

Wie würden Sie die folgende Frage beantworten: »Sind meine Leistungen eher auf äußere Faktoren zurückzuführen, zum Beispiel Glück oder ein besonders großes Engagement, oder auf meine eigenen, inhärenten Fähigkeiten?« Wenn Ihre Antwort *Glück* lautet, dann könnten Sie ein Opfer der Erfolgsfalle werden. Die dann unvermeidlichen Gefühle, eine Hochstaplerin zu sein, sind schwer zu überwinden. Kein noch so großer Erfolg wird etwas daran ändern, wenn Sie sich Ihre Leistungen nicht als Ihr Verdienst anrechnen. Genaugenommen wird das Problem durch mehr Erfolg sogar noch größer.

Eine Frau, die sich als Hochstaplerin fühlt, zeigt oft eine (oder mehrere) der folgenden Verhaltensweisen, wenn sie einen Erfolg hat. Erstens strengt sie sich vor lauter Angst, entlarvt zu werden, immer noch mehr an, um eine solche Entlarvung zu verhindern. Elaine zum Beispiel arbeitete doppelt so hart, nachdem sie bei einer großen Präsentation ihrer Werbekampagne Erfolg gehabt hatte, statt lockerzulassen und sich zu gratulieren. Sie hatte Angst, daß beim nächsten Mal sicher jemand dahinterkommen würde, wie unfähig sie eigentlich war. Viele Frauen wie Elaine sind ständig in Sorge, daß sie »entlarvt« werden könnten. Und gerade ihr Erfolg läßt die anderen auf sie aufmerksam werden und verstärkt ihre Ängste. Solche Frauen entwickeln oft ein magisches Denken und Ritualverhalten, das ihnen – zumindest vorübergehend – hilft, ihre Ängste zu überwinden. Elaine trug bei jeder Präsentation dasselbe Glücksarmband, so tief saß ihre Überzeugung, daß sie einfach nur Glück gehabt hatte.

Bei manchen Frauen kann man eine zweite Reaktion auf Erfolg beobachten, und zwar daß sie immer mehr schauspielern. Da sie sich ja ohnehin wie Hochstaplerinnen fühlen, zeigen sie den anderen nur, was diese ihrer Meinung nach sehen wollen. Solche Frauen setzen oft Charme als Mittel ein, um Anerkennung zu bekommen. Sobald sie aber Eindruck auf die anderen gemacht haben, geben sie nichts mehr auf deren Meinung. Sie verachten die anderen, weil sie unfähig waren, sie zu durchschauen. Lois, eine Musikerin, meinte uns gegenüber: »Ich konzentriere meine ganze Energie darauf herauszubekommen, was die Leute genau wollen. Und wenn ich es rausgekriegt habe, sind sie für mich komplette Idioten, weil sie mich nicht durchschauen. Mein Boss ist auch ein solcher Hohlkopf! Er findet mich wundervoll, weil ich ihm ständig Honig um den Bart schmiere. Es ist wirklich leicht, Karriere zu machen, wenn die Männer so dumm sind.«

Und schließlich kann eine Frau, die an diesem Hochstaplersyndrom leidet, auch zu einer defensiven Pessimistin werden, wie es die Psychologen nennen. Sie spielt aktiv die schlimmstmöglichen Folgen ihres Handelns durch und sieht nur die allernegativsten Seiten von sich selbst. Damit ist sie auf das Schlimmste vorbereitet und kann so ihr zerbrechliches Selbstgefühl schützen. Candace, eine Börsenmaklerin mit kometenhafter Karriere, war immer auf eine Katastrophe eingestellt. Sie dramatisierte jeden kleinsten Fehler und stellte sich zum Beispiel vor, daß ihre Kunden enorme Geldsummen verloren, weil sie eine verfehlte Entscheidung getroffen hatte. Ihre Freunde ärgerten sich oft über sie, weil bei ihr eigentlich immer alles gut klappte. Es machte sie wütend, daß sie ihnen mit ihren düsteren Vorahnungen die Zeit stahl. Sie wußten ja nicht, daß Candace sich einen guten Ausgang gar nicht vorstellen konnte.

Männer als »Selbstbehinderer«

Das Hochstaplersyndrom ist gelegentlich auch bei Männern anzutreffen, aber sie haben meist andere Strategien, mit ihrer Angst vor Erfolg umzugehen. Sie rechnen sich ihre Erfolge nicht als ihr eigenes Verdienst an, weil sie Angst haben, daß dann von ihnen erwartet wird, dieses Niveau unter allen Umständen zu halten. Erfolg bedeutet eine Verpflichtung, auch in Zukunft immer gute Leistung zu bringen.

Zwei Psychologen der Universität Princeton, Edward Jones und

Steven Berglas, haben herausgefunden, daß erfolgreiche Männer manchmal »selbstbehindernde Strategien« einsetzen. Solche Selbstbehinderer können ihr zerbrechliches Kompetenzgefühl dadurch schützen, daß sie Hindernisse finden oder schaffen, die weitere Erfolge erschweren. So könnte zum Beispiel jemand sagen, daß er diese eine Prüfung so gut geschafft hat, weil sie besonders leicht war. Schneidet er auch das nächste Mal gut ab, steht er als wirklich kluger Kopf da; schneidet er dagegen schlecht ab, hat er schon eine Entschuldigung. Damit kann der Selbstbehinderer, unabhängig vom Ergebnis, eigentlich gar nicht verlieren. Der Selbstbehinderer sucht geradezu nach Hindernissen, beruft sich auf alle möglichen Gründe, um für mittelmäßige Leistungen weniger Eigenverantwortung zu tragen, und mehrt seine Chancen, Erfolge auf sein Konto zu verbuchen.

Ralph ist Sozius in einer renommierten Anwaltskanzlei. Nach allen äußeren Kriterien beurteilt, hat er eine große Karriere gemacht. Er ist einer von nur fünf Leuten aus einer Gruppe von 18 Anwälten, die mit ihm vor zehn Jahren in der Kanzlei zu arbeiten anfingen, der zum Sozius aufgestiegen ist. Er ist allgemein beliebt und wird von allen respektiert. Aber eigentlich hat Ralph es vor allem deshalb so weit gebracht, weil er Fälle übernahm, die kein anderer wollte – die ganz riskanten Fälle, wo es keine Chance auf Erfolg zu geben schien. Die anderen wissen nicht, daß Ralph das zum Schutz seines schwachen Selbstvertrauens macht. Er ist nämlich gar nicht erpicht auf Herausforderungen; er muß sich einfach eine Position verschaffen, in der Entschuldigungen nicht notwendig werden. Wenn er Erfolg hat, ist er ein Held; wenn nicht, kann er für den Mißerfolg äußere Faktoren verantwortlich machen.

Dieser ausgesprochen männliche Aspekt der Erfolgsfalle ist tendenziell manchmal auch bei Frauen festzustellen, die sich in ihrer Kompetenz unsicher sind. Sie schaffen Hindernisse und sorgen dafür, daß sie nach Möglichkeit »schlechte Karten« bekommen.

Bei einer schwachen Leistung können sie ihren Mißerfolg dann nach außen auf das entsprechende Problem projizieren. Sind sie gut, haben sie es trotz nicht optimaler Bedingungen geschafft. In diesem Fall wird ihr Gefühl der eigenen Kompetenz zeitweilig erheblich gestärkt.

Angst vor Versagen

Viele Frauen leiden an einer starken Versagensangst, die mit ihrer Angst vor Erfolg Hand in Hand geht. Das ist eine der Doppelbindungen, mit denen die Erfolgsfalle aufwarten kann. Frauen empfinden ein Versagen beschämender als Männer, und möglicherweise ist bei immer mehr Frauen ein Versagen durch den zunehmenden Konkurrenz- und Erfolgsdruck geradezu vorprogrammiert. Cheryl zum Beispiel machte sich ständig Sorgen darüber, daß sie in allen Bereichen, wo sie mit anderen konkurrierte, scheitern könnte – beim Studium, beim Eislaufen, in der Musik und inzwischen, was das allerschlimmste ist, in bezug auf ihren Körper. »Mein größter Alptraum ist jetzt wahr geworden, nämlich daß ich unfähig bin, abzunehmen und gut auszusehen«, erklärte uns Cheryl. »Es ist der sichtbare Beweis dafür, daß alle außer mir etwas ganz Wichtiges schaffen.«
Die Psychologen Amos Tversky von der Stanford University und Daniel Kahneman in Berkeley haben festgestellt, daß das Verhalten von Menschen sehr davon beeinflußt wird, ob in ihrem Gedächtnis eine Art »Schnappschuß« von einer bestimmten Situation zur Verfügung steht, der ganz scharf und eindrucksvoll ist und als Richtschnur für ihr Handeln dient. Schnappschüsse von Situationen des Scheiterns sind bei den meisten Menschen lebendiger, ausgeprägter und schneller verfügbar als Erfolgsbilder. Man kann sich damit frühere Mißerfolge sehr leicht und ganz plastisch ins Gedächtnis rufen, was dann das momentane

Verhalten in die entsprechende Richtung lenkt. Cheryl konnte sich an jeden Fehler beim Eislaufen, an jede Zwei bei einer Prüfung und an jedes Pfund, das sie zugenommen hatte, sehr genau erinnern. Ihr Festhalten an diesen Bildern machte ein erneutes Scheitern nur noch wahrscheinlicher.

Das schlimmste für Menschen, die ihr Aussehen positiv verändert haben – insbesondere durch Abnehmen –, ist die Gewichtszunahme, die oft auf dem Fuße folgt. Menschen, die diese Erfahrung einmal gemacht haben, entwickeln häufig eine starke Versagensangst. Sie spüren, wie unsicher ihr hart erarbeiteter Erfolg ist und werden dadurch Opfer einer selbsterfüllenden Prophezeiung. Solche Menschen müssen fast zwangsläufig scheitern, und zwar wegen ihrer Angst vor Versagen. Entsprechende Studien haben gezeigt, daß Menschen, die des öfteren ab- und zugenommen haben, häufiger an Versagensangst leiden. Und das ist auch nicht weiter überraschend. Sie haben ja ein größeres Repertoire an »Schnappschüssen«, die ihr Scheitern dokumentieren. »Erinnerst du dich noch an die Weihnachten, wo ich so dünn war, daß mir meine Jeans fast herunterrutschten? Schon an Ostern hatte ich alles wieder zugenommen.« Bei derart deutlichen Bildern des Mißerfolgs, die so leicht im Gedächtnis wachzurufen sind, ist es kein Wunder, daß sich Angst einstellt. An einem solchen Bild festzuhalten erhöht nur die Wahrscheinlichkeit eines neuen Mißerfolgs.

Verlust des Selbst

Abzunehmen und sein neues Gewicht zu halten kann schon ziemlich schwierig sein; sich einem neuen, schlankeren Selbst anzupassen ist oft noch schwieriger. Viele Menschen wissen gar nicht, wie ihr Körper wirklich aussieht, nachdem sie abgenommen haben. Sie fühlen sich immer noch dick und denken, daß

sie dick aussehen, auch wenn ihnen die Waage oder das Maßband hundertmal das Gegenteil sagen. Statt sich an ihrer neuen
schlanken Figur zu freuen, hören viele weiterhin die ihnen so
vertraute Stimme der Selbstkritik.

Man hat bei einigen Studien Leute getestet, die vor kurzem abgenommen hatten. Dazu wurden Photos von ihnen gemacht,
die man dann in ein Gerät mit einer Linse gesteckt hat, die
Verzerrungen hervorruft. Ich habe solche Studien bereits im Kapitel über die Eitelkeitsfalle erwähnt. Viele Frauen haben Probleme, die Linse genau richtig einzustellen, so daß sie ihren tatsächlichen Umfang und ihre wirkliche Figur sehen. Die meisten
Schwierigkeiten haben aber die, die erst vor kurzem abgenommen haben. Viele sind unfähig, sich selbst als schlank zu sehen.
Einige Experten in Sachen Gewichtsabnahme haben die Theo-
rie aufgestellt, daß diese Schwierigkeit ein wichtiger Indikator
dafür sein könnte, wie groß die Wahrscheinlichkeit einer erneu-
ten Gewichtszunahme ist.

Sich einem veränderten Selbst anzupassen kann für jeden
schwierig sein. Oft sind ja auch wichtige Beziehungen davon
betroffen. Manchmal wird mehr von einem erwartet; manchmal
meint die Frau selbst, sie müsse mehr von sich fordern. Sie
macht sich zwangsläufig Sorgen darüber, was passiert, wenn sie
wieder zunimmt. Jane, eine junge Karrierefrau, hat uns erzählt:

*In den ersten vier oder fünf Monaten meiner letzten
Diät fühlte ich mich großartig. Ich nahm gleichmäßig
immer mehr ab. Als ich aber ungefähr 40 Pfund abgenommen hatte und auf Größe 34 runter war, fiel
mir wirklich auf, daß die Leute anders auf mich reagierten. Da ist zum Beispiel dieser nette Typ in der
Arbeit, der mich vorher nie angesehen hatte. Jetzt
hielt er mir immer die Tür auf und fragte mich öfter
einmal, ob ich einen Kaffee haben wollte und so wei-*

ter. Das Komische ist, daß mich diese Aufmerksam-
keit eher deprimierte. Es war irgendwie der Beweis
dafür, wie häßlich ich vorher gewesen sein mußte. Was
mich verrückt machte, war der Gedanke: »Was würde
er tun, wenn ich wieder zunehmen würde?«

Solche unangenehmen Gefühle haben mehrere Gründe. Wie immer der Körper oder das Gesicht vor einer Abmagerungskur oder vor einem chirurgischen Eingriff ausgesehen haben mögen: Es war der eigene Körper und das eigene Gesicht und war vertraut. Ein schlankerer Körper oder ein anderes Gesicht sind fremd und unvertraut, selbst wenn sie »besser« sind. Die betreffende Frau muß jetzt ohne ihre Pufferzone leben. Sie fühlt sich nicht wie sie selbst, was das Hochstaplersyndrom noch verstärkt, dazu allgemeine Angstgefühle und Unbehagen hervorruft.

Es kann sehr beunruhigend sein, wenn man mit seinem eigenen Spiegelbild nicht vertraut ist. Vielleicht gefällt Ihnen Ihr neues besseres Selbstbild, obwohl viele Menschen nicht einmal damit zurechtkommen. Aber mit Sicherheit kennen Sie es nicht. Wo sind *Sie* geblieben? Dieses Gefühl des Abgetrenntseins von Ihrem früheren Selbst ist ein grundlegender Aspekt dieses Teils der Erfolgsfalle. Da Ihr Selbstgefühl so sehr mit Ihrem Körpergefühl verbunden ist, verlieren Sie einen Teil Ihres Selbst, wenn sich Ihr Körper verändert. Wen wundert es da, daß ein Erfolg Angst auslöst!

Unrealistische Erwartungen

Ein anderer Aspekt der Erfolgsfalle macht denen zu schaffen, die sich von ihrem Erfolg eine dramatische Veränderung ihres Lebens zum Besseren erwarten. Manche scheitern, weil sie letzten Endes lieber nicht riskieren wollen, daß ihre Hoffnungen und

Träume womöglich nicht wahr werden. Andere scheitern, weil sich ihr Leben nicht grundlegend ändert, wenn sie schlank geworden sind. Die Leute stehen nicht vor ihrer Tür Schlange, um ihnen interessante Jobs, eine Beförderung oder Verabredungen anzutragen.

Unsere Gesellschaft propagiert und belohnt unrealistische körperliche Ideale. Für extrem übergewichtige oder unattraktive Menschen wird das Leben anders, wenn sie abnehmen oder ihr Aussehen verändern. Menschen, die Opfer der Erfolgsfalle geworden sind, machen ihr Selbstwertgefühl und ihre Wichtigkeit jedoch viel zu sehr von anderen abhängig. Irgendwann hören die anderen auf, ihnen zu sagen, wie gut sie aussehen, weil es alte Kamellen sind. Wer von dem Lob und der Unterstützung anderer abhängig geworden ist, braucht beides oft noch lange über diesen Punkt hinaus. Das ist eine der Ironien des Erfolgs. Wenn man erfolgreich bleibt, büßt man damit möglicherweise Aspekte ein, die man am Erfolg ursprünglich am meisten geschätzt hat. Erfolg bringt oft einen Lohn in Form von Anerkennung durch andere mit sich, aber er ist nur von kurzer Dauer, und am Ende bleibt man sich selbst überlassen.

Eine weitere Variante dieses Themas ist, daß manche Menschen nicht nur an Pfunden verlieren, sondern auch die allzeit greifbare Entschuldigung, daß sie dick sind. Marta, eine unserer Patientinnen, hat uns erzählt:

Als ich dicker war, habe ich meine schlechte Arbeitsleistung oft damit entschuldigt, daß mein Chef eine negative Einstellung zu übergewichtigen Leuten hatte. Ich habe mir selbst eigentlich nie eingestanden, daß ich mich nicht besonders bemüht habe, meine Sache gut zu machen, weil ich nur einfache Aufgaben bekam. Als ich dann so stark abgenommen hatte, wurde mir bewußt, daß ich ja diejenige war, die an ihrer

schlechten Leistung schuld hatte. Und diese Tatsache
konnte ich einfach nicht ertragen.

Die mangelnde Unterstützung durch andere

Die Beziehungen innerhalb der Familie und mit Freunden können einen übermäßig großen Einfluß auf Menschen haben, die
in der Erfolgsfalle stecken. Familiensystemorientierte Theoreti-
ker glauben, daß jeder Mensch für die anderen Familienmitglie-
der eine Funktion erfüllt. Eine der wichtigsten Aufgaben innerhalb einer Familie ist – dem Experten für Familientherapie
Salvador Minuchin zufolge, der an der Philadelphia Child Guid-
ance Clinic arbeitet –, den Status quo aufrechtzuerhalten. Verändert sich ein Mitglied der Familie erheblich, kommt das ganze
Gleichgewicht durcheinander. Wenn man anders aussieht und
sich oft auch anders verhält, ändert sich die seit langem etablier-
te Rolle in dieser Gruppe. Die Familie ist aus dem Gleichgewicht
geraten. Möglicherweise sabotieren die, die Ihnen am nächsten
stehen, Ihren Erfolg, damit sie selbst nicht gezwungen werden,
sich zu verändern.
Laura, eine Patientin von uns, war eßsüchtig und erbrach sich
mehrmals täglich. Ihre Eltern unterstützten sich gegenseitig sehr
wenig und kommunizierten miteinander eigentlich nur über Lauras Problem. Solange sie sich auf ihre Krankheit konzentrieren
konnten, funktionierten sie als Familie einigermaßen gut. Als es
Laura jedoch besser ging, brach ihre Paarbeziehung auseinander. Ihre Verbindung basierte auf Lauras Krankheit, und sie sa-
botierten Lauras Erfolg unbewußt, um wieder ein Gleichgewicht
herzustellen – auch wenn es ein krankes Gleichgewicht war. Die
erfolgreiche Therapie bei Laura bedeutete, daß sich schließlich
die ganze Familie einer Behandlung unterziehen mußte.
Natürlich sind nicht alle Beziehungen derart gestört. Es werden

jedoch viele Beziehungen destabilisiert, wenn sich einer verändert und die ihm nahestehenden Menschen darum kämpfen, das System wieder ins Gleichgewicht zu bringen. Und damit untergraben sie oft den Erfolg dessen, der sich verändert hat.

Manchmal stößt Erfolg andere auch ab. Die Beziehung ist dann so anders, daß keiner der Beteiligten damit zurechtkommt. Da sie nicht wissen, wie sie mit Ihrem neuen Selbst umgehen sollen, entwickeln Ihnen nahestehende Menschen feindselige Gefühle, fühlen sich bedroht und verwirrt. Ehen geraten dadurch ins Wanken, Freundschaften finden hier ihr Ende. Der geliebte Mensch ist auf Ihren Erfolg nicht eifersüchtig. Er fühlt sich durch Ihr neues Selbst bedroht und trauert womöglich um den Verlust Ihres alten Selbst. Für ihn haben Sie sich und damit auch die Beziehung von Grund auf verändert.

Sam zum Beispiel nörgelte immer an seiner Frau Agnes wegen ihres Gewichts herum. Er achtete darauf, was sie aß und wies sie ständig deswegen zurecht. Schließlich nahm sie 50 Pfund ab. War Sam dann glücklich? Keine Rede davon. Es ging ihm miserabel. Seine alte Freundin gab es nicht mehr. Agnes sah so ganz anders aus, daß er nicht wußte, wer sie war. Er vermißte ihr gemeinsames Eisessen bei den 11-Uhr-Nachrichten. Es fehlte ihm, daß er sich nicht mehr über ihr Gewicht Gedanken machen und aufpassen mußte, was sie aß. Irgendwie hatte ihm das Gefühl von Macht und Kontrolle gefallen, das er dadurch bekommen hatte. Er vermißte einfach die alten vertrauten Verhaltensmuster. Es überrascht deshalb nicht, daß Agnes ihre abgenommenen Pfunde wieder zunahm und noch einiges mehr. Als ich sie das letzte Mal sah, war Agnes immer noch dick, und Sam nörgelte mit Genuß an ihr herum.

Die Angst vor Erfolg

Die Angst vor Erfolg löst eine ganze Kaskade von selbstschädigenden Verhaltensweisen aus. Frauen, die Angst vor Erfolg haben, sind Opfer ihres eigenen Selbstschutzes. Daß viele Menschen Angst vor Erfolg haben, überrascht vielleicht nicht weiter, weil das Endresultat ja nicht immer positiv ist. In vielen Fällen gehören Verlust des alten Selbst, zerstörte Träume, unerfüllte Erwartungen und veränderte Beziehungen zur dunklen Seite des Erfolgs.

Die Psychologin Matina Horner, frühere Präsidentin des Radcliffe College, hat in ihrer Arbeit darauf hingewiesen, daß Frauen in ganz unterschiedlichen Bereichen Angst vor Erfolg haben, nicht nur in bezug auf Gewicht und Aussehen. Horner argumentiert, daß Erfolgreichsein in der westlichen Gesellschaft sich mehr an der männlichen als an der weiblichen Rolle ausrichtet. Erfolg kann für Frauen in vielen Bereichen negative Konsequenzen haben, zum Beispiel Unpopularität, Schuldgefühle, Mißbrauch oder Selbstzweifel. Horner untersuchte insbesondere die Ambivalenz oder Angst, die mit Erfolgen verbunden ist, vor allem bei sehr kompetenten und leistungsorientierten Frauen.

Psychologen haben ein einfach zu handhabendes diagnostisches Hilfsmittel entwickelt, mit dem sich Angst vor Erfolg erkennen und messen läßt. Dazu bekommen die Probanden eine schriftliche Aufgabe, wobei ihnen ein einleitender Satz vorgegeben und der Name der Hauptperson ihrem Geschlecht entsprechend geändert wird: »Anne (John) hat bei den Schlußprüfungen des ersten Semesters Medizin am besten von allen abgeschnitten«. Den Rest der Geschichte sollen die Probanden selbst schreiben. Bei den meisten mit Hilfe dieser Untersuchungsmethode durchgeführten Studien zeigen über 60 Prozent der Frauen Angst vor Erfolg; bei Männern sind es im Vergleich dazu zwischen 9 und 36 Prozent.

Ein häufiges Thema war der Konflikt zwischen Beruf und Familie, zum Beispiel: »Sie kämpft innerlich mit sich und entschließt sich dann, wie eine richtige Frau es machen würde, den Beruf ihrer Familie unterzuordnen.« Zum anderen wurde häufig der Wert des Erfolgs in Frage gestellt und angemerkt, daß dafür ein hoher Preis zu zahlen ist. So betonten zum Beispiel viele die Angst vor sozialer Zurückweisung, weil man erfolgreich ist. Manche Frauen, in deren Vorstellung sich Angst vor Erfolg ausdrückte, negierten Annes Leistung sogar ganz, zum Beispiel: »Anne ist wie vom Donner gerührt. Sie war sich nicht einmal bewußt gewesen, daß sie sich in Medizin eingeschrieben hatte!« Einige Psychologen kritisieren, daß die Arbeit mit dieser Art projektiven Materials wissenschaftlich nicht exakt genug ist. In der Tat ist die Fachliteratur in diesem Bereich voll von widersprüchlichen Erkenntnissen. Dennoch erkennen sich viele Frauen selbst, wenn sie diese Geschichten hören. Vielleicht ist das Problem bei solchen Studien, daß sie sich zu sehr auf konkurrenz- und leistungsbezogene Situationen bei Männern konzentrieren. Bei vielen Frauen erstreckt sich die Angst vor dem Erfolgreichsein auf wesentlich mehr Bereiche.

Die Sorge, was sie alles verlieren, wenn sie schlanker oder hübscher sind – im Hinblick auf die familiären Beziehungen, Freundschaften und ihr eigenes Selbstgefühl – bringt viele Frauen dazu, ihre Erfolge selbst zu sabotieren. Sie kaufen zum Beispiel wieder Sachen für zu Hause ein, die dick machen, oder legen sich im Büro einen Vorrat an Snacks zu. Manche werden von denen, die ihnen am nächsten stehen, auch für ihren Erfolg »bestraft«. Ich habe weiter oben den Preis des Erfolgs bereits beschrieben, etwa daß wichtige Beziehungen in die Brüche gehen, Phantasien und Erwartungen sich nicht erfüllen und der Kontakt zum Selbst verlorengeht. Wer diese sehr realen Konsequenzen des Erfolgs schon einmal erlebt hat, bekommt zu Recht Angst davor. Anne zum Beispiel erinnert sich daran, wie schmerzlich es war, daß ihre Freundschaft mit Tally zerbrach. »Ich kapierte es einfach nicht. Wir standen uns *so* nah. Tally war die Hübsche und ich, na ja, ich war dick. Aber Tally kam nicht damit klar, daß ich schlanker wurde. Es war, als brauchte sie mich als dicke Freundin, um sich selbst gut zu finden, um sich überlegen zu fühlen, verstehen Sie. Je dünner ich wurde, um so mehr versuchte sie mich mit irgendwelchen Dickmachern zu verführen.«

Bei anderen Frauen entwickelt sich die Erfolgsangst mehr aus dem, was sie in ihrer Vorstellung dafür bezahlen müssen, als aus realen Konsequenzen. Sie kämpfen innerlich mit dem, was sie *glauben*, daß ihr Mann tun oder ihre Freundin sagen oder ihr Vorgesetzter versuchen wird. Erfolg bekommt eine Aura unkontrollierbarer Schwierigkeiten und kleinlicher Querelen. Wenn der Preis für den Erfolg in der Vorstellung größer ist als der Nutzen, hört man auf, ihn anzustreben. Indem man nicht erfolgreich ist, vergibt man auch die Chance zu erleben, daß die schlimmen Konsequenzen, die man sich so lebhaft ausgemalt hat, nicht eintreffen (oder daß man damit umgehen lernt, falls sie eintreffen). Letzten Endes können äußere Hindernisse weniger heimtückisch und destruktiv sein als solche internalisierten psychischen Erfolgsbarrieren.

Wenn die Leistung hinter den Möglichkeiten zurückbleibt

Ein weiteres Mittel zum Schutz der lebenswichtigen, aber möglicherweise unstabilen Vorstellung der eigenen Kompetenz ist es, weniger Leistung zu bringen. Wenn man sich nicht mehr anstrengt, kann man sein Scheitern darauf zurückführen, daß man sich eben nicht genug bemüht hat. »Ich hätte abgenommen, wenn ich mich mehr angestrengt hätte«, ist ein Satz, der häufig zu hören ist. Die entscheidende Implikation bei dieser Art

Aussage ist, daß, wenn man sich *wirklich* bemühte, man auch Erfolg haben oder zumindest ein wesentlich besseres Resultat erzielen würde.

Die Psychologinnen Janet Riggs und Beth Preston von der Universität Princeton, die mit Dr. Edward Jones zusammenarbeiten, haben Menschen untersucht, die Leistungsdefizite zeigen. Sie haben festgestellt, daß solche Minderleister im allgemeinen unterschätzen, wie groß ihr Einsatz ist. Diese Tendenz erklärt sich möglicherweise dadurch, daß ihnen so oft gesagt wurde (oder sie es sich selbst sagten), sie hätten sich nicht genug angestrengt, daß sie gar nicht mehr beurteilen können, wieviel Mühe sie sich tatsächlich geben. Vielleicht haben sie auch nur gelernt zu akzeptieren, daß es nie genug ist.

Bei diesen Studien kam auch heraus, daß Minderleister sich nicht mehr anstrengten, wenn sie glaubten, daß das Maß an Engagement bei einer bestimmten Aufgabe besonders wichtig sei. Sie schienen über Gebühr von ihrem Kompetenzbild in Anspruch genommen zu sein, was, zumindest unter bestimmten Umständen, wichtiger wurde, als eine gute Leistung zu bringen. Manche Menschen, die meinen, sie würden viel besser aussehen, wenn sie sich nur mehr bemühten, wollen diese ihre Überzeugung vielleicht gar nicht auf die Probe stellen aus Angst, sich geirrt zu haben.

Es könnte sein, daß solche Minderleister aus Familien kommen, in denen ihnen die Eltern ständig in den Ohren lagen mit Aussagen wie: »Susie, wenn du dich nur mehr anstrengen und mehr Wert auf dein Äußeres legen würdest, könntest du viel besser aussehen«. Susie ist sich da nicht so sicher. Sie macht sich Sorgen darüber, daß sie, wenn sie sich wirklich sehr anstrengt und am Ende doch nicht so toll aussieht, die Erwartungen ihrer Eltern furchtbar enttäuscht und sie sie vielleicht nicht mehr liebhaben. Hinter solchen Minderleistungen könnte also die Angst stecken, daß der erzielte Erfolg doch nicht gut genug ist.

So kommen Sie aus
der Erfolgsfalle heraus

Die Erfolgsfalle ist eine heimtückische Sache, die in allen Lebensbereichen anzutreffen ist. Viele Frauen geraten dadurch in eine Situation, in der sie in keinem Fall gewinnen können. Wenn sie sich sehr bemühen und Erfolg haben, fühlen sie sich wie Hochstaplerinnen. Viele kommen aber gar nicht so weit; ihre Erfolgsangst ist zu groß, als daß sie es versuchen würden, und so bleiben sie immer auf dem Niveau einer reduzierten Leistung. Und auch wenn sie sich nicht besonders viel Mühe geben, haben sie Probleme, vor allem die Frauen, die an Versagensangst leiden. Das gilt nicht nur in bezug auf das Aussehen, sondern betrifft alle Aspekte des Frauenlebens. Die dadurch hervorgerufenen Gefühle wirken sich sehr stark darauf aus, wie Frauen zu sich selbst und ihrem Körper stehen, und bei vielen beeinflussen sie auch das Eßverhalten. Wie bei allen anderen Fallen dient Essen auch hier dazu, die große psychische Belastung erträglicher zu machen.

Aber die Erfolgsfalle muß sich nicht zu einem alles lähmenden Problem auswachsen. Es erfordert jedoch viel mentale Arbeit, um aus ihr herauszukommen. Sich dieser Falle und ihrer Auswirkungen bewußt zu sein, ist ein erster wichtiger Schritt, um ihre Macht ein Stück weit zu brechen. Der erste Schritt ist die Erkenntnis, daß Erfolg oft der Auslöser negativer Gefühle ist und weniger ein Mittel dagegen.

Wenn Sie bei dem Test »Erlebe ich mich als Hochstapler/in?« eine hohe Punktzahl hatten, dann ist Ihr Gefühl, alle Welt zu betrügen, sehr stark mit nach außen hin sichtbarer Leistung verknüpft. Wenn Sie Angst davor haben, »entlarvt« zu werden, sollten Sie folgendes ausprobieren.

Versuchen Sie sich an alle Menschen zu erinnern, die Sie Ihrer Meinung nach betrogen haben. Sagen Sie ihnen in Gedanken, wie Sie sie hereingelegt oder ausgetrickst haben. Sprechen Sie laut aus, wie jeder von ihnen Ihrer Meinung nach auf Sie reagieren würde, wenn er Ihr wahres statt Ihr falsches Selbst sehen würde. Machen Sie diese Übung immer wieder. Gehen Sie in Gedanken das Risiko ein, Sie selbst zu sein und sehen Sie, was dann passiert. Beginnen Sie auch im realen Leben, die Menschen zu suchen, die Sie in Ihrem Kampf um Ihr wirkliches Selbst unterstützen wollen, wenn Sie sich in Ihrer Vorstellung aus der Erfolgsfalle herauszuarbeiten beginnen.

Jennifer begann sich anderen Menschen langsam mehr zu öffnen, darauf zu vertrauen, daß sie sie mit all ihren Fehlern und Ängsten in bezug auf ihr Aussehen und andere Aspekte ihres Lebens mochten. Weil sie davor ziemlich viel Angst hatte, machten wir Rollenspiele mit ihr, damit sie ganz konkret ausprobieren konnte, wie es ist, wenn sie einem anderen Menschen ihre Gefühle und Sorgen offenbart. Sie arbeitete daran, auf einer vernünftigen Basis zu entscheiden, wem sie vertrauen konnte, indem sie jedem einen »Probelauf« zugestand, wie sie es nannte. Sie erzählte dem Betreffenden etwas Vertrauliches, um zu sehen, wie er darauf reagierte. Lachte er, sah er weg, verhielt er sich abweisend oder war er peinlich berührt? Erwiderte er das ihm entgegengebrachte Vertrauen? Sie machte dabei einige Fehler und vertraute sich Menschen an, die sie für ihre Freunde gehalten hatte. Hinterher erfuhr sie, daß die betreffende Frau mehreren Leuten erzählt hatte, wie kleinkariert und oberflächlich Jennifer sei – und genau davor, daß die anderen das denken würden, hatte sie ja am meisten Angst. Bei anderen Freunden hingegen entwickelte sie das Gefühl, daß sie Unterstützung bekam und die Vertrautheit fand, die sie so sehr brauchte. Mit der Zeit zeigte sie mehr Menschen ihr »wahres« Selbst.

Der nächste Schritt ist, daß Sie bei Ihren mentalen Übungen

Ihren allerschlimmsten Phantasien über die Konsequenzen Ihres Erfolgs freien Lauf lassen. Vielleicht kommen Sie so dahinter, daß Sie Angst davor haben, die anderen könnten Sie exhibitionistisch, snobistisch oder unfreundlich finden. Vielleicht fallen Ihnen wieder Situationen aus der Kindheit ein, wo man Sie dafür bestraft oder gehänselt hat, daß Sie bei irgend etwas gut oder besonders gut waren. Katie erinnerte sich daran, wie ihre Freundinnen sie hänselten, wenn sie gute Noten bekommen hatte. Die anderen Mädchen in der Klasse hielten sich von ihr fern, weil sie meinten, daß sie bestimmt nicht mit ihnen spielen wollte, weil sie ja nicht zu den »Klugen« gehörten. »Es war eigentlich ziemlich schlimm, dauernd nur Einsen zu bekommen und bei den Lehrern beliebt zu sein«, erzählte Katie. »Ich glaube, ich war dann nicht mehr so gut, um meine Freundinnen nicht zu verlieren.« Katie ist außerordentlich begabt, schneidet bei Eignungs- und Intelligenztests immer besonders gut ab. Ihre Fähigkeit, sich von Kindheit an jeder Situation gut anzupassen, erwies sich, paradoxerweise, als Hemmnis. Um ihr aus der Erfolgsfalle herauszuhelfen, mußten wir Katie auch beibringen, etwas weniger anpassungsfähig zu sein und sich mehr auf ihre eigenen Bedürfnisse und ihr Können zu konzentrieren, selbst wenn sie dadurch manche Freunde verlor.

Sich das positive Feedback der anderen aufzuschreiben ist ebenfalls eine gute Methode, um aus der Erfolgsfalle herauszukommen. Achten Sie dabei vor allem auf Ihre eigene Reaktion auf dieses Feedback. Machen Sie die Menschen herunter, von denen es kommt? Schieben Sie es ganz schnell beiseite? Ärgern Sie sich darüber? Sind Sie peinlich berührt? Verunsichert es Sie? Probieren Sie aus, wie es ist, dieses positive Feedback wahrzunehmen und aufzunehmen. Gestehen Sie sich zu, soviel seelische Nahrung wie möglich daraus zu ziehen, statt sie zurückzuweisen. Seien Sie den Menschen dankbar, die Sie hochachten. Zeigen Sie es ihnen. Es ist wichtig für Sie, daß Sie sich hören, wie Sie Lob annehmen. Dann müssen Sie Ihren inneren Dialog so steuern, daß Sie daran glauben können und es nicht heruntermachen müssen.

Um Erfolge annehmen zu können, müssen Sie über Ihre Leistungen anders denken oder sie sich anders erklären. Wie wir uns selbst erklären, warum etwas passiert ist, hat tiefgreifende Auswirkungen auf unser Verhalten. In den 20er Jahren dieses Jahrhunderts wurde ein französischer Psychotherapeut namens Emile Coué als Verfechter der Autosuggestion weltberühmt. Millionen von Amerikanern sagten sich entsprechend seiner Lehre: »Mit jedem Tag fühle ich mich besser und besser.« Wie alle Modeerscheinungen geriet auch das in Vergessenheit, aber die Sache hat durchaus etwas für sich. Die moderne Forschung bestätigt, daß man wirklich sehr weitgehend das ist, was man sich selbst sagt, weil die eigenen Wahrnehmungen und Interpretationen sehr stark das Verhalten beeinflussen.

Drei gedankliche Techniken sind in dieser Hinsicht besonders hilfreich. Als erstes sollten Sie einfach positive Vorstellungen zu Eigenschaften Ihrer Person entwickeln. Die Psychologin Shelley Taylor hat in einem kürzlich erschienenen Buch ausgeführt, daß kleine, ausgesprochen positive Illusionen zur eigenen Person das Gefühl der Kontrolle und die Motivation stärken. Sich auf seine guten Eigenschaften zu konzentrieren und an durch eigenes Handeln erzielte Erfolge zu glauben, sind sehr hilfreiche Einstellungen. Positive Illusionen lassen uns auf einen Erfolg hinarbeiten und geben uns ein gutes Gefühl dabei. Das ist ganz wichtig für ein gesundes Selbstgefühl, da unsere Fähigkeiten ein wichtiger Bestandteil unserer Kernidentität und unseres sozialen Selbst sind.

Zum zweiten sollten Sie, wenn Sie sich als Hochstapler/in fühlen, nach inneren Faktoren – das heißt dauerhaften Aspekten Ihres Selbst, die unabdingbar zu Ihnen gehören – für Ihre Erfolge suchen. Suchen Sie nicht nach temporären Ursachen wie Glück oder vielleicht sogar harte Arbeit. Erklären Sie sich im Gegensatz dazu Ihr Scheitern mit der Situation, in der Sie gerade stecken, und machen Sie nicht sich selbst dafür verantwortlich. Jennifer mußte lernen, ihre Erfolge auf stabile innere Faktoren zurückzuführen – ihre eigenen Fähigkeiten und ihre eigene Persönlichkeit. Sie führte Tagebuch über ihr Berufsleben und schrieb sich genau auf, wie viele Stunden sie arbeitete, wann sie unabhängig von anderen Entscheidungen traf und wie oft Kollegen sie um ihren Rat oder ihre Meinung baten. Aus diesen Informationen konnte sie schließen, wie viele Stunden sie intensiv arbeitete, welche klugen und kreativen Ideen sie hatte und wieviel Engagement sie für ihre Arbeit zeigte. Dadurch lernte sie allmählich einzuschätzen, was sie leistete, und sich nicht nur nach ihrem Aussehen zu beurteilen. Als ersten Schritt zwang sie sich dazu, die Komplimente der Kollegen wahrzunehmen und anzunehmen. Damit sie ihre Erfolge annehmen konnte und sie nicht heruntermachen mußte, prägten wir ihr Aussagen ein wie: »Ich freue mich darüber, daß sie mein Engagement bei diesem Projekt gesehen haben« statt ihres üblichen »Sie finden es ja nur gut, weil ich hübsch bin«. Es dauerte ziemlich lange, bis die subtilen Veränderungen bei ihrer Interpretation der Reaktion von anderen sich so auswirkten, daß sie aus der Erfolgsfalle herauskam.

Der dritte Schritt ist, daß Sie Ihre inneren Dialoge ändern müssen, das heißt alles, was Sie von sich selbst denken. Das ist anfangs vielleicht gar nicht leicht, aber mit entsprechender Praxis klappt es. Wenn Sie sich dabei ertappen, daß Sie sich niedermachen, versuchen Sie sich statt dessen etwas Hilfreicheres zu sagen. Dann sollten Sie diese positive Aussage mit irgend etwas verstärken. Nehmen wir zum Beispiel an, Sie haben gerade ein Kompliment wegen Ihres Aussehens bekommen. Eine negative Aussage über Sie selbst wäre: »So ein Idiot. Sieht er denn nicht, was für ein fettes Schwein ich bin?« oder »Mann,

den habe ich aber reingelegt!« Machen Sie daraus eine positive
Aussage über sich selbst: »Es ist ganz ungewohnt, so etwas zu
hören, aber ich sehe heute wirklich ziemlich gut aus. Ich glaube,
ich kaufe mir dieses Kleid, das ich gesehen habe.« Wenn Sie
positive Aussagen über sich selbst machen, haben Sie schon ein
ganzes Stück Weg geschafft, um die Verantwortung für die guten Dinge zu übernehmen, die Ihnen geschehen.

Lois machte einige der eben beschriebenen Übungen und hörte
auf, das positive Feedback der anderen abzuwerten. Sie erlebte
immer öfter eine Befriedigung und sah allmählich, wieviel psychische Nahrung sie sich selbst vorenthalten hatte. Befriedigung
baut auf sich selbst auf, und Erfolg wird immer weniger bedrohlich.

Wenn Sie Schwierigkeiten haben, sich in Ihrem neuen Körper
zurechtzufinden, dann wäre es für Sie wichtig, die in Kapitel 2
beschriebenen Aufgaben zum Körperbild durchzuarbeiten, damit Sie aus der Erfolgsfalle herauskommen. Betrachten Sie Ihren Körper ausgiebig vor dem Spiegel und beginnen Sie mit den
Körperteilen, die Sie mögen. Spüren Sie die Panik und Angst,
die Ihnen Ihr verändertes Selbstbild verursacht, wenn es so sein
sollte. Machen Sie systematisch Entspannungsübungen, bei denen Sie jeden Körperteil so an- und anschließend entspannen,
daß diese Gefühle sich lösen können. Diese Übung wird Ihnen
helfen, solche Gefühle über Ihren Körper statt vom Kopf her
loszuwerden.

Es ist durchaus möglich, aus der Erfolgsfalle herauszukommen,
vor allem wenn man weiß, wie sie funktioniert. Wenn Sie erkennen, daß im Erfolgreichsein weniger die Lösung als vielmehr
das eigentliche Problem liegt, haben Sie schon viel gewonnen.

Schlußwort

»Und jetzt siehst du vielleicht, warum das blendende Bild allmählich verblaßt, wenn wir eine Erklärung für das Geheimnis hinter dem Geheimnis finden«. Diese Erkenntnis wird dem Protagonisten, einem Geistlichen in Cambridge, in Susan Howatchs Bestsellerroman *Blendende Bilder* zuteil. Das blendende Bild ist das ideale Selbst, ein Mensch, der hart arbeitet, großartig aussieht, sich in Selbstverleugnung übt und bestrebt ist, allen zu Gefallen zu sein, außer sich selbst. Er erfährt, daß er nur dann den Mut finden wird, von seinem blendenden Bild abzulassen, wenn er den Glauben an seinen eigenen Wert wiederfindet. Und er macht sich auf den Weg, sein Inneres zu erforschen, wird dabei mit einer Erkenntnis nach der anderen konfrontiert und gelangt schließlich zu einem Selbstverständnis, das ihn über die Tyrannei des blendenden Bildes triumphieren läßt, das ihn so lange gequält hat.

Wie der Held in Susan Howatchs Roman sind die Frauen Opfer der Zeitgeschichte, Märtyrerinnen ihres eigenen blendenden Bildes. Ich habe in diesem Buch versucht, das »Geheimnis hinter dem Geheimnis« aufzudecken, die mannigfachen Fallen, die dafür sorgen, daß wir uns nutzlos und beschämt fühlen, daß Konkurrenzverhalten, Essen und Diäten uns das Leben schwer machen, daß Erfolg unser Feind wird.

Welch eine Tragödie, daß Frauen heute in solch großer Befangenheit leben. Fernsehen, Zeitschriften und Filme propagieren und verstärken das blendende, falsche Bild, aber wir betrachten es als unser eigenes. Als wäre Atlas in einem weiblichen Körper wiedergeboren, tragen die Frauen heute diese Last, spüren das »Gewicht« des gesellschaftlichen Bildes auf ihren Schultern. Die tiefgreifende psychologische Bedeutung des Körpers läßt die Mühe, so kräftezehrend und leidvoll sie auch sein mag, lohnenswert erscheinen.

Die entscheidende Botschaft dieses Buches ist, daß es uns viel zu teuer zu stehen kommt, die Last des blendenden Bildes zu tragen. Die Schönheitsfallen sind zu Doppel- und Dreifachbindungen geworden, die uns in anderen Lebensbereichen einschränken – unserem Glück, Freundschaften, Beruf und Familie im Weg stehen. Für Frauen, die Opfer einer Schönheitsfalle geworden sind, hat jede neue Hoffnung auch eine Kehrseite, nämlich die Angst. Wir wollen uns von diesen Obsessionen lösen, um uns zu befreien, aber viele von uns haben Angst davor, weil die sozialen und persönlichen Konsequenzen so groß scheinen. Deswegen begegnen wir diesen Fallen auch auf Schritt und Tritt.

Während ich dieses Buch zu Ende schrieb, ging ich zum 25jährigen Klassentreffen meines Colleges. Es war in vieler Hinsicht ein sehr schönes Erlebnis, wie es solche Anlässe eigentlich immer sind, aber ich war wieder einmal beeindruckt von der Macht, die Schönheitsfallen über Frauen haben. Meine erste spontane Beobachtung war der auffallende Unterschied im Aussehen der Frauen und Männer. Manche der Männer sahen jung und fit aus, andere waren eindeutig in den mittleren Jahren, und manche sahen alt aus, so daß man in ihnen den Menschen von vor 25 Jahren fast nicht wiedererkannt hätte. Ich denke, es würde auch niemand etwas anderes erwarten, da ja der genetisch beeinflußte Alterungsprozeß und das unterschiedliche Leben, das wir in den vergangenen 25 Jahren geführt haben, deutliche Spuren hinterlassen. Aber die Frauen sahen alle wundervoll aus. Fast keine hatte Übergewicht, alle waren sehr gut angezogen, und sehr wenige hatten graue Haare. Wir fanden es alle bemerkenswert, daß die Frauen das Älterwerden so gut gemeistert hatten.

Erst als ich nach diesem Wochenende wieder zu Hause war, erkannte ich, was Ihnen sicher schon längst klar ist; ich brauchte drei Tage, bis ich dahinterkam, weil ich ja selbst Teil dieser Scharade und deshalb blind gewesen war. Die Frauen, die nicht gut aussahen, waren ganz einfach gar nicht gekommen. Für die Männer gab es kein Problem. Sie wollten ihre alten Freunde wiedersehen und kamen, mit ihren Bäuchen und ihren grauen Haaren oder der immer höher werdenden Stirn. Die Frauen aber, die nach all den Jahren nicht mehr so vorteilhaft aussahen oder dick geworden waren, wollten nicht zu diesem Treffen kommen. Sie waren, wie viele andere Frauen, die mit ihren Körperängsten zu kämpfen haben, ein Opfer der Schönheitsfallen geworden. Die Botschaft dieses Buches richtet sich an alle Menschen – Männer wie Frauen –, denen es ebenso geht. Die von mir beschriebenen Fallgeschichten zeigen, daß man aus den Schönheitsfallen sehr wohl herauskommen kann. Dieses Ziel ist auf drei Wegen zu erreichen: indem man sich selbst ändert, indem man die anderen ändert und indem man die Gesellschaft ändert. Der entscheidende erste Schritt bei allen dreien ist die Erkenntnis.

Wenn Sie Ihre eigenen Probleme klar erkannt haben, nachdem Sie dieses Buch gelesen, die Tests gemacht und über sich selbst nachgedacht haben, werden Sie bestimmt in jedem Kapitel Strategien finden, die Ihnen helfen, sich zu ändern. Kommen Sie ruhig mehrmals auf die vorgeschlagenen Methoden zurück. Wie Sie die Ratschläge umsetzen, wird davon abhängen, wie weit Sie sich schon aus den Schönheitsfallen herausgearbeitet haben. Mit jedem Entwicklungsstadium, mit jeder neuen Stufe der Erkenntnis und Ihrer Fähigkeiten wird dieselbe Strategie etwas anderes bewirken.

Viele der Ihnen hier vorgestellten Menschen dachten und fühlten viel extremere Dinge, als Sie sie bei sich selbst erleben, während Sie sich in anderen sicher in schmerzlicher Weise wiedererkennen. Was Sie von ihnen lernen, sollte Ihnen Kraft geben. Ihnen allen geht es heute besser. Ich habe nur solche Fälle als Beispiele ausgewählt, wo es letztlich zu konkreten und positiven Veränderungen gekommen ist.

Ein durchgängiges Thema bei allen diesen Menschen ist, daß sie sich schämten, sich eitel oder zumindest dumm vorkamen, weil sie sich so viele Gedanken über ihr Aussehen, Essen und Gewicht machten. In der Tat haben die meisten mit ihrem Körper unzufriedenen Menschen das Gefühl, daß sie diese Probleme lieber verstecken sollten, wenn sie als Person ernstgenommen werden wollen. Ein entscheidender erster Schritt der Behandlung (in Form von Selbsthilfe oder einer Therapie) ist, daß Sie selbst sich ernst nehmen, Ihre Sorgen vorurteilsfrei wahrnehmen. Es sind keine dummen, trivialen Probleme, sondern sehr persönliche und oft schmerzliche Erfahrungen, die Aufmerksamkeit verdienen.

Sie sind mit Ihren Körperproblemen nicht allein. So wie Sie empfinden viele andere Frauen und auch einige Männer. Aber Sie haben gelernt zu erkennen, wo Ihre ganz persönlichen Schönheitsfallen sind und wie Sie aus ihnen herauskommen. Sie können dieses neugewonnene Wissen dazu einsetzen, sich mit und in Ihrem Körper wohler zu fühlen. Aber lassen Sie sich auch helfen, wenn Sie meinen, nicht mehr weiterzukommen. Lassen Sie sich nicht durch die Schamfalle daran hindern, sich bei einer Therapeutin oder einem Therapeuten oder anderen Fachleuten Unterstützung zu holen, wenn Sie sie brauchen.

Zur erfolgreichen Überwindung der Schönheitsfallen gehört, daß *Sie Ihren Körper mit mehr Respekt behandeln*. Wenn Sie Ihrem Körper geben, was er wirklich braucht, also auch maßvolle sportliche Betätigung, gesunde Nahrung, sinnliches Vergnügen und Entspannung, wird Ihr Körper darauf reagieren und auch Sie besser behandeln. Ich habe selbst erlebt, wie eine Patientin nach der anderen gesünder aussah und einen leichteren, zuversichtlicheren Gang bekam, nachdem sie die Schönheitsfallen überwunden hatte.

Bei aller Vielfalt der in diesem Buch erzählten Geschichten ergibt sich doch eine gemeinsame Botschaft. Menschen, die ihre Schönheitsfallen aufarbeiten, stellen immer wieder fest, daß sie den falschen Teil ihres Selbst zu manipulieren, zu formen versuchten. *Ob wir unseren Körper schätzen lernen, akzeptieren oder verändern wollen: wir müssen uns zuerst mental ändern.* Wie wir zu uns stehen und uns begreifen – unsere Gefühle, Motive und die erlebten Zwänge –, ist der erste zentrale Punkt auf dem Weg zum Erfolg.

Es reicht aber nicht, wenn nur Sie selbst sich ändern. Auch andere Menschen und die Gesellschaft tragen zu Ihren Schönheitsfallen bei. Nehmen Sie nicht allzu viel von dieser Verantwortung auf sich. Meiden Sie Umgebungen und Menschen, die Sie dazu bringen, sich schlecht zu fühlen. Mit anderen Worten, versuchen Sie zuerst zu ändern, was Sie ändern können, und meiden Sie dann solche Bedingungen und Menschen, die nicht ohne weiteres zu ändern sind. Suchen Sie nicht unbedingt die Gesellschaft von Freunden, die sich *nur* für Aussehen und Figur interessieren, ob es dabei um Ihren Körper oder den der anderen geht. Suchen Sie sich Menschen, die weniger mit ihren Schönheitsfallen zu kämpfen haben. Gehen Sie Menschen aus dem Weg, die Sie herabsetzen und demütigen. Denken Sie daran: Wenn Sie eine negative Einstellung zu sich selbst haben, lassen Sie sich nur allzu leicht von anderen schlecht behandeln. Woran erkennen Sie, welche Menschen Ihnen Probleme bereiten können? Es sind Menschen, die Selbstzweifel in Ihnen wachrufen und Ihr Selbstvertrauen erschüttern. Sie lenken Ihre Aufmerksamkeit auf Ihren Körper und bringen Sie dazu, ihn in irgendeiner Weise als nicht gut genug wahrzunehmen. Manchmal sind diese Menschen Fremde – Models in Zeitschriften, Filmstars, der Aerobictrainer in Ihrem Club. Statt Sie durch ihr

Beispiel zu motivieren, bringen sie Sie durch Vergleiche dazu, sich als unzulänglich zu erleben. Wenn Sie solche Vergleiche nicht vermeiden können, so können Sie doch aufhören hinzusehen.

Manchmal sind es die eigenen Freunde oder sogar Verwandten, die es einem schwer machen. Wenn Ihnen an der Beziehung liegt, sollten Sie natürlich zuerst versuchen, entsprechend auf sie einzuwirken. Setzen Sie sich ihnen gegenüber in den Bereichen durch, in denen Ihr körperliches Selbstwertgefühl durch ihr Verhalten oder ihre Kommentare erschüttert wird. Vielleicht ist ihnen gar nicht bewußt, wie negativ sich das auf Sie auswirkt. Beatrice zum Beispiel kam sich wie ein fettes Schwein vor, weil sie mit Genuß aß, während ihre Freundin Prish sich nur kleine Häppchen erlaubte. Sie hatte Schuldgefühle, weil sie ihr Essen genoß, und schämte sich vor Prish. Schließlich bat sie Prish, sich »weniger zu bestellen, aber auch alles zu essen«. Wäre ihre Freundin nicht damit einverstanden gewesen, hätte Beatrice in Zukunft darauf verzichtet, mit ihr essen zu gehen.

Sie sollten auch erkennen, welches Umfeld sich negativ auf Sie auswirkt. Eine klassische Situation ergibt sich für viele Menschen im Zusammenhang mit Sport. Jennifer erinnert sich gut daran, wie sie gleich nach der Geburt von Sophia einen Aerobic-Kurs anfing. Sie war fest entschlossen, ihren Körper schnell wieder in Form zu bringen und wartete schon ganz gespannt auf die erste Stunde. Dieses eine Mal reichte, und sie war wieder auf dem besten Weg, in Selbstkritik und Verzweiflung zu versinken. Nicht genug damit, daß alle fit und schlank waren, in hochmodische, glänzende Spandexbodys gehüllt, sie kannten auch schon alle Übungen. Jennifer kam sich dick, plump und unfähig vor. So überrascht es nicht, daß sie kein zweites Mal hinging. Aber es dauerte auch Wochen, bis sie einen neuen Anlauf nahm – Wochen, in denen sie sich immer mehr haßte.

Achten Sie bei der Wahl Ihrer sportlichen Aktivitäten darauf, daß sie Ihre Körperängste und Unsicherheiten nicht noch verstärken. Überlegen Sie, ob Sie sich dabei wirklich voll entfalten können.

Manche Dinge können wir ändern – in uns selbst und bei anderen Menschen –, andere können wir nach Möglichkeit vermeiden. Aber es gibt noch einen letzten und entscheidenden Schritt zu tun. Wir sollten uns darum bemühen, jedem einzelnen ein Stück weit aus seinen Schönheitsfallen herauszuhelfen, indem wir das gesellschaftlich so hochgeschätzte Schönheitsideal zu etwas Umfassenderem verändern. Ich bezweifle sehr, daß wir etwas an der Tatsache ändern können, daß in jeder Kultur bestimmte Schönheitsnormen gelten und Regeln, wie unser Körper aussehen sollte. Jeder von uns richtet sich mehr oder weniger nach diesen Regeln, und viele Menschen fühlen sich von ihnen tyrannisiert, wie in diesem Buch ausführlich erläutert wurde. So restriktive Schönheitsnormen wie die unseren, denen zudem noch so schwer zu entsprechen ist, geben heute jedoch vielen Frauen das Gefühl, völlig vom Normalen abzuweichen. Niemand möchte sich unnormal fühlen, bloßgestellt oder nicht akzeptabel. Also machen wir Diät und treiben Sport, lassen uns vom Chirurgen verschönern, legen Makeup auf und machen uns eine Menge Sorgen. Und haben eigentlich weder das Gefühl, daß wir gut genug aussehen, noch daß wir uns auch nur genug Mühe damit gegeben haben.

Eine Veränderung der gesellschaftlichen Normen und Einstellungen ist schwer zu bewerkstelligen, aber dennoch möglich. Die Medien – Fernsehen, Film, Zeitungen und Zeitschriften – spielen eine wichtige Rolle, und wir können Einfluß auf sie nehmen, wenn wir dazu bereit sind. Vor noch gar nicht so langer Zeit wurden die Schwarzen in den Vereinigten Staaten größtenteils als dumm oder faul dargestellt – als kindähnliche, trotteliggutmütige Charaktere. Heute hat die Cosby-Show einen Dauerplatz unter den fünf beliebtesten Fernsehshows. Die dargestellten Figuren sind klug, beliebt und schlagfertig. Solche Shows zeigen, was alles möglich ist. Sie beeinflussen die Einstellungen der Menschen und unterstützen soziale Veränderungen.

Manche sind der Meinung, daß wir, was die Toleranz gegenüber dem Körper anbelangt, am Beginn eines solchen Prozesses stehen. Roseanne Barr Arnold hat eine Hauptrolle in der beliebten Comedyserie, die ihren Namen trägt. Sie und ihr ebenso übergewichtiger TV-Ehemann leben, lieben und lachen sich durch die verschiedensten Abenteuer und erobern damit die Herzen ihrer Freunde und Zuschauer. Es ist eine der ersten Comedyserien seit Jahren, die der Cosby-Show von den Einschaltquoten her Konkurrenz macht. Vielleicht ist es kein Zufall, daß auch hier eine unterdrückte Minderheit im Mittelpunkt steht, die über die Form der Komödie Akzeptanz erreichen will.

Wenn die Öffentlichkeit Toleranz für einen weiblichen TV-Superstar mit einer größeren Kleidergröße erkennen läßt, ändert sich vielleicht auch bei den anderen Medien etwas. Vielleicht wird dann auch in Zeitungen nicht mehr mit Modeentwürfen für Kleidung geworben, die Körper mit einem unproportional langen Rumpf und ebensolchen Beinen zeigen. Mit einer normaleren weiblichen Figur lassen sich Kleider bestimmt genausogut verkaufen. Dann fühlen sich alle Frauen, selbst die schlanken, weniger entmutigt, wenn sie sich die Anzeigen anschauen.

In manchen Fällen tragen auch Organisationen dazu bei, daß sich die gesellschaftliche Einstellung ändert. Vor kurzem hat die National Association to Advance Fat Acceptance (NAAFA, etwa: Bundesvereinigung zur besseren Akzeptanz Dicker) die Firma Hallmark dazu gebracht, einige Artikel aus ihrem Programm zu nehmen. Die Mitglieder organisierten eine Briefkampagne und beschwerten sich über die Shoebox-Kollektion von Hallmark, in der zahlreiche Karten, Krüge und andere Artikel mit für dicke Menschen beleidigenden Motiven und Aussagen angeboten wurden. So hieß es zum Beispiel auf einer Geburtstagskarte: »Es gibt Schlimmeres im Leben als Geburtstage. Stell dir vor, es ist heiß, du hast Shorts an und sitzt im Bus und schwitzt, und dann kommt so ein fetter Typ und will sich unbedingt neben dich auf den Sitz quetschen!« Auf einem Krug, auf dem ein Elefant in einer Hängematte abgebildet war, stand: »Ich trainiere genausoviel wie der Kerl da (der also auch ein fauler Fettwanst ist!).« Als die Briefkampagne keinen Erfolg brachte, organisierte die NAAFA einen Boykott der Hallmark-Produkte. Am Ende gab Hallmark nach und stoppte die Produktion der betreffenden Artikel.

Das Eintreten für eine Sache und öffentlicher Protest bewirken durchaus etwas. Unsere Meinung zählt sehr wohl bei Meinungsbildnern, Unternehmen und Medien, aber wir müssen uns stark machen, um aktiv zu werden. Wenn wir Schuldgefühle haben, weil wir meinen, uns über unseren Körper zu viele Gedanken zu machen, oder uns schämen, wenn wir Aufmerksamkeit auf uns ziehen, werden wir nie etwas für unsere ureigensten Interessen tun.

Eine Veränderung braucht Zeit, aber sie ist möglich. Haben Sie aufrichtiges Mitgefühl für die Millionen von Menschen, die mit ihren eigenen Schönheitsfallen kämpfen, aber auch für sich selbst. Und wenn Sie das nächste Mal in den Spiegel schauen, begegnen Sie dem Menschen, der Ihnen entgegenblickt, mit größerer Einsicht und mehr Verständnis. Sie haben miteinander eine große Last getragen und eine Menge durchgemacht. Sie können ihn zu dem »Selbst« machen, das Sie schätzen und lieben, jetzt, wo Sie das Geheimnis hinter dem blendenden Bild kennen.

Dank

Zu tiefstem Dank verpflichtet bin ich der Guggenheim Foundation, die mir ein Stipendium für meinen Studienurlaub gewährt hat, in dem ich dieses Buch schrieb; ebenso der National Science Foundation, den National Institutes of Health und der John D. und Catherine T. MacArthur Foundation für ihre langjährige Unterstützung in diesem Forschungsbereich. Die Bibliothekare in Yale haben mir sehr dabei geholfen, all die Fachliteratur herauszusuchen, und meine Kollegen haben mir großzügig Einblick in ihre Arbeit gewährt. Meine Studenten und langjährigen Mitarbeiter in Yale, vor allem Ruth Striegel-Moore und Lisa Silberstein, haben in allem ihren Beitrag zu meiner Arbeit geleistet. Die Hunderte von Stunden, in denen wir gemeinsam Studien ausgearbeitet, Daten analysiert, Patienten beurteilt und über unsere eigenen Schönheitsfallen gesprochen haben, waren geistig sehr bereichernd für mich. Dank auch unseren Klinikpatienten dafür, daß sie uns ihre innersten Gefühle anvertraut haben; ich habe sehr viel daraus gelernt.

Die Idee zu diesem Buch verdanke ich Suzanne Gluck bei ICM, die überzeugt war, daß mein Wissen und meine Gedanken einem größeren Publikum zugänglich gemacht werden müßten, und damit nicht lockerließ. Wir hatten sehr viel Spaß und sprudelten geradezu vor neuen Ideen, je mehr Gestalt und Leben das Buch annahm. Connie Roosevelt und Liza Dawson bei William Morrow hatten die wichtige Aufgabe, das Material in den verschiedenen Entstehungsphasen zu bearbeiten. Ohne die Klugheit, das gute Gespür und ständige Nachhaken meiner Lektorin Margaret Blackstone wäre dieses Buch aber sicher nie in seiner jetzigen Form erschienen. Sie hat die Brisanz des Themas erkannt und mir geholfen, es dem Leser auf verständliche Weise nahezubringen.

Die Mitarbeiter meines Büros haben unverdrossen an den verschiedenen Manuskriptfassungen gearbeitet, vor allem Lisa Pagliaro, Valerie Vergato und Barbara Faulkner, und mit heiliger Geduld hingenommen, daß ich nicht wie heute die meisten anderen Autoren selbst am Computer saß. Helen Hayden und Nicole Duncan, frisch gebackene Absolventinnen des Kenyon bzw. Yale Colleges, haben die Quellenangaben mit großer Kompetenz, nie nachlassender Begeisterungsfähigkeit und großem Interesse an dem Thema erarbeitet. Ich danke auch Helen Hayden und Wendy Bellerman bei William Morrow für ihre engagierte Arbeit in der letzten Produktionsphase: Es mußten Abdruckgenehmigungen eingeholt, die Korrektheit der Quellenangaben überprüft und für druckreife Fahnen gesorgt werden.

Großen Dank schulde ich auch meiner Familie und meinen Freunden für ihr Verständnis, als das Buch so viel von meiner Zeit, Aufmerksamkeit und Energie in Anspruch nahm, und vor allem meinem Sohn Alex dafür, daß ich in den Arbeitspausen soviel Spaß mit ihm haben konnte.

Anhang

Anmerkungen

Einführung

7 *Der Held der Geschichte ist ein plastischer Chirurg ...*
Rodney Tyler: »Doctor Vanity«, in: *Special Reports*, Januar
1990, S. 19-22.

7f. *Viele Teenager gehen auf Drängen ihrer Mütter ...* Suzanne Alexander: »Egged on by Moms, Many Teen-agers
Get Plastic Surgery«, in: *The Wall Street Journal*, 24. September 1990, S. 1.

9 *berufstätige Frauen ...* »What Price Beauty?«, *Glamour*,
April 1991, S. 297.

17 *Es ist sogar so, daß ursprünglich zur Diagnose von Eßstörungen ...* J. Rodin, L. R. Silberstein und R. H. Striegel-Moore: »Women and Weight: A Normative Discontent«,
in: T. B. Sonderegger, Hrsg: *Psychology and Gender, Nebraska Symposium on Motivation*, Lincoln, University of
Nebraska Press, 1985, S. 267-307.

18 *Wir wissen, daß auch Männer sich mit ihrem Körper ...*
L. R. Silberstein, R. H. Striegel-Moore und J. Rodin: »Feeling Fat: A Woman's Shame«, in: H. B. Lewis, Hrsg.: *The
Role of Shame in Symptom Formation*, S. 89-108, Lawrence Erlbaum, Hillsdale, NJ.

Kapitel 1 Warum gerade jetzt?

25 *Die Kolumnistin Vida Roberts ... stellte am Schluß ihrer
Rückschau ...* Vida Roberts: »Review of 80's«, in: *Baltimore Evening Sun*, 23. Dezember 1989, S. 24.

26 *Jedes Zeitalter ...* Auf die geschichtlichen Aspekte gehe ich in meinem Buch nicht ausführlicher ein, weil es zur Rolle der Schönheit in den verschiedenen Epochen viele ausgezeichnete Arbeiten gibt, unter anderen: Lois Banner: *American Beauty*, Alfred A. Knopf, New York, 1983; William Bennett und Joel Gurnin: *Vom Sinn und Unsinn der Diätkuren*, Tomus, München, 1983; Susan Brownmiller: *Weiblichkeit*, Fischer, Frankfurt/Main, 1984; Barbara Ehrenreich und Deirdre English: *For Her Own Good: 150 Years of the Expert's Advice to Women*, Anchor Press/Doubleday, Garden City, NY, 1979; Bruce Haley: *The Healthy Body and American Culture*, Harvard University Press, Cambridge, 1978; William Hogarth: *The Analysis of Beauty, Written With a View of Fixing the Fluctuating Ideas of Taste*, J. Reeves, London, 1753; Steven Marcus: *Umkehrung der Moral*, Suhrkamp, Frankfurt/Main, 1979; Hillel Schwartz: *Never Satisfied*, The Free Press, New York, 1986; Carole Smith-Rosenberg: »The Female Animal«, in: *Journal of American History, 60*, 1973, S. 332-356.

29 *Eine Untersuchung von Buchprüfungsfirmen ...* Jerry Ross und Kenneth Ferris: »Interpersonal Attraction and Organizational Outcomes: A Field Examination«, in: *Administrative Science Quarterly, 26*, 1981, S. 617-632.

30 *Nach einer von der ... AACS ... und der ... ASLS ... gemeinsam durchgeführten Untersuchung ...* Linda Troiano: »Reshaping Images: More Men Opt For Plastic Surgery«, in: *American Health,* September 1990, S. 14.

31 *Aktuellen Untersuchungen zufolge ist es schon im Kindergarten so ...* M. M. Clifford und E. Hatfield Walster: »The Effects of Physical Attractiveness on Teacher Expectations«, in: *Sociology of Education, 46*, 1973, S. 248-258.

31 *... welchen Einfluß eine durch eine Schönheitsoperation*

erzielte ... S. M. Kalic: »Plastic Surgery, Physical Appearance and Person Perception«, unveröffentlichte Dissertation, Harvard University, Cambridge, 1977.

32 *Viele Studien belegen, daß körperlich attraktive Menschen* ... P. L. Benson, S. A. Karabenck und R. M. Lerner: »Pretty Pleases: The Effects of Physical Attractiveness, Race and Sex on Receiving Help«, in: *Journal of Experimental Social Psychology, 12*, 1976, S. 409-415; H. Sigall, R. Page und A. C. Brown: »Effort Expenditure as a Function of Evaluation and Evaluator Attractiveness«, in: *Representative Research in Social Psychology, 2*, 1971, S. 19-25.

32 *Attraktive Bewerber* ... R. L. Dipboye, R. D. Arvey und D. E. Terpestra: »Sex and Physical Attractiveness of Raters and Applicants as Determinants of Résumé Evaluations«, in: *Journal of Applied Psychology, 62*, 1977, S. 228-294.

32 *Sie werden weniger oft schuldig gesprochen* ... M. G. Efran: »The Effect of Physical Appearance on the Judgement of Guilt, Interpersonal Attraction, and Severity of Recommended Punishment in a Simulated Jury Task«, in: *Journal of Research in Personality, 8*, 1974, S. 45-54; C. Stephan und J. C. Tully: »Influence of Physical Attractiveness of a Plaintiff on Decisions of Simulated Jurors«, in: *Journal of Social Psychology, 106*, 1977, S. 149-150.

32 *... um die Vorgänge beim Kennenlernen zu untersuchen* ... M. Snyder, E. D. Tanke und E. Berscheid: »Social Perception and Interpersonal Behavior: On the Self-Fulfilling Nature of Social Psychology«, in: *Journal of Personality and Social Psychology, 35*, 1977, S. 556-566.

35 *Wahl zur Miß America* ... D. M. Garner, P. E. Garfinkel, D. Schwartz et al.: »Cultural Expectations of Thinness in Women«, in: *Psychological Reports, 47*, 1980, S. 483-491.

35 ... *ein deutlicher Zusammenhang zwischen Gewicht, Größe und Einkommen von Männern* ... Irene H. Frieze, Josephine E. Olson und Deborah C. Good: »Perceived and Actual Discrimination in the Salaries of Male and Female Managers«, in: *Journal of Applied Social Psychology, 20*, 1990, S. 63.

38 *Die Fachzeitschrift* Psychology Today *hat 1987* ... T. F. Cash, B. A. Winstead und L. H. Janda: »The Great American Shape-Up«, in: *Psychology Today*, April 1986, S. 30-37; E. Berscheid, E. Hatfield Walster und G. Bohrnstedt: »Body Image. The Happy American Body; A Survey Report«, in: *Psychology Today*, November 1973, S. 119-131.

39 *Untersuchung an Teenagern* ... Jack J. Sternlieb und Louis Munan: »A Survey of Health Problems, Practices and Needs of Youth«, in: *Pediatrics, 49*, 1972, S. 177-186.

40 *Und bei einer Untersuchung an fast 500 Schülerinnen* ... L. M. Mellin, S. Scully und C. E. Irwin: »Disordered Eating Characteristics in Preadolescent Girls«, in: *Meeting of the American Dietetic Association* (Auszug), Las Vegas, 1986.

47 *fünf traditionelle Archetypen der Männlichkeit* ... Mark Gerzon: *A Choice of Heroes*, S. 22, Houghton Mifflin, Boston, 1982.

47 *Der Designer Lowell Nesbitt* ... Elizabeth Snead: »Macho Mannequins Muscle Into Stores«, in: *USA Today*, 18. Juni 1990, Section D, S. 1.

48 *Mehr als 50000 amerikanische Unternehmen* ... »What Price Beauty?« in: *Glamour*, April 1991, S. 298.

48 *Clifford Adelman ... hat 1989 die Generation der über Dreißigjährigen* ... Clifford Adelman: »On the Paper Trail of the Class of '72«, in: *The New York Times*, 22. Juli 1989, S. 25.

Kapitel 2 Die Eitelkeitsfalle

53 *Mit ihm kommen wir auf die Welt* ... Olivia Vlahos: *Body, The Ultimate Symbol*, Lippincott, New York, 1979, S. 12.

56 *Wie sich das Körperbild ändert* ... Fran Weiss: »Body-Image Disturbances Among Obese Adults: Evaluation and Treatment«, in: *American Journal of Psychotherapy*, 40, 1986, S. 522-527.

58 *... daß Menschen sich in dem Maße unterscheiden* ... Michael F. Scheier und Charles S. Carver: »Private and Public Aspects of the Self«, in: L. Wheeler, Hrsg.: *Review of Personality and Social Psychology*, Bd. 2, S. 189-216; Sage, Beverly Hills, CA, 1981.

59 *Test zum öffentlichen Selbst* ... Allen Fenigstein, Michael F. Scheier und Arnold H. Buss: »Public and Private Self-Consciousness: Assessment and Theory«, in: *Journal of Consulting and Clinical Psychology, 43*, 1975, S. 522-527.

62 *Das Körperbild ist eine subjektive Erfahrung* ... Seymour Fisher: *Development and Structure of the Body Image*, Bd. 1, S. 169-171; Lawrence Erlbaum, Hillsdale, NJ, 1986.

62 *Das Körperbild ist für das Selbstkonzept* ... H. Markus und J. Smith: »The Influence of Self-Schemata on the Perception of Others«, in: N. Cantor und J. F. Kihlstrom, Hrsg.: *Personality, Cognition, and Social Interaction*, S. 233-262; Lawrence Erlbaum, Hillsdale, NJ, 1981.

62 *Bei einer Experimentenreihe, bei der die Probanden einen Spiegel* ... Michael F. Scheier und Charles S. Carver: »Self-Focused Attention and the Experience of Emotion: Attraction, Repulsion, Elation, and Depression«, in: *Journal of Personality and Social Psychology, 35*, 1979, S. 625-626.

62 *Viele populäre Bücher und Zeitschriften empfehlen* ...

George Masters: *The Masters Way to Beauty*, S. 21; Signet, New York, 1977.

63 ... *daß diese Art von gesteigertem Körperbewußtsein* ... Seymour Fisher: *Body Experience in Fantasy and Behavior*, S. 1-57; Appleton-Century-Crofts, New York, 1970.

63 *Andere Studien belegen, daß eine erhöhte Selbstwahrnehmung* ... Michael F. Scheier und Charles S. Carver: »Self-directed Attention, Awareness of Bodily States and Suggestibility«, in: *Journal of Personality and Social Psychology, 37*, 1979, S. 1576-1588.

64 *Schreiben Sie die zwanzig Dinge auf* ... Diese Übung ist die bearbeitete Version des »Body Focus Questionnaire« bei Fisher: *Development and Structure of the Body Image*, Bd. 2, S. 673-680.

65 *Dava Sobel*: »Face to Face with the New Me«, *The New York Times Magazine*, 9. April 1989, S. 26-28.

66 *Viele Studien belegen, daß Frauen ihren Körperumfang* ... A. E. Fallon und P. Rozin: »Sex Differences in Perceptions of Desirable Body Shape«, in: *Journal of Abnormal Psychology, 94*, 1985, S. 102-105; E. J. Button, F. Fransella und P. D. Slade: »A Reappraisal of Body Perception Disturbance in Anorexia Nervosa«, in: *Psychological Medicine, 7*, 1977, S. 235-243; R. C. Casper, K. A. Halmi, B. C. Goldberg et al.: »Disturbances in Body Image Estimation as Related to Their Characteristics and Outcome of Anorexia Nervosa«, in: *British Journal of Psychiatry, 134*, 1979, S. 60-69; D. M. Garner, P. E. Garfinkel, H. C. Stuncor et al.: »Body Image Disturbances in Anorexia Nervosa and Obesity«, in: *Psychosomatic Medicine, 38*, 1976, S. 327-336.

66 *Dr. J. Kevin Thompson* ... *hat* ... »normale« *Frauen getestet* ... J. Kevin Thompson: »Larger Than Life«, in: *Psychology Today*, April 1986, S. 42.

67 *Manchen Menschen fällt es schwer, die Grenzen* ... Mit

der Feldabhängigkeit bei Kindern und Erwachsenen haben sich bereits zahlreiche Bücher und Studien beschäftigt. Die Überbesorgtheit der Eltern ist in diesen Arbeiten oft behandelt worden, etwa in: H. A. Witkin, H. B. Lewis, M. Hertzman et al.: *Personality Through Perception*, Harper, New York, 1954; J. Kagen und H. A. Moss: *Birth to Maturity*, Wiley, New York, 1962; R. L. Levine: »Patterns of Perceived Mothering and its Relation to Body Image, Guilt and Feminine Values in College Women«, unveröffentlichte Dissertation, Adelphi University, 1976; Fisher: *Body Experience in Fantasy and Behavior*, S. 1-57.

68 *ein ausgezeichnetes Buch zum Thema Körperbild* ... Seymour Fisher: *Development and Structure of the Body Image*, Bd. 1.

68 *... daß das Selbst in einem festen Raum wohnt* ... Fisher, ibid., S. 79-80.

68 *Das tägliche Körperpflegeritual* ... Seymour Fisher, zitiert von Daniel Goleman: »Dislike of Own Body Found Common Among Women«, in: *The New York Times*, 19. März 1986, Section C, S. 3.

68 *... haben Frauen berichtet, daß sie mehr Selbstvertrauen haben* ... T. F. Cash, J. Rissi und R. Chapman: »Not Just Another Pretty Face: Sex Roles, Sense of Control, and Cosmetics Use«, in: *Personality and Social Psychology Bulletin, 11*, 1985, S. 253-255.

69 *... daß der Körper eine dubiose Sache ist* ... Fisher: *Development and Structure of the Body Image*, Bd. 1, S. 84.

69 *Anthropologen haben festgestellt, daß Angst in Zusammenhang mit dem Körper* ... S. Kern: *Anatomy and Destiny: A Cultural History of the Human Body*, Bobbs-Merrill, New York, 1975; Vlahos, op. cit., S. 27.

70 *Fiktionen ... künstlich aufrechtzuerhalten* ... Fisher: *Development and Structure of the Body Image,* Bd. 1, S. 84.

72 ... *daß leicht depressive Menschen* ... S. W. Noles, T. F. Cash und B. A. Winstead: »Body Image, Physical Attractiveness, and Depression«, in: *Journal of Consulting and Clinical Psychology, 53*, 1985, S. 88-94.

74 *Im zweiten Lebensjahr erkennen 65 Prozent der Babies* ... Fisher: *Development and Structure of the Body Image*, Bd. 1, S. 85-93.

75 *Bei Mädchen hängen Figur und Selbstwertgefühl* ... G. W. Guyot, L. Fairchild und M. Hill: »Physical Fitness, Sport Participation, Body Build and Self-Concept of Elementary School Children«, in: *International Journal of Sports Psychology, 12*, 1981, S. 105-116; S. W. Davis, D. L. Best und R. C. Hawkins jr.: »Sex Stereotypes« (Auszug), in: *Society for Research in Child Development*, 1981.

75 *Obwohl nicht übergewichtige Mädchen* ... R. D. Hammer, V. A. Cambell, N. L. Moores et al.: »An Interdisciplinary Study of Adolescent Obesity«, in: *Journal of Pediatrics, 80*, 1972, S. 373-382; M. H. Tobin-Richards, A. M. Boxer und A. C. Peterson: »The Psychological Significance of Pubertal Change and Differences in Perceptions of Self During Adolescence«, in: J. Brooks-Gunn und A. C. Peterson, Hrsg.: *Girls of Puberty*, S. 127-154; Plenum, New York, 1983.

76 *Vor der Pubertät haben Mädchen einen um 10 bis 15 Prozent höheren Anteil* ... D. D. Marine und J. C. King: »Nutritional Concerns During Adolescence«, in: *Pediatric Clinics of North America, 27*, 1980, S. 125-139.

77 *Mädchen hingegen wollen durchweg dünner sein* ... James Scanlon: »Self-Reported Health Behavior and Attitudes of Youths 12-17 Years«, in: *National Center for Health Statistics*, 1, 1978.

77 *Eine Untersuchung an Jugendlichen ... in allen Industrieländern* ... S. M. Dornbusch, J. M. Carlsmith, P. D. Duncan et al.: »Sexual Motivation, Social Caste, and the

Desire to be Thin Among the Adolescent Females«, in: *Developmental and Behavioral Pediatrics, 5*, 1984, S. 308-314.

77 *Bei einer Studie mit 195 Highschool-Schülerinnen* ... C. Jakobovits, P. Halstead, L. Kelley et al: »Eating Habits and Nutrient Intakes of College Women Over a Thirty-Year Period«, in: *Journal of the American Dietetic Association, 71*, 1977, S. 405-411.

77 *Dr. Nancy Adler ... untersuchte über fünfhundert Jugendliche* ... L. Cohn, N. Adler, D. Irwin jr. et al.: »Body-Figure Preferences in Male and Female Adolescents«, in: *Journal of Abnormal Psychology, 3*, 1987, S. 276-279.

78 *Interessanterweise beurteilten sich ... die Mädchen selbst* ... K. E. Musa und M. E. Roach: »Adolescent Appearance and Self-Concept«, in: *Adolescence, 8*, 1973, S. 385-394.

78 *Zu den drei Hauptaufgaben* ... J. Rodin, L. R. Silberstein und R. H. Striegel-Moore: »Women and Weight: A Normative Discontent«, in: T. B. Sonderegger, Hrsg.: *Psychology and Gender: Nebraska Symposium on Motivation*, S. 267-307; University of Nebraska Press, Lincoln, 1985.

79 *Die an der University of Virginia tätigen Psychologen* ... J. P. Hill und M. E. Lynch: »The Intensification of Gender-Related Role Expectations During Early Adolescence«, in: J. Brooks-Gunn und A. C. Petersen, Hrsg.: *Girls at Puberty*, S. 201-228; Plenum, New York, 1983.

79 *... daß mehr Mädchen ... Beliebtsein wichtiger finden* ... R. G. Simmons und F. Rosenberg: »Sex, Sex Roles and Self-Image«, in: *Journal of Youth and Adolescence, 4*, 1975, S. 229.

80 *... sind die Aufgaben der Ablösung und Individuation* ... Carol Gilligan: *In a Different Voice: Psychological Theory*

and Women's Development, S. 155-157; Harvard University Press, Cambridge, 1982.

83 *... bekommen viele Frauen ... nie mehr ihre alte Figur ...* D. F. Williamson, H. S. Kahn, P. L. Remington et al.: »The 10-Year-Incidence of Overweight and Major Weight Gain in U.S. Adults«, in: *Archives of Internal Medicine, 150*, 1990, S. 665-672.

83 *Die meisten Menschen werden im Alter dicker ...* J. Brozek: »Changes of Body Composition in Man During Maturity and Their Nutritional Implications«, in: *Federal Procedure, 11*, 1952, S. 784-793.

83 *... daß ältere Menschen oft große Hemmungen ... haben ...* M. Ross, R. C. Tait, G. T. Grossberg et al.: »Age Differences in Body Consciousness«, in: *Journal of Gerontology, 44*, 1989, S. 23-24.

Kapitel 3 Die Schamfalle

93 *»Aber diese Wahnvorstellung, die Versuchung, mein Übergewicht ...«* W. Wasserstein: »To Live and Diet«, in: *New York Woman*, Februar 1988, S. 24-27.

94 *Darwin beschreibt die Scham ...* C. R. Darwin: *Ausdruck der Gefühle bei Mensch und Tier*; Rau, Düsseldorf, 1964.

94 *Der Psychiater R. D. Laing hat beobachtet ...* R. D. Laing, zitiert in H. B. Lewis: *Shame and Guilt in Neurosis*, S. 101; International Universities Press, New York, 1971.

94 *Sunny Griffen, die im Magazin* Vogue *...* Anzeige der Collagen Corporation in *Vogue*, Februar 1988, S. 23.

96 *... daß Scham auch eine Ablehnung der eigenen Person beinhaltet ...* Lewis, op.cit., S. 101.

97 *Test zur Körperscham*: R. H. Striegel-Moore, L. R. Silberstein, P. Frensch et al.: »A Prospective Study of Disordered Eating Among College Students«, in: *International Journal of Eating Disorders, 89*, 1989, S. 489-509.

99 *Scham entsteht aus einer erlebten Diskrepanz ...* L. R.

Silberstein, R. H. Striegel-Moore und J. Rodin: »Feeling Fat: A Woman's Shame«, in: H. B. Lewis, Hrsg.: *The Role of Shame in Symptom Formation*, S. 89-108; Lawrence Erlbaum, Hillsdale, NJ, 1987.

99 *Besonders deutlich wird das an den Reaktionen von Frauen* ... A. Kinsey, W. Pomeroy, C. Martin et al.: *Sexual Behavior in the Human Female*, S. 58; W. B. Saunders, Philadelphia, 1953.

100 *Diskrepanz zum Selbstideal* (Test): A. E. Fallon und P. Rozin: »Sex Differences in Perceptions of Desirable Body Shape«, in: *Journal of Abnormal Psychology, 94*, 1985, S. 102-105.

101 ... *daß wir uns oft dafür schämen, daß wir uns schämen* ... H. B. Lewis: *Shame and Guilt in Neurosis*, S. 399.

104 *Im allgemeinen gilt, daß Frauen sich eher schämen* ... L. R. Silberstein, R. H. Striegel-Moore und J. Rodin in H. B. Lewis: *The Role of Shame in Symptom Formation*, S. 89-108.

104 ... *Artikel über etwas füllige Berühmtheiten* ... Tom Green: »The Weight of Celebrity«, in: *USA Today*, 27. November 1989, Section D, S. 1.

105 *Über Oprah Winfreys berühmten Diäterfolg* ... Marjorie Rosen, Beth Austin, Magda Krance et al.: »Big Gain, No Pain«, in: *People Weekly*, 14. Januar 1991, S. 82.

107 *Die Scham darüber, sich als dick oder häßlich zu empfinden* ... S. R. Dyrenforth, O. W. Wooley und S. C. Wooley: »A Woman's Body in a Man's World: A Review of Findings on Body Image and Weight Control«, in Jane Rachel Kaplan: *A Woman's Conflict*, S. 29-50; Prentice-Hall, Englewood Cliffs, NJ, 1980.

110 *»Zu Hause hat meine Mutter«* ... J. Palmisano: »Hidden Obsessions«, in: *The New Journal*, November 1990, S. 22.

111 *Die vielschichtigen ... Schamgefühle ...* J. Rodin, L. R. Silberstein und R. H. Striegel-Moore: »Women and Weight: A Normative Discontent« in T. B. Sonderegger, Hrsg.: *Psychology and Gender: Nebraska Symposium on Motivation*, S. 267-307; University of Nebraska Press, Lincoln, 1985.

112 *»Wenn ich mich mit Essen vollstopfte« ...* Palmisano, op.cit., S. 22.

114 *»... alles habe ich erbrochen« ...* Palmisano, op.cit., S. 22.

115 *Die Mehrzahl der Frauen, die sich zwangsweise entleeren ...* R. H. Striegel-Moore, L. R. Silberstein und J. Rodin: »Toward an Understanding of Risk Factors for Bulimia«, in: *American Psychologist, 41*, 1986, S. 246-263.

115 *Peter Richmond ... fand für den Unterschied zwischen Männern und Frauen ...* P. Richmond: »How Do Men Feel About Their Bodies?« in: *Glamour*, April 1987, S. 312.

116 *Männer, deren Kopfhaar sich lichtet ...* D. Seeley: »Who Him? Worry About His Body?«, in: *Mademoiselle*, April 1989, S. 258.

118 *»Wenn Scham ein Mittel gegen Übergewicht wäre« ...* S. Wooley, zitiert in C. Sternhell: »We'll Always Be Fat, but Fat Can Be Fit«, in: *MS*, Mai 1985, S. 143.

Kapitel 4 Die Konkurrenzfalle

127 *Die Frauen der 80er und 90er Jahre ...* L. Rosch: »The Professional Image Report«, in: *Working Woman*, Oktober 1988, S. 109.

127 *Wo Frauen ... darin bestärkt werden, miteinander zu konkurrieren ...* M. Boskind-White und W. C. White: *Bulimarexia: The Binge/Purge Cycle*, S. 6, 10; W. W. Norton, New York, 1983.

128 *... ist für Frauen auch eine Möglichkeit, sich näherzukommen ...* J. Rodin, R. H. Striegel-Moore und L. R. Sil-

berstein: »Vulnerability and Resilience in the Age of Eating Disorders«, in: J. Rolf, A. Masten, D. Cicchetti et al., Hrsg.: *Risk and Protective Factors in the Development of Psychopathology*, S. 366-390; Cambridge University Press, Cambridge, 1990.

128 ... *daß die Beziehung zu Mutter oder Schwestern* ... ibid.

129 *Die meisten Frauen konkurrieren auch in ihrem Bemühen* ... ibid.

129 *Männliche und weibliche Collegestudenten trafen einander* ... S. Chaiken und P. Pliner: »Women, but Not Men, Are What They Eat: The Effect of Meal Size and Gender on Perceived Femininity and Masculinity«, in: *Personality and Social Psychology Bulletin*.

130 ... *und das nach immer strengeren Normen* ... J. Rodin, L. R. Silberstein und R. H. Striegel-Moore: »Women and Weight: A Normative Discontent«, in: T. B. Sonderegger, Hrsg.: *Psychology and Gender: Nebraska Symposium on Motivation*, S. 267-307; University of Nebraska Press, Lincoln, 1985.

131 *Test zur Leistungsorientiertheit*: R. L. Helmreich und J. Spence: »The Work and Family Orientation Questionnaire: An Objective Instrument to Assess Components of Achievement Motivation and Attitudes Towards Family and Career«, in: *JSAB Catalog of Selected Documents in Psychology, 8*, 1978, S. 355.

130 *Männer lernen als kleine Jungen* ... E. E. Maccoby: »Gender Segregation in the Workplace: Continuities and Discontinuities from Childhood to Adulthood«, in: M. Frankenhaeuser, Hrsg.: *Women, Work and Health*, 1988, S. 3-16.

132 *Wie Marilyn Moats Kennedy sagt* ... »What Price Beauty?«, *Glamour*, April 1991, S. 302.

133 *Viele stellen extrem hohe Anforderungen an sich* ... R. H. Striegel-Moore, L. R. Silberstein und J. Rodin: »Toward

an Understanding of Risk Factors for Bulimia«, in: *American Psychologist, 41*, 1986, S. 246-263.

134 Steven D. Stark: »Miss America: For Women the Pageant Never Ends«, in: *The New York Times*, 16. September 1987, Section C, S. 14.

134 *Bodybuilding findet immer mehr Anhänger* ... J. Adler: »You're So Vain«, in: *Newsweek*, 14. April 1986, S. 48.

135 *Selbsteinschätzungstest*: Adaptierte Version des »Eating Disorder Inventory (EDI)«, D. M. Garner, M. P. Olmsted und J. Polivy: »Development and Validation of a Multidimensional Eating Disorder Inventory for Anorexia Nervosa and Bulimia«, in: *International Journal of Eating Disorders, 2*, 1983, S. 15-34.

137 *Schemata in bezug auf das Selbst* ... H. Markus, R. Hamill und K. P. Sentis: »Thinking Fat: Self-Schemas for Body Weight and the Processing of Weight-Relevant Information«, in: *Journal of Applied Social Psychology, 17*, 1987, S. 50-71.

139 *Untersuchungen zum Thema »erster Eindruck ...«* E. Berscheid und E. Walster (Hatfield); *Interpersonal Attraction*, Addison-Wesley, Reading, PA, 1978; E. Walster, V. Aronson, D. Abrahams et al.: »Importance of Physical Attractiveness in Dating Behavior«, in: *Journal of Personality and Social Psychology, 4 (5)*, 1966, S. 508-516; E. Walster und E. Berscheid: »Adrenaline Makes the Heart Grow Fonder«, in: *Psychology Today, 5*, Juni 1971, S. 46-50, 62.

139 *Und Männer waren ... eher bereit* ... M. Snyder, E. D. Tanke und E. Berscheid: »Social Perception and Interpersonal Behavior: On the Self-Fulfilling Nature of Social Psychology«, in: *Journal of Personality and Social Psychology, 35*, 1977, S. 556-666.

139 *Attraktivität scheint die Konkurrenzfalle* ... B. E. Vaughn und J. H. Langlois: »Physical Attractiveness as a Correlate of Peer Status and Social Competence in Pre-

school Children«, in: *Developmental Psychology, 19,* 1983, S. 561-567.

139 *Andererseits interessieren sich die Jungen mit dem höchsten Status ...* E. E. Maccoby und C. N. Jacklin: *The Psychology of Sex Differences,* S. 225-348; Stanford University Press, Stanford, 1974.

140 *... das Aussehen in Beziehungen ...* J. S. Coleman: *The Adolescent Society,* Free Press, New York, 1961; E. Douvan und J. Adelson: *The Adolescent Experience,* John Wiley, New York, 1966.

140 *Alexis Tan ... hat untersucht, wie die Massenmedien ...* A. S. Tan: »TV Beauty Ads and Role Expectations of Adolescent Female Viewers«, in: *Journalism Quarterly, 56,* 1979, S. 283-288.

141 *Die herkömmliche Definition der Geschlechterrollen ...* R. H. Striegel-Moore et al.: »Toward an Understanding of Risk Factors for Bulimia«, S. 248.

142 D. Bar-Tal und L. Saxe: »Physical Attractiveness and its Relationship to Sex Role Stereotyping«, in: *Sex Roles, 2,* 1976, S. 123-133.

142 *...zweier Sozialpsychologen der University of Washington ...* P. Blumstein und P. Schwartz: *American Couples: Money, Work and Sex,* S. 247; Pocket Books, New York, 1983.

143 *... daß Mütter, die ein Jahr nach der Geburt ...* Die Studie von M. G. Gage und D. Christensen an 454 weißen Paaren der Mittelklasse. Beschrieben in dem Artikel von Marilyn Elias: »Extra Pounds Weigh Heavy on New Mom«, in: *USA Today,* 7. November 1989, Section D, S. 1.

145 *Die Autorin Susan Sontag ...* S. Sontag: »The Double Standard of Aging«, in: *Saturday Review,* 23. September 1972, S. 29

145 *Elaine Hatfield und ihre Kollegen ...* E. Hatfield und E. Walster: »Physical Attractiveness in Social Interaction«, in:

J. Graham und A. Kligman, Hrsg.: *The Psychology of Cosmetic Treatment*, S. 77-92; Praeger, New York, 1985.

146 *Frauen wünschten sich eine erheblich schlankere Figur* ... A. E. Fallon und P. Rozin: »Sex Differences in Perceptions of Desirable Body Shape«, in: *Journal of Abnormal Psychology, 94*, 1985, S. 102-105.

146 *Nancy Adler und ihre Kollegen* ... L. D. Cohn, N. E. Adler, C. E. Irwin jr. et al.: »Body-Figure Preferences in Male and Female Adolescents«, in: *Journal of Abnormal Psychology, 96*, 1987, S. 275-279.

147 *Bei Frauen waren es weit häufiger Ganzkörperportraits* ... D. Archer, B. Iritani, D. D. Kims et al.: »Facism. Five Studies of Sex Differences in Facial Prominence«, in: *Journal of Personality and Social Psychology, 45*, 1983, S. 725-735.

147 *... daß Gewicht und Körperform die zentralen Determinanten* ... L. R. Silberstein, R. H. Striegel-Moore, C. Timko et al.: »Behavioral and Psychological Implications of Body Dissatisfaction: Do Men and Women Differ?«, in: *Sex Roles, 19*, 1988, S. 219-232.

147 *Die Psychologen Susan und Wayne Wooley* ... S. Wooley und W. Wooley: »Feeling Fat in a Thin Society«, in: *Glamour*, Februar 1984, S. 201.

148 *... »Brutstätte« für Eßstörungen* ... S. Squire: *The Slender Balance: Causes and Cures for Bulimia, Anorexia, and the Weight-Loss/Weight-Gain Seesaw*, S. 68-79; Putnam, New York, 1983.

150 *Crandalls Studie* ... C. Crandall: »The Social Contagion of Binge Eating«, in: *Journal of Personality and Social Psychology, 55*, 1988, S. 588-598.

151f. *Dr. Philip Costanzo ... sagt, daß Eltern* ... P. R. Costanzo und E. Z. Woody: »Domain-Specific Parenting Styles and Their Impact in the Childs's Development of Particular Deviance: The Example of Obesity Proneness«, in: *Journal of Social and Clinical Psychology, 3*, 1985, S. 425-445.

152 *... daß junge Mädchen ungeachtet ihres Gewichts Gefahr laufen ...* Rodin et al.: »Vulnerability and Resilience in the Age of Eating Disorders«, S. 361-383.

152 *Eine Mutter, die sehr darum bemüht ist ...* ibid.

155 *Kim Chernin vertritt in ihrem Buch ...* K. Chernin: *The Hungry Self: Women, Eating, and Identity*, S. 81; Random House, New York, 1985.

156 *Der Ansicht, daß Frauen mit ihren Müttern darum konkurrieren ...* ibid, S. 91-93.

159 *Perfektionismus bedeutet auch ...* J. Rodin und R. Striegel-Moore: »Predicting Attitudes Toward Body Weight and Food Intake in Women«, Referat beim 14. Kongreß der *European Association of Behavior Therapy*, Brüssel, September 1984.

160 *Die Folgen des Konkurrierens mit einem unerreichbaren Ideal ...* C. Steiner-Adair: »The Body Politic: Normal Female Adolescent Development and the Development of Eating Disorders«, in: *Journal of the American Academy of Psychoanalysis, 14*, 1986, S. 95-114.

161 *Bei vielen Studien können die Forscher ...* S. M. Jourard und P. R. Secord: »Body Cathexis and the Ideal Female Figure«, in: *Journal of Abnormal and Social Psychology, 50*, 1955, S. 243-246; C. Timko, R. Striegel-Moore, L. Silberstein et al.: »Femininity/Masculinity and Disordered Eating in Women: How Are They Related?«, in: *International Journal of Eating Disorders, 6*, 1987, S. 701-712.

161 *Komplexe Menschen haben entweder mehr unabhängige Aspekte ...* P. W. Linville: »Affective Consequences of Complexity Regarding the Self and Others«, in: M. S. Clark und S. T. Fiske, Hrsg.: *Affect and Cognition; 17th Annual Carnegie Symposium in Cognition*, S. 79-105; Lawrence Erlbaum, Hillsdale, NJ, 1989.

161 *Wenn bei einem komplexeren Selbstkonzept etwas passiert ...* P. W. Linville, ibid.

162 *Test zur Komplexität des Selbst*: Wir haben diesen für unsere Forschungsarbeit entwickelten Test bei mehreren Studien verwendet, unter anderem auch bei L. R. Silberstein, R. H. Striegel-Moore, C. Timko et al.: »Behavioral and Psychological Implications of Body Dissatisfaction: Do Men and Women Differ?«, in: *Sex Roles, 19*, 1988, S. 219-232.

164 *Untersuchungen der Psychologin Patricia Linville ...* P. W. Linville: »Self-Complexity and Affective Extremity: Don't Put All of Your Eggs in One Cognitive Basket«, in: *Social Cognition, 3*, 1988, S. 94-120.

166 *Es sieht so aus, als wäre ein gewisses »Jonglieren« ...* R. C. Barnett und G. K. Baruch: »Women's Involvement in Multiple Roles and Psychological Distress«, in: *Journal of Personality and Social Psychology, 49*, 1985, S. 135-145; B. J. Hirsch und B. D. Rapkin: »Multiple Roles, Social Networks and Women's Well-Being«, in: *Journal of Personality and Social Psychology, 81*, 1986, S. 1237-1247.

167 *Seien Sie aber nicht zu perfektionistisch ...* J. Rodin: »Women and Weight: A Normative Discontent«, S. 267-307.

Kapitel 5 Die Essensfalle

171 *»Ich suche immer noch den Mann ...«* L. Shapiro und E. A. Leonard: »Everybody's Got a Hungry Heart«, in: *Newsweek*, 13. Mai 1991, S. 58-59; Robert Lang: »Food Preoccupation«, in: *Self*, Dezember 1990, S. 58.

172 *Wie M. F. K. Fisher, die bekannte Schriftstellerin ... sagt ...* M. F. K. Fisher: *The Art of Eating*, S. 353; Vintage, New York, 1976.

174 *Essen ist bei allen mystischen Riten ...* Sidney M. Cantor: »Ideals and Realities in Food Systems«, in: N. Henry Moss

und Jean Mayer, Hrsg.: *Food and Nutrition in Health and Disease*, S. 262-265; Academy of Sciences, New York, 1977.

174 *Der berühmte französische Schriftsteller ...* Brillat-Savarin in Joanne Koch Potce: »Baking Bread«, in: *Radcliffe College Quarterly*, Dezember 1988, S. 28.

174 Der Test »Essen als Seelennahrung« ist dem »Emotional Eating Scale« entnommen, der mit dem »External Eating Scale« und dem »Restrained Eating Scale« zum »Dutch Eating Behavior Questionnaire« gehört (T. van Strien, J. E. R. Frijters, G. P. A. Bergers und P. B. Defares, *Nederlandse vragenlijst voor eetgedrag* [NVE] [Lisse: Swets & Zeitlinger B.V., 1987]

175 *Test: Essen als Seelennahrung:* »Dutch Eating Behavior Questionnaire«, entwickelt von T. van Strien, J. E. R. Frijters, G. P. A. Bergers et al., in: *International Journal of Eating Disorders, 5*, 1986, S. 295-315.

177 *... daß sie Hyperaktivität und sogar Kriminalität verursachen ...* Matt Clark: »America's Sweet Tooth«, in: *Newsweek*, 26. August 1985, S. 51

178 *Zwischen Frauen und Nahrung ...* Carole M. Counihan: »An Anthropological View of Western Women's Prodigious Fasting: A review Essay«, in: *Food and Foodways, 4*, 1989, S. 357-375.

179 *Essen ist für viele Frauen ein Weg ...* M. Millman: *Such a Pretty Face: Being Fat in America*, S. 10; W. W. Norton, New York, 1980.

180 *Das* Radcliffe College Quarterly *hat eine seiner Ausgaben ...* Marian Parry: »Spaghetti with Olive Oil, Lemon Sugar Pancakes«, in: *Radcliffe College Quarterly*, Dezember 1988, S. 25.

182 *Der berühmte Persönlichkeitstheoretiker Henry Murray ...* A. H. Murray: *Explorations in Personality*, S. 77-79; Oxford University Press, New York, 1938.

182 »… das Neugeborene lebt durch und liebt mit seinem Mund …« Erik Erikson: *Kindheit und Gesellschaft*, Klett Cotta, Stuttgart, 1991.

183 *Test: Essen als Selbstfürsorge*: Adaptierte Version von »Nurturance Rating Task«, A. K. Lehman und J. Rodin: »Styles of Self-Nurturance and Disordered Eating«, in: *Journal of Consulting and Clinical Psychology, 57*, 1989, S. 117-122.

184 *Unsere Studien, bei denen dieser Test verwendet wurde* … A. K. Lehman und J. Rodin, op. cit., S. 117-122.

185 *Für zwei von der Organisation »Weight Watchers«* … Marilyn Elias: »Why Hubbies Turn Into Chubbies«, in: *USA Today*, 9. März 1989, Section D, S. 1.

185 *Die Familientherapeuten Richard Stuart und Barbara Jacobson* … R. B. Stuart und B. Jacobson: *Weight, Sex and Marriage*; Norton, New York, 1987.

186 *Essen miteinander zu teilen* … Counihan, op. cit., S. 357-375.

186 *Nahrungsmittelverbote* … Counihan, ibid.

187 *… daß erwachsene Amerikaner nicht einmal von einer Suppe essen* … Paul Rozin und Debra Zellner: »The Role of Pavlovian Conditioning in the Acquisition of Food Likes and Dislikes«, in: *Annals of the New York Academy of Sciences, 43*, 1985, S. 289-302.

187 *Die Anthropologin Anna Meigs* … Anna S. Meigs: *Food, Sex and Pollution: A New Guinea Religion*; Rutgers University Press, New Brunswick, NJ, 1984.

187 *Ein extremes Beispiel … ist der König der Yoruba* … J. Goody: *Cooking, Cuisine and Class: A Study in Comparative Psychology*, S. 77; Cambridge Press, New York, 1982.

189 *In den vergangenen fünf Jahren* … Carole Sugerman: »Want to Boost Your Brain? Help Your Heart? Squelch

Your Stress? There Is a Book for You ...«, in: *Washington Post Health Magazine*, 16. Juni 1989, S. 12.

189 *Verschiedenen Arten von Nahrungsmitteln werden ...* Joel Gurin: »Lobsters for Romance, Salads for Power«, in: *American Health*, Oktober 1989, S. 44.

190 *Zwei für das Magazin* American Health *durchgeführte Gallup-Umfragen ...* in L. Mikesell, Hrsg.: *Food Insight: International Food Information Council*, März/April 1990, S. 4-5.

190 *Wir ernähren uns heute ganz anders ...* Ira Mothner: »Our National Food Fight«, in: *American Health*, Oktober 1987, S. 48.

190 *»Der Hinweis, daß etwas der Gesundheit zugute kommt ...«* Martin Friedman, zitiert in Molly O'Neill: »Eating to Heal: Mapping Out New Frontiers«, in: *The New York Times*, 7. Februar 1990, Section C, S. 6.

191 *Bei einer Untersuchung in einem Kindergarten ...* S. L. Goldman, D. Whitney-Saltiel, J. Granger et al.: »Children's Representations of ›Everyday‹ Aspects of Health and Illness«, in: *Journal of Pediatric Psychology*, in Druck.

191 *Julia Child erinnert sich an die gute alte Zeit ...* Julia Child: »On Writing a Cookbook«, in: *Radcliffe College Quarterly*, Dezember 1988, S. 6.

192 *Seit ... berichtet wurde, daß Haferkleie den Cholesterinspiegel ...* B. P. Kinosian und J. M. Eisenberg: »Cutting Into Cholesterol: Cost-Effective Alternatives for Treating Hypercholesterolemia«, in: *Journal of the American Medical Association, 259*, 1988, S. 2249-2254.

193 *Schon Ärzte aus ganz früher Zeit ...* Hippokrates, zitiert in David Kritchevsky: »Dietary Fiber: What It Is and What It Does«, in: N. H. Moss und J. M. Mayer: *Food and Nutrition in Health and Disease, Annals of the New York Academy of Sciences, 300*, 1977, S. 284-289.

193 *Dr. Fergus Clysdale ... befürchtet jedoch ...* National Re-

search Council, National Academy of Sciences: *Diet and Health: Implications for Reducing Chronic Disease Risk*; National Academy of Sciences, Washington, D.C., 1989.

193 *Die Pritikin-Diät und andere … Diäten …* R. W. Mahley: »The Role of Dietary Fat and Cholesterol in Atherosclerosis and Lipoprotein Metabolism«, in: *Western Journal of Medicine, 139,* 1981, S. 34.

193 *Neu … ist, daß die Wissenschaft …* ibid.

194 *Er stellte gesunden Probanden … zwei identische Ernährungspläne zusammen …* D. Jenkins, T. Wolever, V. Vuskan et al.: »Nibbling versus Gorging: Metabolic Advantages of Increased Meal Frequency«, in: *New England Journal of Medicine, 321,* 1989, S. 929-934.

195 *Auch im Kampf gegen Krebs …* M. S. Menkes, G. M. Comstock, J. P. Vuilleumier et al.: »Serum Beta-Carotene, Vitamins A and E, Selenium, and the Risk of Lung Cancer«, in: *New England Journal of Medicine, 315,* 1985, S. 1250-1254.

196 *Während ein Glas Wein oder Bier am Tag …* T. A. Manolio, D. Levy, R. J. Garrison et al.: »Relationship of Alcohol Intake to Left Ventricular Mass: The Framingham Study«, in: *Journal of the American College of Cardiology,* im Druck.

196 *Bei Frauen scheint dies zwar seltener vorzukommen …* J. Rodin und J. R. Ickovics: »Women's Health: Review and Research Agenda as We Approach the 21st Century«, in: *American Psychologist, 45,* 1990, S. 1018-1034.

197 *Selbst das früher über jeden Zweifel erhabene Fluorid …* E. Marshall: »The Fluoride Debate: One More Time«, in: *Science, 247,* 1990, S. 276-277.

197 *Diese Richtlinien entsprechen der bestmöglichen Schätzung …* G. A. Leveille: »Human Nutrition Norms«, in: *Annals of the New York Academy of Sciences, 300,* 1977, S. 259-261.

198 *Viele Wissenschaftler ... befürchten ...* M. Bloom: »The Flap Over Food Labeling«, in: *Washington Post Health Magazine*, 6. Februar 1990, S. 17.

199 *Die Skala des Allgemeinwissens ... reicht vom »Zucker-hoch« bis »Zuckertief« ...* S. Chollar: »Food for Thought«, in: *Psychology Today*, April 1988, S. 30.

199 *... werden diese Theorien heute ausführlich ... disku-tiert ...* G. E. Gray: »Diet, Crime and Delinquency: A Cri-tique«, in: *Nutrition Reviews, 44*, 1986, S. 89-94.

200 *... im Mordprozeß von Dan White ...* M. Clark, S. Katz und M. Muger: »America's Sweet Tooth«, in: *Newsweek*, 26. August 1985, S. 52.

200 *Zur Zeit gibt es wenig wissenschaftliche Beweise ...* Gray, op. cit., S. 89-94.

201 *Diese Überzeugung wurde ... durch Berichte über den »Halloween-Effekt« ...* H. B. Ferguson, C. Stoddard und J. G. Simeon: »Double-Blind Challenge Studies Behavioral and Cognitive Effects of Sucrose-Aspartame Ingestion in Normal Children«, in: *Nutrition Review Supplement, 44*, 1986, S. 144-150.

201 *Inzwischen sind einige methodologisch sehr genaue Stu-dien ...* ibid.

202 *Eine andere Untersuchung läßt darauf schließen ...* B. Spring, O. Miller, R. J. Wurtman et al.: »Effects of Protein and Carbohydrate Meals on Mood and Performance: Inter-actions with Sex and Age«, in: *Journal of Psychiatric Re-search, 17*, 1982, S.155-167.

203 *... daß das Gehirn auf bestimmte Nahrungsbestandteile reagiert ...* J. D. Fernstrom und R. J. Wurtman: »Brain Se-rotonin Content: Increase Following Ingestion of Carbo-hydrate Diet«, in: *Science, 174*, 1971, S. 1023-1024; J. D. Fernstrom und R. J. Wurtman: »Brain Serotonin Con-tent; Physiological Regulation by Plasma Neutral Amino Acids«, in: *Science, 178*, 1972, S. 414-416.

204 ... *die zwei Hauptgruppen antidepressiver Medikamente* ... R. J. Wurtman und J. J. Wurtman: »Carbohydrate Craving, Obesity and Brain Serotonin«, in: *Appetite, 7,* 1986, S. 99-103.

204 ... *eine Störung des Prozesses zwischen der Kohlenhydrataufnahme und Freisetzung von Serotonin* ... J. J. Wurtman, R. J. Wurtman, J. H. Growdon et al.: »Carbohydrate Craving in Obese People: Suppression by Treatments Affecting Serotoninergic Transmission«, in: *International Journal of Eating Disorders, 1,* 1981, S. 2-15.

205 *Um diesen Punkt experimentell zu untersuchen* ... Spring et al., op. cit.

205 *Wir stellten fest, daß die durch das Koffein körperlich angeregten Probanden* ... J. Rodin: »Stress-Induced Eating: Implications for Diabetes«, in: P. McCabe, T. Field und N. Schneiderman, Hrsg.: *Stress and Coping,* S. 135-146; Lawrence Erlbaum, Hillsdale, NJ, 1990.

207 *Der Körper behandelt einfach nicht alle Kalorien gleich* ... J. Rodin: »Effects of Food Choice on Amount of Food Eaten in a Subsequent Meal: Implications for Weight Gain«, in: B. J. Hirsch und T. B. Van Itallie, Hrsg.: *Recent Advances in Obesity Research IV,* S. 101-112; John Libbey, London, 1985.

207 *Dr. Ethan Sims ... hat Untersuchungen bei Männern durchgeführt* ... E. A. H. Sims, R. Goldman, C. Gluck et al.: »Experimental Obesity in a Man«, in: *Transcriptions of the Association of American Physicians, 81,* 1968, S. 153-170.

208 ... *daß der Verzehr fettreicher Nahrung* ... A. Trembley, G. Plourde, J. Despces et al.: »Impact of Dietary Fat Content and Fat Oxidation on the Energy Intake in Humans«, in: *American Journal of Clinical Nutrition, 49,* 1989, S. 799-805.

209 *Andere von Dr. Bouchard durchgeführte Untersuchun-*

gen ... C. Bouchard: »The Response to Long-Term Overfeeding in Identical Twins«, in: *New England Journal of
Medicine, 322*, 1990, S. 1477-1482.

209 *Epidemiologische Studien belegen* ... M. Krotkiewski, P.
Bjorntorp, L. Sjostrom et al.: »Impact of Obesity on Meta-
bolism in Men and Women: Importance of Regional Adi-
pose Tissue Distribution«, in: *Journal of Clinical Investi-
gation, 72*, 1983, S. 1150-1162; L. Lapidus, C.
Bengtsson, B. Larsson et al.: »Distribution of Adipose Tis-
sue and Risk of Cardiovascular Disease and Death: A 12-
Year Follow-up of Participants in the Population Study of
Women in Gothenburg, Sweden«, in: *British Journal of
Medicine, 289*, 1984, S. 1257-1261; A. H. Kissebah, A.
Peiris und D. J. Evans: »Mechanisms Associating Body Fat
Distribution with the Abnormal Metabolic Profiles in Obe-
sity«, in: E. Berry et al., Hrsg.: *Recent Advances in Obesity
Research*, S. 54-59; John Libbey, London, 1986; G. Enzi,
M. Gasparo, P. Biondetti et al.: »Subcutaneous and Visceral
Fat Distribution According to Sex, Age and Overweight
Evaluated by Computed Tomography«, in: *American Jour-
nal of Clinical Nutrition, 44*, 1986, S. 739-746; S. Fu-
jioka, Y. Matsuzawa, K. Tokunaga et al.: »Contribution of
Intraabdominal Fat Accumulation to the Impairment of Glucose and Lipid Metabolism in Human Obesity«, in: *Meta-
bolism, 36*, 1987, S. 54-59.

209 *Die verschiedenen Zuckerarten* ... J. Rodin: »Stress-
Induced Eating: Implications for Diabetes«, Kapitel 9.

209 *... daß Tiere, die ballaststoffreiches Futter bekamen* ...
Kritchevsky, op. cit., S. 284-289.

210 *Dr. Allen Levin ... ist der Ansicht* ... A. S. Levine, J. R.
Tallman, M. K. Grace et al.: »Effects of Breakfast Cereals
on Short-Term Food Intake«, in: *American Journal of Clinical Nutrition, 50*, 1989, S. 1303-1307.

211 *... daß Menschen, die viele gleich schmeckende Dinge*

essen ... E. T. Rolls, B. J. Rolls und E. A. Rowe: »Sensory-Specific and Motivation-Specific Satiety for the Sight and Taste of Food and Water in Man«, in: *Physiology and Behavior, 30*, 1983, S. 185-192; B. J. Rolls, P. M. van Duijvenvoorde und E. T. Rolls: »Pleasantness Changes and Food Intake in a Varied Four-Course Meal«, in: *Appetite, 5*, 1984, S. 337-348; B. J. Rolls: »Sweetness and Satiety«, in J. Dobbing, Hrsg.: *Sweetness*, S. 161-172; Springer-Verlag, London, 1987.

Kapitel 6 Die Diätfalle

223 *Fernsehfreunde werden sich ... erinnern ...* Marjorie Rosen, Beth Austin, Magda Krance et al.: »Big Gain, No Pain«, in *People Weekly*, 14. Januar 1991, S. 82.

224 *Wendy Wasserstein, die mit dem Pulitzerpreis geehrte Schriftstellerin ...* W. Wasserstein: »To Live and Diet«, in: *New York Woman*, Februar 1988, S. 24-27.

224 *Selbst sehr schlanke Frauen glauben ...* C. Sternhell: »We'll Always Be Fat, but Fat Can Be Fit«, in: *Ms.*, Mai 1985, S. 68.

224 *Ein New Yorker Marktforschungsunternehmen ...* A. Miller: »Diets Incorporated«, in: *Newsweek*, 11. September 1989, S. 56.

225 *Bei einer Nielsen-Umfrage im Jahr 1978 ...* A. C. Nielsen: *Who is Dieting and Why?*, S. 12; A. C. Nielsen, Chicago, 1979.

225 *... daß diese Zahl jetzt Anfang der 90er Jahre ...* »Fat Americans Eschew Battling the Bulge«, aus Nachrichtendienst und Personalberichten, *The Washington Post*, 8. August 1989, S. 5.

225 *Andererseits haben die Umsatzzahlen im Abnehmgeschäft ...* Miller, op. cit.

225 *... ließ jetzt die Babyboom-Generation im Kampf mit der Leibesfülle ...* ibid.

226 ... *ein Mensch mit größerer Wahrscheinlichkeit von fast jeder Form von Krebs* ... K. D. Brownell: »Obesity Understanding and Treating a Serious, Prevalent and Refractory Disorder«, in: *Journal of Consulting and Clinical Psychology, 50*, 1982, S. 820-840.

226 ... *daß strenges Diäthalten einer der Hauptgründe* ... J. Rodin, L. R. Silberstein und R. H. Striegel-Moore: »Women and Weight: A Normative Discontent«, in T. B. Sonderegger, Hrsg.: *Psychology and Gender: Nebraska Symposium on Motivation*, S. 267-307; University of Nebraska Press, Lincoln, 1985; G. L. Blackburn, G. T. Wilson, B. S. Kanders et al.: »Weight Cycling: The Experience of Human Dieters«, in: *American Journal of Clinical Nutrition, 49*, 1989, S. 1105-1109.

227 *Die Gene spielen eine wichtige Rolle* ... C. Bouchard: »The Response to Long-Term Overfeeding in Identical Twins«, in: *New England Journal of Medicine, 322*, 1990, S. 1477-1482.

227 ... *daß Eßstörungen häufig kurz nach einer strengen Diät* ... C. P. Herman und J. Polivy: »Dieting and Binging: A Causal Analysis«, in: *American Psychologist, 40*, 1985, S. 193-201.

228 ... *mit dem Streben nach mehr Gesundheit* ... Joel Gurin: »Leaner, Not Lighter«, in: *Psychology Today*, Juni 1989, S. 20-36.

228/ *Wie sieht Ihre persönliche Diätgeschichte aus?* ... K. D.
230 Brownell, J. Rodin und J. Wilmore: »National Runner's Survey on Dieting and Eating«, in: *Runner's World*, April 1987, S. 27.

229 ... *50 Prozent mehr übergewichtige Teenager* ... Miller, op. cit.

229 ... *und viele Jungen schnupfen stark suchterzeugendes Kokain:* »Cocaine Used as ›Diet Aid‹«, in: *NAAFA Newsletter*, November/Dezember 1990, S. 1.

233 *Jane Fonda ... Ophra Winfrey ...* Sternhell, op. cit., S. 66

233 *... haben 11 Prozent der Frauen mehr Schuldgefühle ...* Umfrage im Auftrag der Continental Baking Co., Bericht in der *Pittsburgh Press*, 18. April 1990, Section B, S. 1.

234 *Befragt, welche von vier möglichen Alternativen ...* S. Wooley und O. Wooley: »Feeling Fat in a Thin Society«, in: *Glamour*, Februar 1984, S. 200.

234 *... daß Frauen meinen, ihr Leben würde völlig anders verlaufen ...* W. C. White und M. Boskind-White: »An Experimental Behavioral Approach to the Treatment of Bulimarexia«, in: *Journal of Psychotherapy: Theory, Research and Practice, 18*, 1981, S. 501-507.

234 *»In dieser Welt reduziert sich für Frauen alles auf die Figur« ...* Sternhell, op. cit., S. 68.

236 Vom Dicksein, vom Dünnsein, vom Glücklichsein ... Elizabeth Taylor, zitiert in A. Harmetz: »Liz Taylor at 55: Thin Again, and Wiser«, in: *The New York Times*, 20. Januar 1990, Section C, S. 1.

237 *Und wenn eineiige Zwillinge zuviel essen ...* Bouchard, op. cit., S. 1477-1482.

237 *... daß sie »von Natur aus« dem extrem schlanken Ideal entsprechen ...* J. Rodin et al., op. cit., S. 267-307.

238 *Für eine schon klassische Studie ...* G. A. Rose und R. T. Williams: »Metabolic Studies of Large and Small Eaters«, in: *British Journal of Nutrition, 15*, 1961, S. 1-9.

238 *Neue ... Studien zeigen, daß der Grundumsatz ...* E. Ravussin, S. Lillioja, W. C. Knowler et al.: »Reduced Rate of Energy Expenditure as a Risk Factor for Body Weight Gain«, in: *New England Journal of Medicine, 318*, 1988, S. 467-472; S. B. Roberts, J. Savage, W. A. Coward et al.: »Energy Expenditure and Intake in Infants Born to Lean and Overweight Mothers«, in: *New England Journal of Medicine, 318*, 1988, S. 461-466.

238 *Sie beobachtete die Babies ...* S. B. Roberts in G. Kolata:

»Two New Studies Point Strongly to Low Metabolism Rate as Cause of Obesity«, in: *The New York Times*, 25. Februar 1988, Section B, S. 5.

239 *Im allgemeinen haben Frauen* ... J. Garow: »The Regulation of Energy Expenditure«, in: G. A. Bray, Hrsg.: *Recent Advances in Obesity Research*, Bd. 2, S. 200-210; Newman, London, 1978.

239 *Mit dem Anstieg des Östrogen- und Progesteronspiegels* ... J. Rodin et al., op. cit., S. 267-307.

241 *Bei Diäten mit weniger als 1000 Kalorien pro Tag* ... P. Nicholas und J. Dwyer: »Diets for Weight Reduction: Nutrition and Considerations«, in K. D. Brownell und J. P. Foreyt, Hrsg.: *Handbook of Eating Disorders*, S. 122-144; Basic Books, New York, 1986.

241 *... daß unzureichende Ernährung bei einer Reduktionsdiät* ... ibid.

243 *Schätzungen ... weisen darauf hin, daß der Grundumsatz* ... Garner, W. Rockert, M. P. Olmstedt et al.: »Psychoeducational Principles in the Treatment of Bulimia and Anorexia Nervosa«, in D. M. Garner und P. E. Garfinkel, Hrsg.: *Handbook of Psychotherapy for Anorexia Nervosa and Bulimia*, S. 513-572; Guilford Press, New York, 1985; T. A. Wadden, T. B. Van Itallie und G. L. Blackburn: »Responsible and Irresponsible Use of Very Low Caloric Diets in the Treatment of Obesity«, in: *Journal of the American Medical Association, 262*, 1990, S. 83-85.

243 *Am stärksten sinkt der Grundumsatz* ... D. M. Garner et al., op. cit.

244 *Sie gaben einer Gruppe von Ratten fettreiches Futter* ... K. D. Brownell, M. R. C. Greenwood, E. Stellar et al.: »The Effects of Repeated Cycles of Weight Loss and Regain in Rats«, in: *Physiology and Behavior, 38*, 1986, S. 459-464.

245 *Wir stellten fest, daß die Tiere* ... D. Reed, R. Contreras,

C. Maggio et al.: »Weight Cycling in Female Rats Increases Dietary Fat Selection and Adiposity«, in: *Physiology and Behavior, 42*, 1988, S. 389-395.

245 ... *ein Übermaß an Nahrung biologisch möglicherweise weniger gut verarbeiten* ... K. D. Brownell und L. J. Stein: »Metabolic and Behavioral Effects of Weight Loss and Regain: A Review of the Animal and Human Literature«, in A. J. Stunkard und A. Baum, Hrsg.: *Eating, Sleep and Sexual Behavior*, S. 39-50; Lawrence Erlbaum, Hillsdale, NJ, 1989.

245 ... *daß Männer mode- und gewichtsbewußter* ... Miller, op. cit.

246 *Sie erfaßten darin Kriegsdienstverweigerer* ... A. Keys, J. Brozek, A. Henschel et al.: *The Biology of Human Starvation*, S. 63-78; University of Minnesota Press, Minneapolis, 1950.

247 *Die psychischen Folgen von Diäten* ... Rodin et al., op. cit.

248 *Inzwischen leiden erstaunlich viele Frauen* ... R. H. Striegel-Moore, L. R. Silberstein und J. Rodin: »Toward and Understanding of Risk Factors for Bulimia«, in: *American psychologist, 41*, 1986, S. 246-263.

248 *Es gab Wochenendfreßorgien* ... A. Keys, op. cit.

249 ... *daß 83 Prozent der* ... *Bulimikerinnen* ... C. Fairburn: »A Cognitive Behavioral Approach to the Treatment of Bulimia«, in: *Psychological Medicine, 11*, 1981, S. 707-711.

252 ... *daß das Risiko eines vorzeitigen Todes* ... A. Keys, G. Azavanis, H. Blackburn et al.: »Coronary Heart Disease: Weight as Risk Factor«, in: *Annals of Internal Medicine, 77*, 1972, S. 15-27.

252 ... *daß wiederholte starke Gewichtsschwankungen* ... L. Lissner, P. M. Odell, R. B. D'Agostino et al.: »Variability in Body Weight and Health Outcomes in the Framingham Po-

pulation«, in: *New England Journal of Medicine*, im Druck.

252 ... *daß Fettzellen im Bauchbereich* ... R. L. Liebel, N. K. Edens und S. K. Fried: »Physiological Basis for the Control of Body Fat Distribution in Humans«, in: *Annual Review of Nutrition, 9*, 1989, S. 417-444; E. Presta, R. L. Liebel und J. Hirsch: »Regional Changes in Adrenergic Receptor Status During Hypochloric Intake Do Not Predict Changes in Adipose Size or Body Shape«, in: *Journal of Metabolism, 39*, 1990, S. 307-315.

252 ... *einen Zusammenhang zwischen Fettdepots am Bauch* ... M. Krotkiewski, P. Bjorntorp, L. Sjostrom et al.: »Impact of Obesity on Metabolism in Men and Women: Importance of Regional Adipose Tissue Distribution«, in: *Journal of Clinical Investigation, 72*, 1983, S. 1150-1162; L. Lapidus, C. Bengtsson, B. Larson et al.: »Distribution of Adipose Tissue and Risk of Cardiovascular Disease and Death: A 12-Year Follow-up of Participants in the Population Study of Women in Gothenburg, Sweden«, in: *British Journal of Medicine, 289*, 1984, S. 1257-1261; A. H. Kissebah, A. Peiris und D. J. Evans: »Mechanisms Associating Body Fat Distribution with the Abnormal Metabolic Profiles in Obesity« in E. Berry et al., Hrsg.: *Recent Advances in Obesity Research*, S. 54-59; John Libbey, New York, 1986; G. Enzi, M. Gasparo, P. Biondetti et al.: »Subcutaneous and Visceral Fat Distribution According to Sex, Age and Overweight Evaluated by Computed Tomography«, in: *American Journal of Clinical Nutrition, 44*, 1986, S. 739-746; S. Fujioka, Y. Matsuzawa, K. Tokunaga et al.: »Contribution of Intraabdominal Fat Accumulation to the Impairment of Glucose and Lipid Metabolism in Human Obesity«, in: *Metabolism, 36*, 1987, S. 54-59.

253 ... *warum das Risiko einer Herzerkrankung bei Männern größer* ... ibid.

253 *Statistisch gesehen liegt bei Männern mit einem Bauch-zu-Hüfte-Verhältnis von 1,0 ...* ibid.

261 *... daß die, die beim Mittagessen die wenigsten Kalorien zu sich nehmen ...* A. S. Levine, J. R. Tallman, M. K. Grace et al.: »Effect of Breakfast Cereals on Short-Term Food Intake«, in: *American Journal of Clinical Nutrition, 50,* 1989, S. 1303-1307.

263 *Verlassen Sie sich nicht auf Ihr Gedächtnis:* A. F. Smith, zitiert in T. DeAngelis: »On A Diet? Don't Trust Your Memory?«, in: *Psychology Today,* Oktober 1989, S. 12.

Kapitel 7 Die Fitneßfalle

267 *»Da sagt ein Mann ...«* Robert Lipsyte: »What Price Fitness?«, in: *The New York Times Magazine,* 16. Februar 1986, S. 32.

268 *»... ein zyklisches Phänomen ...«* ibid.

269 *... daß Sport in vernünftigem Maß ...* D. C. Neiman: »Exercise: How Much Is Enough? How Much Is Too Much?«, in: *Women's Sports and Fitness,* Juni 1989, S. 31.

270 *... daß sie ihr Trainingsprogramm um ganze 30 Prozent ...* D. L. Costill, M. G. Flynn, J. P. Kirwan et al.: »Effects of Repeated Days of Intensified Training on Muscle Glycogen and Swimming Performance«, in: *Medicine and Science in Sports and Exercise, 20,* 1988, S. 249-254.

271 *So macht die Skelettmuskulatur ganze 45 Prozent unserer Körpermasse ...* W. L. Haskell: »Exercise as a Means of Maximizing Human Physical Performance and Productivity« in R. S. Williams und A. G. Wallace, Hrsg.: *Effects of Physical Activity,* HKP Sports Science Monograph Series, *2,* 1989, S. 115-126.

273ff. *Ihre Sportgeschichte:* Adaptierte Version aus »National Runner's Survey on Dieting and Eating«, K. D. Brownell,

J. Rodin und J. Wilmore, in: *Runner's World*, April 1987, S. 27.

275 *Man schreibt dem Sport bei den häufigsten chronischen Krankheiten* ... Nieman, op. cit.

275 *Die gesundheitsfördernde Wirkung des Sports* ... Nieman, op. cit.; Haskell, op. cit.

276 *... ob dieses Training eine Steigerung der Ausdauerleistungsfähigkeit* ... Haskell, op.cit.

276 *Es kann deshalb sehr wichtig sein, Muskelmasse aufzubauen* ... Nieman, op. cit.

277 *... daß ältere Frauen, die an Osteoporose leiden* ... Nieman, op. cit.

277 *»Weg mit dem Bauch«* ... D. Sperling: »Try ›Human Power‹, Live Longer«, in: *USA Today*, 3. November 1989, Section D, S. 1; S. N. Blair, M. W. Kohl III, R. S. Paffenbarger et al.: »Physical Fitness and All-Cause Mortality: A Prospective Study of Healthy Men and Women«, in: *Journal of the American Medical Association, 262*, 1989, S. 2395-2401.

278 *Wenn aktive Menschen ... höhere Lebenserwartung haben* ... R. S. Paffenbarger, R. T. Hyde, A. L. Wing et al.: »Physical Activity, All-Cause Mortality and Longevity of College Alumni«, in: *New England Journal of Medicine, 314*, 1986, S. 605-613.

278 *Aktive ältere Menschen können die körperliche Leistungsfähigkeit* ... Nieman, op. cit.

278 Dick werden? Oder aktiv werden?: P. Wood: »The No-Diet Diet«, in: *New Woman*, Mai 1987, S. 155.

278 *Diät in Verbindung mit Sport* ... P. A. Mole, J. S. Stern, C. L. Schultz et al.: »Exercise Reverses Depressed Metabolic Rate Produced by Severe Caloric Restriction«, in: *Medicine and Science in Sports and Exercise, 21*, 1989, S. 29-35.

279 *»Sind sie fit, schwitzen Millionen noch für einen Extra-*

bonus ...« D. B. Greenspan: »Fitness«, in: *Ms.*, November 1989, S. 21.

280 *... daß alle, die ihr Gewicht mit Erfolg stabilisieren konnten ...* S. Kayman, W. Bruwold und J. S. Stern: »Maintenance and Relapse After Weight Loss in Women«, in: *American Journal of Clinical Nutrition*, im Druck.

280 *... wie Stimmung und Wohlbefinden unmittelbar nach dem Sport sind ...* J. Rodin und T. G. Plate: »The Psychological Effects of Exercise« in R. S. Williams und A. Wallace, Hrsg.: *Biological Effects of Physical Activity*, S. 127-137; Human Kinetics Books, Champaign, IL, 1989.

281 *Die vielgelobte Perrier-Umfrage ...* L. Harris & Associates, Inc., *Fitness in America: The Perrier Study: A Natural Research Report of Behavior, Knowledge and Opinions Concerning the Taking Up of Sports and Exercise*; Garland Publishing, New York, 1984.

282 *... daß Kinder und Jugendliche, die körperlich gewandt sind ...* G. W. Guyot, L. Fairchild und M. Hill: »Physical Fitness, Sport Participation, Body Build and Self-Concept of Elementary School Children«, in: *International Journal of Sports Psychology, 12*, 1981, S. 105-116.

282 *... dem Kind eine Struktur geben ...* M. J. Mallick, T. W. Shipple und E. Huerta: »Behavioral and Psychological Traits of Weight-Conscious Teenagers: A Comparison of Eating-Disordered Patients and High- and Low-Risk Groups«, in: *Adolescence, 22*, 1987, S. 156-168.

283 *Der Körper verfügt über ein ... Hormonsystem morphinähnlicher Substanzen ...* S. Amir, Z. W. Brown und Z. Amit: »The Role of Endorphins in Stress: Evidence and Speculations«, in: *Neuroscience Biology and Behavior Review, 4*, 1979, S. 77-86.

283 *... beim Laufen eine Art »Euphorie« zu erleben ...* R. K. Dishman: »Medical Psychology in Exercise and Sports«, Symposium on Medical Aspects of Exercise, in: *Medi-*

cal Clinics of North America, 69, Januar 1985, S. 128-143.

284 *Andere Forscher meinen, daß Sport die elektrische Spannung* ... L. Fehmi in R. Flippin: »Beyond Endorphins: The Latest Research on Runner's High«, in: *American Health, 82*, Oktober 1989, S. 78-83; Dishman, op. cit.

285 *... daß Verletzungen am häufigsten bei Sportarten* ... B. Kevles: »When You Haven't Got Time for the Pain«, in: *Women's Sports and Fitness*, Juli/August 1989, S. 12.

286 *Ungeachtet des Wetters läuft jedoch jeder Gefahr* ... K. Rosenberg und G. Perlman: »Allergic to Exercise«, in: *American Health*, März 1987, S. 42.

286 *Ein weiteres Gesundheitsrisiko ... ist die sogenannte »Läuferanämie«:* L. F. McMahon, M. J. Ryan, D. Larsson et al.: »Occult Gastrointestinal Blood Loss in Marathon Runners«, in: *Annals of Internal Medicine, 100*, 1984, S. 846-847.

287 *Eine verspätete Menarche* ... R. E. Frisch, A. V. Gotz-Welbergen, J. W. McArthur et al.: »Delayed Menarche and Amenorrhea of College Athletes in Relation to Age of Onset of Training«, in: *Journal of American Medical Association, 246*, 1981, S. 1559-1563.

287 *... der Mineralgehalt der Knochen niedriger ist* ... G. W. Barrow und S. Saha: »Menstrual Irregularity and Stress Fractures in Collegiate Female Distance Runners«, in: *American Journal of Sports Medicine, 16*, 1988, S. 209-215.

287 *... daß die Wahrscheinlichkeit, ab Vierzig einen ersten Knochenbruch zu erleiden* ... G. Wyshak, R. E. Frisch, T. E. Albright et al.: »Bone Fractures Among Former College Compared with Nonathletes in the Menopausal and Postmenopausal Years«, in: *Obstetrics and Gynecology, 69*, 1987, S. 121-126.

289 *Dr. Judith Stern ... hat einige Gruppen von Versuchstieren ein Bewegungsprogramm* ... J. S. Stern und E. A. Applegate:

»Exercise Termination Effects on Food Intake, Plasma Insulin, and Adipose Tissue Lipoprotein Lipase Activity in the Osborne-Mendel Rat«, in: *Metabolism, 36,* 1987, S. 709-714; P. Lowney, V. M. Lee, R. J. Hansen et al.: »The Effects of Exercise, Detraining, Starvation and Refeeding on the Lipogenic Capacity of the Osborne-Mendel Rat«, in: *American Journal of Physiology, 254,* 1988, S. 648-654.

289 *Wenn man immer wieder mit dem Training aufhört ...* K. D. Brownell, S. N. Steen und J. M. Wilmore: »Weight Regulation Practices in Athletes: Analysis of Metabolic and Health Effects«, in: *Medicine and Science in Sports and Exercise, 19,* 1987, S. 552-560.

291 *Die Sportler, die sich beim Essen am meisten zurückhalten ...* K. D. Brownell, J. Rodin und J. Wilmore: »National Runner's Survey on Dieting and Stress«, in: *Runner's World,* August 1988, S. 32.

292 *... an der 4542 Leser der Zeitschrift* Runner's World *teilgenommen hatten ...* ibid.

294 *In drei Studien über Läuferinnen ...* S. M. Short und W. R. Short: »Four-Year Study of University Athletes' Dietary Intake«, in: *Journal of the American Dietetic Association, 82,* 1989, S. 632-645; B. L. Drinkwater, K. Nilson, C. M. Chestnut et al.: »Bone Mineral Content of Amenorrheic and Eumenorrheic Athletes«, in: *New England Journal of Medicine, 311,* 1984, S. 277-281; R. Marcus, C. Cann, P. Madvig et al.: »Menstrual Function and Bone Mass in Elite Women Distance Runners«, in: *Annals of Internal Medicine, 102,* 1985, S. 158-163.

294 *... konnten die Frauen, bei denen die Menstruation ausblieb ...* Marcus et al., ibid.

295 *... daß 38 Prozent der weiblichen und 23 Prozent der männlichen Läufer ...* K. D. Brownell et al.: »National Runner's Survey on Dieting and Stress«, S. 32.

296 *In ihrer Untersuchung waren die Fälle von Anorexia ner-*

vosa ... J. Brooks-Gunn, L. Hamilton und M. P. Warren: »Sociocultural Influences on Eating Disorders in Professional Female Ballet Dancers«, in: *International Journal of Eating Disorders, 4*, 1985, S. 465-477.

296 Der Begriff »sportsüchtig« ... J. Crossman, J. Jameson und L. Henderson: »Responses of Competitive Athletes to Lay-Off in Training: Exercise Addiction or Psychological Relief?«, in: *Journal of Sports Behavior, 10*, 1987, S. 28-38.

297 ... *daß* Übertraining *Depressionen* verursachen *kann* ... J. S. Raglin und W. P. Morgan: »Influence of Vigorous Exercise on Mood State«, in: *The Behavior Therapist, 8*, 1985, S. 179-183.

298 ... *»oft familiäre oder andere soziale Probleme haben ...«* S. Colorado in K. Cobb: »When Is Too Much of a Good Thing Bad?«, in: *American Health*, Oktober 1989, S. 83.

299 ... *hat der Einsatz anaboler Steroide* ... R. E. Windsor und D. Dumitru: »Anabolic Steroid Use by Athletes«, in: *Postgraduate Medicine, 84*, 1988, S. 37-49.

299 ... *auf dem Schwarzmarkt anabole Steroide kaufen* ... K. B. Kashkin und H. D. Kleber: »Hooked on Hormones? An Anabolic Steroid Addiction Hypothesis«, in: *Journal of the American Medical Association, 262*, 1989, S. 3166-3170.

300 *Mädchen nehmen sie* ... C. Andringa, zitiert in M. Elias: »Steroid Use Is on Increase Among Teens«, in: *USA Today*, 2. Mai 1990, Section D, S. 1.

300 ... *können anabole Steroide auch süchtig machen* ... Kashkin und Kleber, op. cit.

300 *Abstinenz führt zu schweren Depressionen* ... Windsor und Dumitru, op. cit.

301 *Die sportbedingte Anaphylaxie* ... Rosenberg und Perlman, op. cit.

301 *Männliche Radrennfahrer ... leiden oft an Impotenz* ... L. Schroepfer in: *American Health*, Oktober 1989, S. 83.

302 »*Jede erstiegene Treppe und jedes zusammengerechte Blatt ...*« R. S. Paffenbarger, zitiert in Carol Krucoff in: *The Washington Post Health Section*, 30. Januar 1980, S. 27.

Kapitel 8 Die Erfolgsfalle

310 *Frauen, die sich selbst als »sehr gepflegt« beschreiben ...* »What Price Beauty?«, in: *Glamour*, April 1991, S. 297.

312 *Test: Erlebe ich mich als Hochstapler/in?:* J. Kolligian und R. J. Sternberg: »Perceived Fraudulence in Young Adults: Is There an Impostor Syndrome?«, in: *Journal of Personality Assessment*, im Druck.

313 *Da die negativen Konsequenzen für Frauen ...* G. C. Leder: »Successful Females: Print Media Profiles and Their Implications«, in: *Journal of Psychology, 120*, 1986, S. 239-248.

314 *Frauen kommen sich häufiger wie Hochstaplerinnen vor ...* K. Deaux und K. M. Kite: »Thinking about Gender« in B. B. Hess und M. M. Feree, Hrsg.: *Analyzing Gender: A Handbook of Social Science Research*, S. 92-119; Sage, Newbury Park, CA, 1987.

316 *Bereits mit zehn Jahren ...* ibid.

316 *Mädchen und Frauen neigen dazu, ihren Erfolg ...* C. S. Carver und M. F. Scheier: »Outcome Expectancy, Locus of Attribution for Expectancy, and Self-directed Attention as Determinants of Evaluation and Performances«, in: *Journal of Experimental Social Psychology, 18*, 1982, S. 184-200.

318 *Und schließlich kann eine Frau ... auch zu einer defensiven Pessimistin werden ...* J. K. Norem und N. Cantor: »Anticipatory and Post-Hoc Cushioning Strategies: Optimism and Defensive Pessimism in ›Risky‹ Situations«, in: *Cognitive Therapy and Research, 10(3)*, 1986(a), S. 347-362; J. K. Norem und N. Cantor: »Defensive Pessimism: ›Harnessing‹ Anxiety as Motivation«, in: *Journal of Personality and Social Psychology, 51(6)*, 1986(b), S. 1208-1217.

319 ... *daß erfolgreiche Männer manchmal »selbstbehindern-de Strategien«* ... E. E. Jones und S. Berglas: »Drug Choice as a Self-handicapping Strategie in Response to Non-Contingent Success«, in: *Journal of Personality and Social Psychology, 36*, 1978, S. 405-417.

320 ... *ob in ihrem Gedächtnis eine Art »Schnappschuß« zur Verfügung steht* ... A. Tversky und D. Kahneman: »Availability: A Heuristic for Judging Frequency and Probability«, in: *Cognitive Psychology, 5*, 1973, S. 207,232.

322 *Viele Frauen haben Probleme* ... J. Kevin Thompson in: *Psychology Today*, April 1986, S. 42.

325 *Eine der wichtigsten Aufgaben innerhalb einer Familie* ... Salvador Minuchin: *Psychosomatische Krankheiten in der Familie*, Klett-Cotta, Stuttgart, 1986.

327 ... *daß Frauen in ganz unterschiedlichen Bereichen* ... M. S. Horner: »Toward an Understanding of Achievement-Related Conflicts in Women«, in: *Journal of Social Issues, 28*, 1972, S. 157-175.

327 *Bei den meisten mit Hilfe dieser Untersuchungsmethode* ... D. M. Pedersen und T. Conlin: »Shifts in Fear of Success in Men and Women from 1968 to 1987«, in: *Psychological Reports, 61*, 1987, S. 36-38.

330 *Die Psychologinnen Janet Riggs und Beth Preston* ... E. A. Preston: »The Framing of Competence«, in: *Personality and Social Psychology Bulletin, 15*, Dezember 1989, S. 477-492; J. M. Riggs: »The Effect of Performance Attributions on Choice of Achievement Strategy«, unveröffentlichte Dissertation (Princeton University, 1982); E. A. Preston »The Role of Effort Expenditure in Academic Achievement«, unveröffentlichte Dissertation (Princeton University, 1983).

334 ... *daß kleine, ausgesprochen positive Illusionen* ... S. E. Taylor: *Positive Illusions*, S. 46-85; Basic Books, New York, 1989.

Register

LEBENSHILFE
PSYCHOLOGIE

John Bradshaw
Wenn Scham krank macht
Ein Ratgeber zur Überwindung von Schamgefühlen

LEBENSHILFE
PSYCHOLOGIE

(84003)

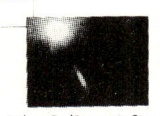

Sidney B./Suzanne Simon
Verstehen Verzeihen Versöhnen
Wie man sich selbst und anderen vergeben lernt

LEBENSHILFE
PSYCHOLOGIE

(84005)

Claude Bonnafont
Die Botschaft der Körpersprache
Körpersignale erkennen und deuten

LEBENSHILFE
PSYCHOLOGIE

(84029)

Sue Patton Thoele
Bis hierhin und nicht weiter
Wie Frauen lernen, sich selbst zu behaupten

LEBENSHILFE
PSYCHOLOGIE

(84020)

Walter Kindermann
Drogen
ABHÄNGIGKEIT, MISSBRAUCH THERAPIE
Ein Handbuch für Eltern

LEBENSHILFE
PSYCHOLOGIE

(84013)

Robert Bly
EISEN HANS
Ein Buch über Männer

LEBENSHILFE
PSYCHOLOGIE

(84017)